◆ 本成果是教育部人文社会科学研究规划基金项目"百年中国语言学思想史"〔项目批准号：12YJAZH001〕的结题成果。

◆ 本成果是国家社会科学基金项目"民国语言学史"〔项目批准号：12XYY001〕的阶段性成果。

薄守生　赖慧玲　著

百年中国语言学思想史

中国社会科学出版社

图书在版编目(CIP)数据

百年中国语言学思想史／薄守生，赖慧玲著．—北京：中国
社会科学出版社，2016.1
ISBN 978 – 7 – 5161 – 7276 – 6

Ⅰ．①百…　Ⅱ．①薄…②赖…　Ⅲ．①语言学史 – 思想史 –
中国　Ⅳ．①H0 – 09

中国版本图书馆 CIP 数据核字(2015)第 301056 号

出 版 人	赵剑英	
责任编辑	任　明	
责任校对	王佳玉	
责任印制	何　艳	

出　　版	中国社会科学出版社	
社　　址	北京鼓楼西大街甲 158 号	
邮　　编	100720	
网　　址	http://www.csspw.cn	
发 行 部	010 – 84083685	
门 市 部	010 – 84029450	
经　　销	新华书店及其他书店	

印刷装订	北京市兴怀印刷厂
版　　次	2016 年 1 月第 1 版
印　　次	2016 年 1 月第 1 次印刷

开　　本	710×1000　1/16
印　　张	24.5
插　　页	2
字　　数	410 千字
定　　价	78.00 元

凡购买中国社会科学出版社图书，如有质量问题请与本社营销中心联系调换
电话：010 – 84083683

序　一

序一，谨以此序献给鲁师爷。鲁老师确实是我的师爷，我还屡次辩称那不是"绍兴师爷"里的师爷。对于这样的称呼，鲁老师大概每次也都如大肚弥勒佛一样笑了。

本书完成后，我曾求当今中国最著名的语言学家之一鲁国尧老师赐序一篇。由于某些原因，鲁老师婉拒了。鲁老师说："我建议你，不必要他人写序，我出了少量几本书，我从不请别人写序，而是写'自序'。我的想法，古话说：'如人饮水，冷暖自知'。我认为最了解自己的是自己，写作中的甘苦、得失，只有自己最清楚，他人并不真了解的，何必找他人呢。"鲁老师自己在书中都曾有"第一序"、"第二序"呢，那不是他序，是自序，那不是两个不同版次的书序，是同一版次。既然如此，我也自己写下这个"序一"，也是自序。也许，鲁老师说的是：如人饮水，冷暖自知！

中国语言学有"语言学思想"，中国语言学有"语言学思想史"。在中国语言学界，鲁老师首倡"中国语言学思想史"研究，并断言"中国语言学"绝非"没有'思想'、没有'灵魂'的行尸走肉"。鲁老师经过长时间的深思熟虑，高瞻远瞩地提出了"中国语言学思想史"这一重要议题，他深信："语言学思想史"应当研究，值得研究。

长期以来，我常常通过邮寄纸质书信向鲁老师请教相关学术问题。虽然我们从未谋面，我亦未曾赠鲁老师什么青鸟鸿雁、束脩鲤鱼，鲁老师却为我买了几次邮票、多跑了几趟邮局，那大概也算是鲁老师外出散步锻炼了一下身体吧。只书信，无电话，没会面，只是这样的学缘！鲁老师有时说自己"近年脑力、视力就衰"，处理信件可能也会很慢，我跟鲁老师在进行学术交流时，一个纯粹的学术问题也许需要几个月时间才能交换一次意见。纸质书信在现代社会确实效率不高、够慢，但是，慢工出细活，书信不会增加现代社会里的阵阵喧嚣，字字珠玑，暖暖情意。

　　中国语言学思想史研究，"坚实"为第一要义，充实、扎实、实学、实干，泛泛而谈"从孔夫子到孙中山"纵论一番那肯定不够，"坚实"不会因"思想史"有"思想"而有所改变。"板凳甘坐十年冷，文章不著一字空"，中国语言学思想史研究亦如此。我对此题的研究，尚不足十年时间，作为作者，本书究竟文章会著几字空，我自己都不敢一个字一个字地去数。对于语言学而言，"文献"功底是"扎实"的重要方面之一，语言学思想史的基础是语言学文献。语言学文献浩如烟海，很难穷尽，多年前，鲁老师就曾经说过："（有些）史料是穷尽不了的，因为冷不丁会从什么地方，或者什么收藏家那里冒出某个史料甚或一批史料。"① 语言学思想史自古有之，不止"从孔夫子到孙中山"，孙中山之后还有语言学思想史。王力先生把清末到新中国成立前的时期称为语言学史上的"西学东渐"时期，鲁老师曾认为"20世纪的后半叶基本上依然如旧"②，仍旧基本上属于语言学的"西学东渐"时期。净是"西学"，何来"'中国'语言学思想史"？然而，自近现代以来，特别是自中华民国成立之日始，中国语言学独立、语言学各部门逐渐形成，这些都是语言学史上的大事件。中国语言学的各个部门并非都是西学，其中不少内容都是"中国学"。在这样的背景下，中国语言学思想史要多挖掘一些"中国因素"确实必要；相对于"从孔夫子到孙中山"，中国语言学思想史侧重于研究"从孙中山到学孙子"更为必要。"民国语言学史"蕴藏着"中国语言学思想史"中重要的一部分内容。

　　鲁老师一直认为，当今的中国语言学研究中，涵盖"中国语言学思想史"、"汉语通语史"、"汉语方言史"的"三史"研究较为薄弱，亟待加强。如果"三史"能够修成，中国语言学将跃进到一个更高的层次，那将是不同于"模仿"与"引进"的中国语言学。本书就是对"中国语言学思想史"研究的一次尝试，本书内容可能还不尽完善，但就钻研、探求精神而言我确实已经尽力了。至于本书的钻研是否成功，那还需要读者去检验，需要同题研究者们去评判。即使最后证明本书可能存在着种种

---

　　① 华学诚：《周秦汉晋方言研究史》，复旦大学出版社2003年版，鲁序第7页。

　　② 鲁国尧：《"振大汉之天声"——对近现代中国语言学发展大势的思考》，《语言科学》2006年第1期。

的不足，我们在自主创新、原始创新方面还是尽力了，本书不是外国理论的"中国化"。即使本书可能存在着种种的不足，从此出发，"后出转精"的"中国语言学思想史"还是有希望能够修成。

薄守生

2015 年 5 月 15 日

序 二

序二，谨以此序献给张导师。张老师是我的博士生导师，但他已经离开我读博士时的学校多年了，现在是南京大学博士生导师。自从张老师到了南京以后，他忙我也忙，我们平时的联系也已经很少了。一年年累积下来，张老师带的博士也越来越多了，如果这样下去，他要想顾得上哪一个学生可能也难了。

本书完成后，我曾求在我国屈指可数的最著名的元明音韵学专家张玉来老师赐序一篇。名牌大学五六月份的博导，实在是太忙了！张老师只给了我几个字的时间："好书不在序"。张老师对我很真诚，就纯学术谈纯学术，他跟我说："对于我不熟的研究领域，我不敢写序。"张老师原来主要致力于明代音韵学研究，近年来追溯到元代音韵学研究，术业专攻，越来越专了。如果张老师对"语言学思想史"自认为有所研究，他会热情洋溢地给我这本书写一大篇长序。年轻时代，张老师年轻气盛、豪情万丈，好儿男浑身是胆。如今，原来的那个张老师哪里去了？学术真是磨砺人！就这样，原本属于张老师写的这篇序言还是由我自己来写吧，这篇序言亦不可或缺。

语言学史难，高不成，低就也难。如果细致下去，写史就举步维艰。张老师曾说："在完成《韵略汇通音系研究》之后，曾有写一本明代音史的雄心，可写来写去，总不能满意……一部《汇通》花了七年，这部《易通》差不多也花了七年。算算时间，这一生也许只能做这样几件'低就'的事，《明代音史》可能仅是追求的一个目标。"① 但是，一个人的思维不能仅仅那样看待，张老师一部《明代音史》至今未成，然而，数家《中国语言学史》通史教材早就出版多年了。如果大家都采用张老师

① 张玉来：《韵略易通研究》，天津古籍出版社1999年版，自序。

这种"低就"的办法，任何一种形式的语言学史研究大概都无法进行下去了。其实，对于语言学史（语言学思想史）研究而言，高低错落、疏密有度，就是高成。

中国向来是一个土著的国度。长期以来，中国的传统语言文字学一直沿袭着自身固有的学术道统，即便维新亦很守旧，这也许是中华文明数千年来得以延续、无间断的奥秘所在。我们为拥有这样的文明而自豪，然而，我们很少去反思什么。中国人闭关修炼了几千年，至今却还没有炼出仙丹或者修成神仙。

汉唐佛教可能属于"拿来主义"，反切、等韵大概属于邯郸学步一类的实用主义，但到了现在却仍有着无数难解的谜。明末及清耶稣会士可能属于"送来主义"，由此导源出了各式拼音字母、各种拼音方案，然而，汉字却不甘心成为"语音中心主义"的奴隶；反抗，最后妥协成了《简化汉字方案》。自从民国时期，我们虽然有过"送去主义"，语言文字之学终于可以依附于几件古董之中留洋出国，但是，中国语言学的国际影响至今都几乎为零。华人王士元的"词汇扩散理论"也许可以作为唯一的例外，但它照样还是"舶来品"。国人们的"送去"亦颇不成功。

近代中国多灾多难，"洋枪洋炮"却最终还是让位于"大刀长矛"。曾经何时，马建忠《马氏文通》和高本汉《中国音韵学研究》一中一洋或是一洋一中，总算使中国语言学有了一次获得新生的机会。中国语言学独立、语言学各部门逐渐形成，语言学始才一日千里。然而，保守势力、旧派人士却屡屡暗下绊马索，先进人士们往往最终也只能落得个"且行且珍惜"。在此情形之下，中国语言学要想获得发展，可能必须做到如下数端：坚持学术开放、鼓励学术多元化、本体与理论并重、融合古今中外①。然而，中国始终不是一个真正的移民国家，比例甚低的"国内移民"也常常要"落叶归根"。在这样的国度里，守着一个山头、躲在一棵树后，就可以坐等人仰马翻。"道路问题"大矣哉，路漫漫其修远兮！

中国语言学有"语言学思想"，亦有"语言学思想史"。"道路问题"就是语言学思想史，是一个非常有价值的研究课题。作为二级学科，语言学及应用语言学虽然不像汉语言文字学那么传统，但是，总体上来说，它

_____

① 张玉来：《近代学术转型与中国现代语言学的建立》，《山东师范大学学报》2014 年第3 期。

们基本上都算是传统学科、基础学科，这样的学科要想创新通常非常困难。像这样的基础学科，重复题目不少，好题目可能不容易找，所以，一位学者能够提出几个有价值的研究题目那往往需要具有极大的智慧，如果能够提出几个好题目那一定是最优秀的学者。然而，仅仅提出几个好题目也许还不够，身先士卒地去研究其中的某个题目可能更重要、更务实一些。对每一位学者而言，做题目可能比出题目更值得称扬。如果有了一个好题目，伟大的学者们一般都不会依赖于那些前来"揭皇榜"的人，他们自己就可以一点一滴地从头做起，那样才是负责任的学者。负责任就是一种爱，大爱当无边！

　　"语言学思想史"应该"问题"很大，我确实为此捏把汗，中国向来不喜欢"无根游谈"。但是，任何研究都是从幼稚走向成熟的，总得有"迈开步"向前走的时候，试水始能远涉，本书就算作是过河的半截桥墩吧。或者大水冲垮了桥墩，或者愚公建桥天堑通途。"大"东西很多，地球就不小，"地球科学"却可以很实在。银河系以外更"大"得远着呢，如果想要研究得太微观，那只能使人发疯。至于其他的，细胞、基因、核苷酸、分子、原子和黑洞，东西虽小，却都是一些"大"问题。语言以及语言学，它们本身究竟是大过"河外星系"呢，还是关于它们的"问题"会大过核苷酸、黑洞？我不知道。即使如此，我觉得"语言学思想史"还是很值得研究。

薄守生

2015 年 5 月 18 日

目 录

前言：不敢言勇

有时候，做学问确实存在着无知者无畏的情形。虽然选了语言学思想史这个题目，在此，我们却**不敢言勇**。

语言学大家鲁国尧曾大声呼吁："我热切企盼第一本《中国语言学思想史》的诞生！"[①] 我们也曾热切地想读到一本真正意义上的《中国语言学思想史》专著，却一直未能如愿。作为一个重要的语言学议题，让"语言学思想史"一直都"空白"似乎并不合适。我们曾认为，整个21世纪的100年里出现三五本类似专著并不夸张，只要它们不是"相互剽窃"就行。我们在这里拿出来的这部书，自己感觉写得还不够成熟，我们也一直在顾虑要不要拿出来给大家看。但是，我们相信所谓的成熟大多数都从不成熟中来，语言学思想史研究在我们的这部书之后也许还要经历那么一两本书才能逐渐成熟起来。对于那一些填补空白的著述，我们不能苛求太多，能够做到"开卷有益"就足矣了。《中国语言学思想史》是当前的学术空白，但这并不代表着我们愿意去抢占"空白"。我们相信，任何"真正的空白"都不可能是由某一个人一下子就完全"填补"完了，那需要一个时代的一群人来填补才行，这正是"一个时代有一个时代的学问"之深意——不然的话，我们今天的"学术空白"早就被秦始皇所填补完了！

"填补空白"！这一向是让我们害怕的事情，我们可不敢言勇。其实，面对"语言学思想史"这么一个课题，很多大家都明白要完成这么一项任务实属"出力不讨好"。为什么有可能会"出力不讨好"呢？我们在学术史研究中，我们所"鼓吹"的理念未必会为被鼓吹者领情，他们至少可以表现出某种清高；我们所批评的某些理念却又会引起被批评者的憎

[①] 鲁国尧：《语言学文集：考证、义理、辞章》，上海人民出版社2008年版，第93页。

恨，他们却很少会站出来把问题摆到台面上来回应。语言学思想史研究能否完全地不透露出著者的倾向来？似乎不行，语言学史研究要求"史论结合"，没有"论"就不足以称语言学史，"论"就是观点、就是倾向。当然，我们在进行史论的过程中，尽可能地按照"线"来书写，很少会揪住某个学者的某一个"点"不放。再说了，语言学家为数众多，任何一部语言学史必然都会有"挂一漏万"的时候，而实际上"漏"了谁都不好。面对这样的语言学思想史，读者会信耶？疑耶？不知道。但是，我们知道有两点远远比信与疑更让我们感到无助，关于信与疑的困惑让位于对这两点的正视亦无妨。其一，以往的大多数语言学史著述几乎都是重视论据、淡化论点，往往显得非常零散、甚至支离破碎、不够流畅、总是很卡、让人不能卒读，在这种情况下，书写上的"流畅性"就显得尤为重要了。其二，自从现代语言学脱离了传统语言学，语言研究中对"语言形式"的重视远远超出了对单纯的"意义阐释"的重视，与"意义"相隔离就是与思想相分离，中国语言学有沦为"行尸走肉"的空窍僵尸的危险。语言学思想史研究就是旨在"彰显"中国语言学的"灵魂"。百年来，中国语言学决不是"没有'思想'、没有'灵魂'的行尸走肉"①。然而，"灵魂"能够很轻松地书写吗？

我们都不曾行尸走肉，我们也可以不辞艰辛、二万五千里长征。然而，我们走路是像阿甘一样只是凭直觉在不停地跑？还是像长征初期一样逃跑只是为了活命？这却又实实在在地让我们当今时代的每一位语言学研究者都感到困惑。难不成只有蒋介石聪明，只有他才懂得挑选发达、富庶的地区作为自己的根据地？在不具备外部条件的时候，农村果真能够包围城市？我们知道，很多语言学大家其实也曾内心苦闷，"找不到北"的时候并不在少数，对于研究上的"根据地"也并不是就完全的没有动摇过，只是很多人都在坚守着。至于那些语言学小家们，就更不可能有自己的"根据地"了。对于大多数人而言，只要没有过多的苛捐杂税，只要风调雨顺，有着自己的"一亩三分地"可以坚守就是一种幸福。当然，根据国际法法理，人们在面对"无主地"的时候就可以"先入为主"，"后入"就是侵略战争、农民起义。依此相律，"对外汉语教学"就曾是中国语言学的"无主地"，笔者的一个老师曾数次提到过张旺熹先生（现在已

---

① 鲁国尧：《语言学文集：考证、义理、辞章》，上海人民出版社 2008 年版，第 87 页。

经成为"对外汉语教学"领域里的"大家"之一了)，说他们差不多都是同期学者、曾同样在坚守着自己的"一亩三分地"，张旺熹"转向"早、成功也早，这大有"要转向要趁早"的感慨。他们那些同期学者，现在都是语言学大家了，他们的苦闷，他们的坚守，他们的成功，所有的这一切都解答不了我们当今时代年轻、后辈学者们的困惑。"要不要坚守"？这是时刻叩问人们内心的一个问题。就以笔者个人而言，我的根据地在哪里？我并不知晓，甚至无法知情。最近几年，笔者在做百年语言学思想史、民国语言学史，这样的题目注定要去多多地"远眺"人家的"一亩三分地"才行，并且，笔者自己不可能会占有语言学任何一个分支学科的"一亩三分地"①。笔者也想要有自己的"专业性"，然而，仅仅"远眺"却不会被人们认为是一个专业。笔者也不希望人们认定做语言学思想史的人都不专业，我想，我绝对不能因为我自己这么一头"耕牛"就害了"语言学思想史"这"三亩良田"！我想，我未来还是要走"专业化"的路，既要"远眺"又要"埋头"。语言学史在现有的语言学学科分支目录上虽然还没有"土地证"，只要我还在辛辛勤勤地耕耘着，这就是我的土地，土地虽小，其他的任何人都不可能捏着一张从未存在过的"土地证"来驱赶我，这就是我的专业。

　　即使在语言本体研究上许多学者已经"找不到北"了，但他们仍然在坚守，这很值得我们尊重。毋庸置疑，语言本体研究是**语言学的核心工作**、硬骨头，其他的一切的所谓研究都是语言学的边缘，对于这个问题我们都能达成共识、不会争议。但是，当学者们一味强调本体研究，却又在本体研究上无法突破、原地彷徨的时候，我们是不是可以换种思路、换个想法呢？非常遗憾的是，有些学者在中心工作上无法进行下去了，还对其他人的边缘研究说三道四，不予重视。如果他们能够突破，对于边缘研究说三道四我们都可以理解；然而，在他们也同样是无法前行了的时候，我们大家还是都一起换个思路想问题比较好。并且，我们深知，即使边缘研究取得了很大的突破，我们依然非常低调，我们即使成功了我们也坦然自己做的工作不是语言学研究的中心工作。只有到了大家都心平气和、客观

---

　　① 在当前的《学科分类与代码》中，我们可以看到"地球科学史"、"数学史"、"物理学史"等等，我们却找不到"语言学史"。根据学理相近原则，学界常常把"语言学史"放在"普通语言学"下面；如果实在没有办法，恐怕只能放在"语言学及其他学科"下面，从而勉强找到一个位置。现有的中国语言学的各个分支学科中，并没有语言学史的"一亩三分地"存在。

公正地看待问题的时候，那时的语言学也许会有个大的发展了。在中国，语言学史研究不是语言学的研究中心；在欧美国家，语言学史研究却是语言学的一个重要研究分支。

语言学史包含语言学思想史。人们究竟是如何认识"学术思想"的呢？对此，笔者认为这也值得简单说明一下。学术研究离不开思想，保守的"文献派"们或许并不太重视思想本身。但是，如果"只""要""思想"，那么，哪一个人会没有"思想"呢？随便"**瞎想想**"的话，谁不会呢？这或许正是鲁国尧《语言学文集：考证、义理、辞章》中的"考证、义理"之意①，思想也需要考据。只是，鲁国尧的这个表述与桐城派的"义理、考据、辞章"太过相近，很容易被人误认为是一种"低水平重复"，这确实是这个书名之大不幸。

语言学界究竟由谁来做语言学思想史研究这项工作合适呢？这样艰难险阻的工作，也许只有有资历的老牌学者才有能力去做。但是，那些老资格的学者可能都不愿意去做，一是难，他们要做就得做好，他们并不愿意因为做出了一个不像样的东西而晚节不保、落下口实。一是脱俗了，不愿凑热闹，那些资历老的学者有些脱俗脱得很彻底。比如说，在中国修辞学会乱哄哄的那阵子，有修辞学方面的老专家自己说他宁愿天天遛狗也不愿去谈什么修辞学……学术就是学术，来不得半点虚假，如果哪一种学术有水分那还是主动把水分亮出来为好，免得他人上当受骗、浪费时间。学术只是学术，纯粹的学术可以相对单纯一些。学术要忠实、纯粹，只要保住了这样的学术底线，即使是资历尚浅的年轻学者也是可以去从事像语言学思想史这样的研究。

书写语言学史、语言学思想史，通常需要我们拥有一种豁达的情怀。何九盈在《中国现代语言学史》的"后记"中说："有时候，我也到小清河去，独立桥头，遥望西山苍茫，俯视逝者如斯，此心若洗，百障皆空……"② 这种境界实在是高妙，可惜的是，何老先生大概无意于再写出一部《中国语言学思想史》了。最近几年来，对于做学问，我也曾希望自己能够拥有一种豁达的情怀。如果没有一种豁达的情怀，或者偶尔会焦躁不安，那时候我们就需要反思自己。"任何学问都必须以平和、踏实的

---

① 鲁国尧：《语言学文集：考证、义理、辞章》，上海人民出版社 2008 年版。

② 何九盈：《中国现代语言学史》，商务印书馆 2008 年版，第 809 页。

心态才能真正地做好……平和、踏实的心态更是幸福的唯一保证"①，这就是"豁达情怀"的最基本的要求。然而，事情并不会总是只有一个方面，"豁达"之外，学术研究同样需要"苦闷"。"苦闷"就是"独立思考"，没有独立思考的学术肯定不是好学术，学术不能像交际花一样闹闹哄哄，学术通常都需要冷板凳精神。所以，我们既需要适当苦闷，又需要绝对豁达。当然，豁达也不是每个人想豁达就能够豁达的事情，任何人在现实生活中都有可能会遇到诸如"赶工期"或者"填量表"之类的"俗务"，这时我们只能把自己的本真藏于内心之中。就这样，即使我们总是来去匆匆，我们也在尽量把握住自己内心深处那些些许片刻的宁静，你我他谁也不例外。唯其如此，百障皆空……

　　书写一部中国语言学思想史专著必定会遇到这样那样的困难，对此我们已经想清楚了，我们不敢言勇。既然已经想清楚了，我们还是写出来了一部中国语言学思想史，我们不勇也勇了，只是我们更渴望豁达。

---

① 薄守生：《〈汉语言学初探〉书后》，《现代语文》2010 年第 2 期。

第一章

中国语言学思想史研究初阶[*]

就内容而言，本章类似于一个"研究现状综述"。在行文方式上，我们基本上以"读书笔记"的方式来书写，只是不像一般的读书笔记那样琐碎，本章内容基本上能够整合成一个相对严密的宏观框架。在语言学思想史研究的现阶段，我们尚难以写出来一个系统、扎实、科学的"研究现状综述"。

语言学思想史是什么？对此，学术界尚无成熟、公认之定义。在国内，明确提出"语言学思想史"这一术语者为著名语言学家鲁国尧教授。鲁国尧首倡这个术语，但没有对其给出一个明确的界定。

笔者认为，语言学思想可以指**语言学家从事语言研究时的某种"潜意识"**，正是这种"潜意识"在指导着语言学家从事具体的语言研究实践；普遍意义上的"语言学思想"又与语言学家的"个人语言学思想"不尽相同，它需要对"语言学家个人的语言学思想"进行一定程度上的"抽象"，从而具有更为广泛的时代性、群体性和社会性。这依然不能说是给语言学思想下了一个较为完满的定义，笔者只是试图给它提出一个较为全面的概括而已。"显意识"尚难研究，"潜意识"更说不清楚，那么，"语言学思想"似乎可以指"对某种潜意识做出的某种猜测"。语言学思想史就是对这样的"语言学思想"进行"标本"制作的历史，但这种"标本"并非客观存在着。生物学上的标本制作所用的材料是"实体"，语言学思想史上的标本制作所用的材料是"灵魂"。

因为很难找到客观存在过的"标本"，所以，许多学者认为语言学并没有思想。也就是说，这个世界上起码是在中国并不存在"语言学思想"，更无所谓有"语言学思想史"。我们不愿意那样理解，我们只承认国内尚未有

---

* 本章内容曾发表于《汉字文化》2014 年第 2 期，在此略加增订。

定型的语言学思想史研究，却不承认我们根本就没有语言学思想。鲁国尧曾指出，中国语言学并非就是"没有'思想'、没有'灵魂'的行尸走肉"①。顾曰国的长篇论文《当代语言学的波形发展主题二：语言、人脑与心智》则宣称"本文的目的……旨在勾勒当代语言学的发展脉络，侧重点因此放在'思想史'上，至于各个分支的细节则一概从略"②。

一　语言学思想史研究三大炮

问世间"砖"为何物？唯几坨"粘土"而已。寻孙大"炮"为何人？岂止民国"临时"大总统。

说语言学思想史研究尚不成熟，因为我们目前只听到过三大炮的炮声，尚未见到过尘土飞扬，更没有看到天崩地裂、一个大坑。我们这里所说的"炮声"，说的"文"一点儿可以美其名曰"抛砖引玉"，只是世间尚未见到"砖"，甚至是连做"砖坯"的"粘土"都未准备齐全。

我们这里所说的"炮声"，其实就是类似于"吹吹风"，未必就有很大的声响。这个"吹吹风"，或有稍微"鼓噪一下"的意思，炮声大不大并不重要，威力却还是保持小一点儿好。即使如此，也许只有少数人觉得这种研究可行，很多人还是不关心语言学思想史，更多的人甚至一听到"语言学思想"就像读了幽默故事一样只是善意地笑笑而已。

这三大炮分别是：鲁国尧论文集《语言学文集：考证、义理、辞章》，李仕春专著《中国语言学学术思想史研究》③，薄守生论文《关于"百年中国语言学思想史"的学术交流》④。下面我们就简单地说明一下这三大炮，真正的盘古开天或许离我们还相当遥远。

二　《语言学文集：考证、义理、辞章》一炮

鲁国尧较早地、明确地关注语言学思想史。

鲁国尧是当今"天下"最专业的语言学家（音韵学素以"专门"著称。就研究的"专门"程度而言，这里用"天下"一词概括绝不为过，哪怕是

---

① 鲁国尧：《语言学文集：考证、义理、辞章》，上海人民出版社 2008 年版，第 87 页。
② 顾曰国：《当代语言学的波形发展主题二：语言、人脑与心智》，《当代语言学》2010 年第 4 期。
③ 李仕春：《中国语言学学术思想史研究》，中国社会科学出版社 2012 年版。
④ 薄守生：《关于"百年中国语言学思想史"的学术交流》，《现代语文》2012 年第 7 期。

"地下"亦在"天下"的范围之内），同时也是国内最渊博的语言学家之一
（说是"国内"，大概其他的语言学家也不必心理失衡，并且这里只是说"之
一"呢）。这么一位最专业、最渊博的学者重视语言学思想史研究。

2005 年鲁国尧写成《就独独缺〈中国语言学思想史〉!?》初稿，2006
年秋在中国音韵学会年会上重申此题，2007 年在庆祝唐作藩教授八十华诞
学术讨论会上再次呼吁，2008 年在《语言学文集：考证、义理、辞章》中
又一次慷慨激昂："我热切企盼第一本《中国语言学思想史》的诞生。"

2005—2008 年这三四年大概是鲁国尧提出语言学思想史的勃发期，
此后的相关论述也许更平静、更深刻了一些。笔者曾与鲁国尧有过纸质书
信往来，除此之外没有其他的任何方式的直接联系。从笔者了解到的情况
和能够查阅到的相关文献来看，2010 年鲁国尧还以《中国语言学思想史
研究——国初学术与多元创新》① 为题在全国几所高校做学术报告，2011
年以后鲁国尧再也没有进一步论述过语言学思想史。

就此来看，在"语言学思想史"方面，鲁国尧应该是"**抛砖引玉**"
的第一人。

三　《中国语言学学术思想史研究》二炮

李仕春有一书一文涉及语言学思想史，即专著《中国语言学学术思
想史研究》和论文《中国语言学学术思想史研究刍议》②，这些研究都受
到过鲁国尧的启发。

专著《中国语言学学术思想史研究》的框架和内容都还不具备"砖
坯"的形态，更未曾烧制过，但是，这无疑是我们国内第一部这样"冠
名"的"专著"。该书内容，笔者做如下详细的概述，这些概述笔者力求
客观、全面。并且，笔者相信，对有关文献进行全面、客观的概述是做语
言学史研究必须具备的能力之一。

该书"前言"中说，"不敢贪筚路蓝缕之功，愿做语言学思想史研究
的一个马前卒，故书名为《中国语言学学术思想史研究》。书名为'研
究'，研究的意思是泛而不定的；研究的范围可大可小，研究的程度可深
可浅，研究得出的观点可对可错……在没有弄清楚中国语言学学术思想史

---

① "国初"二字，笔者更愿意片面地理解为"民国时期"。

② 李仕春：《中国语言学学术思想史研究刍议》，《广西社会科学》2011 年第 2 期。

的情况下，最适宜的称呼就是研究，而不是'史'，因此，本书命名为《中国语言学学术思想史研究》而不是《中国语言学学术思想史》"。作者的这一界定，大概可以看作是该书的"免责声明"。作者"免责声明"在此，请读者不要再大呼上当。

该书"绪论"的内容与其所发表的论文《中国语言学学术思想史研究刍议》同题，其内容基本上与所发表的那篇论文相同，二者读其一即可，不必两者皆读。

上编"中国语言学学术思想史与一般学科学术思想史的关系"，具体内容其实主要是由数篇"读书笔记"组成。第一组"读书笔记"，著者分别读了梁启超《论中国学术思想变迁之大势》、《清代学术概论》、《新史学》、《中国近三百年之学术史》，引用了梁启超的一些内容，但是，这些内容基本上都与语言学思想史没有什么直接或者间接的关联。第二组"读书笔记"，是读 R. H. Robins 著、许德宝译《简明语言学史》①的札记，这跟学生上课做的那些很粗略的"听课笔记"差不多性质，并没有说明什么"与中国语言学学术思想史的关系"，这个"读书笔记"对研究中国语言学思想史基本上也没有任何借鉴意义。第三组"读书笔记"，基本上可以看作是读"中外语言学史"或者"中外语言学史对比与研究"等教材所做的"笔记"，只是著者没有像前面的"读书笔记"一样明确写出所"读"的"书名"来。没有明确的书名，大概也是因为目前的大多数"中外语言学史"一类的"教材"或者内容太粗糙或者"名气"太小了，所以著者也就不必点出书名来了。上述三大类"读书笔记"之外，"思想是第一生产力"一章内容（第四章）基本上与中国语言学思想史没有任何直接的关联。上编第五章"论中国语言学学术思想变迁之大势"，参照大多数的"中国语言学史"教材、著作的粗线条分期，把中国语言学史分为语文学时期、理论引进（模仿）期、自主创新理论的时期，这还是所有的传统的语言学史研究中的常规内容。这第五章的内容在专著出版以后，作者又在《扬州大学学报》上以相同标题重新发表过②，内容没有增加、变化。第六章"发现洪堡特"，又是一个"读书笔记"，粗略

---

① ［英］R. H. Robins：《简明语言学史》，许德宝译，中国社会科学出版社 1997 年版。

② 钱宗武、李仕春：《论中国语言学学术思想变迁之大势》，《扬州大学学报》2013 年第1 期。

地介绍了一下洪堡特。第七章"学术论文的写作范式"，这与"语言学思想史"也没有太大的关联。第八章"在追述中创新——学术研究的铁律——以《词汇语义学》为例作说明"，介绍《词汇语义学》一书，甚至可以看作是在为这么一本著作做"广告"，内容不如前面的那些"读书笔记"平实。第九章"中国语言学研究的三个层次"，这"三个"是指：汉语本体研究、本体研究之研究、本体研究之研究再研究，还是作者的单篇论文《中国语言学学术思想史研究刍议》的简缩版。

　　学术性强的"读书笔记"并不是不能写，那些读书笔记也不一定就没有学术性。只是呢，"读书笔记"体例的学术论文，一般选题更倾向于侧重文献、校勘方面。比如说，王念孙的《读书杂志》就被后人看成是"亘古不朽"的学术名著。再比如，陈光磊说："胡（裕树）先生就说能不能在研究室老师整理的（陈）望道先生关于文法论述的材料基础上搞一个比较系统的关于陈望道先生的语法思想，能不能串起来。当时他说你是不是做一个分量大一点的读书报告啊，或者说就是帮陈先生把他的观点整理一下，包括以前文法革新当中的观点，包括所有发表的语法文章和有关的语法讲话，以及在语言研究室他回答的一些问题的讲话。胡先生是逐个问题跟我讨论的……一年下来完成了一个 5 万字的读书报告，叫《汉语文法试论》，由胡裕树老师交给陈望道先生了。"① 实际上，《汉语文法试论》也是一种形式的"读书笔记"，只是，这个读书笔记做得比较好罢了。近年来，鲁国尧也在做"读书笔记"，他说："我提倡札记体，自己在实践写札记体，但是我企图使札记体变得活泼一些，带点文采，有可能则略加挥洒，有所议论，不揣谫陋，谓之'新札记体'。"② 这种"新札记体"并不易做，主要难点在于材料扎实、观点系统，札记材料与论证过程要严丝合缝才行。

　　该书中编"中国语言学各分支学科的研究趋势"，分支有：汉语史、方言音韵、汉语词汇学、现代汉语语法学、中文信息处理等。写"学科发展趋势"一向为"大家"所不敢率意为之，那需要站得高、看得远才行，普通的后辈学者一般都不敢企及。这些"发展趋势"不能说与"语

① 张宜：《历史的旁白：中国当代语言学家口述实录》，高等教育出版社 2012 年版，第304 页。

② 鲁国尧：《愚鲁庐学思脞录："智者高本汉"，接受学与"高本汉接受史"——为〈刘坚先生诞辰 75 周年纪念刊〉而作》，《历史语言学研究》2010 年第 3 辑。

言学思想史"无关，但是，这样以"趋势"代"思想"的做法总让人觉得"不是那么一回事情"。

该书下编"中国语言学学术思想史与语言学教学"，是几篇"教学研究"类的论文，尚不具有"论文集"的规模，与语言学思想史也没有什么关联。

综上，读者如果要了解该书"主题"的话，读读那篇单篇论文《中国语言学学术思想史研究刍议》就差不多了，不一定要读那么一部厚实的大书。

四　关于"百年中国语言学思想史"的思考

笔者受鲁国尧的启发很多，但功底不及鲁国尧的万分之一，不敢抛砖引玉，能做的只能是发扬愚公移山之精神挖掘些"粘土"罢了。

笔者的教育历程、研究习得与鲁国尧很不相同，没有鲁国尧的古文献功底。笔者大学在山东师范大学人口·资源与环境学院就读，硕士阶段做过专书词汇研究，博士阶段研究郑樵的传统语言文字学，同时还对语言规划有过系统的研究，最后希望能够在"民国语言学史"方面"专"下去。这些"不同"决定了笔者与鲁国尧的思考有着诸多不同，而鲁国尧的启发是使笔者决心做下去的一个重要原因。

当然，除了受到这些启发外，笔者对语言学思想史也有较早的独立思考，对语言观、语言学史等问题都有过长期的思考，笔者曾在专著《当代中国语言规划研究》中有所涉及①。笔者的《关于"百年中国语言学思想史"的学术交流》一文对语言学思想史的一些问题进行了探索，但是这篇论文还不够深入，充其量算是一种交流性质的文章。

笔者在《〈中国现代语言学史散步〉：关键词写法的中国语言学思想史之开篇》中认为，"我们既有的材料、史料、文献已经不少了，随便说哪一点泛泛而谈都能够说很多，但是要想创新、要想突破却需要一个崭新的视角、一种系统的方法，而这并没有现成的模式可以套用，所以，要想突破特别难"②。没有可以套用的模式，没有成功的经验可以借鉴，笔者

---

① 薄守生、赖慧玲：《当代中国语言规划研究——侧重于区域学的视角》，中国社会科学出版社 2009 年版。

② 薄守生：《〈中国现代语言学史散步〉：关键词写法的中国语言学思想史之开篇》，《语文知识》2012 年第 2 期。

体会到语言学思想史研究实在是难。

五　对语言学思想史研究的全面考量

语言学思想史，鲁国尧是首倡无疑。当然，这并不代表在鲁国尧之前学界就没有对"语言学思想"的思考，只是学者们的思考大多数比较零散、不够系统罢了。

李仕春、薄守生都受到了鲁国尧的启发。李仕春无疑是走在了前列，鲁国尧虽然首倡但无此类专著问世，李仕春的专著是中国第一部这样名目的著作。鲁国尧抛砖引玉，大概可以类比于国父孙大炮中山先生。笔者虽然受到鲁国尧的启发，但是思路基本上远离了鲁国尧的路线，所做的工作只是处于挖掘"粘土"的阶段，尚未烧出第一窑砖头。

就对语言学思想史的"核心内容"的思考而言，笔者也有与李著《中国语言学学术思想史研究》、《中国语言学学术思想史研究刍议》持论不同的地方。这里我们不去比较优劣，只说存在不同。李著在"中国语言学研究的三个层次"一章中，把语言学思想史理解为"语言本体研究之研究的再研究"，这听起来有点拗口，"语言本体研究"即"语言学"，"研究之研究"即"'语言学'学"（包括"语言学史"在内），"研究之研究的再研究"大概主要是指"对语言学史的研究"即李著理解的"语言学学术思想史"。如果那样理解的话，就是把语言学思想史放在语言学史之上，是更高的一个层次了。对此，笔者更倾向于把**"语言学思想史"看作是"语言学史"的一个组成部分，更多的是一种"包孕关系"而主要的不是一种"上下位关系"。**

总之，**语言学思想以及语言学思想史自古有之，明确提出的人却不多**。上面提到的三种文献不是语言学思想史的全部，它们只是"相对集中"的一些文献。从我们对语言学思想史的研究现状看，我们尚处于抛砖引玉阶段，至今尚未有"玉"，甚至都还没有"砖"，连"粘土"都不够用。但是，这并不代表笔者只是在等，笔者同样也是在拓荒中，笔者正奋战在挖掘"粘土"铸造"砖坯"的窑洞旁。

第二章

关键词写法的中国语言学思想史之开篇[*]

本章内容，是对"语言学思想史"的"**书写方法**"的探讨。研究语言学思想史，目前尚未有完善的先例、著作可以借鉴，想"照着葫芦画瓢"已无可能。在几种可能的写法中，难度相对较小的一种是"关键词写法"。至于其他的写法，难度更大，至今尚无人敢于涉足。事实上，语言学史上的关键词写法的"萌芽"应该很早就有了，但是都没有对这种写法大加"声明"，行文风格上的关键词因素也不"明显"，更没有系统性可言。正是因为这种原因，我们把何九盈的《中国现代语言学史散步——修订本后序》① 作为关键词写法的语言学思想史之"开篇"。当然，这个"开篇"并不成熟，还存在着为数不少的缺欠，需要此后的数代人去进行完善。

语言学需要研究"语言学思想史"，对此，鲁国尧多有呼吁。然而，我们的"中国语言学思想史"研究还非常幼稚，刚刚提脚还处于姗姗学步时期。非常遗憾的是，人们几乎找不到成熟的"步法"可以学习；非常幸运的是，我们看到过何九盈在"散步"。

一 关键词写法的中国语言学思想史

以往的语言学史研究主要有四种类型：（1）"分支"史，学科分支主要分为语音、语法、词汇，等等。（2）"编年"史，可以直接编年，也可以按时代分为上古、中古、近代、现代等几段。（3）"纪传"史，为语言学家写传记，在传记中论述语言学的相关问题。（4）"流派"史，依照某

---

* 本章内容曾以《〈中国现代语言学史散步〉：关键词写法的中国语言学思想史之开篇》为题发表于《语文知识》2012 年第 2 期，在此略作修改。

① 何九盈：《中国现代语言学史》，商务印书馆 2008 年版，第 758—809 页。

种"学术思想"的产生、发展和演变顺序，把语言学研究分为若干流派，用书写流派的方式书写语言学史。这四种类型都是较为常规的叙述模式。

关键词写法的语言学史以不同的"关键词"为主线，而在同一"关键词"下的论述内容又以"学术思想"为统系而不局限于"分支"或"编年"。具体做法是：从史料中提炼出较为系统的"语言学思想"，再用不同的"关键词"来对这些"语言学思想"进行多角度分类；突出不同的"关键词"，还特别注重要照顾到不同的"关键词"之间的系统性。这种研究模式不是要将语言学史"**碎片化**"，而是为了使各个"关键词"更加突出，在一系列的诸多"关键词"中我们还要追求一定程度的"**系统性**"。关键词写法的语言学史，不仅重视史实，还尤其注重史论。采用"史论结合"的方法，以不同的"关键词"作为叙述所贯穿的线索，打破学科分支的局限，尽量突出"论"的平实性与客观性。这种角度、此种方法的语言学史研究在目前尚属学术空白。

要研究"语言学思想"，不可回避地要涉及哲学的相关研究。笔者认为，在参考借鉴相关哲学研究成果时，要合适、合度，不能让语言学史成为一本名副其实的哲学著作。**以往的诸多"中国社会思想史"、"中国哲学思想史"等书写范式都不适合于"中国语言学思想史"，那些"思想史"都可以写得很"空灵"，甚至还可以写得"浮泛"一些，那些"思想史"几乎都可以无所不包、简直成了随意掇合的"观念集"了。**"思想"并不是垃圾桶，并非什么都可以收录。诸如先秦诸子的思想等都不宜拉拉扯扯地拿到"语言学思想史"中来，那种书写并不是我们立意中的"语言学思想史"。"语言学思想史"要尽量秉承"朴学"传统，内容绝对不能虚构，行文要确保顺畅而不呆滞，论证要踏踏实实不可浮光掠影，这个研究做起来确实很难。

二　何九盈语言学思想散步

何九盈《中国现代语言学史散步》为"关键词"写法的"中国语言学思想史"提供了一个可以借鉴的研究范式，虽然何九盈的这篇文章也只是一个雏形。在这个雏形中，至少有如下一些内容值得我们注意。

何九盈提出"中国现代学术的关键词：欧化"，这不仅仅是指语言学，中国近现代所有的科学、学术皆如此。对此，鲁国尧称之为"国力学术相应律"。就自然科学而言，确实有先进落后之分，其区分往往非常清晰。对于社会科学和人文学科而言，学术也同样存在着先进和落后之分，只是这种区分不能采取鲁莽的简单化的划界。就语言学思想史来说，**"欧化"这个论题太大**，"欧化"这个问题本身并不是理想的《中国语言学思想史》的"关键词"。

何九盈提到"马克思、恩格斯的论断"，涉及东方、西方文明发展阶段的相关问题。这个问题也不属于理想中的《中国语言学思想史》的内容。

何九盈分析了"亚洲三个'农民的民族'"，谈到了区域、语言、历史、社会背景和心灵归宿等一系列的问题。"印度老农"的语言问题最为严重，"看不懂本民族的语言"已经不是"笑话"，何九盈说那是民族传统文化的失落，民族尊严的失落。"中国老农"虽已经千疮百孔，但我们的"民族尊严还在"，"我们的语言文字还在"。"日本老农"曾经甚至要采用英语为日本国语，还"算得上是'识时务的俊杰'"，但日本"一阔脸就变"却不太好。

何九盈点破了"从东洋吹来的'西风'"这一问题。鼓吹"欧化"，民族虚无，废除汉文，吴稚晖、陈独秀、钱玄同、鲁迅等立论相似，"吴、陈、钱、鲁都有第一流的头脑，为何有如此幼稚之主张呢？此四人者，均有留学日本的经历"。日本之于中国，有地缘因素，一衣带水；也有心理因素，中国人对于西洋人或许没有太深刻的印象，而觉得日本人很像中国人。并且，昔日的"倭奴"在今日却欺负上我们了，这尤能令国人记忆深刻。近代中国受日本的刺激着实不小。何九盈提到的关于"法相宗为何敌不过禅宗"的问题，实质上还是在批评民族虚无主义，坚持认为人不能迷失自我。

何九盈借"爱默生论美国学术"谈到了"崇洋媚外地与国际接轨"不是真正的接轨。"模仿语法"不是中国语法，"独立的语法"虽然不可能做到完全独立，但也应该有自己独立的一面才行。

何九盈在"现代语言学家的类型"中有段论述，"类型的划分，虽未见明文定论，却一直是学术界颇为关注的一个问题。且有多重标准，都是一分为二。如有'新派'、'旧派'之分，有'激进'与'保守'之分，有'传统派'、'现代派'之分，有'本土派'、'西化派'之分，还有'资产阶级语言学'与'马克思语言学'之分。这里有进化论的标准，有社会革命的标准，有时代演进的标准，有民族标准，有阶级标准。无论是上述标准中的哪一种，都是非此即彼的简单分类，是知识的分类，不是知识人的分类"。接着，何九盈把中国现代语言学家分为**纯西、纯中、亦中亦西**三大类。大师级的学者大多数都是学贯中西。何九盈还特别介绍了陈独秀、杨树达、黄侃、钱玄同、赵元任、王力、魏建功等诸位先生。其中，说到"给了黄侃这么多篇幅，其意不在于黄侃个人。黄侃代表的是一种类型，是一种足以与胡适、钱玄同抗衡的类型，是一种为捍卫传统学术奋斗终身而又不被理解的类型，是一种在全球本土化、多元化的今天有着特殊意义的类型"，这里边自有何先生的情绪在其中！

在"散步"的最后，何九盈说到"有时候，我也到小清河去，独立桥头，遥望西山苍茫，俯视逝者如斯，此心若洗，百障皆空……"这是何等的超脱、怎样的豁达啊！研究语言学史，就需要具有这样的豁达情怀。

三　散步之后的反思

何九盈的"散步"，虽然对后学有一定的指引作用，但却依然相当粗疏。跟随着何九盈的"散步"，我们还需要反思。

就中国语言学史研究而言，这个学科的发展还很不成熟。笔者曾在一篇文章的注释中指出，"在当前的《学科分类与代码》中，我们可以看到'地球科学史'、'数学史'、'物理学史'等等，我们却找不到'语言学史'。根据学理相近原则，学界惯例是把'语言学史'放在'普通语言学'下面；如果不这样，我们恐怕只能把它放在'语言学及其他学科'下面，勉强给它找到一个位置"①。作为一个学科，连自我定位都有问题，这就有问题。我们可以说中国语言学史研究还很不成熟，却不能说中国语言学史研究不重要。

通常，人们在总结"中国语言学史"的研究现状时往往会概括为："泛泛而谈很容易，要想突破特别难。"这种概括、定位，是非常客观的。那么，为什么会有这样的概括呢？我们知道，我们既有的材料、史料、文献已经不少了，随便说哪一点泛泛而谈都能够说很多，但是要想创新、要想突破却需要一个崭新的视角、一种系统的方法，而这并没有现成的模式可以套用，所以，要想突破特别难。这种系统性，也需要"语言学本身"

---

① 薄守生：《民国时期的语言学概论类教材史略》，《西华师范大学学报》2011 年第 6 期。

有理论修养的指导，如果一种研究仅仅是"考释一个个字词，收集一'堆'语料"①，那么，这种学问本身就很难被系统化地总结出来。

以上说的是"中国语言学史"的研究情况。具体到"中国语言学思想史"研究来说，情形更为严峻，"中国语言学思想史研究"连"泛泛而谈"都不太容易。没有人愿意承认中国语言学是没有"灵魂"的学科，但是要把这个语言学思想、这个"灵魂"呈现出来，那着实是很不容易。对比一下中国语言学史研究的"泛泛而谈很容易，要想突破特别难"，"中国语言学思想史研究"就是"泛泛而谈也不易，前进半步就更难"。

"关键词"写法的"中国语言学思想史"可能会在研究难度上稍稍小一丁点儿，其他的"写法"难度将会更大。对于"关键词"写法的语言学思想史而言，最大的难点就是不同的"关键词"之间要保持密切的系统性。何九盈的"散步"有"关键词"写法的成分在里边，在系统性上则稍稍"散"了一点，即使如此，何九盈的"散步"依然给了我们很多指导。

在本书中，我们力求建立一些语言学思想史的"关键词"，但是，我们又不会以这些关键词来作为章节名称，不会把这些"关键词"建立在同一个索引之中，我们目前也还难以建立一个系统完备的"关键词"体系。正是因为如此，本书尚不是"关键词"写法的语言学思想史专著，离这种写法我们还有差距，希望以后修订本书时再进一步强化关键词写法。

在本书中，我们会对**某些字词、短语、句子用黑体字显示**，使它们更加**醒目**一些，无论论它们是在句首、句末还是句中的什么位置，只要我们认为需要强调、注意，我们都会把它们用黑体字显示出来。这些特别显示的内容，**有些不宜看作是关键词，有些却可以看作就是关键词**。所以，在阅读本书时，既要以章节顺序为主，还要特别注意行文中的用黑体字显示的内容，这样有利于读者迅速地抓住阅读重点。

---

① 薄守生：《我读"语言学是什么"》，《语文知识》2011 年第 4 期。

第三章

中国语法学思想史之开篇[*]

中国语言学思想史是当前中国语言学研究的空白，《中国语法思想史》（本章中以下简称《思》）是中国语法学思想史研究的填补空白之作。

《思》这部著作准备充分、内容扎实、开创性强。著者 2003 年就开始发表《试论马建忠的语法思想》，从此又先后发表过同类论文 15 篇，2006 年形成《思》的写作大纲，2012 年出版。著者积十余年之功——"看过 1036 本书，论文不计其数"①，成一代经典之作——"迄今为止第一部突出语法'思想'的汉语语法研究史专著"②，确为中国语法学思想史之"开篇"，可谓开天辟地。

一　何谓"中国语法思想史"

《思》说它"是阐述中国语法思想发展的历史的一门学科。它阐述中国语法思想史的研究对象、历史分期、研究内容、研究特点等。它不但论述重要语法学家的语法思想，还要论述语法理论、语法流派的发展历史，探索中国语法思想史的发展因素"③。对此，笔者未能充分理解，因为这个定义著者主要解释了"中国'语法思想'史"，而并未对"中国'语法思想史'"进行精确制导、定点爆破。

其实，笔者曾疑惑《思》为何不叫《中国语法学思想史》？**与"语法学思想史"相较，"语法思想史"似有骑墙的别扭。**在语言学领域，它们的相关关系如下：①"语法"与"语法学"有别，但"语法学"有时也

---

* 本章内容曾经发表于《福建师大福清分校学报》2014 年第 3 期，在此略作修改。

① 林玉山：《中国语法思想史》，语文出版社 2012 年版，第 517 页。

② 尹喜清：《一部富有创意的语法研究专著：〈中国语法思想史〉书评》，《铜仁学院学报》2013 年第 5 期。

③ 林玉山：《中国语法思想史》，语文出版社 2012 年版，第 2 页。

可以简称为"语法"。"语法学"对应英语 Grammar 比较合适，"语法"原本对应英语 Syntax，但是，在中国现代语言学的早期常常用 Grammar 与"语法"对译，历史上造成的混乱延续至今。②"语法史"与"语法学史"有别，二者一般不会轻易相混。③"语法思想"似可与"语法学思想"混用，其中的"语法"即"语法学"之简称。④"语法思想史"与"语法学思想史"在《思》之前未有系统论述，如果把其中的"语法"依然看作是"语法学"的简称（即按③理解），那似乎并不合汉语语感；并且，那样简称有悖于②的规定。这不是简单的名称的问题，而是著者思维线索够不够清晰、著作侧重点有几个的问题。这正如《汉语语法学史》（林玉山著，本章中以下简称《史》）之名称，决不可易为《汉语语法史》一样。《史》说"汉语语法学史是语言学的一个分科，它以汉语语法学作为研究对象。它的主要任务是研究汉语语法学的发展及其原因，评论汉语语法学的重要著作，总结汉语语法研究的经验教训，探讨汉语语法学发展的趋势，以进一步推动汉语语法学的健康发展"①。在《史》中，这个"汉语语法学史"的定义非常清楚，体现了著者的思路异常清晰。

　　"汉语语法学思想史"应该就是建立在"汉语语法学史"的基础之上，"汉语语法思想史"不可能是"汉语语法史"的再上台阶。

二　何谓"语法意识"、"语法观念"

　　《思》说"虽然中国语法学建立于 19 世纪末，但语法意识的萌芽却是很早的。中国语文学有悠久的历史，训诂学特别兴盛。这必然会产生语法观念，因为训诂学是对整个具体的语言做出分析，这不光是单词和词义的问题，很多地方要涉及语法……其中涉及一些语法现象，有的解释已含有朦胧的语法观念……但是在《马氏文通》之前，系统的语法思想始终没能建立起来"②。《思》总结的古代语法思想的萌芽期包括：语法意识的萌芽、虚词观、句读论、语法术语的提出、西洋汉语语法思想的萌生。《思》提到，"语法术语的提出，是中国古人语法观的体现，说明中国语法思想从朦胧走向明晰，但这还仅仅是萌芽而已，还不能说语法思想已经

---

① 林玉山：《汉语语法学史》，湖南教育出版社 1983 年版，第 1 页。
② 林玉山：《中国语法思想史》，语文出版社 2012 年版，第 11 页。

确立"①。笔者认为，①语法学思想主要属于语法学家，至少属于学者。②语法意识、语法观念属于人民大众，对应于使用该语言的每一个人，特别是针对该语言的学习者。语法意识通常比较零散，可以不具有系统性。③语法观是对某种语法学思想或者某些语法意识的宏观倾向，大多数属于学者（不一定就是语言学家）个人心目中的一种独立思考，一般都具有一定的系统性。

《思》在篇章布局中区分了语法思想和语法观。章士钊、胡以鲁、胡适、陈承泽、金兆梓、何容、刘复、廖庶谦、杨树达、江蓝生、沈家煊、马庆株、邵敬敏、范晓、"邢公畹等（这个'等'后面还有 32 位先生）"都是"语法观"，马建忠、黎锦熙、吕叔湘、王力、高名凯、方光焘、陈望道、赵元任、朱德熙、周法高、张志公、张斌、胡裕树、陆俭明、邢福义都是"语法思想"。对此区分，有一种解释认为，"采用语法观的说法，是因为这些学者对语法的认识还停留在局部感知阶段，尚未形成对语法全面的系统的认识……对汉语语法有着独到的认识和深入的理解，其语法学说也形成了非常完备的体系，用语法观恐怕不太合适，而用语法思想一说恰如其分"②。笔者觉得上述说法的解释力不足，比如说，《思》在"马建忠的语法思想"一节之中又包含了"语法规律观"③。对此，还有另外一种疑问："对个别章节的安排似乎不太妥当，比如作者把江蓝生、沈家煊、马庆株、邵敬敏、范晓的语法观安排在一节里面，这样安排有何依据？如果相互之间没有某些内在联系，那么是否可以统一安排在下一节里，与邢公畹、王维贤等 33 位语法学者安排在同一节？"④ 老实地说，笔者认为这个疑问不该问。笔者认为，只要著者自己觉得宏观上合适，这一部分的章节怎么安排皆无不可，我们读者难以体会著者的苦衷与深思。

当然，笔者对"对语法思想和语法观有着较为严格的区分"也是存在困惑，抽象上区分固然非常有必要，但是，具体地该区分谁不该区分谁并不太好把握。笔者认为，在中国的学术"惯例"中，谈一个人的"学术思想"大多带有"盖棺定论"的味道；对于那些还很活跃的学者来说，

---

① 林玉山：《中国语法思想史》，语文出版社 2012 年版，第 21 页。

② 张伟：《评〈中国语法思想史〉》，《语文学刊》2013 年第 8 期。

③ 林玉山：《中国语法思想史》，语文出版社 2012 年版，第 37 页。

④ 尹喜清：《一部富有创意的语法研究专著：〈中国语法思想史〉书评》，《铜仁学院学报》2013 年第 5 期。

他们的学术思想还在丰富、变化、发展之中，不易及早定判词、下结论。

三　语法学思想的来源问题

《思》在探讨语法思想时，常常能够谈及其"来源"，这真是难能可贵。比如说，"马建忠的语法思想至少有三个来源：一是对传统语文学的继承，二是对西洋语法的模仿，三是根据汉语语料研究得出的独到见解"①。黎锦熙的"语法思想受到西方纳氏文法的很深影响"②，在《史》中表述为《新著国语文法》"受到了西方纳氏文法的很深影响"③。高名凯的"语法思想受到法国语言学家和法兰西学派的汉学家房德里耶斯、葛蓝言、马伯乐、高本汉很大的影响"④。"从大陆去台湾的语法学者周法高带去了大陆研究的传统方法……20世纪五六十年代曾去美国讲学，受到国际语言学派的影响，在语法研究中相当注意吸收西欧语言学的成果"⑤。方光焘、陈望道、吕叔湘、西方语言理论、信息论、系统论对张斌、胡裕树语法思想都产生了一定的影响⑥。

有些语法思想的"来源"在"语法学文献"中有明示，比如说，高名凯在《汉语语法论》中即已明确点出了一些西方语言学家的名字。从语言学者的生平经历也可以窥测其语法学思想来源，这是过多地强调了外部的"显"的因素。事实上，**在挖掘语法学思想来源的时候，如果能够挖掘出那些"没有点出姓名的文献"和"非生平经历"的种种"隐"的因素，那将会给读者以"豁然开朗"的感觉**，思想冲击力更大。

林玉山曾指导过为数不少的硕博士学位论文，其中有一些论文涉及了相关语法学家的语言学思想的来源问题。比如说，《朱德熙语法思想研究》中说，"从以往的研究来看，人们普遍认为朱德熙的语法思想多来自于西方结构主义语法学派，尤其是美国描写语言学派，最多谈到布龙菲尔德和哈里斯对朱德熙的影响。语法学史的著作中基本上都是这样谈的。直到林玉山《论朱德熙的语法思想》一文的发表，我们才看到，**朱德熙语**

---

① 林玉山：《中国语法思想史》，语文出版社2012年版，第33页。

② 同上书，第69页。

③ 林玉山：《汉语语法学史》，湖南教育出版社1983年版，第61页。

④ 林玉山：《中国语法思想史》，语文出版社2012年版，第93页。

⑤ 同上书，第245—246页。

⑥ 同上书，第277—279页。

法思想的来源是极其广泛的，既有国内前辈学人的影响，也有西方语法学派的影响"①。有时候，我们很难把语言学家的某一学术思想归结为某一种单一来源，思想活动千变万化，在没有确定的证据之前我们只能把某种思想归结为其可能的来源，却不能说一定就是这种语言学思想的确定的、唯一的来源。该文还说，"尽管我们的比较研究取得了一些进展，可我们却仍然认为研究朱德熙语法思想的来源是一件比较困难的事情。朱德熙在他的著作中固然也提到了国内外许多语法或语言学家的名字，但是我们需要把这些语法或语言学家的思想理解透彻之后才能很好地跟朱德熙的思想作出比较，这无疑需要大量的时间和精力，需要丰富的知识积淀，而我们的时间却不允许我们作如此细致的研究。因此，我们在这里所做的比较还只是初步的比较，或许我们的理解还不够全面"②。在具体的研究实践中，人们往往采取这样的认定办法：语言学观点具有继承关系，如果两个观点相近，并且后写的语言学文献中明确提到过前者的相关信息（作者、书名、论文题目，等等），基本可以认定后写的这个观点来源于先写的这个文献。当然，这个认定办法并非绝对，只是给我们提供了一种寻找语言学思想来源的方法而已。这正如同人的一生，一个人有时会受到前人的某种影响，但是，我们不能说一个人来源于前人，至于这个"影响"也常常是抽象的、具有时段性、不是一成不变的。

　　我们挖掘语法学思想来源，从而可以弄清一种学问的来龙去脉，意义非凡。只是，笔者认为从语法学家个体方面挖掘思想来源存在一定的风险，不够踏实，并且，容易使整部著作显得过于零碎、不成系统。还有，其实每一个人的意识"里面"都充满着矛盾，每一个人的动机都曾变化多端，潜藏在幽暗中的思维流动不居，我们最多只能把握他们"内心矛盾斗争的结果"——"外显"在"字缝里"的"里面"的"思想"，"明示"的字面表述甚至都找不到。这样的语言学思想史，更有意义，更为深刻。

　　笔者曾经认为，"语言学思想可以指语言学家从事语言研究时的某种'潜意识'，正是这种'潜意识'在指导着语言学家从事具体的语言研究实践；普遍意义上的'语言学思想'又与语言学家的'个人语言学思想'

---

①　赵红玲：《朱德熙语法思想研究》，硕士学位论文，福建师范大学，2008 年，第 6 页。

②　同上书，第 141 页。

不尽相同，它需要对'语言学家个人的语言学思想'进行一定程度上的
'抽象'，从而具有更为广泛的时代性、群体性和社会性。这依然不能说
是给语言学思想下了一个较为完满的定义，笔者只是试图给它提出一个较
为全面的概括而已。'显意识'尚难研究，'潜意识'更说不清楚，那么，
'语言学思想'似乎可以指'对某种潜意识做出的某种猜测'。语言学思
想史就是对这样的'语言学思想'进行'标本'制作的历史，但这种
'标本'并非客观存在着。生物学上的标本制作所用的材料是'实体'，
语言学思想史上的标本制作所用的材料是'灵魂'"①。语言学思想史如
此，语法学思想史也不例外。

四　笔者心目中的语法学思想史

在笔者看来，《思》第 4 章的内容大概可以分作两章来论述，那样的
话它可以减少某些学者的疑惑。现有篇章第 1—7 节是语法学分支分派的
思想，第 8—18 节是一些语言学家个人的语法学思想，把它们纳入同一章
之中确实不太合适。笔者可以猜测，这个第 4 章很不容易写好，也许著者
也曾确实对此颇伤脑筋。《思》说它初稿有 70 万字之多②，这绝非夸张，
笔者对此深信不疑。《思》说"书中对各语法学家语法思想的论述非常简
单，难免挂一漏万，而且还有部分学者的语法思想只字未提……字数大大
超过合同的约定，不少内容只好割爱"③，著者真是用心良苦。相比而言，
《史》则没有这种苦衷，《史》所介绍的最年轻的学者大概也出生于 20 世
纪 20 年代，对"后生"们的论著基本上都未作集中论述。邢福义、汪国
胜在《中国高校哲学社会科学发展报告：1978—2008. 语言学》中说，
"30 年中，我国语言学界出现了很多优秀成果，跟这里所举的同样优秀甚
至比这里所举的更为优秀的著作，不仅还有，而且肯定相当多，只是由于
不知道应该根据一个什么样的同一标准来认定"④。两相比较，《思》与
邢、汪的《报告》大概有着类似的苦恼，只是它们的措辞不同罢了。

说实话，《思》的第 5 章才是笔者心目中的那个"语法学思想史"，

---

① 薄守生：《中国语言学思想史研究初阶》，《汉字文化》2014 年第 2 期。

② 林玉山：《中国语法思想史》，语文出版社 2012 年版，第 517 页。

③ 同上书，第 519 页。

④ 邢福义、汪国胜：《中国高校哲学社会科学发展报告：1978—2008. 语言学》，广西师范大学出版社 2008 年版，第 453 页。

并且，笔者理想中的语法学思想史是"综合史"而不是"专题史"，甚至，笔者认为语法学思想史最好不要独立于语言学思想史而孤立存在。《思》在第5章中分了7个思想史专题，它们是：语法本位论史、语法特点论史、词类思想史、语法化思想史、语法分析思想史、语法学史思想史、语法史思想史。笔者真不知道这些专题分类是如何确立的？从语言学思想史的角度来看，"语法学思想史"其实也就是"语法学史思想史"，只是，《思》的这个"汉语语法学史思想史"专题①并未能体现出"思想"来，跟《史》中的论述其实差不多，还是"语法学史"的范畴。至于《思》的另一个专题"语法史思想史"②，在笔者看来，这些内容却不宜纳入"语法学思想史"之中。虽然"语言学史"与"语言史"（比如说，"汉语研究史"与"汉语史"）存在一定的关联，但是二者之间也存在着明显的区别，如果把"语言史"全都纳入"语言学史"之中，那样的语言学史定然会不堪重负、混乱不堪，定然难以逻辑严密、条理清晰。

五　《思》书中存在的白璧微瑕

《思》并不是笔者心目中的那个理想的语言学思想史的一个组成部分，但这不是它的瑕疵。**每一位学者心目中都会有一份语言学思想史的理想**，都会有一种对理想的语言学思想史的萌芽认识，即使不够深入、系统、严密，但是，如果学术界能够拥有这样的思想"多样性"那不是坏事。

当然，《思》确实存在少许错漏之处，这点儿微瑕却无法否认。比如说，"马氏又用了'词类通假'的办法，实际上是'依义定类''随类定类'。但是，这里的两个'义'并不相同"③，这里的"随类定类"应为"随义定类"之误。即使如此，瑕不掩瑜，光芒万丈。

《史》说"《马氏文通》的矛盾之处很多"④，《史》同时又对《马》高度评价。《思》少有瑕疵，更无很多矛盾之处，笔者给《思》以极高的学术评价。当然，这并非意味着《思》成而《史》废。相较而言，《史》线索清楚、思维清晰，《思》客观公允、扎实开篇。鲁国尧曾指出，中国

---

① 林玉山：《中国语法思想史》，语文出版社2012年版，第487—496页。
② 同上书，第496—507页。
③ 同上书，第51页。
④ 林玉山：《汉语语法学史》，湖南教育出版社1983年版，第58页。

语言学绝非"没有'思想'、没有'灵魂'的行尸走肉"。《思》就是用研究实践证明了中国语法学绝非"没有'思想'、没有'灵魂'的行尸走肉",开天辟地,气贯长虹。

《思》筚路蓝缕功不可没。筚路蓝缕的事物,偶尔存在"鸡同鸭讲"的情况实属正常。但是,筚路蓝缕的事物一旦有了共同的理解基础,它会瞬时步入学术研究的快车道,其学术发展速度不可限量。

六　思想的冲击力无与伦比

语言学发展在历史上遇到过多次瓶颈期,一次瓶颈期之后还会有另一次瓶颈期。语言学思想研究就是语言学发展史上的一个很大的瓶颈期。

没有思想的语言学不是真正的语言学,那只能指"前语言学"时期的自发状态。对语言学来说,思想的冲击力无与伦比,语言学思想非常重要,语言学思想史研究是当前语言学研究的瓶颈之一。

第四章

语言学文献、语言学史、语言学思想史

关于本章之前的三章内容，我们有必要在此进行一个内容小结与篇章定位，以此来回应它们与本章之间的关系。第一章"中国语言学思想史研究初阶"总括了当前的中国语言学思想史研究的状况，认为中国语言学思想史基本上还处于一个初级阶段。第二章"关键词写法的中国语言学思想史之开篇"是对中国语言学史研究大家何九盈附在《中国现代语言学史》后面的一篇散记的解读，从中我们引申出了"利用关键词写法来研究语言学思想史应该是一个好方法"。只是，把关键词写法运用到语言学思想史中来研究的实践目前尚不成熟，我们在本书中也还不能完全做到，只能在部分章节对此方法有零星的运用和体现。第三章"中国语法学思想史之开篇"是对林玉山著《中国语法思想史》的一篇书评，评论力求客观、公允。第二章是针对整体的语言学史和语言学思想史来立言的，第三章是针对作为语言学分支学科的语法学史或语法学思想史来立言的，它们各自的侧重点不同。就单篇来看，第二章、第三章这样布局安排显得有点儿散，很难说它们在本书框架中处于一个什么样的位置：第二章大概可以看作是对施行于"作为整体的语言学"的一种可供选择的方法论的预估，第三章可以看作是对语言学的一个"分支学科"语法学的思想史进行研究的可行性探索。第二章提到的关键词写法对研究语言学思想史来说是可行的，只是目前我们尚不能全面地运用这种方法。第三章对语言学分支学科思想史的探索，我们认为这种探索不太成功，我们坚持认为语言学思想史最好是以语言学"整体"来看，而不是从语言学的某一个单一分支学科来进行探索。通过第二章、第三章的论述，我们可以看出语言学思想史研究目前确实只是处于一个初级阶段。

本章将从宏观上简要概述关于语言学文献、语言学史、语言学思想史的几个相关的问题。在介绍"语言学思想史"时，我们主要论述了它与语言学文献、语言学史的相互联系，不在于细致入微地论述语言学思想史本身。更多的、更详细的关于语言学思想史的研究内容，本书将在以后的章节里呈现，在此后的各个章节里也会出现一些关于语言学思想史的关键词。语言学思想史研究写作的难点主要体现为"系统性"较难把握，如果一不小心就很容易写得很散乱。本章第一节"百年来的语言学文献"概要地介绍百年来的语言学论著情况，侧重于线索的介绍，本节内容不会深入到某部论著的细节部分。第二节"语言学史论著举隅"主要梳理了当前的有关百年语言学的各种专著、教材及长篇论文，可以看作是"百年来的'中国语言学史著作'文献概要"，或者可以称为"'语言学史著作'史"。第一节其实也就是笔者自己概括出来的中国语言学史，只是这个语言学史非常简略罢了，我们只是大体介绍了不同时间段里的语言学文献特点。第二节则是笔者自己概括出来的"'中国语言学史'史"，侧重于介绍这些著述中的近百年来的这一部分内容。第三节"中国语言学思想史"主要说明了语言学思想史与语言学史的内在逻辑，以及怎样从语言学文献中抽象出语言学思想史的问题。语言学文献、语言学史、语言学思想史这三者之间的关系并不难理解，但是，如何恰当地处理那些关系却非常不容易。**语言学思想史如果"附着在"语言学文献上太死了、太细了，那样的中国语言学思想史可能就会琐碎、不系统、难以卒读；语言学思想史如果离得语言学文献太远了，那样的中国语言学思想史可能就会过于空洞、不扎实、泛泛而谈。**语言学思想史有别于语言学史，但是又不能完全脱离语言学史，究竟如何处理这种关系确实很是困难，我们不能搬出一本语言学史来就说它是语言学思想史，这个问题在处理时确实较为棘手。无论如何，本书还是希望呈现出来一本与以往的众多的语言学史著作不同的语言学思想史专著。

第一节　百年来的语言学文献

最近 100 年（1912—2012 年）是中国语言学史上的重要时期。其中，这 100 年的前半期是由传统语言学向现代语言学转型的重要时期，或者说是现代语言学诞生、发展的重要时期，弄清楚这一时期的语言学研究状况对于语言学的当下发展具有重要的学术意义。这 100 年的后半期是中国语言学大发展时期。

一　语言学文献的百年骨架

有关语言学史的研究，古代语言学史著述多一些，比如说，濮之珍、王力、何九盈、赵振铎等都有著作问世。现代语言学史（不是指"汉语史"）的研究十分薄弱，较为扎实、经典的著作，只有《中国现代语言学史》（何九盈）和《中国理论语言学史》（邵敬敏、方经民）等极少数论著。除此之外，其他的语言学史著作对近百年来的中国语言学史关涉不多。语言学的分支学科史有一些，诸如《二十世纪的汉语语法学》、《二十世纪的汉语修辞学》等，有些著作的学术质量还相当不错。但是，不按分支学科来书写的"二十世纪的中国语言学史"的研究成果确实不多，也不够扎实，缺乏高质量的研究成果。书写"二十世纪的中国语言学史"需要打破分支学科壁垒，避免泛泛而谈、相互抄袭，要深入语言学文献，针尖对麦芒地非常具体地进行书写。我们对近百年来中国语言学史的研究需要进一步加强。

在百年语言学史中，1912—1949 年之间的民国语言学史可以相对独立，在分期划界上比较容易。但是，1912—1949 年和 1949—1966 年这两段历史之间的继承与变革关系却不太容易处理。人们通常认为语言学可以不具有阶级性（至迟斯大林既已声明过），但是，语言学研究却实实在在地受到过政治环境的影响。1957 年以前中苏关系亲密，中国语言学受到苏联语言学的影响较大，表现之一是斯大林 1950 年发表的《马克思主义和语言学问题》当年便在中国翻译并出版，在当时的历史条件限制下跟风如此之迅速颇值得我们深思。当时受苏联语言学影响的程度远远超过我们的想象，比如说《苏联语言学走上了新的道路》竟然漏译了一半的文章就发表出来了①。即使这样，西方的结构主义语言学在新中国成立前后基本上是一脉相承的，只是在新中国成立后学者们不能把结构主义贴上"西方专利"的标签罢了，有些学者偷偷摸摸地在用结构主义的相关观点研究中国语言。可以说，在大陆 1949 年以后的语言学不乏不贴"标签"的结构主义语言学。然而，从 1957 年开始"左"倾思想逐渐泛滥，"反

---

① ［苏］维诺格勒多夫：《苏联语言学走上了新的道路》，余元盦译，《科学通报》1952 年第 4 期。

右"已经严重影响到了科学研究领域，拥护结构主义的语言学家也会被"挖掘"成右派（他们纵使不贴"标签"也难以掩护自己了），那时的学术界开始不太正常了。语言学在 1957 年至 1962 年左右有较为缓慢的发展，1962—1966 年语言学基本上处于停滞、半停滞状态，接下来是 1966—1976 年"文革"十年。基于这样的背景，1949—1966 年比 1949—1956 年划段也许稍微好一些，不过，这样一来 1957 年前后的不同又体现不出来了。同时，人们把"文革"十年当作"语言学的空白"并不高明，只是"文革"期间的语言学史比较难写。因为涉及政治事件，我们需要再次明确：语言学具有较强的"自然科学"的倾向，语言学可以不具有阶级性。我们不评价百年来的政治问题，只就语言学谈语言学。邵敬敏、方经民对语言学史的划段比较粗略，他们认为，"（1949—1976 年）这一时期西方理论语言学遭到各式各样的批判，但在具体研究中则自觉不自觉有所运用……1979 年开始的关于'语言和思维关系'问题的讨论表明中国理论语言学研究开始摆脱苏联的模式化影响，走上独立思考的道路"①。邵敬敏、方经民所说的"但在具体研究中则自觉不自觉有所运用"，就是指不贴"西方"标签的"西方"运用。邵敬敏、方经民说 1979 年中国语言学才摆脱苏联语言学的影响，这应该不太准确，具体的时间节点定在 1957 年前后应该更为合适一些。

　　1949—1966 年这一时期，"在苏联的影响下，西方理论语言学均被斥之为资产阶级唯心主义学说而加以批判。在斯大林逝世后，苏联语言学界开始重新评价斯大林语言学说，在这种形势下，王力曾发表《中国语言学的现状及其存在的问题》（《中国语文》1957. 3）一文，尖锐地批评道：'自斯大林的《马克思主义与语言学问题》出版以后，中国语言学界存在着教条主义。'但是随之而来的反右派斗争不但没有能消除教条主义，甚至还出现了以政治斗争代替学术争论的现象……1958—1959 年语言学界开展的批判资产阶级学术思想的运动……1961 年以后，中苏关系发生了急剧的变化，1961—1966 年我国再也没有公开翻译出版过苏联语言学专著（论文除外）"②。这是关于苏联语言学对中国语言学发生影响的粗略概况，这一时期也是中国语言学受政治气候影响的一个历史见证。

---

①　邵敬敏、方经民：《中国理论语言学史》，华东师范大学出版社 1991 年版，第 7 页。

②　同上书，第 63—67 页。

改革开放以来，特别是从 1979 年以后，语言学著作的数量有了一个较大的增加，其中 1980—1985 年这一段时间全国出版的著作很不少。因为"文革"时期的接近荒芜，历史空白、空缺、空仓太多了，改革开放后虽然学术著作多了起来，但是当时的新闻出版审批制度还是很严格，出版一本书确实并不容易。在 80 年代前期，只要新出版一本学术著作一般都能够产生极大的学术影响，当时的学者出版一本学术著作之后都有可能会发展成为一位语言学大家。这在一点上，与最近三五年的情形完全相反，近年来出版业基本放开了，人们出版学术著作不再是一件难事，于是，每年的学术著作出版量都可能达到了 20 世纪 80 年代初的几十倍，书多了，学术影响却没有增加太多。现在，大多数的学术著作出版了也只是出版了，并没有任何学术影响力。甚至是，许多学术著作的读者只有作者自己，这种情况下的学术出版已经没有了太多的学术意义。

在百年语言学文献阅读方面，我们付出了极为辛苦的劳动。我们不敢保证每本语言学专著、每篇语言学论文都会读到，但是，对于任何重要的论著我们都要有所了解。本书原本计划把绝大部分时间放在语言学文献的阅读上面，但是，我们后来发现：即使我们不吃不喝不睡觉、天天读书所能读到的书也是很有限。我们又不愿意过多地使用语言学论著的各种引介、评价性资料，对所有的"二手资料"我们都相当谨慎地对待、不会随意采信。这样一来，我们工作的重心放在了语言学文献"本身"和语言学思想史这两块上面来了；对于那些我们未能来得及阅读的语言学文献，我们一般不会在本书中提及，这是一种十分审慎的态度。所以，本书中的语言学思想史研究或许有缺漏，但不会有虚假。

我们对百年来的语言学文献有个基本的选择倾向，那就是对民国时期（1912—1949 年）的语言学文献我们尽量多加阅读，争取重要专著一本不漏，各种论文总体上做到心中有数，这是我们研究工作中的一大重心。1949—2002 年出版的语言学论著，我们会有选择地阅读，尽量覆盖大部分重要著作，少数我们未来得及阅读的论著我们以后再继续阅读。近年来出版的各种专著、论文集，特别是最近 10 年来（约 2002—2012 年）出版的专著我们尽量少涉及，我们并不是"厚古薄今"，而是最近十多年来出版的论著实在是太多了，可以说多得简直就叫人无所适从了。百年来，1912—1949 年、1955 年前后、1979—1989 年这三大段时间内出版过不少重要的语言学论著，它们大多数都很值得阅读。

二 近年来学术论著的极大丰富

近 10 年来（约 2002—2012 年）学术专著、论文数量急剧膨胀。近 30 多年来（约 1979 年至今），语言学学术著作的总数已经相当多了。邢福义、汪国胜在回顾 1978—2008 年的语言学"标志性成果"时说，"这里作为标志性成果来举例的，是获得历届中国高校人文社会科学优秀成果奖一等奖的著作。事实上，30 年中，我国语言学界出现了很多优秀成果，跟这里所举的同样优秀甚至比这里所举更为优秀的著作，不仅还有，而且肯定相当多，**只是由于不知道应该根据一个什么样的统一标准来认定，因此只好暂时介绍以下这些**"①。邢福义、汪国胜的这种苦衷实事求是，如果让我们对近百年来的语言学著作列出一个书单，我们简直就不知道这个书单会有多长。**至于是不是以"中国高校人文社会科学优秀成果奖一等奖的著作"为标准来举例，这个问题却不再是那么重要了，举例的无所适从和举例标准的无所适从其实都差不多。**30 多年来，学术著作多，学术论文更多。

2009 年，周冰清"利用引文分析法，对语言学论文引用图书进行了统计，推出对该学科领域最有学术影响的 121 种国内学术著作"②。这 121 种语言学著作，在 CSSCI（2000—2007 年度）期刊中被引用次数最少的不低于 15 次，最高的达到 448 次。笔者对这 121 本学术著作均有阅读，有些阅读得还相当细致。这些著作主要包括：

朱德熙：《语法讲义》，商务印书馆 1982 年版。

王力：《汉语史稿》，中华书局 1980 年版。

沈家煊：《不对称和标记论》，江西教育出版社 1999 年版。

罗新璋：《翻译论集》，商务印书馆 1984 年版。

吕叔湘：《中国文法要略》，商务印书馆 1982 年版。

张敏：《认知语言学与汉语名词短语》，中国社会科学出版社 1998 年版。

张伯江：《汉语功能语法研究》，江西教育出版社 1996 年版。

---

① 邢福义、汪国胜：《中国高校哲学社会科学发展报告：1978—2008. 语言学》，广西师范大学出版社 2008 年版，第 453 页。

② 周冰清：《对我国语言学研究最有影响的国内学术著作分析——基于 CSSCI（2000—2007 年度）数据》，《西南民族大学学报》2009 年第 12 期。

吕叔湘：《汉语语法分析问题》，商务印书馆 1979 年版。

赵艳芳：《认知语言学概论》，上海外语教育出版社 2001 年版。

何兆熊：《新编语用学概要》，上海外语教育出版社 2000 年版。

胡壮麟：《语篇的衔接与连贯》，上海外语教育出版社 1994 年版。

吕叔湘：《汉语语法论文集》，商务印书馆 1984 年版。

黄伯荣：《现代汉语》，高等教育出版社（教材，多版次）。

徐通锵：《历史语言学》，商务印书馆 1991 年版。

王力：《中国现代语法》，商务印书馆 1985 年版。

丁声树：《现代汉语语法讲话》，商务印书馆 1961 年版。

蒋绍愚：《近代汉语研究概况》，北京大学出版社 1994 年版。

王力：《汉语语音史》，中国社会科学出版社 1985 年版。

何自然：《语用学概论》，湖南教育出版社（教材，多版次）。

陈福康：《中国译学理论史稿》，上海外语教育出版社 1992 年版。

黄伯荣：《汉语方言语法类编》，青岛出版社 1996 年版。

裘锡圭：《文字学概要》，商务印书馆 1988 年版。

王力：《王力文集》，山东教育出版社（多卷本，跨年度）。

何自然：《语用学与英语学习》，上海外语教育出版社 1997 年版。

侯精一：《山西方言调查研究报告》，山西高校联合出版社 1993 年版。

李方桂：《上古音研究》，商务印书馆 1980 年版。

鲁迅：《鲁迅全集》，人民文学出版社（多卷本，跨年度）。

束定芳：《现代外语教学：理论、实践与方法》，上海外语教育出版社 1996 年版。

吕叔湘：《近代汉语指代词》，学林出版社 1985 年版。

徐烈炯：《话题的结构与功能》，上海教育出版社 1998 年版。

杨伯峻：《古汉语语法及其发展》，语文出版社 1992 年版。

徐通锵：《语言论：语义型语言的结构原理和研究方法》，东北师范大学出版社 1997 年版。

黄国文：《语篇分析概要》，湖南教育出版社 1988 年版。

胡裕树:《现代汉语》,上海教育出版社(教材,多版次)。

袁家骅:《汉语方言概要》,文字改革出版社(多版次)。

李如龙:《客赣方言调查报告》,厦门大学出版社1992年版。

胡壮麟:《系统功能语法概论》,湖南教育出版社1989年版。

王力:《古代汉语》,中华书局(教材,多版次)。

邢福义:《汉语语法学》,东北师范大学出版社1996年版。

王力:《汉语语法史》,商务印书馆1989年版。

曹广顺:《近代汉语助词》,语文出版社1995年版。

谢天振:《译介学》,上海外语教育出版社1999年版。

潘悟云:《汉语历史音韵学》,上海教育出版社2000年版。

陈望道:《修辞学发凡》,上海教育出版社2006年版。

梁敏:《侗台语族概论》,中国社会科学出版社1996年版。

王福堂:《汉语方言语音的演变和层次》,语文出版社1999年版。

朱德熙:《语法答问》,商务印书馆1985年版。

束定芳:《隐喻学研究》,上海外语教育出版社2000年版。

黎锦熙:《新著国语文法》,商务印书馆(多版次)。

熊学亮:《认知语用学概论》,上海外语教育出版社1999年版。

刘叔新:《汉语描写词汇学》,商务印书馆1990年版。

石毓智:《汉语语法化的历程:形态句法发展的动因和机制》,北京大学出版社2001年版。

向熹:《简明汉语史》,高等教育出版社1993年版。

朱德熙:《现代汉语语法研究》,商务印书馆1980年版。

周祖谟:《问学集》,中华书局(1966年、2004年)。

谭载喜:《西方翻译简史》,商务印书馆(教材,多版次)。

石毓智:《语法的认知语义基础》,江西教育出版社2000年版。

吕叔湘:《吕叔湘文集》,商务印书馆(多卷本、跨年度)。

现代语言学研讨会:《现代汉语配价语法研究》,北京大学出版社1995年版。

北京大学中文系1955、1957级语言班:《现代汉语虚词例释》,商务印书馆1982年版。

桂诗春:《新编心理语言学》,上海外语教育出版社2000年版。

王宁：《训诂学原理》，中国国际广播出版社 1996 年版。

吴福祥：《敦煌变文语法研究》，岳麓书社 1996 年版。

刘宓庆：《当代翻译理论》，中国对外翻译出版公司 1999 年版。

蒋绍愚：《古汉语词汇纲要》，北京大学出版社 1989 年版。

刘月华：《实用现代汉语语法》，外语教学与研究出版社 1983 年版。

潘文国：《汉英语对比纲要》，北京语言文化大学出版社 1997 年版。

张谊生：《现代汉语副词研究》，学林出版社 2000 年版。

徐烈炯：《语义学》，语文出版社 1995 年版。

刘润清：《西方语言学流派》，外语教学与研究出版社 1995 年版。

伍铁平：《模糊语言学》，上海外语教育出版社 1999 年版。

桂诗春：《语言学方法论》，外语教学与研究出版社 1997 年版。

李新魁：《广州方言研究》，广东人民出版社 1995 年版。

江蓝生：《近代汉语探源》，商务印书馆 2000 年版。

王辅世：《苗瑶语古音构拟》，中国社会科学出版社 1995 年版。

冯胜利：《汉语的韵律、词法与句法》，北京大学出版社 1997 年版。

刘纶鑫：《客赣方言比较研究》，中国社会科学出版社 1999 年版。

李临定：《现代汉语句型》，商务印书馆 1986 年版。

刘坚：《近代汉语虚词研究》，语文出版社 1992 年版。

叶蜚声：《语言学纲要》，北京大学出版社（教材、多版次）。

钱乃荣：《当代吴语研究》，上海教育出版社 1992 年版。

王力：《龙虫并雕斋文集》，中华书局 1980 年版。

彭聃龄：《汉语认知研究》，山东教育出版社 1997 年版。

邵敬敏：《现代汉语疑问句研究》，华东师范大学出版社 1996 年版。

Eugene A. Nida：《*Language , Culture and Translating* 》，上海外语教育出版社 1993 年版。

徐烈炯：《共性与个性：汉语语言学中的争议》，北京语言文化大学出版社 1999 年版。

丁邦新：《丁邦新语言学论文集》，商务印书馆 1998 年版。

郭建中：《当代美国翻译理论》，湖北教育出版社 2000 年版。

祝畹瑾：《社会语言学概论》，湖南教育出版社 1992 年版。

贾玉新：《跨文化交际学》，上海外语教育出版社 1997 年版。

董秀芳：《词汇化：汉语双音词的衍生和发展》，四川民族出版社 2002 年版。

俞士汶：《现代汉语语法信息词典详解》，清华大学出版社（1998 年、2003 年）。

王力：《汉语史稿》，科学出版社 1958 年版。

邓炎昌：《语言与文化：英汉语言文化对比》，外语教学与研究出版社（多版次）。

陈嘉映：《语言哲学》，北京大学出版社 2003 年版。

王均：《壮侗语族语言简志》，民族出版社 1984 年版。

束定芳：《外语教学改革：问题与对策》，上海外语教育出版社 2004 年版。

于省吾：《甲骨文字诂林》，中华书局 1996 年版。

戴耀晶：《现代汉语时体系统研究》，浙江教育出版社 1997 年版。

朱永生：《系统功能语言学多维思考》，上海外语教育出版社 2001 年版。

赵元任：《语言问题》，商务印书馆 1980 年版。

陈原：《社会语言学》，学林出版社 1983 年版。

李运兴：《语篇翻译引论》，中国对外翻译出版公司 2001 年版。

王洪君：《汉语非线性音系学：汉语的音系格局与单字音》，北京大学出版社 1999 年版。

赵元任：《赵元任语言学论文集》，商务印书馆 2002 年版。

郭锐：《现代汉语词类研究》，商务印书馆 2002 年版。

徐烈炯：《生成语法理论》，上海外语教育出版社 1988 年版。

陈德鸿：《西方翻译理论精选》，香港城市大学出版社 2000 年版。

钱冠连：《汉语文化语用学》，清华大学出版社 1997 年版。

杨伯峻：《春秋左传注》，中华书局（多版次）。

　　黄国文:《语篇分析的理论与实践:广告语篇研究》,上海外语教育出版社 2001 年版。

　　石毓智:《肯定和否定的对称与不对称》,北京语言文化大学出版社 2001 年版。

　　刘丹青:《语序类型学与介词理论》,商务印书馆 2003 年版。

　　吴安其:《汉藏语同源研究》,中央民族大学出版社 2002 年版。

　　许钧:《翻译论》,湖北教育出版社 2003 年版。

　　华劭:《语言经纬》,商务印书馆 2003 年版。

　　杨惠中:《语料库语言学导论》,上海外语教育出版社 2002 年版。

　　桂诗春:《中国学习者英语语料库》,上海外语教育出版社 2003 年版。

　　胡壮麟:《认知隐喻学》,北京大学出版社 2004 年版。

　　胡壮麟:《系统功能语言学概论》,北京大学出版社 2005 年版。

　　赵彦春:《翻译学归结论》,上海外语教育出版社 2005 年版。

　　著作之外,针对学术论文,笔者曾在博士后出站报告①后面附有一个论文索引,对民国时期(约 1912—1949 年)的语言学文献进行了大量的枚举。虽然笔者所做的这个索引尚不够全面,尚不能做到无一遗漏,但是,民国时期的语言学的"主要文献"我们基本上都已经涵盖了。对于这一部分内容,笔者有待于进一步的补充、修订、完善、提炼,希望能够最后形成一个让自己感到满意的成果,那时可以作为笔者所主持的国家社科基金项目"民国语言学史"的结题成果之一。

　　1949—2012 年期间发表的单篇论文,数量十分庞大,对于此期间的重要的经典论文我们都要阅读。对于那些尚未称得上是"公认"的经典的论文,我们在此打算采用一个"简单化"的处理办法,那就是:阅读中国知网中"引用率"排序靠前的 1000 篇论文②。我们不会对这 1000 篇论文每篇都加以详细分析,**但我们保证我们对这 1000 篇论文全都加以认真阅读**,我们还要具体分析其中的具有代表性、选题没有太多重复的部分

---

①　薄守生:《民国语言学史稿》,山东大学博士后出站报告,2013 年。

②　引用次数截至 2013 年 12 月 31 日,引用频次在 102 次以上。这里所说的 2013 年 12 月 31 日是指引用的截止时间,而不是论文发表的截止时间。2012 年 12 月 31 日以后发表的论文,很难在 2013 年一年中引用次数达到前 1000 名。

论文。当然，这种按照引用率排序来选择论文的办法，可能会造成各个分支学科的不平衡，这就需要我们做更多的总体协调工作了。比如说，古代汉语的论文一般都是引用率不高，我们在知网引用率前 400 篇中只发现了 1 篇古代汉语方面的论文，并且排名很靠后。这 1 篇论文是：郭锡良《介词"以"的起源和发展》，引用次数为 174 次（截至 2013 年 12 月 31 日）。相反，关于现代汉语语法学的论文，引用率相对较高。其实，这也可以理解，语言学论文在引用时**大多是引用其观点、少有引用其材料的情况**。正是因为如此，那些个别字词考释类的论文，它们的引用率一般都不会太高。

1949—2012 年期间的硕博士学位论文也是重要的语言学文献，我们在中国知网中也能够找到一些，但很不全面。在知网上，语言学类的硕博士学位论文的引用率普遍不高，截至 2013 年 12 月 31 日，引用率最高的一篇论文只有 107 次（即《汉语"主观量"的表达研究》），其他的大部分的学位论文的引用率在个位数以下。在这种情况下，按照引用率排序来"综观"其研究现状就有些很不科学了，引用率数字较小时对它们进行引用率排序的意义也不大。因此，我们只选取少量的硕博士学位论文进行介绍，为了学科平衡起见，我们会特别留意古代汉语方面的硕博士学位论文。有些硕博士学位论文在语言学界影响很大，比如说，孙玉文《汉语变调构词研究》、詹卫东《面向中文信息处理的现代汉语短语结构规则研究》、彭利贞《现代汉语情态研究》、汪维辉《东汉—隋常用词演变研究》、丁喜霞《中古常用并列双音词的成词和演变研究》等博士学位论文后来都出版了，但它们或者在知网上的引用率很低或者在知网中查不到。对于这些文献我们把它们放在专著里面来阅读，不再作为学位论文来看待。这样一来，本书中所提及的硕博士学位论文数量不会太多。即使在本书中我们不去提及，但是，我们必须承认硕博士学位论文是语言学文献的重要组成部分，其重要程度并不以是否出版为参照标准。

王露杨、顾明月曾运用计量学的相关理论，借助于知识图谱工具 CitespaceⅢ 考察了 CSSCI（2000—2011 年）所发语言学论文中的关键词[①]，从而统计出相关论文的数量、各个关键词之间的关系。该文作者并

① 王露杨、顾明月：《我国语言学研究热点知识图谱分析——基于 CSSCI（2000—2011 年）》，《西南民族大学学报》2014 年第 6 期。

未通读多少语言学论文，只是对考查范围内的论文关键词进行机器处理。这个统计对于中国语言学史研究并无太大的借鉴意义，这也从另一个侧面说明了：**要研究语言学史最好要从一手的语言学文献做起，要通读语言学著述，而不是仅仅看看论文中的关键词了事；在阅读时要靠学者个人一篇一本地读起，而不是单靠机器统计就可以研究语言学史。**

如上所述，近百年来的语言学文献数量庞大，这就需要我们首先要把语言学史作为一个非常专业的学科分支（而不是仅仅靠打酱油的那么几个人临时地、随机地读几篇文献），需要我们沉入下去，潜心研究，首先对这些文献有一个较为宏观的框架预设，在一个宏大的背景之下，再细致地深入到每一种文献的细节中去。这样的语言学文献阅读，决不是非常皮毛地随便翻翻就了事了，要做好这样的语言学史研究决不是件容易的事情。

在语言学文献方面，姚小平曾说，"国外做得好。他们会挖掘，比如说中世纪的语法学派，甚至一个不起眼的小人物，他们也会把他抠出来。另外，有一点他们做得非常好，比如 Koemer 很了不起，他出的《阿姆斯特丹语言科学理论和历史研究丛书》，里面有 5 个系列，其中一个系列就是专门重印历史上的语言学名著。**历代语言学名著重印，那些语言学名著不一定真的很有名，（但是）他认为有价值。'名著'是我用的词儿，（其实）就是一种'旧籍重刊'，比如现在有本书买不到了，他把它从图书馆里找出来重印。我觉得这个在无形中推动了这门学科的发展，而我们这类工作做得比较少**"①。目前来看，我们国内语言学的"旧籍重刊"做得比较好的是商务印书馆出版的商务印书馆文库，还有一些著名语言学家全集或者文集系列，但这些重刊数量还远远不够，还很多在语言学史上有学术价值、但又不是很有名的语言学文献尚未引起今人的重视。这一项工作，是笔者在未来的一个努力方向，笔者计划把这一类型的汇编、研究纳入自己的"'大'民国语言学史"中去，作为史论研究的基础工作之一。

三　早期语言学文献的版本繁多、著者常使用各种笔名

百年来，语言学文献不仅数量庞大，而且，同一种著作的版本往往也

---

① 张宜：《历史的旁白：中国当代语言学家口述实录》，高等教育出版社 2012 年版，第482 页。

异常繁多，有些著作、论文的作者还常常使用各种笔名发表，情况非常复杂。在今天，纵使国家经济非常繁荣，但学术类著作市场萧条，语言学学术书普遍"卖不动"。在民国时期，虽然全国的经济几近崩溃，但是，当时的学术著作销售尚有利润可得，这一点从当时的学术著作再版就可以看出来，当时有些学术著作不断再版，有些学术著作则改个名字、换个封面重新出版，这在当时都是很常见的事情。

百年来，特别是民国时期，有些语言学著作的版本非常多。比如说，黎锦熙的《新著国语文法》到 1932 年已经存在"订正 8 版"了，到 1955 年则有"22 版重订"了，该书至今已有多少个版本笔者尚未准确统计。因为民国时期战乱频仍，就是连手无寸铁的出版社也常常挨"炮轰"，那些著作的版本问题往往也就更难考证了，就《新著国语文法》而言，我们就很难穷尽地对照各个版本去一一核对。再例如，陈望道的《修辞学发凡》，版本也不少，马晓红曾列有一个"附录二 陈望道《修辞学发凡》不同版本"[①]，大体如下：

(1) 大江书铺 民国二十一（1932） 版本：初版 （1932—1944 年共出 8 版，具体不详）。参见李熙宗《从〈修辞学发凡〉不同版本的修改，看陈望道先生的治学精神》，载《修辞学研究》第 10 辑，上海文化出版社 2004 年出版。

(2) 文化服务社 民国三十四（1945） 版本：再版（第 9 版，渝初版）

(3) 1946 版本：沪一版

(4) 中国文化服务社 民国三十六（1947） 丛书：青年文库 版本：沪二版

(5) 中国文化出版社 1947

(6) 开明出版社 1950

(7) 新文艺出版社 1954.8 版本：第一版

(8) 上海文艺出版社 1959.3 版本：新一版

(9) 上海文艺出版社 1962.11 版本：新二版

---

① 马晓红：《陈望道对中国语法修辞研究的历史贡献》，博士学位论文，复旦大学，2005 年，第 132 页。

（10）作家出版社　1964

（11）上海人民出版社　1976.7

（12）上海教育出版社　1979.9　版本：新 1 版

（13）上海人民出版社（收入《陈望道文集》第二卷）　1980.5
第一版　版本：复旦大学语言研究室据 1962 年本和 1975 年本参照校
订并修正

（14）上海书店　1990.12　丛书：民国丛书第二编　语言·文
字类 57　版本：影印本

（15）上海教育出版社　1997.12 新 2 版　纪念《修辞学发凡》
出版 65 周年　版本：原上海人民版

（16）上海教育出版社　2001.7　版本：新 3 版

　　新中国成立以后，港澳台地区与大陆的相对阻隔，这也造成了某些语
言学著作版本繁多。比如说，赵元任的 *A Grammar of Spoken Chinese* 在中
国有好几位学者译过这本书，香港中文大学出版社出版有丁邦新全译本
《中国话的文法》1980 年初版、1982 年再版、2002 年增订版；在大陆有
李荣译本《北京口语语法》开明书店 1952 年版，吕叔湘节译本《汉语口
语语法》商务印书馆 1979 年版。还有一种情况是语言学教材的版本也非
常繁多，王力《古代汉语》课本，郭锡良《古代汉语》课本，叶蜚声、
徐通锵《语言学纲要》课本，黄廖本《现代汉语》课本，等等，新版、
修订版、增订版都非常多。不过呢，我们在本书中一般不会去过多地研究
这些教材，我们把主要精力还是放在各类专著和经典论文上面。

　　关于语言学著作版本以及著作者的问题，还有一些问题更为复杂。比
如说，至少还有如下一些情形：

　　（1）有些著作今人以为是**独立专著**，而实际情况则不尽然，往往有
合作者。比如说，《汉语史稿》就有这种情况，"1956—1958 年以王力先
生为主编成立高等教育部汉语史教材编辑室时，（许绍早被）借调到该室
当王力的助手，参加《汉语史稿》中、下册的编写工作，共执笔编写十
六节之多，占本书中、下册的近半篇幅"[①]。王力在《汉语史稿》的

---

　　① 中国语言学会《中国现代语言学家传略》编写组：《中国现代语言学家传略》，河北教
育出版社 2004 年版，第 1543 页。

《序》和《跋》里都提到过许绍早，但只是限于说"再把各节分派给许绍早、唐作藩、唐钺三位同志**执笔改写**"、"在编写过程中，杨伯峻先生、唐作藩、许绍早、唐钺三位同志和汉语史研究生们都**提了不少好意见**"，并未涉及著作权问题。郭锡良说："'文革'前搞集体项目好办，大家都是一心一意的。'文革'后，特别是 80 年代以后，都是各人搞各人的，再搞集体教材编写就有难度了。"① 这其实也就涉及了"文革"前许多著作的合作者问题，特别是 1949—1978 年这一段时间的语言学文献，关于著作权这个问题尤为突出，任何一部信实的语言学史、语言学思想史无疑是要解决这其中的某些问题，但是肯定会有某些疑点已经无从下定论了。时至今日，版权意识、权责分割等观念早已深入人心，剽窃、抄袭等行为都被列入学术不端，是独立专著还是有合作者的这个问题也就相对简单明了一些了。

（2）**语言学文献的考证**非常不容易，特别是当有关文献涉及外文古籍的时候。当前，我们国内研究外国"汉文语言学古籍"的学者中，功力最深、著作最为扎实的是北京外国语大学的姚小平先生，姚小平的"海外汉语研究"系列的考证基本上都能够经受住历史的考验、基本上可以作为信史。国内也有少数年轻学者在语言学文献考证方面做得比较好。比如说，复旦大学霍四通的《"明斯顿"的修辞观——中国现代修辞学史上一个悬案之解决》，通过"几本东洋、西洋修辞古籍"考证了宗廷虎《中国修辞学通史》（近现代卷）中所讨论的汤振常《修辞学教科书》中引用的"明斯顿"，认为"明斯顿"误译自 Dean Swift，Dean 是牧师 Swift 的头衔②。霍四通此处的考证之功颇为有力，读书读到如此细致程度，确实不易！

（3）少数早期文献的版本已无定论，相关事件年代也无法精确核准，人们通常只能确定在一个大体上的时间范围内。这种情况，在民国初期或者稍早尤甚，国内出版的著作如此，在国外出版的著作也存在版本、年代无法精确认定的问题。比如说，"（维新）变法失败后，（王照）遭通缉，逃往日本。在此期间，他仿照日文假名，采取汉字的偏旁或字体的一部

① 张宜：《历史的旁白：中国当代语言学家口述实录》，高等教育出版社 2012 年版，第 79 页。

② 霍四通：《"明斯顿"的修辞观——中国现代修辞学史上一个悬案之解决》，《修辞学习》2009 年第 1 期。

分，制订了一份汉字拼音方案，叫做'官话合声字母'。（**一说王照创制 '官话合声字母' 是在 1900 年回国后，居住天津期间**）1900 年……出版 《官话合声字母》，署名芦中穷士（**一说《官话合声字母》1901 年由中国 留日学生在东京出版**）"①。再比如说，郭沫若在日本时所做的甲骨文、金 文研究也很难给出一个年月日（特别是月、日）时间确认，其中有些问 题在《郭沫若著译作品版本研究》② 中有所涉及。语言学文献版本的考证 问题难度大，往往为语言学研究者所忽视，"不屑为之"，常常认为这种 研究的价值不大，这实在是学术研究的一个误区。版本往往能够体现出语 言学家的心路历程，许多语言学大家都曾有过宣布放弃自己先期观点的经 历。比如说，高名凯《汉语语法论》修订前后的两种版本内容差别就很 大，这反映了作者语言学思想的某些变化。

（4）**同一著作再版时改了书名**，这种情况主要见于语言学大家的著 作之中。比如说，"王力的另一部重要语法著作是《中国语法纲要》 (1946 年，开明书店）。这部书**基本上是**《中国现代语法》的摘要。1954 年莫斯科外文出版局出版了该书的俄语译本。苏联汉学家龙果夫为它写了 序文和注评……该书于 1957 年连同序注一起由新知识出版社再版（**书名 改为《汉语语法纲要》**）……1936 年中华书局出版的《**中国音韵学**》 (1955 年再版时**改名《汉语音韵学》**）是他在这方面的重要著作……王力 在该书 1955 年《新版自序》中说：'这部书只代表我二十年前的意见， 并不代表我现在的意见。'事实上，1957 年出版的《汉语史稿》上册和 1963 年出版的《汉语音韵》在不少方面对《中国音韵学》的意见进行了 修正……王力十分重视汉语知识的普及工作，写了不少普及性读物，主要 有：《汉语讲话》（原名《**中国语文概论》，1939 年出版。1950 年改名 《中国语文讲话》。1956 年起改今名**）……"③ 王力的这些著作，由于改 名频繁，很容易被我们今天的初学者们搞混、搞错，甚至常常会出现误 读、误解的情况。

（5）早期语言学文献中使用**笔名署名**的情况较为普遍，特别是民国 时期在国统区的报纸副刊上发表的论文，报纸上的那些论文的真实作者有

---

① 中国语言学会《中国现代语言学家传略》编写组：《中国现代语言学家传略》，河北教 育出版社 2004 年版，第 1341 页。

② 蔡震：《郭沫若著译作品版本研究》，东方出版社 2015 年版。

③ 施光亨：《王力》，《语言教学与研究》1979 年第 2 期。

些如今已经无从考证了。有些语言学家的笔名很不少。比如说，"叶籁士（1911—1994），原名包叔元，世界语名字'Jelezo，汉语笔名叶籁士，是根据俄语'铁'字的读音写成汉字的，后来以此代替了本名。用过的笔名还有：包索原、索原、白山、叶君、吴人、罗甸华、余学文、学文、潘古干、费洛等"①。现在，利用笔名发表学术论著的情况要少一些了，这主要涉及著作权、著作责的相关问题。但是，现在还有少数的学者用笔名发表论著。比如说，李智明《中国古代语言学史稿》贵州教育出版社1993年版署的就是笔名，作者是四川师范大学李恕豪教授。

　　语言学文献是语言学研究的基础，更是语言学史研究的基础，语言学思想史研究也不得不重视语言学文献。深入一手文献，一一仔细阅读，这样才能写出扎实的语言学思想史来。当然，我们还有一个难点，那就是语言学文献数量庞大，我们究竟能够读完多少文献呢？这个问题无法回避，但也很难回答。我们只能说我们读完了绝大多数的主要著作和经典论文，我们不敢承诺我们读完了全部的著作和论文。也正是因为这个原因，语言学史的有些问题其实还是语言学文献的问题。

第二节　语言学史论著举隅

　　我们认为，语言学思想史是语言学史的一个组成部分，在介绍语言学思想史时概括一下语言学史的研究状况非常有必要。下面，我们就举例介绍一下语言学史的相关论著，我们在介绍这些语言学史论著时侧重于介绍其中的近百年来的部分内容。那些主要侧重于中国古代语言学史的著作，不是我们在这里所要介绍的重点。

一　中国语言学史相关论著举例

　　关于中国语言学史的相关著述，至今已经为数不少。笔者把自己见过的相关著述列举如下，这些文献尚不能穷尽地包括当前所有的语言学史著述。

---

① 中国语言学会《中国现代语言学家传略》编写组：《中国现代语言学家传略》，河北教育出版社2004年版，第1639页。

（1）林祝敔《语言学史》，商务印书馆 1943 年版。

（2）商务印书馆《中国文化史》丛书，共三种，包括：胡朴安《中国文字学史（上、下）》1937 年版，胡朴安《中国训诂学史》1939 年版，张世禄《中国音韵学史》1938 年版。这三种书，后来多次重印，要找到这些书都非常容易，但是它们首次印刷的版本却不太好找。

（3）《中国语文》杂志的"中国语言学史话"栏目，1956—1958 年。主要包括如下一些篇目：

周因梦《杨雄和他的〈方言〉（中国语言学史话之一）》，《中国语文》1956 年第 5 期。（笔者注：周因梦是周定一的笔名）

周因梦《博闻强记的郭璞（中国语言学史话之二）》，《中国语文》1956 年第 7 期。

周祖谟《许慎和他的〈说文解字〉（中国语言学史话之三）》，《中国语文》1956 年第 9 期。

孙德宣《刘熙和他的〈释名〉（中国语言学史话之四）》，《中国语文》1956 年第 11 期。

李于平《陆法言的〈切韵〉（中国语言学史话之五）》，《中国语文》1957 年第 2 期。

王显《清代的古音学创始人顾炎武（中国语言学史话之六）》，《中国语文》1957 年第 6 期。

杨耐思《周德清的〈中原音韵〉（中国语言学史话之七）》，《中国语文》1957 年第 11 期。

彭炳干《清代古音学研究的殿后人黄侃（中国语言学史话之八）》，《中国语文》1958 年第 5 期。

（4）岑麒祥《语言学史概要》，科学出版社 1958 年版。赵振铎曾指出了该书中存在的诸多错误[①]，二者可以对照阅读。

（5）王立达（编译）《汉语研究小史》，商务印书馆 1959 年版。

（6）王力《中国语言学史》，山西人民出版社 1981 年版。该书出版前，相关章节曾在《中国语文》杂志上连载；该书出版后，《中国语文》

---

① 赵振铎：《岑麒祥〈语言学史概要〉读后》，《四川大学学报》1963 年第 2 期。

杂志上还发表过相关书评。连载文章、相关书评主要有如下一些：

王力《中国语言学史（连载）前言、第一章训诂为主的时期》，《中国语文》1963 年第 3 期。

王力《中国语言学史（连载）第一章训诂为主的时期（续）、第二章韵书为主的时期》，《中国语文》1963 年第 4 期。

王力《中国语言学史（连载）第二章韵书为主的时期（续）》，《中国语文》1963 年第 5 期。

王力《中国语言学史（连载）》，《中国语文》1963 年第 6 期。

王力《中国语言学史（连载）》，《中国语文》1964 年第 1 期。

王力《中国语言学史（连载）》，《中国语文》1964 年第 2 期。

赵遐秋、曾庆瑞《〈中国语言学史〉读后》，《中国语文》1964 年第 6 期。

濮之珍《书王力先生〈中国语言学史〉后》，《中国语文》1964 年第 6 期。

赵振铎《试论研究中国语言学史的观点和方法——兼评王力先生〈中国语言学史〉》，《中国语文》1965 年第 1 期。

（7）杨福绵《中国语言学分类参考书目》，香港中文大学 1974 年出版。（该书为英文）

（8）何九盈《中国古代语言学史》，河南人民出版社 1985 年版。

（9）濮之珍《中国语言学史》，上海古籍出版社 1987 年版。

（10）胡奇光《中国小学史》，上海人民出版社 1987 年版。

（11）李开《汉语语言研究史》，江苏教育出版社 1993 年版。

（12）何九盈《中国现代语言学史》，广东教育出版社 1995 年版。

（13）许嘉璐、王福祥、刘润清《中国语言学现状与展望》，外语教学与研究出版社 1996 年版。

（14）刘坚主编的论文集《二十世纪的中国语言学》，北京大学出版社 1998 年版。

（15）赵振铎《中国语言学史》，河北教育出版社 2000 年版。

（16）邓文彬《中国古代语言学史》，巴蜀书社 2002 年版。

（17）李恕豪《中国古代语言学史》，巴蜀书社 2003 年版。

（18）王建军《中西方语言学史之比较》，黄山书社 2003 年版。

（19）王功龙《中国古代语言学史》，辽海出版社 2004 年版。

（20）署名"二十世纪中国语言学丛书编纂出版委员会"组织出版的一套书，由书海出版社出版。已出版有：许威汉《二十世纪的汉语词汇学》（2000）、苏培成《二十世纪的现代汉字研究》（2001）、赵诚《二十世纪金文研究述要》（2003），等等。该丛书有一些著作并未最终出版。比如说，王宁《二十世纪的汉字史与汉字理论研究》、石峰《二十世纪的中国语音学》、王希杰《二十世纪的中国理论语言学》等几部书笔者未曾见过，其中王宁曾确认过《二十世纪的汉字史与汉字理论研究》近期内不可能再行出版了。

（21）潘悟云、邵敬敏《二十世纪中国社会科学·语言学卷》，上海人民出版社 2005 年版。

（22）总主编邢福义组织出版的一套《20 世纪中国语言学丛书》。这套书在开始时计划很大，但最终并未出版几本书。我们能够看到的主要有两本：周荐《20 世纪中国词汇学》和宗廷虎《20 世纪中国修辞学》，这两本书均为中国人民大学出版社 2008 年版。

（23）邵敬敏、方经民《中国理论语言学史》，华东师范大学出版社 1991 年版。

（24）王远新《中国民族语言学史》，中央民族学院出版社 1993 年版。

（25）李建国《汉语规范史略》，语文出版社 2000 年版。

（26）黄德宽、陈秉新《汉语文字学史》，安徽教育出版社 1990 年版。

（27）孙钧锡《中国汉字学史》，学苑出版社 1991 年版。

（28）周荐《汉语词汇研究史纲》，语文出版社 1995 年版。

（29）宗廷虎、李金苓《汉语修辞学史纲》，吉林教育出版社 1989 年版。此后，宗廷虎（有些还有其他合作者）又出版了一些其他版本的"修辞学史"，分别为：1990 年出版《汉语修辞学史》（1995 年出修订版），1990 年出版《中国现代修辞学史》（1997 年出修订版），1998 年出版五卷本《中国修辞学通史》，2007 年出版三卷本《中国修辞学史》，2008 年出版《20 世纪中国修辞学》（上、下卷）。

（30）林玉山《汉语语法学史》，湖南教育出版社 1983 年版。

（31）朱林清《汉语语法研究史》，江苏教育出版社 1991 年版。

（32）邵敬敏《汉语语法学史稿》，上海教育出版社 1990 年版。

（33）龚千炎《中国语法学史》，语文出版社 1997 年版。

（34）李无未《日本汉语音韵学史》，商务印书馆 2011 年版。

（35）张宜《中国当代语言学的口述历史》，中国社会科学出版社 2011 年版。主要介绍了语言学口述史的方法、程序等问题，口述史的实际调查对象主要包括徐通锵、陆俭明、冯志伟、周有光、吴宗济、张斌、林焘、姚小平、李宇明等学者。

二　语言学史专著中涉及的近百年来的语言学

民国语言学史是百年中国语言学史的重要的组成部分。就有关中国语言学史的专著而言，大多数专著都只是论述到民国时期，基本上都没有介绍新中国成立以后的语言学发展状况。从这个意义上来说，绝大多数中国语言学史专著主要是中国古代语言学史研究，侧重于当代中国语言学的语言学史专著比较少。正是这种原因，我们研究民国语言学史对于探索近百年来的语言学发展状况非常重要。

下面，我们以出版时间为序，分别介绍一些"中国语言学史"专著中涉及 1912—2012 年近百年中国语言学史（特别是 1912—1949 年民国语言学史）的有关部分。有些当代中国语言学史论著，不涉及民国语言学史，我们径直介绍民国以后的当代部分。这些介绍也都是举例性质的，我们在此并没有进行穷尽性的列举。

（1）林祝敬《语言学史》，商务印书馆 1943 年版（序言写于 1941 年 3 月）

该书可以归为外国语言学史的行列，对中国语言学史介绍的内容不多。

该书在"序言"中说，"在过去，局促在一个狭小的天地里，一味考据；在近来，飘忽在一个虚远的宇宙里，高谈阔论者有之，苦干实践者无"。这似乎可以看作是对当时的语言学研究状况的一个总结。当然，说民国时期"苦干实践者无"则定然不会确切，民国时期刻苦钻研、扎实工作的语言学家为数可观。

该书"序言"中介绍了主要参考书目五种，它们分别是：

Pedersen, Sprogvidenskaben I det nittende Aarhundred（English translation，Linguistic Science in the 19th Century）.

Jesperson，Language，its Nature，Development & Origin.

Max Müller，The Science of Language.

Ddauzat，La philosophie du language.

Meillet，Introduction à l'étude comparative des langues indo-européennes.

对于这些书目，作者说"第一种至第四种（即彼德生、耶斯柏森、麦克司·缪勒及杜若）都向方光焘处借来，只有末一种（即梅叶）为编者自备"。

该书目录如下：

第一编通史。第一节古代（一、希腊，二、拉丁，三、印度，四、回教世界与犹太教世界，五、中国）。第二节中代。第三节近代。第四节现代。

第二编印欧语学史。第一节雅里安语（一、梵语，二、伊朗语）。第二节日耳曼语。第三节温德语（一、波罗的语，二、斯拉夫语）。第四节凯尔特·罗曼司语（一、凯尔特语，二、罗曼司语）。第五节希腊语。第六节阿尔巴尼亚语。第七节亚美尼亚语。第八节喜底德语。第九节托加利亚语。

第三编非印欧语学史。第一节乌阿语。第二节高加索语。第三节闪含语。第四节巴斯克语。第五节印支语。第六节海洋洲语。第七节非洲语。第八节美洲语。第九节其他（一、日语，二、韩语，三、虾夷语，四、北极语，五、艾特罗思干语）。

第四编比较语言学史。第一节旧时期（一、拉斯克，二、布普，三、格林，四、波特，五、希莱赫，六、柯修斯，七、费克）。第二节新时期（一、印欧语的颚音系统，二、日耳曼语的子音音变，三、印欧语的母音系统，四、新文法学家）。第三节语言考古学。

第五编一般语言学史。第一节语言的研究（一、语言的起源，二、语言的变迁，三、语言的样式，四、语言的属性）。第二节语词的研究（一、语音学，二、意义学，三、文法学）。

第六编文字学史。一、引言，二、楔形文字，三、西普罗文，四、克利特文，五、埃及文，六、喜底德象形字，七、腓尼基文，八、西奈文，九、古印度文，十、亚细亚文，十一、古拉丁文，十

二、希腊·拉丁文，十三、奥干文与罗尼文，十四、古土耳其文与古匈牙利文。

　　附录一：语言学书目表。

　　附录二：语言学家生卒表

　　该书第 11 页中说，"我国语言学的发展史有一段很长的记录，这里只预备描述一个概况，因为已有详细的专著在坊间出版，读者可以径自购阅"。这句话中的"已有详细的专著在坊间出版"，不知是指哪一本书，当时的语言学概述类（语言学史）的专著并不多见。

　　第 20 页中说，"在文艺复兴的时候，拉丁语又趋活跃，希腊语也跟着重受到人们的注意，这两个古典语言在初等学校里也要修习，**至今英国叫'小学'为 Grammar school（文法学校），丹麦为 Latinskole（拉丁学校），一似我们把文字学当作启蒙读物名为'小学'一样**"。这种比较很有意义，也正因为如此，中国语言学的发展与西方语言学的发展很不相同。

　　第 113—114 页中谈到"四主要五偏僻方言"时说，"汉语研究者特别多，在日本有所谓'支那通'，在西洋有'汉学家'（Sinologist），而我们自己，因为语言学没有普遍发展，精密的研究还属罕觏，西洋的'汉学'范围极大，几包括全部中国文物的研究，有的则指中国经书的译述而言，而且常与整个东方研究混在一起，所以起初没有纯粹的汉语研究，更谈不上什么比较方法"。该书在概述中对汉语研究的所有介绍、总结，主要是站在西洋人的立场上来看待问题的，但是这些概述还是有一定的客观性。

　　第 115—116 页提及了部分汉学家对汉语的相关研究，但未作详细的具体介绍。

　　以"语言学史"命名的专著中，林祝敔的《语言学史》应该是中国的第一部。这部书的写作、出版都在民国时期，不但"书中的内容"涉及民国语言学史的介绍，而且"这部书本身"就是民国语言学史不可或缺的一个组成部分。

　　（2）王立达（编译）《汉语研究小史》，商务印书馆 1959 年版

　　该书序第 1 页说，"这部书是从日本出版的《中国语学研究史》翻译改编的。原书还存在着一些缺点。这就是体例不够严谨，叙述难免片面，

文献资料的介绍还远不够要求。不过，这类性质的书在目前还有一定的需要，所以译出来供读者的参考。我们期待国内专家能够早日着手，写出更完善，能满足读者需要的有关汉语研究史料的书来"。该书又在"编译者的几点说明"（第 3 页）中说，"本书所以称为'编译'，是因为……编译者在翻译中做了（下面）一些必要的整理……原著各章是分别由不同的人执笔的，对同一问题或事实在个别地方就有不同的说法"。

该书分为 12 章内容，章标题分别为：关于中国古典文字训诂文献、汉语音韵的研究、中国的汉语语法研究（《马氏文通》以前）、中国的汉语语法研究（解放以前）、中国解放以后的汉语语法研究概述、苏联的汉学研究、十月革命前俄罗斯的汉语研究、日本的汉语研究（明治维新以前）、日本的汉语研究（明治维新以后）、欧洲的汉语研究、美国的汉语研究、汉语研究主要文献题解。

在 20 世纪 50 年代，中国语言学深受苏联语言学的影响。同时，这种学术联系也是双向的，苏联也重视研究中国的语言问题。比如，该书第 84 页说，"随着中国人民民主革命的胜利，苏联东方学界对中国问题进行研究的必要性也日益增大。所以，汉语的研究便成为东方各国语言研究的重点。只要看一看 1951 年修订后的东方学研究所研究计划，便可以发现，关于中国的研究题目占了一大半"。

该书最大的特点是**介绍外国人研究汉语的篇幅较大，几乎占了全书的一半的内容**。在这一点上，与中国人写的中国语言学史正好相反，中国人写的中国语言学史著作大多数主要写国内的语言学研究情况，往往缺乏外国人研究中国语言学的介绍。

（3）周法高《论中国语言学》，中文大学出版社（香港）1980 年版

该书包括四篇论文，《论中国语言学的过去现在和未来》（1966 年。基本上相当于非常简单的中国古代语言学史，涉及百年来的部分非常少）、《二十世纪的中国语言学》（《香港中文大学学报》1973 年第 1 卷，第 297—322 页）、《汉语研究的方向——语法学的发展》（1974 年。基本上相当于非常粗略的语法学史）、《汉字整理问题》（1979 年）。

《二十世纪的中国语言学》一文分为通论、声韵、语法、训诂、方言、结论六部分，通论部分非常粗略、简短，对语言学各个分支学科的介绍也都比较简略。在"结论"里，周法高把 20 世纪的语言学分为三个时期：1919 年以前，1919 年到 30 年代末，40 年代以后。周法高说，"从四

十年代开始，接受了丹麦语言学家叶斯卜孙、法国语言学家范德里也斯和以美国语言学家布龙菲尔特为首的结构语言学派的影响。此外，在方言研究上也有了转变，到了1949年后，大陆接受了苏联语言学的影响。大陆的学风是注重实用的。为了统一普通话，所以要研究各地的方言；为了要推行语文教学，所以要研究语法问题。在大陆以外，也有许多有价值的研究在进行。在最近，又受了以杭思基为首的转换语言学派的影响"。对于外国语言学家的汉译名字，周法高的译名与大陆学者的译名很不相同。

（4）王力《中国语言学史》，山西人民出版社1981年版

该书对民国语言学的介绍主要集中在如下三节内容之中：第四章西学东渐的时期（这一部分内容共有35页。32开本），第十六节语法学的兴起及其发展，第十七节西欧汉学家对中国语言学的影响，第十八节描写语言学的兴起及其发展。

该书在第199—200页指出，"描写语言学又称静态语言学，这是对某一具体语言的静态描写，而不管它的历史演变……中国学者们之所以一向不重视描写语言学，是受了复古主义的影响……章炳麟等人之所以研究方言，无非想证明方言中存在着一些'古'的东西，那仍然是历史语言学观点，不是描写语言学观点。直到普通语言学传到中国，学者们的眼光才有了转变，能对现代语言进行静态的研究"。从语言学史的角度来说，普通语言学的起步和发展是中国语言学史上值得大书而特书的一笔，王力的这一段话并无夸张之处。当然，"小学"在古代是经学的附庸，正值经学本身在民国时期受到动摇的时候，从"小学"中独立出语言学来这也许是时代发展的应有之义。

该书第207页中，王力对这一章内容的"本章总结"写得比较好，现节录于下：

> "中西合璧"是做不好的，正如刘复所嘲笑的"风琴与洞箫合奏"一样，显得十分不合谐。后来杨树达索性继承乾嘉学派的事业，去搞他的"小学"去了。赵元任、李方桂、罗常培等人搞古音构拟，搞方言调查，与章、黄一派分道扬镳，几乎可以说是"井水不犯河水"。直到1947年，王力发表了他的《新训诂学》，其中讲了"旧训诂学的总清算"，提出了"新训诂学"，才算跟旧派宣告了决裂。
>
> 新派也有自己的弱点。在"小学"作为经学的附庸的时候，小

学家几乎都是经学家，个个博闻强记，于学无所不窥。顾江戴段和王氏父子自然不用说了，即从章炳麟、黄侃而论，其中国史料知识渊博，远非新派所能望其项背。在封建时代，并没有所谓专门家，有的只是"博学鸿词"，所以著名学者的学问都是全面的。章炳麟的《国故论衡》上卷论小学，中卷论文学，下卷论诸子学，实际上是以一身而兼语言学家、文学批评家、哲学家。黄侃写了《音略》，同时也写了很有价值的《文心雕龙札记》。王国维在学术上和章黄是不同道的，但是有一点却是相同的，那就是博通小学、文学批评、史学和哲学。新派的语言学者一般总是把自己局限在狭小的范围之内……学术分工，本来也有它的进步性，但是必须先博而后能专。曾经有一个时期，似乎所谓语言学只有方言调查，或者再加上古音构拟，不但把中国传统的"小学"置之不顾，连现代语言学也研究得不全面，更谈不上渊博了。

王力在该书第209—210页中以"五四"为界总结道："在五四运动以前，没有产生描写语言学……在五四运动以前，也没有产生历史语言学……在五四运动以前，也没有产生语言理论。"事实上，描写语言学、历史语言学、语言学理论的发展在中国语言学史上具有标志性的意义，民国语言学史在中国语言学史上的革新性、过渡性和创造性就体现在这些方面。

该书第211页对章炳麟的著述有所评价，"章炳麟《国故论衡》有《音理论》和《语言缘起说》，题目非常吸引人，然而《音理论》无非重复江永三十六字母可以'补苴'为五十母的论调，重复明人二呼不能有八等的论调，等等，殊无可取；《语言缘起说》虽有个别地方可取（如言名词先于动词），但是杂以声训之说，亦多唯心之论"。即使如此，章炳麟在理论的自觉方面已经不同于此前的那些传统学者，已经表现出难能可贵的理论精神。如果把章炳麟的相关研究和学术思想放在历史长河中来看，而不是把时间上限放在民国早期那么几年，章炳麟的学术追求和实践值得我们大书而特书，何九盈在《中国现代语言学史》中就持有这样的观点。

（5）濮之珍《中国语言学史》，上海古籍出版社1987年版

该书第六章"五四"运动后的中国现代语言学（第475—494页），

与我们这里所说的"民国语言学史"有较大的关联。该章内容分为两大部分：一、"五四"运动和中国现代语言学的产生（内容包括：中国现代语言学的产生，中国现代语言学研究方法的进步，中国现代语言学研究范围的扩大：语法学的兴起、修辞学的兴起、古文字学的兴起、现代方言学的建立和少数民族语文调查的兴起）；二、语文改革新领域的开拓（内容包括：书面语的改革，共同语标准的探索，拼音方案的研制，现代汉语的规范化问题）。

该书第476页说，"在清末，章炳麟认为'小学'之名不确切，主张改称为'语言文字之学'。章氏在论述文字、训诂、音韵三方面之后，他说：'合此三种乃成语言文字之学。此固非儿童占毕所能尽者，然犹名为小学，则以袭用古称，便于指示，其实当名语言文字之学，方为塙切。'这不仅仅是一个名称上的改变问题，而是反映了当时的语言学家，在思想上、理论上对语言学这门学科有了'现代化'的认识。这就标志着中国现代语言学的开始，而太炎先生则被公认为'语言文字之学'的开山大师"。濮之珍对章炳麟的评价确实较高。不过，在中国现代语言学产生的"标志"问题上，不同的学者有不同的意见，濮之珍在这里所说的"这就标志着中国现代语言学的开始"并没有得到大多数语言学学者的认同。

该书第478页说，"'五四'运动，带来了'科学'与'民主'，当时的语言学界也显得比较活跃。西方语言学理论和研究方法，开始大量流入中国，以高本汉为代表的西方语言学家，他们带来了'音标'，并运用历史比较语言学的理论和方法，来研究汉语音韵学。这对于中国现代语言学的研究，产生了很大的影响"。其实，民国语言学就是中国历史上的关于"科学"与"民主"的第一个时代，从"科学"的视角来审视语言问题是民国语言学比以前的语言学研究更为进步的一个重要方面。民国语言学重视口语、不唯文言其实也是"民主"思想的一个表现。

（6）胡奇光《中国小学史》，上海人民出版社1987年版

该书为"中国文化史丛书"之一种。

该书第五章"小学的终结——清代"，第十一节"奔向现代的语文新潮"涉及民国语言学史部分。该书从第348页起，谈辛亥革命以后的语言学发展情况，谈得非常简略。

该书第352页谈到"微观语言学的新的突破"，指出"'五四运动'以后，微观语言学即研究语言结构本身的学问，也起了根本的变化，这一

方面是原有的文字学、音韵学、训诂学研究的更新，一方面是新兴的现代方言学、语法学、修辞学等学科的发展"（第 353 页）。这一部分内容用极其简短的文字概述了文字学、音韵学、训诂学、方言学、少数民族语言学、语法学、修辞学等分支学科史。

该书第 363 页谈到"宏观语言学的新的景象"，指出"宏观语言学是把语言同一切与语言有关的现象联系起来研究"。这一部分内容介绍得非常粗略，比较简短。

（7）李开《汉语语言研究史》，江苏教育出版社 1993 年版

该书第 342—417 页为第七章"《马氏文通》至建国前：近现代语言学的引起和兴起时期"，所包含的几节内容分别为：第一节"汉语语法研究的兴起和发展"（一、以模仿和变古为科学思路的《马氏文通》，二、在结构主义影响下革新阶段的语法研究）。第二节"普通语言学和汉语语法论的建树"（一、普通语言学和传统语言学相结合的《国语学草创》，二、在语法理论上有重要建树的《国文法草创》，三、在语法研究方法学上有重要建树的《国文法之研究》，四、文法革新讨论和方光焘的早年语法理论）。第三节"历史语言学和新发展"（一、高本汉的历史语言学说和成就，二、以拟测上古音值为目的的汪荣宝《歌戈鱼虞模古读考》，三、以李方桂为代表的上古主元音的构拟，四、陆志韦对上古介音的构拟和重纽问题的提出，五、晚近学者对古声纽和古韵分部的再研究，六、吕叔湘关于近代汉语历史语法的研究）。第四节"描写语言学的兴起"。第五节"马克思主义的早期传播对现代语文新潮的影响"。

该书第 350 页说，"由于马建忠本人并不精于训诂，对若干句子的理解上也有错误，杨树达（1885—1956）写了《马氏文通刊误》（1931年），又因《文通》本质上是文言文语法，对书中虚词再作专题深入，著成《词诠》（1928 年），为建树以词类划分为中心的独特的语法体系，在订补《文通》的基础上（见杨树达《高等国文法序例》），著成《高等国文法》"。这相当于把杨树达的学术思想的发展脉络梳理得非常清楚了，非常有助于理解民国语言学史上的杨树达的这么一种类型，一种非常独特的类型。

该书第 369 页说，（文法革新）"讨论在上海进行，但传播至香港、重庆、广东、广西几乎遍及整个南部中国"。这实际上也就是交代了文法革新的几个重要影响地点主要是在南方地区，即反映了当时语言学界

"南论文北专著"的情形。

　　该书第 414 页说，"三十年代中期，白话文已部分变质，即变得半文半白。针对这种情况，出现了两种态度。一种是以汪懋祖（1891—1949）为代表，1934 年 5 月，他从右的方面公开发表了一篇复活文言、废弃白话的文章。另一种态度以陈望道为代表，提出了比白话文还要'白'的大众语主张，从左的方面消除'半文半白'中的'文'的扩大，深化其中的'白'"。对白话文运动的众多总结中，该书这里的论述可谓是简明扼要。

　　就"民国语言学史论"的条理性、系统性、理论性而言，李开的《汉语语言研究史》是非常好的一部著作，只是该书尚不够细，有些线条尚有进一步细化的余地。就该书所涉及的不同"断代"而言，民国时期这一段所占的篇幅比例确实较为可观。

　　（8）许嘉璐、王福祥、刘润清《中国语言学现状与展望》，外语教学与研究出版社 1996 年版

　　该书"编者的话"说，"这里收集的文章是国家语言文字工作委员会向上级报告近十年来我国语言学研究现状和对未来的展望时，请有关专家就语言学的各个分支写出的相应的报告"。

　　该书的分支报告以及作者主要有如下一些，汉语篇：徐通锵、王洪君《改革开放以来的中国理论语言学》，许嘉璐、朱小健《汉语史研究的现状与展望》，沈培、裘锡圭《80 年代以来大陆地区汉字学研究状况调查报告》，邢福义、汪国胜、吴振国、萧国政《"八五"期间的现代汉语研究》，江蓝生、曹广顺、吴福祥《近代汉语研究的回顾与前瞻》，张振兴《蓬勃发展中的汉语方言学》，黄行《少数民族语言研究的现状与发展》，仲哲明《应用语言学研究的现状和展望（上）——汉语文教学及语言规划、术语学、语言的社会应用》，傅永和、刘连元、陈敏、王翠叶《应用语言学研究的现状和展望（下）——中文信息处理》。外语篇：王福祥、刘润清《我国外语界语言学研究现状与发展趋势》，史宝辉《我国语音学与音系学研究现状和发展趋势》，张会森《外语语法研究：回顾和展望》，王逢鑫《我国语义学研究的现状与展望》，沈家煊《我国语用学研究》，胡壮麟《我国文体学研究现状》，索玉柱《我国实验心理语言学的进展》，高一虹《我国社会语言学研究现状及问题》，王福祥《我国宏观语言学部分学科的发展状况》，高远《英汉对比分析评述》。本书把相关内容分为

汉语篇和外语篇也只是权宜之计，这种分类并不合适。比如说，把关于少数民族语言研究的内容放在汉语篇里就显得较为勉强，理论语言学、语用学等也不是只属于汉语或者外语研究。当然，我们也不能对这种分类求全责备，因为我们确实很难把所有的与语言研究有关的内容完全框定在一个固有的框架之内。

（9）刘坚（主编）《二十世纪的中国语言学》，北京大学出版社1998年版

该书"说明"中说，"本书由我们约请各个学科领域里的专家分工撰写。各部分字数多寡不一，行文风格也不尽一致，内容也可能偶有重复之处，我们除了技术性的改动以外，不作内容上的增删"。该书基本上相当于由"分科语言学史"论文组成的论文集，分科主要包括：音韵学、训诂学、文字学、语法学、近代汉语研究、历史语言学、语音学、现代汉语词汇学、现代汉语语法学、方言学、修辞学、语言文字规范工作、对外汉语教学、少数民族语言文字研究、普通语言学、实验语音学、话语语言学、数理语言学、社会语言学。

（10）班弨《中国语言文字学通史》，广东高等教育出版社1998年版

在各种通史类"中国语言学史"中，《中国语言文字学通史》明确地列出、标明了"民国时期"这一阶段，该书也是对民国语言学史的介绍较为详细的一部专著，相关内容有48页之多（32开本）。

相关章节，标题如下：

第七章　民国时期（上）（公元1911年—1949年）
——西方普通语言学理论的传入；现代汉语语法学的发展
一、概述
二、在西方语言学理论影响下中国普通语言学的兴起与发展
三、胡以鲁和他的《国语学草创》
四、张世禄、岑麒祥等人的普通语言学著作
五、现代语文运动的兴起及其成果
六、汉语语法学的发展及有关著作
七、黎锦熙和他的《新著国语文法》
八、吕叔湘和他的《中国文法要略》
九、王力和他的《中国现代语法》

十、高名凯和他的《汉语语法论》

第八章　民国时期（下）（公元 1911 年—1949 年）

——现代汉语修辞学、方言学和少数民族语言调查研究的兴起和发展；古文字学的继续发展

十一、汉语修辞学的兴起，陈望道和他的《修辞学发凡》

十二、古文字学的继续发展和罗振玉、王国维、郭沫若、容庚、商承祚、唐兰等人的研究成果

十三、汉语方言调查研究的兴起

十四、赵元任和他的《现代吴语研究》等现代方言学著作

十五、罗常培和他的《厦门音系》等著作

十六、少数民族语言调查研究的兴起

十七、李方桂和他的《龙州土语》、《莫话纪略》等著作

十八、本章结语

　　该书最大的优点是介绍民国时期的语言学相对较为详细，但也存在着一些缺陷。这些缺陷表现为三个方面：（1）第一节"概述"和第十八节"本章结语"都相当简单，还只是处于一种"泛泛而谈"的层次。（2）这两章里面的十几节内容也是以语言学的分支学科各自为政地进行概述的，这些"概述"中对一些专著的"评介"也很简略，这些评介并未深入到这些文献的"细节"当中去，或者可以怀疑这些评介是采自二手资料而著者并未通读原始文献。（3）所评介的这些语言学专著也都是一些常见文献，基本上没有珍贵的罕见文献，主要是介绍了部分专著，很少涉及论文。

　　（11）赵振铎《中国语言学史》，河北教育出版社 2000 年版

　　该书第五章"清代到'五四'以前"涉及民国语言学史。该书第344 页说，"辛亥革命胜利，赶跑了一个皇帝，在我国结束了两千多年的封建君主专制统治，但是在思想领域内，封建思想并没有清除。从这时到'五四'运动前夕，虽然思想战线有过争斗，但是这几年在语言学上没有什么值得称道的东西，所以暂时把这几年放在清代一起论述"。这段论述，基本上与事实相符，辛亥革命到"五四"运动这七八年时间内确实没有出版、发表很多的语言学论著，这从我们所做的语言学论著"编年"中就可以看出这一点来。不过，辛亥革命之前的一段时间内同样也是

"在语言学上没有什么值得称道的东西"。比如说，1898—1911 年这期间除了 1898 年的《马氏文通》外，"值得称道的东西"确实也不多见。当然，话也不能说得太绝对。比如说，胡以鲁的《国语学草创》虽然出版于 1923 年，但胡以鲁写成这本书当不晚于 1913 年，这本书在中国语言学史上影响颇大。

该书第五章的第六节为"章炳麟和黄侃"。该书第 440 页说，"可以这样认识，章炳麟、黄侃是传统语言学向现代语言学发展过渡时期的代表人物，他们起到了沟通两个时期的作用。今天我国的语言科学虽然有了很大的发展，但是章炳麟、黄侃在历史上起过的作用不能低估，应该把他们的学术活动放到当时的背景下去考察，给以正确的、恰如其分的评价"。在该章中赵振铎还指出，**章炳麟《语言缘起说》后半部分与穆勒《语言科学讲义》第二章论词根的内容基本一致**，章炳麟把词根理论介绍到国内，写成了《文始》。章黄在中国语言学史上的地位，长期以来一直都存在着诸多争议。赵振铎、何九盈、濮之珍所著的语言学史都对章黄学术有着极高的评价。

该书第六章"'五四'到八十年代"。内容主要有：第一节"语言理论的引进与发展"，第二节"语音和音韵学的研究"，第三节"方言的调查和研究"，第四节"少数民族语言的调查研究"，第五节"由传统训诂学发展起来的词汇研究"，第六节"语法的研究"，第七节"修辞学的建立和发展"，第八节"汉字的研究"。

该书第 470 页说，"胡以鲁的书是用文言文写的，书中的译名也和今天习用者不同。例如**洪堡特译作'亨抱'，加倍伦茨译作'迦柏林之'，施莱歇尔译作'胥海'，博普译作'抱浦'，叶斯泊森译作'耶斯彼善'**。这是读这本书所应知道的"。这一点确实需要注意，笔者在通读胡以鲁的著述时开始还没有注意到这一点，后来才发现确实如此，我们不能因译名各异而引起误解。

该书第 470 页说，"（胡以鲁）对语言的认识还是停留在 19 世纪西方语言学家的认识水平上"。这大约是说"历史语言学在中国"，其实，在 20 世纪初学习西方 19 世纪的东西并不夸张，也不过分。语言学在中国独立地发展，总要有一个学习、借鉴西方的过程。

该书第 476 页说，"岑麒祥 1936 年把梅耶的《历史语言学中的比较方法》一书译成中文在中山大学《语言文学专刊》发表"。国内的《历史语言学中的比较方法》中文译本有好几种，岑麒祥的翻译应该是较早的一种了。

该书第 503 页转引沈兼士（1886—1947）的话说，"歌谣是一种方言的文学，歌谣里所用的词语，多少都是带有地域性的，倘使研究歌谣而忽略了方言，歌谣中的意思、情趣、音调，至少有一部分的损失，所以研究方言可以说是研究歌谣的第一步基础工夫"。该书还介绍了当时的歌谣、方言研究简况。《歌谣》、《国语周刊》、《歌谣增刊》在当时都是较有影响的期刊。1927 年清华大学调查吴方言，1928 年赵元任调查、研究吴语。当时规模较大的方言调查还有：1933 年陕南方言调查，1936 年湖北方言调查，1928 年、1929 年两广方言调查，1934 年徽州方言调查，1935 年春季江西方言调查，1935 年秋季湖南方言调查，等等。当时的方言调查为新中国成立后方言学的发展奠定了良好的发展基础，起到了一个非常重要的带头、启动作用。

（12）李恕豪《中国古代语言学简史》，巴蜀书社 2003 年版

该书第六章"清代的语言研究"，第八节"中国语法学的建立"（一、《马氏文通》的写作目的，二、《马氏文通》的内容和影响）。

该书第 443 页的"后记"说："中国古代的语言研究源远流长，有数千年的历史。在一本 30 万字左右的著作中要把它叙述清楚，并给以恰如其分的评价，是很不容易的。而且，一个人的学识和精力都很有限，在许多地方自己并没有亲自进行过细致的研究。好在前代学者在中国语言学史的研究中已经取得了非常大的成绩，出版了好几部专著，至于这方面的研究论文就更多了。这些成果都是笔者在编写这部著作的过程中充分吸收和借鉴了的……笔者希望，每一位从事中国语言学史研究的人都不妨让自己的思想能自由地驰骋，在这一学科中尽可能多地开拓新的领域，大胆提出自己的见解，从而使中国语言学史的研究能更上一层楼。"这篇"后记"很诚实，也很鼓舞人心。也许，作者的这部书中有很多地方都使用了二手资料，并没有通读原始文献。但是，这种"大胆提出自己的见解"的说法确实也很有益处，这是以往很多语言学史著作所忽略的一个问题。当然，语言学史著作要想"鹤立鸡群"卓然独立很难，只要能够"开卷有益"也许就已经做得很好了。

该书内容篇幅不大，对《马氏文通》之后的语言学史并未加以总结，缺少对"民国语言学史"的相关介绍。

（13）中国语言学会《中国现代语言学家传略》编写组：《中国现代

语言学家传略》，河北教育出版社 2004 年版

该书是《中国现代语言学家》的增订、升级版，介绍了 318 位语言学家及其研究成果，基本上可以看作是"传记体"的百年中国语言学史。该书在介绍某一位语言学家时，常常是先简单介绍其个人经历，再详细介绍其学术成果，有时也会介绍一些相关的学术活动，概述其学术观点，并能够较为客观地评价其学术影响。该书由 111 位作者合力撰写而成，内容厚重，分为 4 卷本印制。

该书中的有些内容从行文风格上看，似乎是"传主"自己提供的书面材料，语气语调、措辞味道都不似是由一位"他者"编写的传记，从这一点上我们也可以看出编者不够用心、不够严谨。因为虑及此类词条的"传主"本人或其弟子们的感受，我们在此不拟举出任何一个例子，但是，我们声明此类情况在该书中确实不乏其例。该书中还存在一些错误之处。例如，第 765 页"刘又辛……在罗莘田先生的教导和影响下攻读语言文字学，另师从罗常培、沈兼士、魏建功、唐兰、闻一多诸先生，从中吸取各家之长"中罗莘田就是罗常培，作传者之所以这样表述可能是因为笔误，也可能是编者的水平有问题，无论是哪种情形都会影响该书的学术质量。

该书出版后，获得了学术界普遍的较高的评价。崔希亮认为，"要概括一部学术著作或者工具书的特点是相当困难的。说得绝对一点，特点指的是为此所有、为彼所无的属性特征，而这些属性特征只有通过比较才能获得。对于《传略》我们无法这样概括它的特点，因为除了它的前身《中国现代语言学家》，没有看到同类的出版物，因此比较也就无从谈起……《传略》主要以叙述为主，客观地记录中国现代语言学家的行略事迹和学术成就。当然在记录时也主要集中在与学术活动有关的事迹上，不涉及日常起居和花边新闻。最值得一提的是，编写者在客观记录语言学家学术成就的时候不是在记流水账，而是经过了概括加工……《传略》所收录的三百多位语言学家从研究方向上看包括了传统的汉语言文字学，也包括了现代语言学，从内容上看有理论语言学、历史语言学、社会语言学、心理语言学、人类语言学、民族语言学、计算语言学等不同的门类，如果在书后附上一个学科门类的索引，读者就可以按图索骥，找到感兴趣

的语言学家，进而去寻找更多的相关文章，这对于初入门者是非常方便的"①。该书可以被看作是工具书一类的著作，却不宜被看作是一般的语言学史著作。事实上，除了专门研究语言学史的学者会通读该书外，其他的普通学者几乎都不会通读该书，他们最多只是偶尔查检一下该书罢了。笔者曾经通读过该书，笔者认为该书有一定的学术重量，但是，笔者并不认可这种"书成众手"的做法，该书因为没有由一人主笔一笔到底，所以总是存在着一系列的缺点。

该书出版后，鲁国尧也对该书做了一定的评价，"密于后五十年（姑且说'五十年'，举其成数也），而疏于前五十年；密于编写专家所熟悉者，而疏于所不熟悉者"②。也就是说，该书对民国语言学史的研究力度非常不够，如果要进一步完善学术链条，民国语言学史就非常值得进一步研究。

（14）潘悟云、邵敬敏《二十世纪中国社会科学·语言学卷》，上海人民出版社 2005 年版

该书由多人合作完成，这在该书的"后记"中有说明，参加撰写和审阅的人员主要有：陈昌来、张谊生、杨剑桥、刘民钢、游汝杰、余志鸿、徐时仪、徐莉莉、詹鄞鑫、陈光磊、李熙宗、齐沪扬、霍四通、黄锦章、潘悟云、陶寰、金立鑫、曹德和、邵敬敏、张斌、许宝华。参与人员人数众多，在分工时他们主要是按照分支学科各自完成的，也就是说，本书在事实上是一部由语言学分支学科史论文组成的论文集，最多可以看作是"分科语言学史"，不宜看作是"整体语言学史"。

（15）邓文彬《中国语言学史》，北京交通大学出版社 2006 年版

2002 年，邓文彬在巴蜀书社出版《中国古代语言学史》，内容基本未涉及民国语言学史。

2006 年，邓文彬又出版了《中国语言学史》一书。该书扉页上的"内容简介"说："本书是根据邓文彬先生的专著《中国语言学史》（系三卷本专著《中外语言学史》的第一部）删改而成，全面、系统而简要地介绍了中国语言学史从远古时代到公元 2000 年的发展情况，总结了中

① 崔希亮：《汇集精粹，开卷有益——评〈中国现代语言学家传略〉》，《语言科学》2005年第 2 期。

② 鲁国尧：《史部新著：〈中国现代语言学家传略〉》，《中国语文》2005 年第 2 期。

国语言学研究几千年来的经验和教训，为中国语言学研究未来的发展指明了方向，是国内目前研究中国语言学史历史跨度最长、涉及面最广、内容最新的著作，适合作大学和研究生的语言学史教材，也可供语言学研究者、计算机程序语言研究者、和其他爱好者参考。"

该书与民国语言学史相关的内容主要是在下篇"中国现代语言学史"部分，第四章"中国现代语言学的建立与建国前的语言学（1898—1949）"。各节内容为："概况"，第一节"汉语语法学的建立与在建国前的发展"，第二节"中国现代修辞学的建立与在建国前的发展"，第三节"中国现代语音学的建立与在建国前的发展"，第四节"现代文字学的建立与在建国前的发展"，第五节"现代方言学的建立与在建国前的发展"，第六节"现代词汇学的建立与在建国前的发展"，第七节"普通语言学的建立与在建国前的发展"，"本章小结"。这部分内容共有115页之多（第205—319页，32开本），篇幅不小。不过，这种安排还是从分支学科各自为史的角度来书写的，在语言学史的"整体性"概括方面还不够紧凑。

（16）何九盈《中国现代语言学史》，商务印书馆2008年版

该书内容所涉及的时间段与民国时期38年有很大的重合，该书也是目前为止最为优秀的语言学史专著之一。但是，该书有一个问题，即它还是按照分支学科来分别叙述它们的历史的，各自为史，这样的语言学史会给人以条块分割的感觉。

就语言学的分支学科史而言，目前著述颇丰。例如，语法学史的专著就已经有很多了，文字学史的专著也不少。如果是有人把这些语言学分支学科史"糅合"一下就成了语言学史，那就很成问题。该书成书较早，在那个时候按照分支学科史来写语言学史也许没有太多问题，但是，今天来写语言学史的话则不能再以那种方式去书写了。现在看来，语言学史研究最为重要的方面是如何深入到语言学著述文献的"细节"中去，而不是把各个语言学分支学科史拿来简单的"糅合"一下，这就需要大量阅读那段历史上的语言学原始文献。

（17）邢福义、汪国胜《中国高校哲学社会科学发展报告：1978—2008. 语言学》，广西师范大学出版社2008年版

该书分为五编。第一编"汉语言文字研究概览"，类似于语言学分支学科史，分为：现代汉语语音研究、现代汉语词汇研究、现代汉语语法研究、古代汉语语音研究、古代汉语词汇研究与训诂研究、古代汉语语法研

究、汉语修辞研究、汉语方言研究、汉字研究，共九章。

第二编"语言理论与语言应用研究概览"，共有六章内容。第一章"语言理论研究"，介绍了如下一些内容：历史语言学，结构主义语言学，生成语言学，功能语言学，认知语言学，配价理论，心理语言学，神经、病理语言学，对比语言学，语法化和词汇化，类型学、语言哲学，原则和方法，学科、学风和学派，规律探求和理论思考，这一章内容类似于现代语言学流派史。第一章内容介绍过于粗略，只是简单提及少量的代表性著作和论文，每一部分的内容篇幅一般都没有超过一页纸。第二章"对外汉语教学研究"，第三章"社会语言学研究"，第四章"文化语言学研究"，第五章"计算语言学研究"，第六章"语言规划研究"，这几章内容都侧重于应用研究。

第三编"民族语言研究与外国语言研究概览"，共有两章。第一章"民族语言研究"，分为八节：新时期民族语言研究的"新深实"、大量有价值新语料的积累、研究理念研究方法的大转变、汉藏语系属问题的深入探究、汉语和少数民族语言比较研究的深入发展、濒危语言研究的突破性进展、语言国情调查的全面展开、语言接触研究的长足进步。第二章"外国语言研究"，分为五节："普通语言学"、"应用语言学"、"对比语言学"、"心理语言学"、"翻译学"。

第四编"理论创新、存在问题与发展趋势"。作者把理论创新分为：引创型、生发型、引创生发结合型。

第五编"学界纪事"，分为三章。第一章"标志性成果例举"，主要介绍了"中国高校人文社会科学研究优秀成果奖"的获奖成果。第二章"重要学术组织和学术活动"，第三章"重要研究机构和学术阵地"。

（18）［韩国］李炳官、金铉哲、李圭甲、金爱英、朴圣镐《中国语言学史》，［中国］雷汉卿、胡翠月译，巴蜀书社2014年版

从该书的"译者后记"来看，该书的主要翻译者为胡翠月，雷汉卿主要起到了协助修改的作用。当然，作为一部中国语言学专业书籍的翻译来说，翻译难度极大，如果没有精准的修改，仅凭学习韩国语的胡翠月独立完成该书翻译的话，那简直就是不可能的事情。国内的外国语大学中，教韩语的老师对中国语言学史一般都没有太大的造诣。翻译专业书籍不同于翻译文学作品，很不容易。我们知道，赵元任等人在翻译高本汉的《中国音韵学研究》时，那都近乎是对原著的重写了。该书在翻译时肯定

遇到过不少的难点，既要翻译准确，又要在翻译过程中修改原著中的错误，这很不容易。

"译者前言"第6页说，"本书是目前所见到的国外学者集体撰写的第一部中国语言学通史"。说该书是第一部肯定很不准确，只是呢，我们对外国学者研究中国语言学史的情况确实缺乏了解，特别是对于那些在国外本来名气就很小的著作来说。

从该书著者写的"序文"来看，该书的学术水平确实不高，我们从中可以推断该书属于"综合"既有的"中国语言学史"著作而进行的"泛泛而谈"的成果。该书也许可以作为外国人写的"中国语言学史"著作中质量最好的代表，但是，如果放在中国国内来说，该书并不会比国内的大多数语言学史著作更高级、更高明。该书在准备写作时，由李炳官网罗了自己的几个尚在读研究生的"学弟"来协助写作，"序文"第4页说"然后我告诉所有在场的学弟：'现在，什么都不需要，首先用一年的时间读透这三本书（笔者按：分别指王力、濮之珍、胡奇光著的三本语言学史著作），然后一年后的今天我们再聚'"。那么几个韩国人，又没有经年累月的学术准备，对中国语言学史这一论题在前期毫无学术积累，只能靠多人合作（拼凑）来完成，该书的学术质量确实难以保证。"译者前言"第7页说，"在'简帛'后的括弧中说明'写在绸缎上的文字'，（雷汉卿、胡翠月）翻译时补充为'写在竹木片和绸缎上的文字'，以求更为准确"。诸如此类的错漏，如果不是出版社印刷错误，这很可能是原著者（们）对中国语言学史的无知，而不是原著者无意间脱漏造成的错误。对中国的语言学者来说，"简帛"属于最为基本的常识之一，不可能会出现类似的错漏。笔者通读过该书，笔者相信自己能够较为客观地评价该书。所以，该书**或许可以**看作是海外书写的"中国语言学史"的代表作，但是，我们不能把它当作是中国国内的中国语言学史的代表作。

该书"序文"第1页提出了一个疑问：1988年的时候，在韩国，直接用韩国语写成的而不是翻译成韩语的著作之中，"为什么以《中国文学史》命名的书名就有好几页纸之多，而以《中国语言学史》命名的书连一本都没有呢？"这可见语言学之于文学的弱势，不仅仅是在中国国内如此，在韩国的情形也是如此。

该书第460页说，"在本章中将把中国现代语言学分为'传统学科的继承和发展'和'新学科的诞生'两个方面，并分别对这两个方面进行概括性的说明"。这种做法和提法都是正确的，值得肯定，这确实体现出了原著者的智慧。只是，该书后面的"分别对这两个方面进行概括性地说明"更多的是一些"拼凑式"的、"泛泛而谈"的转述，缺乏一手材料。一句话，著者没有能够从原始文献入手，没有能够逐一通读原始文献，只是利用了一些二手材料，这是该书最大的缺陷。

三　微观、分科、整体的语言学史

我们通常认为中国的语言学史研究起步晚，发展不成熟。邵敬敏、方经民说，"中国语言学史的研究开始于 30 年代。胡朴安《中国文字学史》（商务印书馆 1937）、《中国训诂学史》（商务印书馆 1939）以及张世禄《中国音韵学史》（商务印书馆 1938）构成了完整的中国传统语文学史……全面系统地研究中国语言学史则是从 50 年代才开始的……由日本'中国语学研究会'编写的《中国语言学研究史》（江南书院 1957）是在日本出版的最早的一本中国语言学简史。王立达曾根据该书编译成《汉语研究小史》（商务印书馆 1959）一书……80 年代这一方面研究出现了高潮"①。这个观点基本上符合中国语言学的研究实际。

受苏联语言学的影响，当苏联在讨论大学语言学史课程设置的时候，我国的语言学界也开始了对语言学史的思考。由中国科学院语言研究所编写的《苏联大学"语言学史"课程的讨论》说，"本辑收录的十篇文章，是苏联《语言学问题》杂志在 1954 年第 4 期到 1955 年第 5 期这一期间所进行的大学语文系'语言学史'课程的讨论"②。该书还说，"利用《语言学问题》杂志篇幅开展的有关在我国高等学校设置普通语言学课程：《语言学引论》、《普通语言学》和《语言学史》问题的讨论，差不多已有整整两年了（1953—1955）"③。当时，苏联语言学界的讨论，主要涉及普通语言学和语言学史两个课程的关系问题，讨论了关于如何设置、谁先谁后、课时各多少等问题。张宜说，"20 世纪 50 年代以来，语言学史研究逐渐从普通语言学中分出，发展至今，已成为一个独立的分支——语言

---

① 邵敬敏、方经民：《中国理论语言学史》，华东师范大学出版社 1991 年版，第 4 页。

② 中国科学院语言研究所：《苏联大学"语言学史"课程的讨论》，商务印书馆 1960 年版，扉页。

③ 同上书，第 88 页。

学史学（historiography of linguistics）。语言学史学既指语言研究的过去史，也关注语言学历史文献中的方法论和认识论"①。中国语言学史发展的这个过程，与苏联的语言学的发展确实存在着较大的关联。

西方语言学史发展比中国语言学史发展得更成熟一些。张宜说，"到了 20 世纪末，西方语言学史的研究更为重视历史传统的发掘和整理。表现在：（1）把当代史的及时整理和记录提上了日程；（2）努力为语言学的各领域提供全面的文献资料和背景知识；（3）对某个时期的语言学史、某一专题的探索过程、某一个人的学说体系的研究更加细密；（4）把语言学史看作思想史的组成部分，从哲学源流、文化背景、社会发展等多方面作历史的考察和分析；（5）重视语言学史研究的理论和方法。（姚小平，1995b）总体上说，**西方语言学界对于语言学史的理论和方法更为重视**。他们主张：（1）**把语言学史纳入思想史的范围，探讨各种语言观念、流派产生的哲学根源和社会背景**；（2）把语言学史视为科学发展史的组成部分，探讨语言学与其他学科的历史联系；（3）对语言学的发展史作模式化的分析；（4）提出语言学史研究者应该具备的条件（姚小平，1995a）"②。在这里，姚小平、张宜对西方语言学史的概括相对比较简洁、平实、客观，以此来对照中国的语言学史学科，中国语言学史研究确实难以达到这种高度、深度、水平。

中国语言学史研究之所以起步晚、发展迟缓，这与"中国古代有没有语言学"的问题紧密相关，如果古代没有语言学，自然就没有语言学史。何九盈曾说，"语言学是人类社会一门很古老的学科。我们中国人自觉地对语言进行研究，起码也有两千多年的历史了。我国古代没有语言学（linguistics）这个名称，只有所谓'小学'。'小学'的内容与我们现在所说的广义语言学大致上相当"③。即使我们可以作如是的理解，但因为"小学"系统性差，往往比较"散"，这样的学问就很难被系统地"总结"出来，所以，中国古代并未产生真正意义上的"语言学史"研究。当前的"中国语言学史"也是在"中国现代语言学"的观照下"追溯"出来的，往往把"中国现代语言学"的"学科框架"捆绑在"小学"上

---

① 张宜：《历史的旁白：中国当代语言学家口述实录》，高等教育出版社 2012 年版，前言第 II 页。

② 同上。

③ 何九盈：《中国古代语言学史》，北京大学出版社 2006 年版，1985 年河南版自序。

面，在"适用性"上肯定要打一定的折扣。

古人并没有现代人的"学术规范"的套子，但古人也同样注重古往今来的学者们对某一个问题的研究，对某一问题进行"史"的追溯、概括。自现代学术繁荣以来，凡是学术论文，必须在论文的最开头有一个"研究现状综述"，这已成为一篇完整的学术论文不可或缺的一个有机组成部分。各色各样的语言学方面的"专题论文"都有自己的"研究现状综述"部分，哪怕是只研究某一个"字"往往也会有这个"研究现状综述"，这些详略各异的"研究现状综述"其实就是一种"语言学史"，只是非常"微观"罢了。

从这么细小的"微观语言学史"逐步扩展开来，稍微宏观一点儿的还可以有"专题语言学史"、"分科语言学史"乃至"整体语言学史"。比如说，"副词史"就可以看作是"专题语言学史"，"汉语语法学史"属于"分科语言学史"，"中国古代语言学史"属于"断代的整体语言学史"，"中国语言学史"属于"整体的语言学通史"。"整体语言学史"可以是通史，也可以是断代史，"整体"强调的是研究"语言学整体"的历史，而不仅仅是某一个或某几个分支学科，它注重语言学的各个分支学科的整合而不是孤立的某个分支学科。

"整体语言学史"或者也可以被称为"宏观语言学史"，它不是微观语言学史、专题语言学史、分科语言学史的拼凑、剪辑，语言学史研究的理想状态是结构匀称、行云流水，这样的理想的著作绝不是靠拼凑就能够写成的。何九盈说，"一部语言学史着眼于对具体的史料从微观方面进行分析，这是非常必要的。离开了具体的著作，所谓的史就无从谈起。任何轻视微观分析、反对微观分析的论调都是不能成立的。然而，我们不能满足于微观分析，不能仅仅停留在微观分析的水平上。从当前的研究状况来看，微观分析方面还有许多工作要做，而宏观研究综合研究更应加强。有一种意见认为，**综合研究不属于创造性研究，这是谬论**。分析与综合，乃学术研究两条根本原则，缺一不可"①。我们要完成一部"整体语言学史"的书写，首先要做的是打破学科壁垒，把语言学的各个分支学科贯通起来。何九盈说，"**克服封闭式的研究方法……专业分工过细，也是造成封闭的原因之一**。搞语法的不管音韵方面的问题，不研究音韵学的文章；搞

---

① 何九盈：《语言丛稿》，商务印书馆 2006 年版，第 256 页。

音韵的不了解语法研究中的问题；搞训诂的往往也不注意语法研究中的情况。各自封闭，'隔行如隔山'。在这种情况下，即使有人愿意**对中国语言学史的发展情况进行系统的、创造性的研究**，难度自然很大"①。何九盈所说的这种"系统的、创造性的研究"就是我们所说的"整体语言学史"。当前，中国语言学史研究发育不全，很不成熟，大概就是因为绝大多数的学者都很难达到"分科皆通"的程度。

语言学本身的发展会制约语言学史的发展，也正是这个原因，在不同的时代语言学史发展的情况也很不相同。比如说，1912—1949 年这一时期，"各分支学科局部的理论研究较有成绩，某些领域还颇有特色，然而高度概括的一般语言学理论的研究却较少"②。在这样的背景下，书写分支语言学史可能就会容易一些，然而要写好一部"整体语言学史"就非常困难。

四　关于语言学评论的问题

语言学史论有时又被称为"语言学评论"，只是呢，"语言学评论"这一说法在目前尚未通行。1978 年以来，"特别引人注目的是**中国语言学评论的形成以及中国语言学史研究的繁荣**。中国语言学的评论，加强了宏观研究、分支学科综述、专题研究的述评、语言学家的评介、语言学学术活动的报道，从而开始形成了一门分支学科……中国语言学史的研究，首先表现在出版了一批专著，包括语言学通史、语言学分支学科史、特别是汉语语法学史的研究更为突出，其次是**开展了有关中国语言学史理论的研究，这标志着中国语言学史的研究也独立成为一门分支学科**"③。就当前来看，中国语言学史理论的相关研究还很不成熟，我们尚未建立起"中国语言学史学理论"这门分支学科。

由于中国的传统文化的原因，中国人在大多数情况下往往会谨慎批评或者定向吹捧，不敢批评大人物，不愿吹捧小人物，缺乏纯学术层面的学术评论。伍铁平在《八〇年以来我国理论语言学的回顾与反思》中，曾点名批评了王德春、申小龙、徐德江等人的相关学术观点以及张永言的

---

① 何九盈：《语言丛稿》，商务印书馆 2006 年版，第 261 页。
② 邵敬敏、方经民：《中国理论语言学史》，华东师范大学出版社 1991 年版，第 31 页。
③ 同上书，第 149 页。

《词汇学简论》一书①。这在当时被认为是敏感事件，大家都对此敬而远之，同时，他们对伍铁平本人也像躲瘟神一样躲躲闪闪。有少数学者曾为伍铁平的学术精神所感动，说他不追求物质生活、甘愿为学术献身，但是，大多数学者都不会公开称扬伍铁平的这种"铁面无私"的学术精神。对此，何九盈说，"**请读一读各色各样的学者传记，吹嘘之辞，夸张之辞，一本正经的君子式的谎言，于世风学风，实有害无益。故学术史取材，当慎之又慎。至于学术论敌之间的是是非非，学者个人之间的恩恩怨怨，就更不可偏听偏信了**"②。由此看来，语言学史研究最看重的两点应该是：平和实。平在于平和、客观；实在于扎实、严谨。

在做语言学评论的时候，我们还可以从微观的角度对语言学文献本身从细节上加以研究。比如说，我们可以做如下的选题：**对经典语言学著作的脚注、参考文献进行线索追踪**，把参考的书文一一找到，并进行认真的比对，查看其中是否存在假引、断章取义的情况。同时，我们还可以进行连续追索，对脚注的脚注进行分析。我们还可以对权威语言学著作中的例证是否真实进行考察，找到第一手材料进行比对，考察论据对论点是否有支撑作用、是否有说服力，判断论据和论点的关联性如何。与此相反的情形是，抄袭或者笼笼统统地说"借鉴了某某著作"却未列出详细出处的情况，这种情况也可以列入语言学评论的研究范畴。这些都是从微观角度进行的语言学评论，甚至带有某种"挑刺"的性质，然而，正是通过这样的语言学评论可以进一步保证语言学论著的严谨性、真实性和科学性，这样做可以为语言学的良性发展保驾护航。对此选题，笔者打算在未来的某个时间把这种研究付诸实践，目前笔者尚无精力和时间把这项研究工作进行下去。

伍雅清说，"语言学作为一门独立的学科是一门年轻的学科。因为其研究对象的特殊性，一直存在着学科归属问题。有人认为语言学是经验科学，有的则认为是数学的分支。同样认为语言学是经验科学的人，有的认为语言学是社会科学或人文学科，有的则主张语言学是自然科学，是生物学的一个分支。一门学科的归属如此不清楚，实属罕见"③。这是从最宏

---

① 伍铁平：《八〇年以来我国理论语言学的回顾与反思》，《湖北大学学报》1994 年第 3、4 期。

② 何九盈：《语言丛稿》，商务印书馆 2006 年版，第 264 页。

③ 伍雅清：《对语言学批评的批评》，《外国语文》2010 年第 2 期。

观的角度来评论语言学的，关于语言学的学科归属究竟如何定位这个问题，直到今天我们也很难给出一个圆满的答案。

何九盈说，"语言学史具有双重性质，是一门既属于语言学又属于历史学的交叉学科"①。这种观点值得重视，中国语言学史研究的难点在于历史系的学者对语言学懂得少，而语言学者对历史材料的把握又难以全面，这样一来，历史系没有设立中国语言学史这样一门"专门史"，在语言学中中国语言学史也没有独立的学科地位。1978 年 12 月，西班牙**科学史**学会第一次大会召开，"报告的论题有数学史、化学史、物理学史、自然科学史、技术史、医学史、药学史、科学史的认识论和方法论、法学史和**语言学史**等。这些报告不仅对学科进行了研究，而且为了解科学发展之间的联系提供了材料"②，语言学史难得地与诸多科学史并驾齐驱。在我们国内却不太相同，语言学史尚未形成一个相对独立的分支学科。

我们在上面所列举的"语言学史论著举隅"中，我们并没有列出"微观语言学史"和"专题语言学史"来，因为这种类型的"语言学史"实在是太多了，举不胜举。我们主要列举了"整体语言学史"和部分"分科语言学史"文献。例如，龚千炎《汉语语法学史》、许威汉《二十世纪的汉语词汇学》，等等，都属于"分科语言学史"。例如，王力《中国语言学史》、何九盈《中国现代语言学史》，都属于"整体语言学史"③。再如，刘坚《二十世纪的中国语言学》、潘悟云《二十世纪中国社会科学·语言学卷》其实都是由"分科语言学史"论文组成的论文集，书成众手，它们并非真正意义上的整体语言学史。"民国语言学史"属于断代的"整体语言学史"，要涉及语言学的各个分支学科。"百年中国语言学思想史"属于断代的"整体语言学史"的"专门史"，需要对近百年来的语言学史进行提炼、抽象、升华。

微观语言学史、专题语言学史、分科语言学史、整体语言学史这种种不同的分类，有着各不相同的"书写模式"，这种种不同的"书写模式"也体现了种种不同的"研究方法"。选择不同的"书写模式"是各本不同的语言学史著作的重要特色，"书写模式"的创新也是语言学史著作的创新。

---

① 何九盈：《语言丛稿》，商务印书馆 2006 年版，第 267 页。

② 余幼宁：《西班牙科学史学会第一次大会》，《国外社会科学》1979 年第 3 期。

③ 但是，其中的部分内容存在以"分科语言学史"聚合成"整体语言学史"的情况，这并不是较为理想的"整体语言学史"。理想的"整体语言学史"不可能靠"组装"获得。

第三节　中国语言学思想史

　　语言学思想具有时代性、群体性和社会性，与语言学家的个人语言学思想不尽相同。所以，我们既不能以语言学家个人的语言学思想代替整个语言学思想史研究（创立了某个学派的个别的大语言学家除外），我们也不能历史错位、把后来的语言学思想硬套入前人的观念中去。

　　以往，人们对这 100 年的中国语言学史所隐含的"语言学思想"重视不够，现在我们应该对它做出全面的挖掘。这种挖掘体现出了两个方面的价值：（1）把"隐含"的语言学思想灵魂"彰显"出来，具有"透过现象看本质"的研究意义。（2）把"语言学思想"研究和"语言学史"研究结合起来。我们既要认真整理、研究语言学史料，又要探索其中的"语言学思想"内涵。

　　鲁国尧对"语言学思想史"屡有论述，具有首倡之功。鲁国尧 2005 年写成《就独独缺〈中国语言学思想史〉!?》初稿，2006 年秋在中国音韵学会年会上重申此题，2007 年在庆祝唐作藩教授八十华诞学术讨论会上再次呼吁，2008 年在《语言学文集：考证、义理、辞章》中再次慷慨激昂地说"我热切企盼第一本《中国语言学思想史》的诞生"。遗憾的是，鲁国尧对此议题并未真正地从事深入的、后续的相关研究。我们也找不到任何可供借鉴的模板、模型，所以，本书的写作可能存在摸着石头过河的情况，本书的某些内容也许不够成熟，这也只能期待读者们谅解了。

一　语言学史与语言学思想史的内在逻辑

　　本书的研究目标主要有两个。（1）进一步丰富中国现、当代语言学史的内容，补足以往的语言学史研究中的某些断点、缺位和疏漏。以往的语言学史研究，以中国古代语言学史研究为主，而现当代语言学史的研究非常粗略。以往的语言学史研究大多数采用"分支学科史"（如"二十世纪的汉语语法学"等）的方式来进行框架布局，条块分割，我们则试图对百年来的语言学整体做一个通盘考虑。（2）对中国现、当代语言学思想进行归纳总结。因为国内在过去基本上没有语言学思想史研究，本书在一定程度上具有实验性、探索性和开创性的特点。（2）是建立在（1）的基础之上，没有（1）的（2）就是空中楼阁；（2）的研究难度远远超出了（1），（1）只是画龙（2）需要点睛。对语言学史料的整理、总结并不是简单的、机械的史料整理，我们不能忽视语言发展的规律、语言学发展的规律，而我们所说的"语言学思想"就是这些规律的重要体现。

在进行本书写作的同时，我们还在准备笔者主持的国家社会科学基金项目"民国语言学史"的研究。我们立意中的"民国语言学史"，既不是语言学"编年"，也不是语言学家的"纪传"，不是分文字、语法、语音等内容的"分支学科史"，而是依潜在的语言学思想的发展脉络来进行历史叙事的。这种形式的"民国语言学史"研究实在是难！难就难在它要以语言学思想史为基础去书写。从这一点上来看，"民国语言学史"和"百年中国语言学思想史"在内在逻辑上存在着一定程度的互为因果的论证模式，一个题目做成功了另一个题目也就容易做了，一个题目没有做好另外一个题目做起来难度也会很大。从时间段上来说，"近百年来"包括"民国时期"，民国语言学对百年来语言学的发展至关重要，我们通常所说的"中国现代语言学"就是开始于民国初期这一历史时期。正是因为如此，本书的写作对于民国语言学史研究很有帮助。

二　本书各章内容布局的内在逻辑

本书全部章节所有内容都与语言学思想史有关，我们分析中国语言学思想史并不局限于本节内容。**在此，我们有必要说明一下本书的框架结构，说明一下这种框架结构的内在逻辑关系。**

"序一"、"序二"分别献给我的师爷、导师，它们与语言学思想史的内容直接相关，只是所谈内容略显单薄罢了。

"前言：不敢言勇"认为"语言学思想史"书写在国内史无前例，本书在一定程度上具有开创之功，但笔者"不敢言勇"，并说明本书依然不够成熟。语言学思想史的完善，还需要更多的学者为之努力才行。本部分内容虽然名曰"前言"，但它不具有严格意义上的"绪论"的性质。

第一章"中国语言学思想史研究初阶"是一篇已经发表过的单篇论文，原本可以作为本书的"绪论"，只是呢，为了章节配合、协调起见，我们把它编为"第一章"。本章内容概要介绍了中国语言学思想史的研究现状，以及本书在研究时所拟采取的方法、定位和取向。

第二章"关键词写法的中国语言学思想史之开篇"也是一篇已经发

表过的单篇论文，认为"关键词写法"对研究整个语言学思想史来说是一种比较有益的研究方法。这种研究方法，以怎样提取关键词、提取哪些关键词最为重要。目前，我们对语言学思想史的研究尚不够完全成熟，还做不出来一部"关键词写法"的中国语言学思想史。为此，**我们会在本书中的任何一个章节段落中以黑体字显示某些重要内容，这些黑体字内容能够起到关键词提示的作用，再配以各个章节标题，它们组合起来之后就接近于一部关键词写法的中国语言学思想史了。**

第三章"中国语法学思想史之开篇"曾作为单篇论文公开发表过，本章立足于语言学的分支学科语法学，不是针对整体的语言学来论述思想史的。这种角度、这种方法，不是我们本书中所采用的模式。我们可以通过本章说明采用分支学科的方法论述语言学思想史不够理想，我们希望能够得到一个关于整个语言学的语言学思想史。

第二章、第三章都涉及方法论的问题，第二章是立足于整体语言学，第三章立足于语言学的分支学科语法学。把这些内容安排在这里，可以看作是对第一章"绪论"的一个补充。绪论部分通常会包括研究对象、研究方法、研究内容等方面的介绍。我们**原本打算把第一章、第二章、第三章整合为一章**，那样的话，可读性就更强一些了，本书的质量也就更高一些了。但是，限于我们的写作能力，一直没有能够写出这样理想的一章内容。于是，我们只好暂时退而求其次，还是用原来的单篇论文通过这种"拼盘式"的章节组合，以此来成全一章作为"绪论"的内容。

第四章"语言学文献、语言学史、语言学思想史"主要探讨三个方面的问题，其中"语言学思想史"部分就是读者正在阅读的内容（第三节）。本章第一节"百年来的语言学文献"粗略介绍了百年来的语言学文献情况，可以看作是笔者自己总结出来的粗略的百年中国语言学史；但是，这个语言学史不是随便抄袭、拼凑而得，具有一定程度上的创新性。第二节"语言学史论著举隅"概括了百年来的中国语言学史专著、教材、论文的相关情况，可以看作是对语言学的分支学科中国语言学史研究所做的百年回顾，或者也可以称为"百年中国'语言学史'发展史"。本章还分析了语言学文献、语言学史、语言学思想史三者之间的内在逻辑联系。

第五章"民国语言学史之《集刊》研究"也曾作为单篇论文公开发表过，在此并未增补太多的内容。这个第五章可以作为第四章的一个微缩景观，是一个类似于"解剖一只麻雀"的尝试性研究，把《集刊》里的论文对应于"语言学文献"，把相关统计、论文分布规律对应于"语言学史"，把最后得出的三点结论对应于"语言学思想史"。本书所研究的对象远远超过《集刊》的范围，但是，我们研究的方法、模式却类似于本章的研究方法、模式。当然，我们对《集刊》里的语言学论文都一一精读过，而对百年来的语言学文献我们无法一一精读，我们既没有那么多时间、精力，也没有那么大的驾驭能力。在本书的参考文献里，我们列出了一个长长的著作、论文单子，这个单子上的著作、论文我们都一一精读过，这个我们可以绝对保证。大体上算来，参考文献里的这个著作、论文单子在百年语言学文献中具有较大的代表性，它们不能完全涵盖百年语言学文献，但是，它们能够基本涵盖百年语言学的主要文献。这正如本书"序一"中引用鲁国尧的话，这些类型的史料是无法穷尽的，我们只能尽量完备相关文献，但却不能完全穷尽。

第六章"语言学各分支学科形成的理论思考"按照传统语言文字学和语言学新兴学科两大部分模糊二分，分别介绍了它们在百年来的发展情况。本章内容近似于语言学分科史，只是，我们更注重从我们已经阅读过的语言学文献中来归纳、梳理，不一定涵盖全面。同时，在书写本章内容时我们更重视学理上的贯通和联系。

第七章"阶级定性、民主与科学"重新思考了关于语言与政治的关系、科学与民主对语言学的影响。语言学不能与阶级定性画等号，语言学也不是一门研究阶级的学科，但是，语言学并非与阶级毫不相干。科学与民主对现代汉语、中国语言学的形成和发展都有着较大的影响。语言学的去政治化有悖于语言学的人文性。

第八章"传统还是现代人文"主要从历史与现实两个方面分析了语言学的人文性，不同历史阶段的语言学分别具有不同的时代性，语言学与社会之间具有紧密的联系。本章还探讨了基础教育阶段语文教学的人文性问题，这个问题并不是一个单纯的语言学问题，但它与语言学存在着一定的关联。

第九章"艺术与语言"简单介绍了文学语言、汉字书法、诗词吟诵、诗歌语言、演讲语言等内容，这也属于语言学人文性的一个方面。艺术语言学与语言学的科学倾向相对，与语言学的人文性相通。

第十章"文学与语言"专门就文学语言的问题展开来论述。本章详细分析了30年代大众语运动，这可以看作是采用"解剖一个麻雀"的办法来论述语言史、文学史、语言学史之间的关系。书面文学对语言学研究存在着一定的制约，我们应该树立正确的语言规划观。

第十一章"文化语言学的海市蜃楼"对我国文化语言学的发展进行了简单的总结，我们并不纠缠文化语言学的内涵与实质，我们更注重探讨文化语言学在中国诞生、发展的社会背景和学理根据。本章还简要分析了文化语言学和社会语言学两个学科的异同问题。

第十二章"哲学与语言学流派的关系"包括《哲学对语言学发展的影响》和《语言学对哲学发展的影响》两部分内容。哲学与语言学的关系并不容易研究彻底，我们在此的相关分析还只是一个初步的研究，有待进一步深入。

第十三章"普通语言学包含于理论语言学"认为理论语言学包括普通语言学，语言学史研究与普通语言学或理论语言学有着深刻的学理上的联系。在本章中我们还简单介绍了民国时期的语言学概论类教材的沿革情况。

第十四章"语言学思想史不等同于理论语言学史"涉及方法论、方法、语言学理论的关系，认为语言学思想史不等同于理论语言学史，理论语言学史是语言学思想史的研究基础。本章还介绍了外国语言学对中国语言学的影响以及中国语言学的国际化的问题，认为语言学不分国界，语言学不应受到语言学家的工作和生活地点的局限。

第十五章"一部相对系统的语言学思想史"介绍了本书在系统性方面所做出的努力、本书在系统性方面存在的不足和待完善的方面两部分内容。

"后记：多余的话"再次申明了我们对语言学思想史研究的态度，严肃、严谨而又豁达，可读性也是本书的一个追求。长期以来，中国语言学史"磕磕绊绊"、可读性不强的问题一直困扰着人们，我们认为那可能是著者的思想不流畅所致。中国语言学思想史著作要求著者的语言学思想要流畅。

总之，从本书的各个章节来看，本书在章节的宏观架构方面从表面上看还不够严密和系统，这就需要我们对这些章节之间的关系做出一个粗略的说明。第一、二、三章合在一起类似于"绪论"部分，只是我们整合得还不够好。第四章类似于本书的一个说明，第五章是对这个说明的一个示例，第六章是对这个说明的分解性的解释。第七章中"科学"是当今语言学的主流研究走向，语言学与政治的关系体现出了语言学的人文性。第八、九、十、十一、十二章分别介绍了语言学的人文性的不同方面，这些不同的章节之间衔接、过渡非常自然、合理，连贯性较好。第十三、十四章从理论方面对中国语言学思想史做出了更深刻、更系统的思考。第十五章是著者对本书所做的一个自我剖析，所讨论的对象涵盖了前面的 14 个章节。因此，本书从著者的行文思路上来讲是贯通的，从章节的标题名称上来看却显得不够系统。作为语言学思想史研究，思想在深处，表层全无踪。

第五章

民国语言学史之《集刊》研究[*]

《历史语言研究所集刊》（本章中以下简称《集刊》）由"国立中央研究院历史语言研究所"（通常简称"史语所"）编辑出版[①]，其中的语言学论文在语言学史上具有一定的权威性、时代性和代表性。

2004 年，"国立中央研究院语言学研究所"在台湾正式成立。自此之后，"历史语言研究所"虽然继承了传统名称、保留了"语言"二字，但实质上它已经只是"历史研究所"了，从此不再专门从事语言学研究。由此同时，虽然《集刊》也保留了原有名称，但已经不再发表较为专业的语言学论文了。现在，《集刊》与"语言学研究所"不再关联，"国立中央研究院语言学研究所"主办的《语言暨语言学》为语言学专业期刊。

一 民国时期的《集刊》简述

1928 年，史语所在广州成立。其后，所址屡有迁徙，先后设在广州（初设）、北京、上海、南京、长沙、昆明、李庄、南京、杨梅、南港（现址）。1949 年前后，"中央研究院"的一部分改为隶属中国科学院，一部分组织和人员迁往台湾。成立之初，史语所主要从事历史学、语言学、考古学等相关学科的研究。

民国时期，国内局势不稳、史语所不断迁址，《集刊》的出版也受到

---

[*] 本章内容曾以"民国语言学史研究"为题发表于《东南学术》2014 年第 5 期上。论文发表时，编辑老师对本文做了太多不恰当的修改而未告知作者，在印刷时也出现了不少错误，即使在杂志上补发一个"勘误"亦难周全。论文投稿时的标题即本章标题名称，但被编辑老师把标题给改了。《东南学术》编辑老师改标题的原因大致是"文章质量虽好，但选题太窄、选题太专，小题目的学术影响面小，大题目学术影响面大"。然而，就纯学术而言，"专业精深"可能更符合学术精神。

① 历史语言研究所：《历史语言研究所集刊》，1928—1949 年。

了一定的影响，出版周期、出版地点都无法固定。1928 年《集刊》出版第 1 本第 1 分，1949 年出版第 21 本第 1 分，1948 年出版的几本情况较为复杂。例如，第 14 本一直拖到 1948 年才提交出版，中国科学院出版编译局 1949 年 12 月重印时说："本集刊原系前'中央研究院'历史语言研究所所编辑，因在本院成立以前即已交印，故仅改革其隶属关系，暂仍旧贯。"再如，第 20 本下册台湾原版版权页为 1948 年初版、1964 年再版，大陆通行的版本却是 1949 年 12 月的《中国科学院历史语言研究所集刊》，文章内容无异，只是刊名、版权页不太一致。第 22 本于 1950 年在台湾出版。本章只研究前 21 本《集刊》，也就是民国时期的《集刊》，包括各"本"各"分"，但不包含各种"专刊"。

　　《集刊》在民国时期共发表论文约 413 篇。其中，有 3 篇性质比较特殊：（1）蔡元培《发刊辞》。（2）傅斯年《历史语言研究所工作之旨趣》。（3）1928 年 1 本 1 分 113—117 页《所务记载》。这 3 篇"文章"不好说与学术无关，只是它们与通常意义上的"论文"有区别，这也是说《集刊》发表"论文"共计"约"413 篇的原因。在这 413 篇论文中，属于语言文字学类的论文约 154 篇，之所以说"约"154篇，是因为有些论文的归属不太容易确定。比如说，考证类的论文就较难归类，字词考证类论文可以归属语言文字学，典章制度考证类论文就不属于单纯的语言文字学。下面，我们主要统计、分析《集刊》中的语言文字学类论文。

二　《集刊》语言学论文统计分析

　　笔者对民国时期的《集刊》论文逐一阅读，特别详细地阅读了其中的语言学论文，从中统计出语言学类论文共有 154 篇。在这里，我们把这些语言学论文细分为语音学、方言学、音韵学、文字学等小学科分别统计（见表 5 -1）。

　　关于这个统计，我们有五点说明：（1）分类中的阿拉伯数字代表论文篇数。（2）比例是指该小类占语言学论文总篇数的百分比（％）。（3）英文稿的篇数包括在各小类的篇数之内。（4）"少数民族语言学"简称"民语学"。（5）"考释类"论文是指与语言文字学相近的论文一个相对模糊的分类。

表 5 - 1 分类统计表

小类	篇数	比例	备注
语音	9	5.84	英文稿 4
			赵元任 5，刘复 2，白涤洲 1，唐虞 1
方言	8	5.19	赵元任 3，李方桂 1，董同龢 1，陈寅恪 1，刘文锦 1，陶燠民 1
音韵	43	27.92	英文稿 2
			罗常培 12，董同龢 6，周法高 5，李方桂 3，王静如 2［译高本汉 1］，刘文锦 2，林语堂 1，刘学濬 1，赵元任 1［译高本汉］，董作宾 1，陈寅恪 1，黄淬伯 1，赵荫棠 1，白涤洲 1，唐虞 1，葛毅卿 1，丁声树 1，周祖谟 1
民语	19	12.34	英文稿 4
			李方桂 4，王静如 4，芮逸夫 2，史禄国 1，陈寅恪 1，罗常培 1，A. Dragunov1，庞新民 1，刘学濬 1，周法高 1，马学良 1，张琨 1
			语音研究 11、民语词汇研究 4、民语文献研究 4
语法	2	1.3	丁声树 2
文字	39	25.32	徐中舒 8，丁山 6，张政烺 5，胡厚宣 5，董作宾 4，劳干 2，屈万里 2，商承祚 1，邵君朴 1，葛毅卿 1，岑仲勉 1，马衡 1，杨树达 1，张秉权 1
考释	31	20.13	岑仲勉 4，徐中舒 3，芮逸夫 3，陈述 3，陈寅恪 2，丁声树 3，王静如 2［译高本汉 1］，吴其昌 1，闻宥 1，董作宾 1，王崇武 1，谷霁光 1，严耕望 1，余嘉锡 1，丁山 1，刘复 1，郑天挺 1，俞大纲 1
其他	3	1.95	其他泛泛地涉及语言学的论文，包括 2 篇关于语言学家的回忆录
总计	154	100	

　　我们还可以对上述"小类"进行一定的"归并"，这种"归并"并非严格意义上的语言学分类，主要考虑了学理相近原则和学科惯例。(1) 语音学、方言学、音韵学可以归并为"语音方面"，它们与少数民族语言学的语音研究又非常相近，可以大体"归并"在一起：语音方面的论文共 71 篇，占总数的 46.1%。(2) 考证类论文大多与文字学相关，还可以包括某些词汇、文献研究，也可以"归并"在一起：文字学、考证类的论文共 78 篇，占总数的 50.65%。(3) 语法学在中国通常与语音学、文字学距离较远，单独分类：语法学论文只有 2 篇，占总数的 1.3%。这种"归并"比学术界的某些传统分类更合理、科学。比如说，《中研院历史语言研究所集刊论文类编》"语言文字编"分为音韵卷、语法卷、方言卷、文字卷 4 卷①，音韵和方言之间可分可合。

---

① 中华书局：《中研院历史语言研究所集刊论文类编》，中华书局 2009 年版。

　　语言学论文在整个《集刊》中的比例，从时间阶段分布来看确实很不平衡，刘文锦（1900—1932）、刘复（1891—1934）、白涤洲（1900—1934）三位学者去世之前比例较高。在此期间，不仅这三位学者发表的论文较多，赵元任、罗常培等语言学家发表的论文也多。三位学者去世之后，赵元任、罗常培等人发表的论文数量也大为减少，语言学类论文的总数大减，所占《集刊》论文的比例有所下降。

三　关于学科分类及《集刊》编辑的相关说明

（一）关于学科分类的相关说明

　　对相关论文进行归类往往需要通读全文，而不是仅仅看到文章标题就下结论。例如，俞大纲《纪唐音统签》不是音韵学论文，《唐音统签》是一部全唐诗总集，该论文属于文学史的范畴，不是语言学论文。

　　我们在分类时还用了"考证类论文"这样的称呼，这实在是一种出于模糊分类的考虑，因为"考证"一词意义本来就很宽泛。例如，陈寅恪《吐蕃彝泰赞普名号年代考》不是严格意义上的文献考证，归入语言文字类也无不可。郑天挺《发羌之地望与对音》从对音的角度考证地理名称，但所涉语言学知识并不多。刘复《莽权价值之重新考订》考证厘米、毫升、克，但与语言文字学基本上没有关系。俞大纲《读高力士外传释"变造""和籴"之法》属于典章制度考释类论文。**从文字考证，到词语考释，到典章制度考证，到思想文化考证，似乎都与考证有关系，但是它们从微观到宏观、由实到虚过渡的程度并不相同。文字考证、词语考释可以归属语言学，而制度、思想、文化考证就不宜归入语言学的范畴了。**

（二）关于《集刊》编辑情况的相关说明

　　关于"编辑说明"一类的文章，大多数不是严格意义上的论文。有些"编辑说明"与语言学存在一定的关联，有些则反映了《集刊》的编辑情况。

　　（1）1930 年 1 本 2 分《告白》和《本刊附白》。《告白》说"本集刊各文之次叙，均以交到编辑部之先后为定"。《本刊附白》说"本刊原为本所同人发刊其论著之用，但国内外同业此学者愿以其著作投登时，本所当敬谨斟酌之"。

　　（2）1936 年 7 本 2 分 255—273 页黎光明《明太祖遣僧使日本考》文

末的"编辑者记"。傅斯年说"此黎君数年前之旧稿。写成后交余,而黎君返四川。余初意待黎君重来北平后补订之,遂置之箧中,久失所在。去年检出,询之黎君,则谓无新见之史料可补。故今将黎君原稿付刊,并志其经过如此"。由此推测,这一册《集刊》可能稿源不足。

(3) 1948 年 13 本《本刊告白》说"本所在抗战期间,原在四川刊有《六同别录》及《史料与史学》两种'集刊外编'。惟因在内地印行,刊校未精,流通亦鲜。今重为编印,将《六同别录》作为集刊第十三本及第十四本;《史料与史学》作为集刊第十五本。特此告白"。

《六同别录》的《编者告白》中就说明了一些选稿付印的原则,包括抗战期间印刷条件差,石印时图版、照相影印不甚方便。不过,石印可以印刷国际音标。这些情况对语言学论文的选题及其所占比例都会产生影响。

四 部分语言学论文释要

笔者对《集刊》语言学论文逐一精读,并对某些篇章进行了一定程度的摘要、释要。为了节省篇幅,我们举例性地选取部分"释要"摘录如下,以期能够窥豹一斑。

(1) 蔡元培《集刊发刊词》认为,"语言学的材料"与历史学关系密切,所以,把这两个学科合设在同一个研究所里也算便利。

(2) 傅斯年《历史语言研究所工作之旨趣》火药味十足,持论亦有偏颇之处,但在当时的历史背景下它无疑具有历史进步意义。例如,"凡一种学问能扩充它作研究时应用的工具的,则进步;不能的,则退步","总而言之,我们不是读书的人,我们只是上穷碧落下黄泉,动手动脚找东西","要把历史学、语言学建设得和生物学、地质学等同样,乃是我们的同志"。在社会科学、人文学科领域进行一定的"自然科学"式的研究,这在当时具有很大的历史进步意义。

(3) 1928 年 1 本 1 分《所务记载》涉及"本所对于语言学工作之范围及旨趣(傅斯年提议)",包括"四端":汉语方言、西南语、中央亚细亚语、语言学。"我们还不到抽象的谈一般语言学的地位,但凡不属于上列的三端,而为一些语言的研究所凭借的语言学中工作,我们也免不了兴作几件,尤其重要的是建设一个实验语音的工作室,以便训练出些能认识并且能记录方言的人,这个要即时办的。此外如外国语的教育,国语的若干致用问题，是我们的研究所对于中国教育负的责任，也属在这一类里"。

（4）陈寅恪《灵州宁夏榆林三城译名考——〈蒙古源流〉研究之二》根据文献对音，考证 Turmegei、Derssekai、Deresgai、图默格依、朵儿篾该同为灵州，Irgai、Irghai 同为宁夏，Temegetu 为榆林。该文之"功用"在于"或亦读是书（笔者注：指《蒙古源流》一书）者之一助与?"。这样说来，除去了中间的论证过程、只看论文结论的话，该文类似于对词典中的释义进行考订。该文之值得称道在于论证过程，但其对音处理并不神秘，也不难理解，只要稍具外文单词拼读知识的人皆能读懂。

（5）刘复《声调之推断及"声调推断尺"之制造与用法》谈到语音实验主要分作两步，"第一步是用一座'浪线计'（Kymograph），配以音鼓及电流音叉等，将所要研究的单字或语句，很忠实的画在烟熏纸上，这叫做'记音'。第二步是根据烟熏纸上所画的浪线，推断所研究的单字或语句中的音高的起落"。"这两步工作，我在《四声实验录》中已大致说过。本文的目的，在于将第二步的推断方术加以更充分的说明，并将我自己所造的'声调推断尺'介绍于世，故于第一步的'记音'工作略而不论"。从行文风格、叙述方式等方面来看，很容易让人推测该文是作者根据自己在国外时的"听课笔记"整理而得，并非纯粹是作者的个人创作。

（6）徐中舒《殷人服象及象之南迁》通过古文字证据、相关史料，论证了象在古代中国由北向南迁徙以至于最终在中国绝迹的过程。这类论文既可以看作是语言文字方面的论文，也可以看作是历史学论文，这也是那个时期许多论文的普遍特征。当然，许多学科在那个时期尚未明确地分化出来，或者虽有分化但各个学科之间尚未泾渭分明。

（7）徐中舒《宋拓石本历代钟鼎彝器款识法帖残叶跋》对《历代钟鼎彝器款识法帖》的石本进行考证，介绍了一些文献对《历代钟鼎彝器款识法帖》的著录情况，涉及文字学，但也可以认为该文是一篇版本考证类的文章。

（8）王静如《西夏文汉藏译音释略》说，"我们知道凡研究一种语言必先知其音读，然后才能渐进以他语比较而求其语根，虽然西夏文是一种死文字，死语言，材料是那样的缺乏，可是我们仍然不能离开第一步跳级而进去求那不可靠的结论。所以我得想出更科学的方法来研究他，再从其同异之中求些通例，渐渐扩张到汉译音的大部分，那么西夏文至少有五分之一可以读了。再据以求语根，或不致大误……如果我们着眼到西夏汉音的方言性或他的时间性，再拿藏音比较一下，就好像有一线的曙光似的"。具体研究程序为：拿西北方音和藏译音进行对比，其中相合者再拿其与日本译自唐末（第七世纪）北方音的"汉音"来对比，从而推测某些西夏文读音的音值。

（9）高本汉（著）、王静如（译）《中国古音〈切韵〉之系统及其演变：附国音古音比较》说，"在我的《中国音韵学》里面，关于古音全部的考定，已有详细的证明，此地不必重复叙述了，现在我愿意给他一个简单的说明和他演变成他的一支方音——北京官话的几点暗示"。高本汉在《中国分析字典》（汉语版）里有篇很长的引论，引论分为两部分内容，第一部分为赵元任翻译的《论谐声》，第二部分就是王静如翻译的这篇文章。该文主要包括《广韵》声纽表、韵目表及其说明，后面还附有一篇《国音古音的比较》（这个附录是赵元任在清华大学的一个演讲稿，这个"比较"主要指《广韵》音到今音的演变规律。这个附录是赵元任在高本汉"第二部分"的基础上修订而成，不是王静如的译作）。

（10）董作宾《甲骨年表：关于甲骨文字三十年来发现研究的总记》对1899—1930年期间的甲骨文字的发现、研究情况以编年的形式进行综述，其论述材料多是从《五十日梦痕录》、《殷墟卜辞自序》、《铁云藏龟自序》、《铁云藏龟序》、《殷墟书契前编自序》、《日本甲骨之收藏与研究》、《安阳发掘报告》等论述中摘出来的。

（11）高本汉（著）、王静如（译）《论考证中国古书真伪之方法》并非原文直译，内容并有意译、删节，还有王静如对其所做的评价。高本汉的这篇文章由他著的《〈左传〉真伪考》引发而来。佛儿克（A. Forke）和马伯乐（H. Maspere）曾对《〈左传〉真伪考》一文的方法和观点有过批评，这篇文章算是高本汉对他们批评意见的一种反驳和辩解。佛儿克认为中国自古就是文言分离，文言按照文体可以分为"诗文体（《诗经》)"、"散文体（《书经》、《易经》)"、"哲文体（《论语》、《孟子》)"、"史文体（《左传》)"等，认为文言里不能有方言的存在，高本汉认为这是错误的观点。马伯乐分出了另外一套名称的六种文体，认为文言里没有方言的不同，只有文体的不同，高本汉认为这种意见也不正确。高本汉认为，古代语言里不仅有文法的不同，词汇的不同，也有读音的不同。高本汉坚持自己在《〈左传〉真伪考》中的观点，《左传》文法的某些特点可以用方言来解释，文法特点仍然是考古书真伪的标准之一。

（12）王静如《中台藏缅数目字及人称代名词语源试探》把中国、暹逻（泰国）、西藏、缅甸等周边使用的语言称为中台语系、藏缅语系。通过对比汉语、台语、猡猓语、西藏语、蛮语、缅语等语言中的"你"、"我"、"一"、"二"、"三"、"四"、"五"、"六"、"七"、"八"、"九"、"十"等字音，列出它们的国际音标，寻找其中的对应规律，探测其中某些音的来源与演变。该文从每个字所归纳出来的具体的结论都较为零散，文章最后并没有给出一个"一言以蔽之"的系统结论。

（13）赵荫棠《康熙字典字母切韵要法考证》说"这篇文章讲的有对的地方，是诸位先生与环境之所赐，绝不敢贪天之功以为己功；若有错误的地方，是我运用材料的不当，还望读者加以指摘与批评。我知道一件学问的真象，决不是一个人的研究便能成功。它与抒情的文章单靠个人的沉思与默想，是大不相同的"。经过艰苦的考证，该文认为"所谓《三教经书文字根本》与《大藏字母切韵要法》者，实产于康熙三十八年与四十一年之间"。该文最后结论为："字典所载《字母切韵要法》，从实质讲，它是近代的。从形式讲它是《五方元音》以后的产物。它的前身是《大藏字母切韵要法》，与之孪生的有《三教经书文字根本》。这两书俱是佛门的产品与《禅门日诵》是有关系的。佛门的产品能以直达内廷，因为清初二帝之崇佛。原书与作者淹没之故，因为它不为世人所周知，又无人敢泄露其秘密"。

（14）罗常培《知彻澄娘音值考》从多个方面证明了知彻澄娘的音值问题，从梵文字母的译音证明，从佛典译名的华梵对音证明，从藏译梵音证明，从现代方音证明，从韵图的排列证明，中外各家的主要观点是知彻澄娘读作舌尖后音或者舌面前音，罗常培认为他更倾向于读舌尖后音，从音理上说可以用 ȶ〈t〉tʂ 的演变公式。

（15）王静如《辽道宗及宣懿皇后契丹国字哀册初释》主要包括：契丹文字制造之记载、辽庆陵哀册之发见及其考订、文字考释及推测、论契丹大小字女真大小字及西夏字之构造、大金皇帝都统经略使郎君行纪碑文为契丹大字说、辽金史籍所载通契丹大小字者、已识大小字表。该文部分内容可以与王静如的《西夏研究·引论》互参。关于契丹大小字，王静如说"当辽太祖建国之五年，因慕中国文化乃制有文字，号称'大字'，此后皇子迭剌更制'小字'，自此始弃刻木之约"。字表等内容对契丹文字与汉字篆、楷对照。有些字尚难考定，"不能知其字意而自样式观之，则其受汉文之同化当甚深也"。

（16）徐中舒《士王皇三字之探原》认为士、王、皇三字均像人端拱而坐之形。关于这一点，该文从如下几个方面进行论证：汉画像中像士字之人及像皇字之冠、铜器之花纹及铭文、旧石器时代洞壁绘画、原始民族所做之偶像，该文还推论到了人类文明是一源还是多源的问题。

（17）赵元任《方言性变态语音三例》主要举例分析了成系统的音位变体，对临时的音位变体没有做过多的说明。调查材料主要包括：发育未全的北平话、发育不全的常州话，分析了未成年人的发音在"环境语"的影响下有着不同的表现。

（18）丁声树《诗经"式"字说》文末附有《适之先生来书》。该文在学术界影响颇大，是丁声树先生为数不多的古代汉语语法论文中的佳作。

（19）胡厚宣《卜辞同文例》主要包括：一辞同文例、二辞同文例、三辞同文例、四辞同文例、五辞同文例、六辞同文例、八辞同文例、多辞同文例、辞同序同例、同文异史例、同文反正例。该文类似于"异文对比"，对甲骨文不同片段进行对比，"文字相同"的部分称为"辞同"。"序"是指文字线性组合的顺序，"史"指"掌贞卜之史官"。文末附甲骨片段数副。

（20）张政烺《说文燕召公史篇名丑解》在最后说，"史篇故可以𢽣为寿，而说解者亦可读寿为丑，于字例之条皆所不背，故可作一结论曰：《史篇》原文谓召公寿，说解者误以为召公名丑也"。该文亦可以看作文字考释类论文。

以上举例，窥豹一斑。对语言学论文做出一定的摘要、释要，是梳理语言学原始文献的一项重要的工作程序，在这个阶段主要是做一些基础性的工作。做完基础性工作之后，我们就需要做出更高层次的史论研究。

五　《集刊》语言学研究总结

以上主要介绍了《集刊》四个方面的内容：一、民国时期的《集刊》简述，二、《集刊》语言学论文统计分析，三、关于学科分类和《集刊》编辑情况的相关说明，四、部分语言学论文释要。这四部分内容的内在联系表现为："民国时期的《集刊》简述"概括介绍了《集刊》的大体情形，其中，涉及编辑安排等情形在"关于《集刊》编辑情况的相关说明"中加以介绍。具体到语言学学科方面，先是有个"《集刊》语言学论文统计分析"宏观概括，然后是"关于学科分类的相关说明"给出一定的补充说明，"部分语言学论文释要"从微观方面对一些论文做出一定的举例阐释。

民国时期的《集刊》上的语言学论文在一定程度上引领了20、21世纪中国语言学的研究方向。这些语言学论文主要有三大特点，这三大特点也体现出了语言学发展中的三大矛盾。

第一，从论文的统计比例看，"语音研究"方面所占比例较大，这在此前的学术界来说是不可能的事情。此前的语言学研究称为"小学"，主要是为"解经"服务，甘做经学的附庸，沿袭传统，注重实用。然而，语音方面的研究大多数是"为了学术而学术"（当然，推广"共同语"是其"无心插柳柳成荫"的实用功能之一），很难说具有多大的实用价值，主要是为了学术而学术而已。**自清末开始，中国人非常注重实用，提出了"师夷长技以制夷"的口号，要通过实用的学问来改变积弱积贫的状况。语音研究很难说能够产生直接的实用价值，这与那个历史阶段的时代潮流似乎存在着一定的矛盾。注重语音研究还体现出了语言学向"自然科学"转向的努力，同时也是语言学"去人文化倾向"的一种表现。自此以后，语言学与传统小学渐行渐远。**此后的语言学研究中虽然还依然存在着部分"考释类"论文，但它们不再具有明显的"解经"倾向，不再是作为经学的附庸。现代语言学上的语音研究能够为经学提供的服务确实非常有限。

第二，《集刊》上专门的语法学论文数量极少。语法学是赵元任的一个研究领域之一，赵元任是史语所的核心研究人员之一，但是，赵元任并没有在《集刊》上发表过语法学方面的论文。这说明语法学在当时的官方学术层面遭受冷遇，或者可以理解为史语所的部分研究人员并不热衷于语法学研究。陈寅恪是《集刊》的重要编辑者之一，陈寅恪本人并不热衷于语法研究。陈寅恪曾为清华大学入学考试出题，其中就有关于"对对子"的题目，并且他排斥有关测试语法知识的考试题，这种倾向可能是《集刊》上的语法学论文较少的一个原因。语法学在中国现代语言学史上具有极其重要的地位，是语言学不可或缺的重要组成部分。在民国时期，语法研究作为"民间学术"如火如荼，堪称近代学术的一大亮点，与《集刊》的情况恰好相反、形成鲜明的对比，一点儿都不冷清。比如说，陈望道等人组织的"文法革新讨论"影响就非常大，在当时非常热烈；当时，吕叔湘、王力等人的语法研究也是热火朝天、形势喜人。

第三，中国语言学自古有着深厚的"文献"渊源，语言学、文献学的界线一直都存在着诸多的模糊之处，而西方语言学一般都不存在如此的"麻烦事"。这从《集刊》里的"考证类"论文中就能够看出来，"考证类"论文的归属也是一件"麻烦事"。中国语言学的这些"麻烦事"其实从"国立中央研究院"开始时没有单列语言学研究所就能够体现出来，那时的历史语言研究所在"兼顾"语言学罢了。在台湾，2004 年"中央研究院"语言学研究所独立出来、正式成立，语言学研究的主要精力从此便从"文献"中移开了，这也许是对当时的这个"历史遗留问题"的一种解决办法。台湾"中央研究院"语言学研究所现在主要从事语音、语法、语义等研究，不再专门研究古文字等内容。**在中国大陆，时至今日，古文字学有时偏向于历史文献学，有时寄寓于语言学，这其实也可以看作是历史语言研究所的"历史遗留问题"之一。我们不能说台湾的那种"分化"才是正确的做法，我们也不能说大陆的这种"结合"显得更加高明。现在，中国语言学依然包含有"文"，不仅仅是"语"。对此，我们可以认为文献问题是中国语言学的历史遗留问题，但不是简单地剔除它就能够解决的；我们也可以认为文献问题不是中国语言学的历史遗留问题，因为中国语言学原本就可以包含有文献渊源。**

第六章

语言学各分支学科形成的理论思考

近百年来，语言学分科越来越细，学科壁垒越来越严重。也正是这种原因，分支语言学史著作学术质量较高的还不在少数，而优秀的整体语言学史却非常罕见。邵敬敏、方经民曾认为，1912—1949 年这一时期"各分支学科局部的理论研究较有成绩，某些领域还颇有特色，然而高度概括的一般语言学理论的研究却较少"①。其实，不只是 1912—1949 年这一段历史如此，整个百年语言学史无不如此。因为"各分支学科局部的理论研究较有成绩"，所以，在书写分支语言学史时难度不大；因为"高度概括的一般语言学理论的研究却较少"，所以，高质量的整体语言学史较少；并且，许多"整体语言学史"其实也只是把不同的"分科语言学史"糅在了一起罢了。那么，问题就出来了，如果要写整体语言学史，能否可以不管各个语言学分支呢？这大概不太可能，没有分科何来整体？正是这种无奈之举，我们打算在本章中粗略地总结一下部分语言学分支学科的发展情况，这种总结难免会挂一漏万，对分支学科的选择我们也只是择其要而述之，不可能涵盖语言学的全部的分支学科。

在分析中国语言学的各个分支学科的不同发展历史时，潘悟云、邵敬敏的一个总结非常客观、精到、科学，这种观点值得我们借鉴。他们说，"1949 年至 1966 年是中国现代语言学的重要发展时期，在这一时期中中国现代语言学的各个分支学科基本建立，中国现代语言学的学科体系日趋完善，而且传统研究课题也取得一定的成就。就理论和方法来说，这一时期的中国语言学主要受到三种思潮的影响，一是传统语言学的延续，音韵学、训诂学、文字学乃至语法学都继续受到传统语言学的支配；二是受到苏联语言学的影响，如关于汉语有无形态问题的认识，语法学的词类问题

---

① 邵敬敏、方经民：《中国理论语言学史》，华东师范大学出版社 1991 年版，第 31 页。

讨论，词汇学的基本词汇理论，词的分离和词的连写问题等，都可以明显看到苏联语言学的影响，尤其当时的语言理论问题，几乎都是对《马克思主义与语言学问题》的解释；三是受到结构主义语言学的影响，这在语法研究、方言调查、民族语言调查等方面表现得尤为明显"①。就百年语言学史（1912—2012）而言，语言学各分支学科的情况也大体如此，只是呢，我们需要对这里提到的"三种思潮"做一个大体上的调整。百年来，中国语言学无非受到了两种思潮的领导，一种是"内"一种是"外"。内，是传统，是本土。外，是新兴，是海外。百年来，海外语言学思潮的影响的大致历史顺序是：日本、欧美、苏联、欧美，其间有交叉，大体情况基本如此。基于这样的思路，本章在回顾语言学分支学科的发展时，我们分为两节来介绍：第一节《传统语言文字学的继续发展》，第二节《语言学新兴学科的形成》。第一节内容侧重于"内"，第二节内容侧重于"外"，但又不完全绝对这样二分，因为：传统语言文字学的发展同样可能受到了国外语言学思想的影响；语言学的新兴学科也有本土自发的因素在里边，其理论思想并非全部来自国外，但它们确实受到了国外语言学思想的影响才得以发展起来。

我们这里所说的传统语言文字学，主要包括：文字学、传统音韵学、训诂学、传统方言研究、传统国学，等等。我们这里所说的语言学新兴学科，主要包括：语法学、现代汉字学、现代音韵学、现代方言学、实验语音学、社会语言学、心理语言学，等等。对这些分支学科的介绍，我们的基本思路是择其要而述之，无法做到把所有的分支学科全部涵盖无遗。无论分支学科大小，百年历史牵涉的相关内容必然很多，所以，本章主要是以举例的形式介绍部分语言学文献及其诸家对这些文献所做的评论，文献不能穷尽，评论也无法保证绝对公允。本章正是以这种举例性的内容来书写的，我们之所以会选择这些例子，主要是因为我们在阅读相关文献时发现这些例子较为突出，至于我们限于所读文献范围的原因对部分内容没有介绍也实属正常。在此，我们有必要做出如上解释和说明。

---

① 潘悟云、邵敬敏：《二十世纪中国社会科学·语言学卷》，上海人民出版社 2005 年版，第 27 页。

第一节 传统语言文字学的继续发展

本节所说的传统语言文字学，主要包括传统文字学、训诂学、传统音韵学、传统方言学、传统修辞学、传统国学等方面，它们大多数属于传统"小学"的范畴。

在古代，"小学"的主要作用在于"通经"或"明史"，很少有"为了小学而研究小学"的情形。"张舜徽深信《书目问答》末《姓名略》中的话'由小学入经学，其经学可信；由经学入史学，其史学可信'"①，事实也确实如此，"小学"只是一门工具之学罢了。从民国时期开始，由于中国传统文化受文化新思潮的影响，经学的地位虽然曾有反复但总体上是呈疲弱趋势，在此过程中，"小学"也就趁机独立了出来、成为了一门学科。正是基于这样的原因，章太炎把"小学"改称为"语言文字之学"，这确实是顺应历史潮流之举。当前，中国社会浮躁、急功近利，对学术的要求往往也是依"有用""实用"的标准，传统语言文字学失去了"解经"的功用之后，对当今社会简直就没有太多的用处了，在这样的社会背景下，传统语言文字学作为一门冷门学科越来越不受重视，这似乎也都是"顺理成章"的事情。

一 文字学

文字学的研究源远流长，在古代，文字学是"小学"的核心，同时也常常被看作是一切学问的基础。也就是说，虽然说在中国古代"小学"由文字、音韵、训诂三个分支组成，然而事实上，文字学是"小学"的中心。文字学晚至 1917 年还有《文字学形义篇》、《文字学音篇》等著作问世，这足见当时的文字学还可以包含训诂学、音韵学。古代虽然有文字学，但除了"六书"以外就几乎没有系统的文字学理论，正是在这个意义上我们可以说文字学的真正形成是在 19 世纪末、20 世纪初，距今也只有一百多年的历史。

---

① 中国语言学会《中国现代语言学家传略》编写组：《中国现代语言学家传略》，河北教育出版社 2004 年版，第 1820 页。

近百年来，文字学的代表性的研究方向主要有：传统文字学、甲骨文、金文，等等。其中，近百年来的甲骨文研究在几千年来的文字学史上都占有重要的地位。

（一）传统文字学

传统文字学常常以《说文解字》为中心，重视文字学的历史传承。在传统学术里，语言学学科中并没有词汇学这么一个分支学科。现在被称为词汇学的学科，在过去或者属于文字学（侧重形、音），或者属于训诂学（侧重于意义）。传统文字学有时兼及语法学，但那往往仅限于简单地涉及个别虚词、词序的问题，一般不会论及系统的语法学理论。

在清末民初，传统文字学学家主要有章太炎、沈兼士、杨树达、姜亮夫、蒋善国，等等。章太炎曾在日本、中国举办过多次关于《说文解字》的讲习班，具有一定的学术影响。关于章太炎《说文解字》的讲习情况，可以参阅王宁整理的《章太炎〈说文解字〉授课笔记》一书。"《章太炎〈说文解字〉授课笔记》（下简称《笔记》），是章太炎 1908 年在日本讲授《说文解字》（下简称《说文》）时，朱希祖、钱玄同、周树人三人的记录，王宁主持整理，2008 年 12 月由中华书局出版"[①]，具有很高的文献价值。

早期的文字学概要性的著作主要出版于 20 世纪三四十年代。例如，贺凯《中国文字学概要》北平文化学社 1931 年版，刘大白《文字学概论》上海大江书铺 1933 年版，傅介石《中国文字学纲要》1933 年北平自印本、昆明中华书局 1940 年版，戴增元《文字学初步》上海中华书局 1935 年版，马宗霍《文字学发凡》上海商务印书馆 1935 年版，张世禄《中国文字学概要》贵阳文通书局 1941 年版，齐佩瑢《中国义字学概要》北平国立华北编辑馆 1942 年版，等等。

在传统文字学领域，《说文解字》研究依然是文字学研究的重点内容。具体到研究对象、研究方法的转变，杨树达的文字学研究是一个代表。"治文字学之学者，多从《说文》入手，注重以形表义，早年杨树达指出：以形表义，形有界域，一般人士还能遵守不越。许慎以后，诸家补苴，常有新说胜义。甲骨文的出现，更能有助于研究。至于循声说义就困

---

① 吴叶霞：《〈章太炎《说文解字》授课笔记〉述例》，硕士学位论文，杭州师范大学，2011 年，第 1 页。

难了，因为声音这东西，广漠无涘，不易准确，自刘熙以后，已多凿空之论。度杨树达之意，似有对把音韵学当做文字学重点的不满意之意。然到其晚年，在《述林·序》里，开始力推治文字学应以声音为首。开始以声训作为重点研究，并进一步阐发了形声字声中有义的观点"①。再例如，稍晚于章太炎的马叙伦对《说文》也有详细的研究，"《说文解字六书疏证》1911—1928 年完成，1957 年由科学出版社出版。其间三易其稿。初稿名《六书分纂》，解散《说文解字》原书次第，而以表式分类纂注；后复创一稿，每文不提行，易名《疏证》；后再易而成今稿……《说文解字研究法》（商务印书馆，1933）是马叙伦写《说文解字六书疏证》的预备材料"②。文字学界对《说文》的研究至今经久不衰。

　　对文字学进行理论探讨的书大多数都发明较少，其中《中国文字之原始及其构造》一书至今还有一定的学术影响。《中国文字之原始及其构造》蒋善国于 1927 年写成，商务印书馆 1930 年影印出版，之后多次再版。该书"分上下两编，第一编为'中国原始文字之探索'，书中用埃及和克雷特象形文字以及我国境内少数民族的文字与中国金甲文作比较，以此来探讨中国文字的原始起源问题，可谓开'比较文字学'之先河。第二编'中国文字之构成'，以六书为纲，相继介绍了六书的次第、含义以及相互关系等问题，经李竞西先生指出，这一部分中有些材料不太准确，但是从整体上来看，还是值得参考的著作"③。该书缺点是"没有区分字和词"④。作为文字学的理论性的著作，该书不区分字和词确实不是很合适；只是，字和词的问题看似是个小问题，要想说清楚它们的关系却不容易。

　　清末民初，传统文字学更加重视形、音、义的结合研究。在涉及音的方面，章太炎《文始》是传统文字学发展的最高峰。近年来，研究《文始》的著述为数不少，下面简单举一二例。《章太炎〈文始〉研究》认

---

　　① 康盛楠：《杨树达文字学研究》，博士学位论文，华中科技大学，2013 年，第 211—212 页。

　　② 中国语言学会《中国现代语言学家传略》编写组：《中国现代语言学家传略》，河北教育出版社 2004 年版，第 895 页。

　　③ 杨乐：《蒋善国先生汉字学思想研究》，硕士学位论文，东北师范大学，2013 年，第 4 页。

　　④ 同上书，第 32 页。

为，"章氏《成均图》提出'以义证音'的创见，这是一种'义自音衍'理论的反向应用。换言之，仅从音理的推断中得出的语音联系，虽依理则必然，但因事又未必已然。而前人多从音理上批判'成均图'，认为它'东转西转，无所不转'。但章氏'成均图'用的是以义证音的历史方法，当具体问题具体分析，而不可只就直接音理而言……《文始》提出初文与准初文，共 510 字。后人颇多质疑，认为初文与准初文不是根词。而《文始》以独体字为初文，并称之为语根，在理论上站不住脚。抛开非议不讲，章氏提出'初文'、'准初文'两个概念，究竟是出于什么目的？二者分畛又具体如何？这些问题都是需要进一步厘清的"①。该文还认为，"经本文证明，反映章氏音转理论的 164 组字中，只有 37 组因缺乏论据，待定其同源关系，其他均可断定其为同源字组。所以，章太炎先生同源字体系大致可信……长期以来，对章氏音转关系的理解，多存在于《国故论衡》之《成均图》、《纽目表》、《古双声说》等篇，并简单断定《文始》的声韵关系与这些篇目的论断一致。但笔者在通读《文始》后发现，事实并非如此。《文始》声韵音转系统，在大致依据《纽目表》、《成均图》、《古双声说》等篇的同时，出现与之例外或后者未及概括的音转关系"②。章太炎的后继者众，姜亮夫就是其中一人，"姜亮夫治文字一方面继承了章太炎《文始》一书的传统，同时吸取了王国维考释甲骨金文的方法，从初文开始，按语音的发展及声韵通转的规律，追溯语意的联系，考求汉字孳乳增多的辙迹"③。当然，也有一些学者对《文始》评价不高。例如，"张世禄先生认为《文始》几乎没有资格和高本汉的《汉语词类》相提并论，他说：'《文始》上所谓中国语源的研究，只是古典式的，拘牵于汉字的字形的，内中种种结论也只是主观的，武断的，还是一团糟的材料，并没有经过科学的整理'"④。张世禄这是从理论的系统性的高度来评价《文始》的。

当时，稍晚于章太炎的沈兼士对文字学理论也有深入的研究，"沈兼士先生的字族理论就是在这些研究成果的基础上袪各家之短而形成的。他

①　黄娟娟：《章太炎〈文始〉研究》，硕士学位论文，华中科技大学，2011 年，第 5 页。

②　同上书，第 188—190 页。

③　中国语言学会《中国现代语言学家传略》编写组：《中国现代语言学家传略》，河北教育出版社 2004 年版，第 542 页。

④　刘丽群：《章太炎〈文始〉研究综述》，《励耘学刊》2012 年第 1 期。

总结了过去的右文学说、声训理论、音转学说以及王念孙的'因声求义'理论，扬弃了旧说的失误，吸收了国外语言文字学的某些方面，比如语音学知识、普通语言学理论和古文字研究的成果等，为研究汉语词汇、字族奠定了科学的基础"①。

吴文祺的《论文字的繁简》"主要批判胡适、林语堂的文贵简练的论点"②，这就涉及文字学的传统观念与现代语言文字学观念的分歧问题。关于传统文字学的内容还有很多，我们在此不再一一论及。

从传统文字学角度来说，文字学无论如何发展，其关键点汉字的形、音、义关系这一个问题始终不会改变。就语言学的发展方向而言，从以微观的汉字为研究中心到以宏观的句法为研究重点，这基本上可以看作是语言文字学从传统到现代的发展方向。

（二）甲骨文、金文及其他古文字

"古文字"这一概念形成于 20 世纪初，它主要包括：甲骨文、金文、秦系文字、战国文字，等等。百余年来，研究古文字成绩斐然的学者主要有：甲骨"四堂"（郭沫若、董作宾、罗振玉、王国维）、陈梦家、唐兰、姚孝遂、于省吾、容庚，等等。

唐兰《古文字学导论》1934 年前后曾作为北京大学的讲义，当时有石印本，1981 年齐鲁书社出版影印本，这是我国学者自己书写的较早的古文字理论著作。20 世纪 80 年代，我国出版了一批古文字学概论类的著作。例如，李学勤《古文字学初阶》中华书局 1985 年版，林澐《古文字研究简论》吉林大学出版社 1986 年版，高明《中国古文字学通论》文物出版社 1987 年版，陈炜湛、唐钰明《古文字学纲要》中山大学出版社 1988 年版，等等。

在甲骨文著录方面，罗振玉、董作宾、郭沫若、胡厚宣等人都有贡献。甲骨文合集以于省吾《甲骨文字诂林》（中华书局 1996 年版）影响较大，甲骨文通论类著作常常以陈梦家《殷墟卜辞综述》（科学出版社 1956 年版）为代表。甲骨文研究以甲骨"四堂"贡献较大，唐兰、于省吾等也有较为可信的研究。

---

① 陈伟：《沈兼士字族理论研究》，硕士学位论文，西南大学，2006 年，第 3—4 页。

② 中国语言学会《中国现代语言学家传略》编写组：《中国现代语言学家传略》，河北教育出版社 2004 年版，第 1394 页。

百余年来，金文集成成绩斐然，从 1937 年罗振玉《三代吉金文存》到 1996 年中华书局《殷周金文集成》逐渐完备。容庚《商周彝器通考》系统性强，罗振玉、王国维、郭沫若、杨树达、唐兰、于省吾、李学勤等人都有一些较为可信的考释。

百余年来，其他古文字研究成果也有不少。例如，《石刻篆文编》（1957）、《睡虎地秦墓竹简》（1990）、《郭店楚墓竹简》（1998）、《楚帛书》（1985）、《侯马盟书》（1976）、《古陶文汇编》（1990）、《古玺汇编》（1981）、《先秦货币文编》（1983），等等。

陈梦家《殷墟卜辞综述》1956 年由科学出版社出版，该书学术影响很大。该书“由于成书仓促，其中也有不少错误”①。裘锡圭曾评论该书说，“《综述》资料丰富，论述全面，并有一定深度，对于初学者和研究者都是非常有用的书。可惜成书仓促，引用甲骨文资料有很多不应有的错误。陈氏自己对各种问题的意见也不尽妥当。此书写法不适于初学阅读，对于一本通论性的著作来说，这似乎也应该算一个缺点”②。

在甲骨文字考释方面，《甲骨文字诂林》是一个集大成的浩大工程。该书由姚孝遂于 1994 年组织完成，“从 1974 年立项开始，整整经历了二十二个年头，历经艰辛和周折，终于付梓。这部书搜罗了自甲骨文被发现以来有关的主要优秀成果，然后由他加以总结，分析其是非得失，做出个人的判断，这是他数十年有关研究的心血结晶”③。

甲骨文断代问题曾经是一个难题，董作宾利用“贞人”、“坑位”、“字形”、“书体”等 10 项标准对甲骨文断代做出了很大的贡献。在金文断代方面，郭沫若等人通过“标准器断代法”，使金文断代达到了一个较为公认的程度。陈梦家对此也有贡献，“陈梦家在铜器研究上除了著录之功外，他对于青铜器的分期断代研究也有非凡的功绩。金文研究自郭沫若《西周金文辞大系》提出标准器系联法以来，分期断代研究取得了很大成绩。陈梦家对此作了更进一步的深入研究”④。甲金文断代问题解决了，我们对古文字学的研究就可以进一步精细化，不再把它们笼统地放在同一

---

① 中国语言学会《中国现代语言学家传略》编写组：《中国现代语言学家传略》，河北教育出版社 2004 年版，第 65 页。

② 同上书，第 66 页。

③ 同上书，第 1631 页。

④ 同上书，第 67 页。

个历史阶段来看待。

杨树达对古文字学也有一定的研究，成绩很大。他"虽然研究甲骨文的年代较晚，《积微翁回忆录》（1934 年）说：'读朱芳圃《甲骨学文字篇》，此为余治甲文之始。'（1943 年）又说：'阅孙海波《甲骨文编》，为余再治甲骨之始。'……杨树达所处的时代甲骨文和古韵学都已繁荣起来，再加上他又有西学经历，研究方法等方面也大有改进……杨树达甲骨文研究的内容主要在'说字'和'考史'两个方面……（他）治彝铭虽年代较晚，但却十年不辍……《金文说》首篇《新识字之由来》作于一九五一年"①。杨荣祥说，"杨氏幼承家学，少年时代从其父熟读郝懿行《尔雅义疏》、王念孙《广雅疏证》，后又精研《说文解字》和段玉裁的著作，打下了深厚的文字训诂之学的根底，因留学日本和后来专力于语法学，一度无暇集中做文字训诂的研究。'1930 年，语法三书成，乃专力于文字之学'"②。

在古文字的研究方法和研究功用方面，不同的学者有着不同的看法。于省吾认为，"不能孤立地研究古文字，需要从社会发展史的角度，从研究世界古代史和少数民族志所保存的原始民族的生产、生活、社会意识等方面来追溯古文字的起源，才能对某些古文字的造字本义有正确的理解，同时也有助于我们去正确释读某些古文字资料……古文字这一学科应该为研究古代史服务"③。这种观点可以说是取得了决定性的胜利，古文字学与上古史研究紧密相连，"古文字与古代文明"以及"古文字与古代社会"等都是一些较为常见并且是最为成功的研究选题。

在甲骨文研究刚刚起步的时候，有些研究传统文字学的人并不认可甲骨文研究，常常抱有怀疑的态度，即使像章太炎这样的国学大师也不例外。"郭沫若在 1936 年 5 月为金祖同《甲骨文辩证》一书所作序文，副标题即为'为章太炎致金祖同论甲骨文书'。序中谈到，章太炎的认识即为'已较往年大有改进'，即其'于铜鼎已由怀疑变而为肯定，于甲骨则由否认变而为怀疑'。同时，针对章太炎先前的认识评道：'怀疑辨伪乃

---

① 康盛楠：《杨树达文字学研究》，博士学位论文，华中科技大学，2013 年，第 93—109 页。

② 杨荣祥：《杨树达先生学术成就述略》，《荆州师专学报》1999 年第 1 期。

③ 中国语言学会《中国现代语言学家传略》编写组：《中国现代语言学家传略》，河北教育出版社 2004 年版，第 1698 页。

为学之基阶，为学与其失之过信，宁取乎多疑。鼎彝甲骨诚多赝品，然而疑之有方，辨之有术，富有经验之士，于其真伪之间几乎一目可以别白，所贵乎学者即在养蓄自己之目力，先期鉴别之精审，而进而求其高深。'在郭沫若看来，章太炎的失误在于：'先生之蔽，在乎尽信古书，一若经史子书有征者，则无不可信，反之，则无一可信。实则古书之存世者几何？而存世亦饶有真伪之别。'……他还为章太炎惋惜……可惜，章太炎没有能够看到后来甲骨学成为国学中不可或缺的重要领域"①。在此，郭沫若对章太炎的观念的认识比较客观。

纵观百余年来，文字学有了一个较大的发展，主要体现为：文字学的理论意识增强，传统汉字学与古文字学研究进一步融合，把文字问题纳入语言学的范围内进行研究，等等。百年来，文字学的发展得益于新思想的传入和新科学的发展，同时，文字学的发展也推动了科学的进一步发展，二者形成了较为良好的互动关系。

二　训诂学

训诂学是一门古老的学科，近百年来，它既经历过退变、衰落，也经历过蜕变、新成。总体来说，这门传统学科在现代社会里总是显得不太着调，非议也好，首肯也罢，似乎总有着某种程度上的历史维度的冲突。

近代中国，西学东渐，训诂学受到了很大的冲击。在新学面前，训诂学曾经寄寓于国学之中，试图与新学抗衡，但训诂学在国学中的地位也时有游离，训诂学在这个时期总体上发展得并不好。1947 年，王力的《新训诂学》发表，这类似于宣告了训诂学与国学分离，走上独立发展的道路。然而，在此后的一段时期内，训诂学并未得到一个好的发展态势，特别是到了后来在"破四旧"、"文革"的批判传统文化的时代氛围之中，训诂学不可能有一个良好的发展机遇。直到 20 世纪 80 年代，我们国内出现了一个训诂学概论热潮，训诂学似乎又迎来了自己的春天。然而，好景不长，在改革开放以后，国家以经济建设为中心，训诂学又成为了"无用之学"，自行萧条。近几年来，国家又开始重视传统文化的研究了，训诂学又受到了一定程度上的重视。从训诂学的研究内容来看，对近代汉语的重视是百年来训诂学的一大亮点，因为在此之前学界对近代汉语的一些

---

①　谢保成：《郭沫若学术思想评传》，北京图书馆出版社 1999 年版，第 134—135 页。

俗字、俗语不甚重视。近代汉语训诂研究方面，诸如张相《诗词曲语辞汇释》（1955）、蒋礼鸿《敦煌变文字义通释》（1959）等都是一些代表作。

1980 年代，重要的训诂学概论类著作出版了不少，有些著作至今都还有一定的学术影响。例如，陆宗达《训诂学简论》（1980）、洪诚《训诂学》（1984）、郭在贻《训诂学》（1986）、张永言《训诂学简论》（1985），等等。当时，训诂学虽然经历了一个相对的繁荣期，但是，关于这门学科的定位问题学者们并没有取得一个较为统一的意见，这诚如徐时仪的认识："二十世纪八十年代以来，关于传统训诂学的定位，学者们有不同的看法，有汉语形义学、注释学、文献语言学等说法。"①

在相关学者中，章太炎、黄侃、徐复、杨树达、蒋礼鸿等学者对训诂学的贡献很大。章太炎，清末民初著名学者，他的有些著作完成于百年之前，但是，他的学术影响主要发生在百多年以来。

章太炎在《国故论衡》中曾说，"余以寡昧，属兹衰乱，悼古义之涂丧，愍民言之未理，故作《文始》以明语原，次《小学答问》以见本字，述《新方言》以一萌俗"②。这基本上可以看作是章太炎的"小学"著述次第，说明了它们之间的内在逻辑关系。张渭毅曾说，"承蒙北京大学中文系教授、博士生导师何九盈先生指示，太炎先生 1906 年发表的《论语言文字之学》、1908 年发表的《驳中国用万国新语说》，是研读《国故论衡》的重要参考依据，也是中国语言学史重要的纲领性文献"③。这为我们提供了有效阅读《国故论衡》的相关线索。章太炎的相关著作并不容易阅读，这主要是因为章太炎的语言学著作具有一定的理论意识，但是他对语言学理论的宏观驾驭能力不足以兼容他的传统语言文字学功底。比如说，"章太炎的语源学理论中，对于部分概念的界定是具有模糊性的。如变易与孳乳：'音义相雠，谓之变易；义自音衍，谓之孳乳。'什么叫'相雠'？'相衍'的标准又为何？这样的描述显然没有走出传统训诂学的

① 徐时仪：《20 世纪训诂学研究的回顾与反思》，《南阳师范学院学报》2002 年第 5 期。

② 章太炎（撰）、庞俊、郭诚永（疏证）：《国故论衡疏证·小学略说》，中华书局 2008 年版，第 25—26 页。

③ 张渭毅：《章太炎和他的〈国故论衡〉》，《邯郸学院学报》2011 年第 3 期。

框架，只是以一些不太精确的语句来下定义"①。这种情况，在清末民初的相关学术著作中也较为多见，并非只限于章太炎的著作有这一类的问题。

徐复也是近百年来的训诂学大师。徐复曾为章太炎的《訄书》作注，"历时二十余年准备，三易其稿，写成七十余万字的《訄书详注》"②，可见其学问之严谨、扎实。徐复治学严谨，"他的专著《后读书杂志》始稿于1932年，告成于1992年，花费了整整六十年的心血，1996年出版时加前言后记仅二十万字，但全书充满真知灼见，无一蹈空因袭之语"③。传统训诂学就需要这样的朴学精神。

于省吾的训诂考证成果也值得称道。比如说，"《泽螺居诗经新证》是于省吾对《诗经》这部重要典籍的训诂之作，被誉为'新证派'的代表作品。其中上卷是由1935年出版的《双剑誃诗经新证》删订而成；中卷包括《文史》第一、二辑发表的《泽螺居诗经札记》、《泽螺居诗义解结》，并有所删改；下卷是他发表的有关《诗经》考证的单篇论文，亦略有修正"④。

杨树达则不同于那些传统的训诂学家，他走的是一条不同寻常的道路，他精通语法、文字、训诂等各个领域。《词诠》可以看作是杨树达的训诂成果，《词诠》"就整个体例来看，它是仿效清代王引之的《经传释词》，但'首别其词类'，却是首创。这一点，正说明《词诠》是试图从语法的角度来训释文言虚词的，这应是《词诠》最突出的特点，也是《词诠》超过前人的地方……杨树达的语法研究，最显著的特色是虚实交会，即文法与训诂相结合"⑤。这在当时的时代背景下，超越传统训诂学的桎梏，放在语言文字学的大框架之下来研究问题，实在是难能可贵。

关于百年来的训诂学名家名著，我们不再举更多的例子。总体看来，

　① 朱乐川：《章太炎语源学理论研究》，博士学位论文，南京师范大学，2014年，第219页。

　② 中国语言学会《中国现代语言学家传略》编写组：《中国现代语言学家传略》，河北教育出版社2004年版，第1467页。

　③ 同上书，第1470页。

　④ 李玉萍：《于省吾〈泽螺居诗经新证〉训诂研究》，硕士学位论文，吉首大学，2013年，第3页。

　⑤ 中国语言学会《中国现代语言学家传略》编写组：《中国现代语言学家传略》，河北教育出版社2004年版，第1603页。

训诂学与文字学等学科不太相同，训诂学在百年来几经沉浮，而文字学却一直是在稳步推进。这与训诂学的学科性质有关，也和不同时期的文化背景相关。训诂学的独立发展和附庸地位是一个相当复杂的问题，学科的独立未必就真的极大地促进了训诂学的发展。

三　传统音韵学

传统音韵学起源于东汉末年，至今延续不绝。当然，音韵学在 20 世纪初期发生了较大的变革与分化，一是音韵学的大方向转变为现代音韵学，二是传统音韵学式微但还有一个持续性的缓慢发展。关于现代音韵学的部分，我们放在下一节中予以介绍。百年来的传统音韵学虽然不再以解经为主要目的，但是，它的主要研究方法还是有较为明显的继承性。

百年来，传统音韵学的代表人物主要有章太炎、黄侃、钱玄同等人，他们的学术传统直到今天还有一些学者在学习、继承，当然，他们的学术影响力比后世学者的影响力确实要大一些。

章太炎的音韵学研究主要埋藏在《国故论衡》之中，黄侃的音韵学研究主要收录在《黄侃论学杂著》里边。黄卓整理有《黄侃声韵学未刊稿》，博士学位论文《〈黄侃声韵学未刊稿〉古音思想研究》① 对此有所分析。钱玄同著有《文字学音篇》。

章太炎《文始》屡为后世学者所重视。比如说，"王宁说平面'系源的起点仅仅是处理同源词的一种方法，它相当于一个可以自由选择的坐标点，而不是标志着历史起源的根词。用这种方法，章太炎写成了《文始》。'但是从章太炎的本意而言，《文始》的目的还是历时地梳理同族词的派生源流"②。

传统音韵学长于文献，在科学性方面则可能略有所失。冯蒸认为，"总的来说，黄侃的中古音理论未能明确建立共时和历时的观念，把二者混在一起来讲，固然有其特点，但并未能揭示出中古音系的整体特点"③。类似黄侃的这种音韵学思想，在当时的音韵学研究中大概具有一定的代

---

① 任翔宇：《〈黄侃声韵学未刊稿〉古音思想研究》，博士学位论文，福建师范大学，2014 年。

② 刘智锋：《〈文始·一〉同族词词源意义系统研究》，硕士学位论文，湖南师范大学，2010 年，第 17 页。

③ 冯蒸：《论黄侃派传统声韵学体系中关于中古音的五个理论（上）》，《汉字文化》2012 年第 3 期。

表性。

通常认为，1937 年以后，现代音韵学逐渐发展壮大，其研究规模和研究力度都超过了传统音韵学的相关研究。传统音韵学研究在当今已是一个非常狭小的学科了，现在专门从事这种研究的学者也已经寥寥无几。

四　传统方言学

在今天，我们一提"方言学"通常是指"现代方言学"，或者说是"现代汉语方言"。我们知道，现代汉语基本定型的时间大概可以划在1949—1955 年间，在此之前的方言研究不适于称为"现代汉语方言"。中国现代方言学研究始自"五四"运动前后。

传统方言学从扬雄的《方言》开始，到章太炎的《新方言》达到了顶峰。章太炎的《文始》也涉及传统方言学的一些问题，"《新方言》与《文始》一样，以语音为线索求汉语语源，并在今古语的对比互证中，既解释了方言，又解释了文献中的'难通之语'"①。《新方言》的学术功绩主要体现为改变了过去只重视文献不重视活语言的现象，章太炎开启了既重视文献又重视口语的学术时代，他利用"故训"，参照"今语"，求本字、推语源，这在当时无疑具有很大的历史进步性。"在《新方言》中，同一术语常常含义不一"②，这是《新方言》的一个缺点。其实，不独独《新方言》存在着术语界定的不统一问题，早期的语言学著作都普遍地存在着这样的问题。

通过"新方言"与西方语言学的比较，我们从中可以获得很多有意义的启发。孙毕认为，"将《新方言》与同时代的西方方言学比较，我们既看到了《新方言》错过吸收外国语言学新鲜营养而导致的局限，也看到《新方言》作为传统方言学的代表，在它自己的研究领域内，吸收传统学术的精华，取得了无愧于时代的成就"③。《新方言》错失了向西方语言学学习的机会，却反过来成了阻挡"过度西化"的磐石，这种歪打正着的历史定位让我们对整个民国前后的风云变幻感慨万千。孙毕说，"《新方言》的写作背景还有一个值得注意的方面。《新方言》的写作时代

---

① 孙毕：《章太炎〈新方言〉研究》，博士学位论文，复旦大学，2004 年，第 447 页。

② 同上书，第 458 页。

③ 同上书，第 449 页。

为清末国运日衰之际，有人将国运式微归咎于汉语言文字及其研究，主张废除之而代之以'万国新语'。而章氏包括《新方言》在内的语言文字研究顶住了这股'西化'的潮流，认为今之汉语方言传承自古，不可贸然变革。这个观点不仅见于章氏《自述学术次第》，也在《新方言·自序》中表现得很明显"①。"万国新语"在当时被看作是具有极端的西学倾向，奉行一种无政府主义和历史虚无主义，这在事实上是很难行得通的。

潘悟云、邵敬敏说，"在章炳麟《新方言》之后，民国时代仍然陆续有传统方言学著作出版，如孙锦标《南通方言疏证》、詹宪慈《广州语本字》等，不过已是强弩之末了。中国传统方言学著作要目可参阅丁介民《方言考》，香港龙门书店 1967 年出版"②。这说的是语言学的总体趋势，如果着眼于学术界的现实情况，那么，我们认为至今还有传统方言学的存在。当今，还有极少数学者在从事着方言词汇的考释工作，他们不用国际音标，不列出方言词汇的音韵地位，那种做法还是类似于《新方言》的研究模式，只是目前的此类研究已经为数不多并且影响较小罢了。

五　传统修辞学

传统修辞学也可以被称为古代修辞学，它通常是指"五四"运动以前的修辞学，其基本特点是只重视文章、文献中的修辞问题，不研究口语、活语言里出现的修辞现象。

百年来，在传统修辞学领域较为重要的著作以胡怀琛的《修辞学要略》（上海大东书局 1923 年版）为代表。《修辞学要略》上编为《文章之结构》，下编为《文章之精神》，基本上没有超出旧有的"文论诗话"或者"文章学"类著作的框架，后世学者对该书批评者众，赞扬者寡。《修辞学要略》被《中国修辞学通史》③ 列为"旧派修辞学著作"。此类"旧派修辞学著作"还包括：唐钺《国故新探》、郑奠《中国修辞学研究法》、薛祥绥《修辞学》、马叙伦《修辞九论》、张文治《古书修辞例》，等等。

杨树达《中国修辞学》（世界书局 1933 年版）集古代汉语修辞现象之大成。"杨树达的修辞学方面的著作有《古书疑义举例续补》、《中国修

---

① 孙毕：《章太炎〈新方言〉研究》，博士学位论文，复旦大学，2004 年，第 449 页。

② 潘悟云、邵敬敏：《二十世纪中国社会科学·语言学卷》，上海人民出版社 2005 年版，第 148 页。

③ 宗廷虎、李金苓：《中国修辞学通史·近现代卷》，吉林教育出版社 1998 年版。

辞学》（后经增订改名为《汉文文言修辞学》）、《古书之句读》（后经增益改名为《古书句读释例》）。《古书疑义举例续补》仿清末俞樾的《古书疑义举例》并补充其所未及。其目的是为读者提供阅读古书的方便，提高阅读古书的能力；其内容主要是发现并论证古人措辞构句的若干通则，实质上就是讲古人的修辞方法……杨树达本在原《续补》的基础上，从校勘、修辞两方面扩充，分别撰写校勘学和修辞学两种著作，但校勘学草创一半，未能终竟，而修辞学因应教学之需，先期完成出版……把修辞学从传统经学附庸的地位中独立出来，使之成为一门独立的学科，这是杨树达的重要学术贡献之一，也是杨树达超过俞樾等前代语文学家之处。"①《中国修辞学》大概可以看作是介于传统修辞学和现代修辞学之间的一部修辞学著作。

六　"国学"的提出与发展

在西学东渐、新文化"入侵"的时代背景下，行"国粹"之实而冒"开放"之名的"国学"应运而生。至于国学的范围究竟包括哪些内容，至今尚未有定论。我们通常认为，国学包含着传统文史哲里的全部内容，却无法以现代学术分类来框定它。早期的国学著作往往包含着文字、音韵、训诂的一些内容，但又不局限于此。

马瀛在《国学概论》中说，"道咸之间，欧风东渐，于是凡由西方迻译而来之学术，概称之曰'西学'；而我国固有之学术，不可无对待之名词以称之，'中学'之名，于是应运而生焉。光绪中叶，海内学者，虑中国固有学术，因西学之侵入而式微也，群起而保存之，于是遂有'国粹'之名。然中国固有之学术，未必尽为天壤间之精英，则国粹之名，容有不当，于是章太炎特改称之曰'国故'；《国故论衡》一书，即首以'国故'称中国固有之学术者也。'国故'者，概为中国掌故之简言。'掌故'二字，始见于《史记》，本谓一国之文献，故章氏遂立此名，然国故仍指所研究之对象，不可指研究此对象之科学。于是称此研究对象之科学者，有'古学'、'中学'、'国故学'、'国学'等歧异之名词，然'古学'本因'新学'之名而生，含义混淆，本不适用。'中学'之名，以西人称我

① 中国语言学会《中国现代语言学家传略》编写组：《中国现代语言学家传略》，河北教育出版社 2004 年版，第 1604 页。

国之学术斯可；若我国人亦自称其固有学术曰'中学'，实嫌赘废，且与学校之称易混，亦未得当，此四名称之中，自以'国故学'、'国学'二名为宜，顾'国故学'之'故'字，限于文献，未能将固有学术包举无遗，微嫌含义窄狭，故不如迳称之曰'国学'为较宜。'国学'之名，始于何人，今已无考，然最早出现于光绪末年，可断言也。当章太炎羁旅日本时，称其研究中国学术机关曰'国学讲习会'，同时刘师培等亦有'国学保存会'设立，国学之名，殆始此欤！"① 这种说法应该符合当时的实际情况。马瀛所说的"国学"之范围极其广泛，大凡中国古代之文献概可划入国学之列。其中，在第三编"研究工具"中前三章内容为"文字学"、"音韵学"、"训诂学"。

当时的"国学"著作还有一些，我们在此简单列举如下：

钟泰《国学概论》② 分为八章：六书、声韵、章句、六艺、诸子、目录、汉宋异同、文章体制。

王易《国学概论》③ 分为四章：经学、小学、哲学、史学。

章太炎《国学概论》④ 包括如下一些章节：第一章"概论"：经史非神话、经典诸子非宗教、历史非小说传奇，辨书籍真伪、通小学、明地理、知古今之人情变迁、辨文学应用等。第二、三、四章分别为："经学之派别"、"哲学之派别"、"文学之派别"。第五章"国学之进步"：经学比类知原、哲学直观自得、文学发情止义。

现在，许多重点大学都设立有国学研究院（所），常常把小学作为一个相对独立的科室纳入其中。因此，我们把国学放在传统语言文字学中简单地加以介绍，合情合理，符合学科发展的内在联系。

第二节　语言学新兴学科的形成

百年来，语言学诸多新兴学科逐步形成，这一反过去的语言学研究传统。以往，人们在讨论中国古代有没有语言学时常常意见分歧，也有些学

---

① 马瀛：《国学概论》，（上海）大华书局1934年版，第2—3页。

② 钟泰：《国学概论》，（上海）中华书局1936年版。

③ 王易：《国学概论》，（上海）神州国光社1933年版。

④ 章太炎（讲）、曹聚仁（记）：《国学概论》，（上海）中国文化服务社1943年版。

者把中国语言学史分为"语文学时期"和"语言学时期"，这些都说明了语言学新兴学科在中国语言学史上具有十分重要的地位。语言学新兴学科形成的时期也就是中国现代语言学形成的时期，中国现代语言学时期也就是区别于"语文学"的"语言学"时期。从一百多年以前开始，直到今天，语言学还在不断地会涌现出各种不同的新兴学科。在百年来的前一段时期，语言学新兴学科主要以学科分化、独立为特征；在近些年来，语言学主要以学科融合、合作为特征。

　　百年来，语言学新兴学科主要包括：语法学、现代音韵学、现代方言学、语音学、语义学、社会语言学，等等。此外，还有其他的一些分支学科，我们无法全面涵盖地去评述它们，在这里我们主要是以举例的形式来介绍一些语言学的新兴学科。

　　我们的举例肯定存在着很多偏颇之处，或许有人会问：这些例子你们是怎么选取的呢？关于这个问题，我们不得不有一个明确的交代：根据我们对"百年语言学文献的选择原则"和"通读的可行性"（对此，本书前面章节已有介绍），我们通读了部分文献，在通读时我们还对部分文献进行了摘要、评述。这些"摘要"内容就是本节的部分举例，有一些摘要内容不太适合在本节中举例，我们就没有把它们纳入本节中来。百年语言学文献，汗牛充栋，不管是多大的语言学专家都不可能毫无遗漏地一一通读，对于这个问题最为关键的是"诚实"，读过了就是读过了，没读过就是没读过。只要有了努力拼搏的精神和诚实客观的态度，我们就可以正确地处理关于中国语言学史上的任何问题。

一　语法学

　　在谈百余年来的语言学新兴学科时，在谈中国现代语言学的组成时，语法学都是其中的比例最大、分量最重的组成部分。百余年来，语法学一直是语言学研究的重点部分，关于语法学的相关文献相对于其他分支学科来说也是数量最多、尺寸最厚；从研究队伍的情况来看，语法学的研究人员相对于其他分支学科来说也是人数最多、地位最高。完全可以说，语法学的发展状况就是中国语言学发展的风向标。陆俭明曾说，"在 20 世纪这一百年中，我国语言学的发展中要数汉语语法学的发展最快，成果最显著"，"最早先后明确提出要区分字和词的是章士钊和黎锦熙"①。词、词类划分是汉语语法学的起点和基础，词类划分的问题至今未能得到一个彻底的解决，但这并不影响汉语语法学向纵深处发展。

中国现代语法学从 1898 年的《马氏文通》开始，至今已经有 117 年的历史了。《马氏文通》被认为是模仿的语法学，其后学者们逐渐展开了反对模仿的运动，倡导"独立的语法"，这期间以上海的"文法革新讨论"比较集中。除了模仿与独立的思想之外，比较客观、平和的语法观念就是倡导"比较"。在 1898—1938 年这一段时期里，模仿、独立、比较都是语法学的最重要的关键词。自此以后，现代汉语语法学又开启了语法理论研究和语法分析实践两大板块，语法理论方面我们有自创，但更多的是引进；语法分析实践方面原发性的分析实践一直不多，更多的是对引进的理论在分析实践上的套用，这种研究状态一直持续到最近几年。最近几年来，语法学理论的引进稍微少了一些，这可能是因为外国理论翻新的也相对少了，引进也没有"源"可寻了；这也可能是因为中国语法学发展到了一个瓶颈期，从而导致了自创和引进的双重困难。总体上说，现代汉语语法学一百多年来走过的路依然没有走出《中国语法学史·吕序》里提到的三个圈："理论与语料结合问题"、"古代汉语语法与现代汉语语法的合拍问题"、"书面语语法与口语语法的离合问题"②。就当前的研究策略而言，语法学界一般都是回避了那些在原地打转转的问题，纠缠不清的问题暂时搁置，在有共识的研究的基础上继续前行。

（1）语法学发展的主线脉络

《马氏文通》出版后，"《马氏文通》接受史"很值得研究，只是，这项研究还是问题比较"大"、研究难度也比较大。对《马氏文通》的整理、导读，目前还是以《马氏文通读本》③ 为最佳。《马氏文通》有一个缺点，就是有些观点前后不能够一以贯之，甚至会出现前后矛盾。"正如吕叔湘在孙玄常《马氏文通札记》批语里所指出的：'《马氏文通》之可贵，就在于它充分提供矛盾，我们现在读《文通》，主要也是为了揭露矛盾。通过这一揭露，更深入地探索这些矛盾的根源，了解问题的本质，提

---

① 陆俭明：《新中国语言学 50 年》，《当代语言学》1999 年第 4 期。
② 龚千炎：《中国语法学史》，语文出版社 1997 年版，原版吕序第 1—2 页。
③ 吕叔湘、王海棻：《马氏文通读本》，上海教育出版社 1986 年版。

到方法论的高度来研讨。这样就有可能把我们引导到解决汉语语法体系的正确道路上去。《马氏文通》也就在这个意义上起到了积极的作用。这也许是马氏本人始料未及的吧。'"① 从这一点上来看，研究《马氏文通》可以多视角地进行，订正《马氏文通》也不必只是从断句标点、词语勘误、例句辨证等方面进行，还可以从理论的系统性方面加以研究。

黎锦熙《新著国语文法》（1921 年完成，1924 年出版）② 以白话文为研究对象，以"纳氏文法"为主要蓝本，以"句本位"为指导思想。《新著国语文法》既是白话文的文法，又讲口语的语法③。该书《引论》中说："图解法怕的是滥用；用得过分，便觉得反复费时。所以寻常的句法已经弄得清清楚楚了，图解法便只须用于较难的句子；句子若是太复或太长，图解法便只须用于较难的部分。"《新著国语文法》出版后，对其研究的论著为数不少，至今不绝。例如，"《新著》中，有关汉语文法的大多术语源自《马氏文通》。黎氏在'实体词的七位'中对名词或代名词在句中的位置称之的'位'就是马氏的'次'，即英文中的 case（格）；此外，主语、述语、散动词等也源于《马氏文通》"④。"语法学界向来否定《文法》的省略观，认为《文法》对省略现象的研究是这部奠基之作的不足之处……（我们）发现《文法》探究的省略现象，无一不在后来学者分析的省略类型中，这一则说明《文法》不是滥用省略，二则也说明《文法》的'省略学说'应该对后学的研究深具启发"⑤。朱德熙认为，"《新著国语文法》（《丛书》第四种）在二十年代讲现代汉语语法的著作中，影响最大，在普及语法知识方面有一定的功绩"⑥。刘丹青认为，"'补足语'在当代语言学中作为一个重要术语指包括宾语在内的一类重要句法成分，与黎氏语法中的补足语有相通之处。而汉语语法现有的'补语'虽然英译相同，却不是一个通用的语法概念，无法代替补足语的作用。名词的'位'是词类与句法成分之间的中间层次，近于'论元'

　　① 中国语言学会《中国现代语言学家传略》编写组：《中国现代语言学家传略》，河北教育出版社 2004 年版，第 886 页。

　　② 黎锦熙：《新著国语文法》，（上海）商务印书馆 1924 年版。

　　③ 张寿康：《读〈新著国语文法〉札记》，《汉中师院学报》1984 年第 3 期。

　　④ 贾洪伟：《〈新著国语文法〉思想溯源》，《和田师范专科学校学报》2013 年第 2 期。

　　⑤ 黄婉梅：《重评〈新著国语文法〉对省略现象的研究》，《武陵学刊》2011 年第 1 期。

　　⑥ 朱德熙：《朱德熙文集》第 3 卷，商务印书馆 1999 年版，第 279 页。

这类当代语言学的中间层次术语，对刻画语法规则富有作用，不是所谓的多余层次"①。

针对《马氏文通》的"模仿"，陈承泽明确地提出了语法研究的三原则："其一，说明的非创造的；其二，独立的非模仿的；其三，实用的非装饰的。"② 1922 年，胡适在《国语文法概论》中探讨研究语法的方法：归纳研究法、比较研究法、历史研究法，并说"我老实规劝那些高谈'独立'文法的人，中国文法学今日第一需要是取消独立。但'独立'的反面不是'模仿'，是'比较与参考'"③。此外，黎锦熙在进行模仿的同时，还在反思关于比较的问题，《比较文法》就体现出了一种比较的思想。黎锦熙《比较文法》（著者书店 1933 年出版，前身为《文法会通》1930 年出版。今通行本为科学出版社本）④ 中外语法比较、古今语法比较，其指导思想来源于《新著国语文法》。叶文曦认为，"黎锦熙先生的《比较文法》发表于 1933 年，语言学史学者认为该书是对《新著国语文法》第四章'实体词的七位'的扩展，对研究古代汉语语法有一定的参考价值。从今天的眼光看，《比较文法》的价值应当不局限于古代汉语语法，'位'的体系也不是简单的模仿，而是有较高的创造性，有语法理论和语言学理论上多方面的价值，需要我们重新认识和总结"⑤。黎锦熙所谈的"比较"可以认为是一种较为宏观的、广义的比较。

何容《中国文法论》（写于 1937 年，1942 年出版，1948 年改版）的宗旨是，"先把自己所知道的关于文法学的一些常识讲一讲，再把《马氏文通》以来的文法著作中的'理论'检讨一下，使读这些著作的人明了它的真相"⑥，其中有些观点受到了胡适、林语堂的影响。

到了 20 世纪 30 年代的文法革新讨论时期，人们对《马氏文通》、《新著国语文法》过分求全责备，"打倒《马氏文通》派"口号有点过分。文法革新讨论的这些论文后来有过结集出版，1940 年《学术》杂志

---

① 刘丹青：《重温几个黎氏语法术语》，《北京师范大学学报》2010 年第 5 期。

② 陈承泽：《国文法草创》，（上海）商务印书馆 1922 年版。

③ 胡适：《国语文法概论》，载姜义华《胡适学术文集·语言文字研究》，中华书局 1993 年版，第 34 页。

④ 黎锦熙：《比较文法》，科学出版社 1957 年版。

⑤ 叶文曦：《简评黎锦熙先生的〈比较文法〉》，《武陵学刊》2010 年第 5 期。

⑥ 何容：《中国文法论》，（上海）商务印书馆 1942 年版，自序。

第 2 辑共收录 26 篇文章，1943 年陈望道补收了第三阶段的 8 篇论文，更名为《中国文法革新论丛》共 34 篇论文，1958 年《中国语文》杂志社收录 35 篇文章重印。王海棻说，"《文通》出版后的十多年里，因其'文繁而征引旧籍多，今贤所束阁者，故不独喻之者寡，即寓目者亦已少矣'。可见《文通》曾一度受到冷落。语法学界真正对《文通》进行学术研究和评论，盖始于 20 年代末至 30 年代初。而且这些评论，除了指责它以文言文为研究对象外，主要是批评它机械模仿西方语法。这类批评，时断时续，绵延达半个多世纪之久。正如邢庆兰师所说：'较《文通》晚出的一些文法书，不管是讲古文法的也好，讲国语文法的也好，每出一部，几乎都要把《文通》骂一顿。'（《中国文法研究的进展》）陈望道也说：'二三十年来，"忆了千千万，恨了千千万"，对于《马氏文通》体系的千万忆恨缠结也就从这一部书的出版时候开始。'……朱德熙先生《汉语语法丛书·序》说：'《马氏文通》往往因其模仿拉丁文法而为人诟病。其实作为第一部系统地研究汉语语法的书，能有如此的水平和规模，已经大大出人意表，我们实在不应苛求于马氏了。只要看《文通》问世二十余年以后出版的一批语法著作，无论就内容的充实程度论，还是就发掘的深度论，较之《文通》多有逊色，对比之下，就可以看出《文通》的价值了。'这段话可以说是对前期《文通》研究和评论工作的小结"①。1980年以后，语言学界对《文通》的接受与评论研究尚待总结。

我们从今天看来，语法学界对《马氏文通》的认识和评价有一个历史变化的过程，前后不太一致。王海棻说，"陈望道把 30 年代中期以前的《文通》研究分为修正派与革新派，前者对《文通》进行诸多究诘打算予以纠正，后者更对它全盘否定，决心重起炉灶。但实践的结果，革新派并未建立起新的汉语语法体系，修正派也未作出像样的修正，拿它们几部书的语法体系与马氏体系相比较，会发现'面貌非常相似，除了小小的几点外，几乎完全相同'。通过 20 年来的探索实践，使大家不得不改变思路：先把《文通》的理论依据和体系来源摸清，对它的矛盾和犹豫不决，给以充分的理解与合理的解释，总之，先读懂它，再来评论它的是非优劣。并让这种评论有益于日后的汉语研究。这正是 80 年代以后学界

---

① 王海棻：《〈马氏文通〉研究百年综说》，《中国语文》1998 年第 5 期。

泰斗所倡导的《文通》研究新思路"①。非常遗憾的是，现在的年轻学者，特别是语法学专业的年轻学者，很多人并未通读过《马氏文通》，这有点儿说不过去。语言学界应该把《马氏文通》作为语法学专业的必读书目。

1936年，王力发表《中国文法学初探》，提出了语法革新的主张。1938年，陈望道在上海发起了"文法革新讨论"。此后一段时间，中国语法学以陈望道、陆志韦、王力、吕叔湘、丁声树、朱德熙、胡裕树、刘坚、张斌、陆俭明、邢福义、马庆株、徐烈炯、沈家煊、袁毓林等学者的相关研究为主线。在这里，我们对这些"主线"的举例没有什么系统性可言，主要以我们通读过的相关文献为基础。

王力《中国现代语法》成书于1938—1940年，后来接受闻一多的建议"把它分为两部，一部专讲规律，一部专谈理论，相辅而行"，这就是《中国现代语法》和《中国语法理论》。

吕叔湘《中国文法要略》商务印书馆出版，上卷1942年初版，中下卷1944年初版，1956年合为一本修订再版。储诚志认为，"《要略》最引人注目之处，是它从语法系统的全局出发所进行的语义分析。**《要略》是迄今为止对汉语句法全面进行语义分析的唯一著作。语言学史表明，语义因素在语法研究中的地位，是随着研究者语言观的变化而变化的**"②。

高名凯《汉语语法论》1948年初版，1957年修订版。1957年版修改的地方比较多，我们可以两个版本对比阅读。邵敬敏、方经民认为，该书"在理论上曾有过两处比较明显的不妥之处，一是认为汉族人民思想方式具有原子主义和表象主义两个特点，因而'中国话在表现具体事实方面是非常活跃的，而在抽象观点的说明方面比较的没有西洋语言那样的正确。'二是全盘接受马伯乐关于汉语纯粹是单音节语的观点，也认为中国语是单音缀的，而忽视了大量复音词的存在和发展的趋势。这两点在'修订本'（科学出版社1957）中都已删去"③。叶文曦认为，"高名凯的设想就是走一条新路，语法的重点既不放在词类上，也不放在主谓宾定状补这些句子成分上，而是放在各种句法关系上，重点研究语词与语词之间的关系，以及表示语法范畴的虚词……汉语的实词虽然不能分类，但可以

①　王海棻：《〈马氏文通〉研究百年综说》，《中国语文》1998年第5期。
②　储诚志：《〈中国文法要略〉今评》，《世界汉语教学》1988年第1期。
③　邵敬敏、方经民：《中国理论语言学史》，华东师范大学出版社1991年版，第49页。

把它们分成具有名词功能的词，具有形容词功能的词，具有动词功能的词。这要看词在句子中的作用如何而定"①。

朱德熙、吕叔湘的《语法修辞讲话》学术影响也很大，该书"以大量的语言事实为根据，介绍语法的基本知识，以深入浅出的语言分析汉语的结构，讲解汉语使用中的一些问题，在国内外产生了相当积极的影响"②。

近年来，陆俭明重视构式语法研究。"句式语法"理论这一称呼，陆俭明本人在后来多改称"构式语法"。汉语学界在1994年前后引入西方的"论元结构"，2004年前后引入西方的"构式理论"。通俗地讲，"构式理论"就是要把汉语的句子分为形形色色的不同句式，每种句式都有自己的句式语法意义，这种语法意义并不能通过句子中的单个词语而获得，体现出来的是句式的整体上的抽象意义。在传统上，人们多习惯于从词、短语→句子由微观到宏观的方向分析汉语语法，构式语法则是从句子→短语、词的方向分析词的语义表达问题③。陆俭明说，"（我）只是提出一些问题。怎么看待这些问题，我也还需进一步思考。现在把这些问题提出来，只是希望引起大家的关注和讨论"④。事实上，十几年过去了，陆俭明本人并未能够使"构式理论"得到一个突破性的进展。对于汉语来说，要想分析出众多的构式、并且使每一种构式和某一个抽象意义都具有普遍性的对应关系，那也许不太切合汉语实际。

邢福义认为，动词和宾语的关系非常复杂，有些关系是常规性的，宾语是常规宾语；有些宾语是非常规宾语，它们可以看作是根据常规宾语的语法结构代入的非常规的语义关系⑤。邢福义提出过"小句"理论。"'小句'主要指单句，也包括结构上相当于或大体相当于单句的分句"⑥。在各种语法实体中，小句所具备的各种语法因素最齐全；小句处

---

①　叶文曦：《高名凯语言学学术思想介评》，《广西师范学院学报》2010年第4期。

②　中国语言学会《中国现代语言学家传略》编写组：《中国现代语言学家传略》，河北教育出版社2004年版，第2034页。

③　陆俭明：《词语句法、语义的多功能性：对"构式语法"理论的解释》，《外国语》2004年第2期。

④　陆俭明：《"句式语法"理论与汉语研究》，《中国语文》2004年第5期。

⑤　邢福义：《汉语里宾语代入现象之观察》，《世界汉语教学》1991年第2期。

⑥　邢福义：《小句中枢说》，《中国语文》1995年第6期。

于"联络中心"的位置，跟其他语法实体都有直接联系；小句对其他语法实体都有"控他性"，其他语法实体要从属或依托于小句。

沈家煊认为"糅合"和"截搭"都是汉语构词、造句的重要方式①。在口误中，同样存在着"糅合"型口误和"截搭"型口误。沈家煊认为，"从探究数量词对语法结构起制约作用的原因着手，论述人在认知上形成的'有界'和'无界'的对立在语法结构中的具体反映"②。沈家煊分析了汉语"词有定类"就会出现"类无定职"，如果要"类有定职"就须要"词无定类"的困境③。沈家煊说，"按照 Lakoff（1987），词的定义都要参照一个'理想认知模型'（Idealized Cognitive Model，简称 ICM）"④。沈家煊说，"70 年代以后重新兴起的语法化研究把重心从历时转向共时，也就是想用语法化来解释共时平面上过去难以解释的现象，于是共时研究和历时研究在长期分离之后又开始结合起来……**历时和共时不是语言本身的两个平面，而是语言研究的两个平面**……共时研究和历时研究的分家已为期过长，分久必合"⑤。

马庆株提出的"汉语语义语法范畴"理论在语言学界有着较大的学术影响，他对自主动词与非自主动词的研究⑥也非常具有学术意义。

冯胜利对韵律词多有研究。他认为"韵律词的概念远比传统的'词'的概念更实际，更符合汉语的特点及其历史发展。如果从韵律词的角度来观察汉语的构词法（复合词），词跟短语的区分并不那么重要。因为汉语以韵律词为使用的基本单位，不管它是短语还是词"⑦。

刘丹青提出过"框式介词"这一术语。"框式介词"即是指在名词短语前后由前置词和后置词构成的介词结构⑧。汉语是前置词后置词并存的语言。

方梅曾对汉语对比焦点的句法表现手段进行过研究。她指出，"除韵

①　沈家煊：《"糅合"与"截搭"》，《世界汉语教学》2006 年第 4 期。

②　沈家煊：《"有界"与"无界"》，《中国语文》1995 年第 5 期。

③　沈家煊：《我看汉语的词类》，《语言科学》2009 年第 1 期。

④　沈家煊：《句式和配价》，《中国语文》2000 年第 4 期。

⑤　沈家煊：《"语法化"研究综述》，《外语教学与研究》1994 年第 4 期。

⑥　马庆株：《忧乐斋文存——马庆株自选集》，南开大学出版社 2004 年版。

⑦　冯胜利：《论汉语的"韵律词"》，《中国社会科学》1996 年第 1 期。

⑧　刘丹青：《汉语中的框式介词》，《当代语言学》2002 年第 4 期。

律手段外，用标记词标示对比成分是汉语里表现对比的重要手段，词序的变化一般不直接导致形成对比焦点句"①。

张伯江从句式语义和句法结构方面去探讨被字句和把字句的异同，提出在语言表达中构式（construction）比组件（component）更重要②。

吴福祥认为，单向性是指语法化的演变过程以"词汇成分＞语法成分"或"较少语法化＞较多语法化"方向进行，而不是相反方向③。历史语言学既要研究单向性，又要研究反单向性，由此可以推测出更多的句法演变的动因和条件，从而丰富和加深我们对语言演变的理解。

袁毓林认为定语遵循如下顺序：容易加工的定语＞不易加工的定语④。袁毓林认为词类划分存在着两难局面：一是应该根据分布来给词分类，一是彻底的分布主义的操作路线很难贯彻到底⑤。不管是词类还是句法，都有典型成员（原型）和非典型成员（参照原型的相似者）之分。不同词类的典型成员在分布上的差别比较明显，不同词类的非典型成员在分布上的差别比较模糊。

李讷、石毓智把类似于"他看书看多了"和"他看书看病了"这种类型的句式称为动词拷贝结构⑥。石毓智认为，"动补结构形成的本质是谓语中心动词和结果成分由两个独立的句法成分融合成一个单一的句法单位。受双音化趋势的制约，高频率共现的单音节动词和结果成分在紧邻的句法环境里发生融合"⑦。

崔希亮对《红楼梦》和《男人的一半是女人》中的"把"字句进行穷尽统计、分类描写，先用分析法分类，再用归纳法总结各类的规律⑧。这种研究方法至今还非常常用，基本上属于结构主义语言学的归纳方法。

董秀芳认为，"由虚词发展为屈折词缀在一些语言中是比较常见的。汉语中的屈折词缀一直不发达，然而，本文表明类似的语法化过程在汉语

---

① 方梅：《汉语对比焦点的句法表现手段》，《中国语文》1995 年第 4 期。

② 张伯江：《被字句与把字句的对称与不对称》，《中国语文》2001 年第 6 期。

③ 吴福祥：《关于语法化的单向性问题》，《当代语言学》2003 年第 4 期。

④ 袁毓林：《定语顺序的认知解释及其理论蕴涵》，《中国社会科学》1999 年第 2 期。

⑤ 袁毓林：《词类范畴的家族相似性》，《中国社会科学》1995 年第 1 期。

⑥ 李讷、石毓智：《汉语动词拷贝结构的演化过程》，《国外语言学》1997 年第 3 期。

⑦ 石毓智：《汉语发展史上的双音化趋势和动补结构的诞生——语音变化对语法发展的影响》，《语言研究》2002 年第 1 期。

⑧ 崔希亮：《"把"字句的若干句法语义问题》，《世界汉语教学》1995 年第 3 期。

中也存在，只是汉语虚词进一步语法化所造成的是一种意义空洞比较难于分析的词内成分，与西方语言中的变为屈折词缀的演变结果有着差异。不过，虽然变化结果有别，但变化过程的实质（变得更加依附）是一致的。这种变化在汉语中的表现形式比较隐蔽，由于汉字不能反映读音，在很大程度上掩盖了词汇化中的语音弱化过程，从而也使词汇化过程的辨识显得比较困难"①。

（2）《马氏文通》之后的文言语法研究

章士钊《中等国文典》②以英语语法为蓝本，读者对象是中学生。章士钊还出版过《初等国文典》③，1907年普及书局。

杨树达《高等国文法》④第一章"总论"，主要参考了胡以鲁的《国语学草创》、胡适的《国语文法概论》。"古代之文法学"一节又被收入《积微居小学述林》。《高等国文法》继承训诂学传统，材料丰富、引例严谨、训释准确，修正《马氏文通》的一些说法，运用归纳法、比较法、历史法探求语法规律。人们通常认为，"《马氏文通》以后，文言（古代汉语）影响最大的著作是杨伯峻的叔父杨树达的《高等国文法》，白话（现代汉语）语法书则以他的舅父黎锦熙先生的《新著国语文法》为代表"⑤。杨树达还著有《马氏文通刊误》。杨荣祥说，"（《马氏文通刊误》）对《文通》的一些文字训诂方面的错误、技术方面的错误的纠正，大体上是正确的，但就语法理论体系而言，不能说超越了《文通》……《高等国文法》是一部博采众说的著作。作者声称：'是书上采刘淇、王引之、俞樾所著之说，同时人著作，于总论中颇采胡君以鲁之说；词类各篇中颇采陈君慎侯、章君行严之说'"⑥。

刘复《中国文法通论》⑦是北京大学预科二年级讲义，研究对象是先秦古文，研究方法模仿了斯威特的《新英语语法》（H. Sweet, *New Eng-*

---

① 董秀芳：《"是"的进一步语法化：由虚词到词内成分》，《当代语言学》2004年第1期。

② 章士钊：《中等国文典》，（上海）商务印书馆1907年版。

③ 章士钊：《初等国文典》，（上海）普及书局1907年版。

④ 杨树达：《高等国文法》，（上海）商务印书馆1930年版。

⑤ 中国语言学会《中国现代语言学家传略》编写组：《中国现代语言学家传略》，河北教育出版社2004年版，第1585页。

⑥ 杨荣祥：《杨树达先生学术成就述略》，《荆州师专学报》1999年第1期。

⑦ 刘复：《中国文法通论》，（上海）益群书社1920年版。

lish Grammar）。刘复还出版有《中国文法讲话》① 一书，文言白话混杂。胡明扬的《刘复〈中国文法通论〉读后》对该书评价颇高。金兆梓《国文法之研究》② 深受刘复的《中国文法通论》影响。

我们后来所称的"古代汉语语法"或"古代语法"往往包括"文言语法"的内容。周法高的古代语法研究较有代表性。宋绍年、郭锡良说，"周法高五、六十年代写了一部《中国古代语法》，先后出版了《称代编》（台湾'中央研究院'历史语言研究所，1959）、《造句编上》（1961）和《构词编》（1962），计划中的《造句编下》和《虚词编》没有出版。根据作者在三本书中的《自序》，容易误会他是要写一部六朝以前的汉语语法史，其实他写的是一部'以春秋战国的文献为主'的先秦汉语语法。作者着眼的基本上是一个共时的语法框架，而不是历时的语法演变轨迹和规律"③。

（3）三四十年代的通俗性语法读物

20 世纪三四十年代，通俗性的语法普及读物主要有：孙起孟《词与句》开明书店 1936 年版，沐绍良《读和写》开明书店 1936 年版，魏龙根据龙果夫、周松源《文法初步教科书》编译的《中国新文字的文法和写法》太原出版社 1936 年版，谭正璧《国语文法与国文文法》中华书局 1938 年版，吕叔湘《文言虚字》开明书店 1944 年版，王力《中国语文概论》商务印书馆 1939 年版，廖庶谦《口语文法》上海光华书店 1946 年版，蒋伯潜、蒋祖怡《字与词》（上下）上海世界书局 1947 年版，曹伯韩《国语文法》致用书店 1947 年版，蒋伯韩《中国文法初阶》文艺书店 1948 年版，朱白清、吕叔湘、叶圣陶《开明文言读本》开明书店 1948 年版，周迟明《国文比较文法》中华书局 1948 年版，等等。

通俗语法相对于其他的一些语法专著较为简单，但不一定就没有学术价值。那些重要的语法学专著，已经有很多著名学者认真研究过了，甚至是经过了多人次、重复地研究，研究得也相对成熟了。然而，对于这些通俗语法研究来说，人们可能一直都重视不够，有可能还没有被研究透。

（4）结构主义语法研究

---

① 刘复：《中国文法讲话》，（上海）北新书局 1932 年版。

② 金兆梓：《国文法之研究》，（上海）中华书局 1922 年版。

③ 宋绍年、郭锡良：《二十世纪的古汉语语法研究》，《古汉语研究》2000 年第 1 期。

　　潘悟云、邵敬敏认为，"国内对结构主义语言学的借鉴可以上溯到三十年代，丁声树《释否定词'弗'、'不'》（《历史语言研究所集刊·庆祝蔡元培先生六十五岁文集》下，1935）是国内首次运用结构主义分布理论来研究汉语的专题论文"①。

　　陆志韦《国语单音词词汇》1938 年单独发表，1951 年正式出版，1956 年修改后更名为《北京话单音词词汇》出版。陆志韦在《北京话单音词词汇》中提出了用"**同形替代法**"来判定一个语言组合是不是词的问题，**"形"不是指词形，主要是指相对位置和功能**。"同形替代法"就是结构主义的分布理论在汉语中的实际应用。1957 年，陆志韦出版《汉语的构词法》，采用扩展法替代了同形替代法。陈保亚说，"尽管陆志韦在 50 年代声明放弃了（同形替代法），但实际上陆志韦（1957）提出的扩展法，就是在同形替代法的基础上展开的"②。

　　1948 年，赵元任在哈佛大学出版了《国语入门》，较早地运用了结构主义的理论和方法。1952 年，李荣把《国语入门》译为《北京口语语法》，由开明书店出版。1952 年 7 月至 1953 年 11 月，《中国语文》连载《语法讲话》，1961 年以《现代汉语语法讲话》为书名出版了单行本，署名作者有丁声树、吕叔湘、李荣等。《现代汉语语法讲话》深受《北京口语语法》的影响，积极地有选择地应用了结构主义的相关理论。《现代汉语语法讲话》对中国结构主义语言的发展具有重要的推动作用。

　　改革开放以后，其他的众多的语法理论开始从西方传入汉语界，取得了很好的研究成果。但是，尽管西方的新理论在不断地翻新，直至今日，结构主义语言学对中国语言学的影响依然是特别深远。

　　（5）语法学界里的海派和京派

　　语言学界有"京派"和"海派"之说，有时亦可以笼统地称为"南派"和"北派"。其实，说"京派"与"海派"时往往不是指整个语言学界，而是侧重于指语法学界。也就是说，语言学中的"京派"和"海派"主要是针对语法学来立言的，并非泛指整个语言学。通常认为，"京派"扎实、厚重，多专著；"海派"空灵、创新，重论文。京派人所提的

　　① 潘悟云、邵敬敏：《二十世纪中国社会科学·语言学卷》，上海人民出版社 2005 年版，第 27 页。

　　② 陈保亚：《20 世纪中国语言学方法论：1898—1998》，山东教育出版社 1999 年版，第 85 页。

"小本钱做大买卖"就是指的是海派。从笼统的分类上，语言学确实可以分出个京派和海派来，但是，从他们语言学家的个人的研究实践来说，很多人几乎都无法被列为京派或者海派。也就是说，具体到某个语言学家个人，往往很难泾渭分明地认为他就是京派或者海派。

在语法学界，邵敬敏曾多次公开地、不忌讳地讨论过京派和海派。他说，"**汉语语法学界历来有南派（又叫'海派'）、北派（又叫'京派'）之说，郭绍虞在《汉语语法修辞新探》（商务印书馆 1979）'革新中的南北两派'中认为，'北派是沿刘复的道路以进行的，南派则是沿着金兆梓的道路而发展的'。这一说法并不确切。其实，南北两派是在 20 世纪 30 年代以后才逐渐形成的，北派的代表人物是王力和吕叔湘，南派的代表人物是陈望道和方光焘。**特别需要指出的是：语法学界的南北两派之分不同于传统语法、结构主义语法和转换生成语法三大学派之分，也不同于形式语法、功能语法、认知语法以及语义语法这几大流派的区别，因为后者是以研究理论和方法的不同来划分的，而前者则主要是依据各自研究的风格和重点不同来区别的"①。

对于京派和海派的不同风格，邵敬敏认为，"北派素以谨严、扎实的研究著称，他们重视汉语语法事实的描写及其规律的揭示，并从中体现出理论和方法的探求。南派则以探索、革新为研究特点，他们更加重视研究理论和方法的改造、创新，并以此来解决汉语语法研究中的实际问题。一个偏重于事实分析，一个偏重于理论探讨；一个着眼于求实，一个着眼于创新；一个从事实到理论，一个从理论到事实。几十年来，两派学者都作出了不懈的努力，并取得了相应的成果。相比之下，北派学者的研究成绩显著一些，从而成为汉语语法学界的主流派，南派学者则在一定程度上弥补了北派学者研究上的不足"②。

关于京派和海派的代表人物、代表理论，邵敬敏说，"新时期 30 年来，南北两派都有杰出的代表产生，北派以朱德熙为代表，南派以胡附（胡裕树）、文炼（张斌）为代表。如果说朱德熙的研究往往是通过具体的汉语语法专题研究理论和方法的改进，那么，胡裕树和张斌则更多的在理论和方法方面直接提出重大的原则，并用汉语事实予以说明。双方的研

---

① 邵敬敏：《新时期汉语语法学史：1978—2008》，商务印书馆 2011 年版，第 153 页。

② 同上书，第 153—154 页。

究都重视理论和事实的结合，并用汉语事实予以说明。双方的研究都重视理论和事实的结合，形式和意义的结合，静态和动态的结合，描写和解释的结合，只是各自侧重点不同，研究的风格不同，虽然在某些方面双方的做法和观点仍存在着一定的差距，但是，在总的研究原则上双方是极其相近的，而且他们的研究遥相呼应，取长补短，正巧形成一种互补局面。到了他们研究的后期，朱德熙也非常重视从理论上的探讨，如《变换分析中的平行性原则》（中国语文 1986 年第 2 期），而胡、张两位也十分注重语法规律的揭示，如《谈疑问句》（中国语文 1985 年第 2 期）。由此可见，南北两派取长补短、相互交融必将成为 21 世纪乃至更长历史时期汉语语法研究的主流"①。

时至今日，京派和海派的区别已经渐趋模糊，现在既缺乏泾渭分明的代表人物，又缺乏泾渭分明的代表理论。随着学术环境的发展变化，以地域进行分派已经不太符合现代学术实际了。国家的各级学术管辖权在发生着变化，如果国家取消了对学术评比、学术审批的行政区划限制，那么，以地域、行政级别为基础的地域学派有可能会消失。

（6）语法修辞的分合问题

关于语法和修辞的关系问题，学术界一直存在着争议。我们认为，语法和修辞相互关联，不能孤立看待；但是，就学科来说，语法学和修辞学可以互补，却不宜合并。

胡适、杨树达的有些论述涉及语法修辞方面的问题。胡适在《吾我篇》中认为"吾""我"是"格"的变化，杨树达对此予以批评②，认为那是"修辞之事"，而非"语法之事"。

吕叔湘是语法学大家，对修辞学也有很深的造诣，他对语法学和修辞学就有着比较理智、客观的认识。吕叔湘的修辞学研究主要表现为，"一是语法、修辞的互释性研究，二是对修辞本质、修辞原则以及修辞学研究范围等本体问题也有深入的阐述……中国语法研究始终有结合修辞的传统，正因为这样，才会有马建忠的结合修辞研究语法，才会有郭绍虞更为极端的'语法修辞结合论'。作为语言学家，吕叔湘明显地看到和自觉地继承了这一传统，他在《重印〈马氏文通〉序》中说：'语法和修辞是邻

---

① 邵敬敏：《新时期汉语语法学史：1978—2008》，商务印书馆 2011 年版，第 154 页。
② 杨树达：《积微居小学述林》，中华书局 1983 年版，第 215 页。

近的学科。把语法和修辞分开，有利于学科的发展；把语法和修辞打通，有利于作文教学'"①。

胡裕树、范晓说过，"要使语法有新的突破，在语法研究中必须自觉地把三个平面（指句法、语义、语用）区别开来；在具体分析一个句子时，又要使三者结合起来，使语法分析做到形式与意义相结合，静态与动态相结合，描写性与实用性相结合；这样，语法分析也就更丰富，更全面，更系统，更科学"②。对此，徐思益特别指出：语法语用结合不同于语法修辞结合，修辞分析不同于语用分析③。

关于语法修辞结合的问题，论文集《语法修辞结合问题》④曾经专门讨论过，可以参阅。

二　现代音韵学

20世纪以来，现代音韵学获得了一个较大的发展。传统音韵学发展为现代音韵学，至少有那么几点标志：一是用国际音标注音；二是历史方言与历史通语的观念，这有别于把所有的音韵材料都归结为读书音的观念；三是音韵学研究材料的进一步拓展，不再局限于少数的几本韵书，文献考据法也得到了进一步的发展；四是科学性有了很大的提高，学科有了更高的理论诉求，历史比较法、译音对勘法、内部拟测法等方法得到了较为广泛的运用。

"五四"以后，"音韵学的研究有两条路子，一是以钱玄同、汪荣宝、魏建功、周祖谟、白涤洲等为代表，他们有深厚的传统音韵学根底，同时又接受了新的语音学理论，因而能发人之所未发……二是以罗常培、王力、李方桂、陆志韦、张世禄等人为代表，他们的研究更多地接受了现代语言学研究的理论和方法，用历史比较法以及现代方言的材料、外语译音材料的参考来拟测古音系音值"⑤。音韵学研究的这两条路子都是现代音韵学的范畴，说汪荣宝、魏建功、周祖谟等具有深厚的传统音韵学根底并

---

①　高万云：《吕叔湘的修辞学思想浅析》，《毕节学院学报》2006年第5期。

②　胡裕树、范晓：《试论语法研究的三个平面》，《新疆师范大学学报》1988年第2期。

③　徐思益：《语言研究探索》，商务印书馆2009年版，第137—139页。

④　林文金、周元景：《语法修辞结合问题》，北京语言学院出版社1996年版。

⑤　邵敬敏、方经民：《中国理论语言学史》，华东师范大学出版社1991年版，第51—52页。

非意味着他们属于传统音韵学学派。近代以来的传统音韵学以章黄为代表，在他们之后，从事较为纯粹的传统音韵学研究的学者人数已经比较少了。

（1）王力、魏建功等人的音韵学研究

王力对音韵学的普及与研究做出了很多贡献，历史功绩不容否定，但是，任何人如果想把王力看成是唯一权威、定于一尊，那也是徒劳无益的事情。王力是同时代学者中的代表者，这自然绝无异议；然而，代表并非就意味着可以代替与抹煞其他一切的学者。施光亨说，"在音韵学研究中，王力运用现代语音学的理论和方法，避免传统音韵学家虚妄、神秘的根本弱点，在总结和整理传统音韵学成果的基础上，努力把音韵学引上科学的道路。在王力，以及赵元任、罗常培、李方桂、陆志韦、张世禄等人的共同推动下，中国音韵学的研究在三十年代进入了一个新的阶段"①。就现代音韵学这个专业来说，赵荫棠、魏建功、罗常培、张世禄等学者可能更专业一些；王力则知识面更加宽广一些，更能够博学而返约。

魏建功对现代音韵学的发展也有较大的贡献。冯蒸说，"魏先生对汉语音韵学的重大贡献，我认为主要表现在下列四个方面：一、对《切韵》系韵书资料的系统整理与研究；二、'音轨'理论的提出与探讨；三、对汉语音韵研究方法论的研讨；四、对北京话语音史研究的贡献"②。魏建功晚年对音韵学研究方法、音韵学史的反思也是其语言学思想的重要组成部分，虽然有些反思内容并未形成文字发表过，但是，魏建功的某些反思意见在他的学生、后辈学者中间有口耳相传，只是对这些口耳相传的内容有时不太容易求证罢了。语言学史中的口述史最好由本人在生前签字确认，真正的口述史也不一定必须流布很广，只需在本专业方向的同人之间知晓就可以了。

（2）关于高本汉的《中国音韵学研究》

《中国音韵学研究》对现代音韵学的发展立下了汗马功劳，它是音韵学史上一颗永久的璀璨的明珠。对于研究现代音韵学的学者来说，《中国音韵学研究》是必读书目。只是，这本书并不容易读，所以，也许怀揣

---

① 施光亨：《王力》，《语言教学与研究》1979 年第 2 期。

② 冯蒸：《论魏建功先生对北京话语音史研究的贡献——兼论北京话音系历史来源的几种学说和有关音变理论》，《汉字文化》2011 年第 4 期。

这本书的人不少，但真正通读、吃透这本书的人不多。笔者博士就读的专业是历史语言学，导师张玉来是我国著名的音韵学专家，他在指导我学习音韵学时曾提到过《中国音韵学研究》这本书，当时他还担心我读不懂这本书。商务印书馆版《中国音韵学研究》是当今比较容易找的一本，最初版本我们可能已经无缘读到了。该书商务版中说，"一部内容这么复杂的书，要它写得印得一点错误都没有，那是不敢希望的。所敢希望的，就是国内外学者看出无论内容或文字上的错误时，请随时不吝教正为幸"①。该书中确实有诸多的"印刷"错误，为此屡屡有学者指正再指正，笔者对这项指正工作却基本上没有做出过任何贡献，这大概也是因为笔者一直未能完全读懂该书的一种表现吧。下面，我们对《中国音韵学研究》的介绍，主要参考了张楚的博士学位论文《高本汉〈中国音韵学研究〉接受史研究》这个二手资料，在此，笔者不再从《中国音韵学研究》这个一手材料去直接评述。

张楚说，"马悦然的考证，高本汉的《中国音韵学研究》1—4卷，共898页。1—388页为博士论文，于1915年5月21日在乌普萨拉大学答辩。第一卷（1—316页），1915年出版；第二卷（317—468页），1916年出版；第三卷（469—700页），1919年出版；第四卷（701—898页），1926年出版。这一考证与法文单行本第一版（即Archives D'etudes Orientales Vol. 15）、中译本《中国音韵学研究》、法文北京刊行版、周斌武（1987）所表述的各卷发表时间均一致，而与王力（1981/1990）不同。王力认为'《中国音韵学研究》于1915、1916、1917年陆续发表在《远东学院学报》上。后来马伯乐于1920年发表了《唐代长安方言》，高本汉采纳了他的一部分意见，将《中国音韵学研究》加以修订，印成单行本，1926年出版'"②。由此可见，《中国音韵学研究》的增订、发展、版本实在是复杂！特别是中译本《中国音韵学研究》，赵元任、罗常培、李方桂在翻译的过程中有过非常多的更正、改动，有些内容甚至是简直就是重写了。

张楚说，"高本汉的《中国音韵学研究》原为法文版，它由赵元任、罗常培、李方桂翻译成中文于1940年在上海出版后，才为广大学者所了

---

① ［瑞典］高本汉：《中国音韵学研究》，赵元任、罗常培、李方桂译，商务印书馆2003年版，第8页。

② 张楚：《高本汉〈中国音韵学研究〉接受史研究》，博士学位论文，山西大学，2013年，第53页。

解和接受。不过在此之前，已经有多位学者翻译、介绍、讲解、讨论高本汉的《中国音韵学研究》了。魏建功（1941）在《〈中国音韵学研究〉———一部影响现代中国语文学的著作的译本读后记》中说'我知道这部书的著者和他的书内重要的系统早在民国十一年（1922），那是从我的先生钱玄同先生听讲声韵学得来的。''钱玄同先生讲音韵学，可算是最先用语言学的理论的一个人。当高本汉先生原著前三卷出版的时候，送了一部给他，他从原书里把高氏的《广韵》韵类构拟的音值抽录出来和国音系统一同亲自手写油印，在北京大学讲，自然又加了他自己的意见讨论过一番。''那时候北京大学《国学季刊》，钱先生看音韵学方面的稿子。在一卷三号里发表过本书第六章元音 A 舌尖元音徐炳昶先生的译文，题作《对于"死"、"时"、"主"、"书"诸字母内韵母之研究》，就是由他决定选择的。'林语堂（1923）在《〈答马斯贝啰论切韵之音〉跋》中说'瑞典 Goteborg 大学教授珂罗倔伦君于数年前著 Phonoligie Chinoise 一书（法文）三大册，凡七百余页，根据等韵，反切及今日方音，以考定《切韵》之音。这书于中国方面尚未得正当的讨论与批评，恐怕于欧洲支那学界也少有与他商榷及问难的论著。我两年前读此书，于许多点上大起疑惑，现在见此篇原著，知道珂君于所有构定可疑之处多已改良，不禁为此而喜。因为照现在情形，很可以做到专家同意的境地。此篇实是珂君著述中的重要者。'……其实在北京大学课堂上讲高本汉《中国音韵学研究》的不仅有钱玄同先生，罗常培先生在中译本《中国音韵学研究》出版前，也曾在北京大学课堂上讲过高本汉《中国音韵学研究》第三卷'历史之部'……根据马军（2009）的统计，在 1940 年之前中国学术界译介高本汉著作的文章和书籍达 50 种，直接有关《中国音韵学研究》的有 9 种。中译本《中国音韵学研究》出版后的六年间，仅书评（包括读后记）就有 5 篇"①。

张楚认为，"高本汉用音标符号进行汉语音韵学研究并且作为后来学者的楷模、对一个历史音系进行音值描写是有贡献的。事实上高本汉并没有构拟出一个《切韵》音系，而是为《切韵》所代表的音系进行了语音上的描写。因为《切韵》的音系本身就已经蕴含在《切韵》文本之中了，

———————————

①　张楚：《高本汉〈中国音韵学研究〉接受史研究》，博士学位论文，山西大学，2013 年，第 53—54 页。

根本就不需要构拟"①。关于古音构拟，陈保亚说，"构拟工作可以追溯到上个世纪。英国学者 Marshman（1808）讨论了宋人三十六字母和梵文字母、暹罗字母、缅甸字母、藏文字母的关系……比较系统的构拟工作是由西方学者马伯乐（Maspero, H. , 1912；1920）、高本汉（1915）和中国学者汪荣宝（1923）分头展开的，最重要的是高本汉所做的工作"②。从后世学者的继承的角度讲，大概高本汉的构拟工作对后世学者影响最大。

关于高本汉的古音构拟，也有学者提出一些疑议和评论。比如说，"很多学者指出《中国音韵学研究》构拟《广韵》音运用'第二手材料'，使得构拟结论的可信度大打折扣。但高本汉的反切'二手'到什么程度，值得深入研究"③；"高本汉虽然用的是'二手材料'，但经过认真的、高水平的处理，可以说已达到'第一手材料'的要求"④。

在方言调查中，关于字音调查的方法问题长期以来就有两种观点，即利用字音调查词音还是直接调查词音的问题。对此，高本汉已经有所探索。张楚说，"《中国音韵学研究》'译者提纲'指出：'据高氏说（通信中），字音的调查法不是叫人一个字一个字读，乃是问他什么叫什么。例如，"帆"字也许被问的人不认识它，也许把它读作别字，所以最好问他：借风力行船用布做的那个东西叫什么；如果他说是"船篷"，那么再问他还叫什么，直到问出可认为"帆"字读音为止。这当然是保险的问法，不过字表中有些字如"咨、督、想"等文言字大概都是就字问字所得的读音了。'……这种汉语方言调查方法的普及得益于赵元任（1928）对吴语的调查，以及中央研究院历史语言研究所组织的几次大规模方言调查……高本汉的汉语方言调查方法曾遭到贺登崧（2003）的批评。贺登崧认为高本汉的调查方法是'旧词源学'的方法，而这种方法早已经被方言地理学家日叶龙的研究结果给否定了。比如大同话'昨'字，高本汉在《中国音韵学研究》中标为［tsua］，可是他说他在桑干河南岸地区

①　张楚：《高本汉〈中国音韵学研究〉接受史研究》，博士学位论文，山西大学，2013 年，第 62—63 页。

②　陈保亚：《20 世纪中国语言学方法论：1898—1998》，山东教育出版社 1999 年版，第 185 页。

③　杜冬梅：《〈中国音韵学研究·古音字类表〉所用反切考》，硕士学位论文，温州大学，2011 年，第 1 页。

④　同上书，第 104 页。

进行了三年调查，这个说法一次也没有听说过，大家总是说 [iɛ ni kə] 或 [iər kə]。贺登崧进一步指出，这就是高本汉的构拟为什么能够直接和《切韵》音挂钩的根本原因……学术界已经开始反思高本汉的调查方法。如董同龢（1946）调查华阳凉水井客家话……采用的方法是先调查方言词汇，在此基础上辨别语音，然后进行成句成段以至成篇的语言调查，以期在自然流露的情况下调查到实际的语言。游汝杰（2010）指出'自从本世纪二十年代以来，汉语方言调查的方法，习惯上都是先记录某些事先选定的字的字音。求出声韵调系统，再调查记录词汇和语法。''但这种调查方法实际上是从文字出发来调查语言，调查所得的结论理论上只能算是某地方言中的汉字的读音系统。'近年来，汉语方言学界虽然已经开始实践新的调查方法，但是字音调查依然在实际的方言调查中占有重要的地位"①。关于这个问题，后来发展为记单字音还是直接记录一段话、整篇故事的分歧，至今难以取得统一的认识。董同龢《华阳凉水井客家话记音》基本上就是采用了话语记音的方法。美籍华人学者罗杰瑞曾与南京大学顾黔进行合作研究，也曾主张尽可能少地利用单字记音的方法调查方言。

张楚说，"高本汉所处的时代是 19 世纪历史比较法与 20 世纪结构主义过渡的时代。音位学是结构主义兴起的标志之一。高本汉站在方言的实际描写与语音的实际演变的基础上，反对音位学，认为音位标音过于简单化，不利于汉语方言描写和汉语历史音韵演变的研究。这一点需要我们重新审视。高本汉对《切韵》的构拟曾引起学术界广泛的争论。经过一个世纪的讨论，我们发现，争论的焦点在于是否用音位构拟来代替高本汉的音值构拟。这里我们需要对高本汉的作法进行分析。高本汉的目的，是要构拟出'隋朝北方汉语的全部细节'。而这一点，是采用直接的音位构拟无法实现的。比如高本汉基于反切上字的分布认为《切韵》的声母分为喻化与非喻化两种，赵元任等学者从音位学互补分布的角度出发，认为《切韵》的声母不当分喻化与非喻化。这实际上只是分析问题的角度不同而已，并没有改变《切韵》反切上字分布的事实。后来学者之所以能在高本汉的基础上对《切韵》进行音位构拟，正是基于这个事实。从这个

---

① 张楚：《高本汉〈中国音韵学研究〉接受史研究》，博士学位论文，山西大学，2013 年，第 84—85 页。

角度说，高本汉的作法是无可非议的。我们现在不能站在音位学的基础之上否定高本汉的作法。可喜的是，侍建国（2012）已经对高本汉的作法进行了重新分析，使我们重新认识了高本汉音值构拟的价值——以字母反映对立关系"①。

赵荫棠在总结音韵学史时，特别重视高本汉的《中国音韵学研究》，认为它是讲解中国现代音韵学的起点。赵荫棠说，"等韵图的编制，至劳乃宣已走到穷途；宋元等韵的解释，至黄季刚亦陷入绝境。设若没有新的血液灌输进来，恐怕我们中国的音韵学永永远远停留在株守和妄作的阶段里。幸而我们借着创制注音符号与国语罗马字的机会，激起来新的趣味，于是近代语音学的知识和比较语言学的方法，以及国际音标的好工具，都从美欧介绍到我们中国。这种介绍，自然对于中国音韵全体都有大的帮助，而等韵学的研究亦因此而开辟新的纪元。在音韵学的新运动之下，有新的贡献的，是赵元任，钱玄同，林语堂，李方桂，黎劭西，刘半农，高承元，魏建功，罗莘田诸位先生。他们或介绍，或发明，或补苴，共成音韵学的新园地。所以我们现在叙述起来，很难确定他们各人学说的来源和相互的影响的脉络。但是，我们从何处叙起呢？我们现在只能以高本汉（B. Karlgren）所研究中国音韵学的结果为起点，然后叙述国内各家之补充与修正"②。

高本汉除了《中国音韵学研究》之外，还有一系列的关于汉语的重要论著。曾燕霞说，"高氏可以说是著作等身，台湾大学陈舜政教授著有《高本汉著作目录》一书，书中将高氏的全部著作以年代为系统，详列其历年著作、发表刊物卷期年月及中文或其他文字翻译本刊载刊物卷期出版处。此书除方便查询检索外，读者亦可藉此知道高氏治学旨趣的演变"③。

（3）关于音韵学研究材料和研究方法

现代音韵学非常重视研究方法，这一点与传统音韵学存在着一定的不同。关于音韵学研究的方法，耿振生《20世纪汉语音韵学方法论》④ 一

---

① 张楚：《高本汉〈中国音韵学研究〉接受史研究》，博士学位论文，山西大学，2013年，第120—121页。

② 赵荫棠：《等韵源流》，（上海）商务印书馆1957年版，第315页。

③ 曾燕霞：《试论高本汉〈汉文典〉的上古声母系统》，硕士学位论文，福建师范大学，2010年，第8页。

④ 耿振生：《20世纪汉语音韵学方法论》，北京大学出版社2004年版。

书可以参考。

在音韵学研究材料方面，常规材料主要有：韵书韵图、诗词韵文用韵、谐声字、梵汉对音材料、训诂材料中的散见音韵材料。韵书韵图是音韵学研究材料的大宗，绝大多数的音韵学研究成果都以此为主要研究材料。诗词韵文用韵研究也是音韵学研究中的常规内容，经典著作如《汉魏晋南北朝韵部演变研究》①；其他的成果，例如还有鲁国尧指导过的博士学位论文多为某某诗词用韵研究，俨然成为一大系列。梵汉对音材料方面，例如储泰松有相关的研究。根据训诂材料中的散见音韵材料进行研究难度很大，主要在于要想收集到一定数量的材料着实不易，并且，要想分门别类地甄别出那些材料的真实性、系统性也很困难。

在谐声字研究方面，成果已经取得了一些，但是也存在不少问题。在此领域取得的成果往往主要是利用《说文》系统，例如《〈说文解字〉的谐声关系与上古音》一书②。我们在利用早期的谐声材料时，需要严密的逻辑和细致的分析，否则可能会得出某些错误的结论来。赵诚"在《上古谐声和音系》（1996 年）一文中明确指出：'古代的谐声字，经过稍微细致的分析，可以清楚地看出，并非是在同一个音系基础上产生的，如果从地域而言，它们形成于不同的方言。'如果历史地来看，'古代的谐声并非都形成于同一时代，而是在各个时代音系的基础上产生的'……赵诚的三篇《说文谐声探索》（1991—1993 年）列出了大量的实例，加以分析，充分说明'《说文解字》的谐声相当复杂，如果不加任何分析，简单地予以利用，由此得出的结论很可能似是而非'"③。在对谐声字进行研究时，"字"的时空定位一定要准确，只有清楚了这些字的历史才能正确推断它们的读音。

除了如上所述以外，关于现代音韵学的研究成果还有不少，我们一时难以全面概括、无一遗漏。有些学者认为，现代音韵学和现代语法学共同启动了现代语言学的序幕。现代音韵学发展到今天，研究队伍规模基本稳定，人数没有爆炸式增长太多，但是现代音韵学的重要性却没有被人们忽视，可以说，现代音韵学是相对冷门的语言学里的热门专业之一。

---

① 罗常培、周祖谟：《汉魏晋南北朝韵部演变研究》，科学出版社 1958 年版。

② 张亚蓉：《〈说文解字〉的谐声关系与上古音》，三秦出版社 2011 年版。

③ 中国语言学会《中国现代语言学家传略》编写组：《中国现代语言学家传略》，河北教育出版社 2004 年版，第 1872 页。

三 现代方言学

方言学分为传统方言学和现代方言学，它们二者在研究方法上和研究目的上都是差别很大。在理解惯例上，"方言学"大多数情况下就是指"现代方言学"。潘悟云、邵敬敏说，"汉语方言学包括四大方面：传统方言学研究；西洋传教士对汉语方言的描写、记录和研究；民族学者的研究；现代方言学。不过这四方面并没有明显的先后传承或互相影响关系。就现代方言学来说，它的直接源头是西方的方言学，在语音的调查和研究方面则借鉴中国传统音韵学的研究成果"①。这种说法非常客观、中肯，那些认为现代语言学不重视传统、完全"洋化"的观念并不全面。在对"西洋传教士对汉语方言的描写、记录和研究"方面，复旦大学的游汝杰用力最勤，成绩斐然。

（1）中国现代方言学发展简史

潘悟云、邵敬敏认为，"中国的现代方言学时期是从本世纪二十年代开始的，又可分为滥觞期、展开期、普查期和深入期"②。扬雄《方言》与采民风有关，1922年12月17日创刊的《歌谣》周刊主要也是收集民俗资料。《歌谣》周刊的目的是"学术的"和"文艺的"，为的是"从这学术的资料之中，再由文艺批评的眼光加以选择，编成一部国民的心声"。潘悟云、邵敬敏说，"1923年《歌谣》周刊及其增刊相继发表多篇关于调查研究方言的文章。其中最重要的是沈兼士的《今后研究方言的新趋势》和林语堂的《研究方言应有的几个语言学观察点》"③。为了适应歌谣研究的实际需要和推动方言调查研究工作的进行，"1924年1月北京大学国学研究所成立了'方言调查会'，同年该会发表方言调查宣传书，提倡调查活的方言口语"④（笔者按："宣传书"应该是《宣言书》。当然，说"宣传书"应该也可以）。当时，黎锦熙、钱玄同、魏建功、夏曾佑、沈兼士、马裕藻等32人出席了"方言调查会"，林语堂被推举为该会主席。该会《宣言书》规定了方言调查会的相关工作任务，其中包

---

① 潘悟云、邵敬敏：《二十世纪中国社会科学·语言学卷》，上海人民出版社2005年版，第147页。

② 同上书，第148页。

③ 同上书，第149页。

④ 同上。

括绘制方言地图，这种学术远见十分难得。从民俗、民间文学到方言调查（中国文学史一般要涉及歌谣研究会、方言调查会等，而中国语言学史对此介绍往往都很单薄），这种发展模式是中国现代语言学各分支学科中比较特别的一种类型。纯学术意义上的方言研究在基本发展成熟以后，近年来有人又把方言研究结合到"方言文学"中去进行探索，这同样是有道理的，值得探索。

北京大学"方言调查会"在成立后的几年里并没有成果问世，至于其原因，赵元任在《现代吴语的研究·序》中认为当时的主客观条件尚不具备：没钱、战乱，缺少训练有素的调查研究人员。两三年后，赵元任发表了在学术史上具有历史意义的方言研究论著。潘悟云、邵敬敏说，"赵元任在 1926 年发表《北京、苏州、常州语助词的研究》，这是中国第一篇研究方言语法的单篇论文。不过，这篇论文对本期的研究工作影响不大。1927 年冬季清华学校研究院派遣赵元任及其助教杨时逢实地调查浙江和江苏三十三处吴语。赵元任将调查结果整理成《现代吴语的研究》一书，作为清华学校研究院丛书第四种于 1928 年在北京出版。这是中国现代方言学史上第一部方言调查报告……英国语言学家 Daniel Jones 和胡炯堂曾在伦敦出版《广州话标音读本》（A Contonese Phonetic Reader, 1912），这是第一部用国际音标标音的汉语方言学著作"①。此后，赵元任《南京音系》、罗常培《厦门音系》、刘文锦《记咸阳方言》、白涤洲《关中入声之变化》、赵元任《钟祥方言记》、罗常培《临川音系》、董同龢《华阳凉水井客家话记音》、赵元任等《湖北方言调查报告》、白涤洲《关中方音调查报告》，等等，诸多方言学论著使现代方言学研究逐步展开、逐渐繁荣。

新中国成立以后，20 世纪 50、60 年代出现过一次方言调查的高潮，只是当时的方言调查的要求层次并不高。"50、60 年代，我国方言研究的重要特点是为贯彻文字改革、推广普通话、汉语规范化等各项语文政策服务"②，这种情况下的方言调查要求层次自然不高。许宝华说，"（研究）方言好像是采矿。（20 世纪）50 年代我就参加过方言普查，那是比较简

单的。我记得它的目标只是初步了解，主要了解一个方言的语音系统，（用）来帮助推广普通话。所以只要掌握它的特点就可以了，所以过去调查常常到一个地方一两天就完了……它是为了在一个很短的时间内搞全国的方言普查，也不（可）能（把）项目搞得太多，时间搞得太长。因为时间长就搞不完了。到了'文化大革命'以后，渐渐地就深入了，觉得（当年）那个（调查）太简单肤浅了，连（对）语音也没有很细致的描写……1979 年，《方言》杂志创刊就是一个标志，标志方言研究进入一个新的阶段，即全面深化的阶段，全面发展的阶段"①。发展到后来，方言学研究取得了重要的成绩，比如说，许宝华等编著的《汉语方言大词典》、曹志耘等编著的《汉语方言地图集》等都是方言学发展史上的具有里程碑意义的重大成果。

（2）方言描写的理论升华

潘悟云、邵敬敏说，"从西方的描写语言学（descriptive Linguistics）的观点来看，**中国的描写方言学从滥觞期开始，就不是纯粹的描写语言学。从设计调查表格到整理调查报告，方言研究的全过程几乎都跟历史语言学牵连**"②。也正是这个原因，方言学、音韵学都很难完全脱离"字"，方言学、音韵学研究往往都要借助于"字"。然而，汉字又不是表音文字，这就造成了方言学研究上的许多复杂局面。

方言分区是汉语方言学研究的重要内容之一，方言分区首先要确定出分区标准来。"虽然自从赵元任以来各人都能举出一些持之有故的分区特征，但是这些特征何以能够成为分区标准，却从未有过认真的思考。丁邦新在为李方桂 80 岁祝寿的论文集里，发表了《汉语方言分区的条件》（1982 年）。他提出'**以早期的历史条件区分大方言，以晚期的历史条件区分次方言**'的办法，这个办法正是历史语言学家'分群'办法的投射，是有学理依据的。这个办法对汉语方言的分区，第一次说出了所以然来。只要看在这之后对方言分区的讨论，尽管地区不同、结果各异，但是几乎没有人不征引这篇论文为立论基础，就可以知道它在提升整个研究水准上

---

① 张宜：《历史的旁白：中国当代语言学家口述实录》，高等教育出版社 2012 年版，第151 页。

② 潘悟云、邵敬敏：《二十世纪中国社会科学·语言学卷》，上海人民出版社 2005 年版，第166 页。

的贡献"①。其实，这里所说的"早期"和"晚期"有着类似于历史比较语言学中的构拟"原始母语"的思想，"原始母语"可以分化出各种语言，"早期"可能会分化出几个不同的"晚期"来。

在普通语言学或者说理论语言学方面，徐通锵、王洪君等都有较大的学术贡献，他们对方言调查和方言材料都很熟悉。徐通锵、王洪君提出了"叠置式音变论"，基本上解决了文白异读的问题，认为"文白异读本质上是不同方言的叠置"②。"叠置式音变论"现在已经得到了学术界的较为广泛的接受，认为是中国语言学走独立自主的发展道路的一个典范。

语言的发展变化既包括语言的内部因素，也包括语言的外部因素，内部因素通常是指形、音、义、用法之间的相互影响，外部因素主要包括社会因素和历史因素。游汝杰等认为，"语言的语音、词汇、语法等有无数的项目。各项的同言线往往是离散交叉的，不全是密集或重合成束"③，这就需要结合移民等历史背景来研制方言地图。移民等社会因素与方言的发展变化之间的关系较为复杂，并非只是单向影响。这正如同郭沫若《古代社会研究》是古文字学著作一样，然而，人们在研究古文字的时候常常还要考虑当时的社会状况。

从方言调查、研究中升华出语言学理论，这是方言学研究对语言学研究的重要贡献。具体到哪些理论、哪些材料，我们在此无力概括全面，只能暂时举例如上。在方言调查、研究时，更为常见、普遍的现象是从"方言描写"升华为"一般语音学"（其实就是"语音学"）或者"普通语音学"，这是方言描写的理论升华的重要表现之一。

四　语音学

在 19 世纪以前，中国没有语音学，只有音韵学。邵敬敏、方经民说，"音韵学研究侧重于历史的比较，而'国音'学研究则偏于断代的描写以及一般语音学知识的介绍"④。民国时期，人们常常把"语音学"称为

---

①　中国语言学会《中国现代语言学家传略》编写组：《中国现代语言学家传略》，河北教育出版社 2004 年版，第 181 页。

②　陈保亚：《20 世纪中国语言学方法论：1898—1998》，山东教育出版社 1999 年版，第 430 页。

③　周振鹤、游汝杰：《湖南省方言区画及其历史背景》，《方言》1985 年第 4 期。

④　邵敬敏、方经民：《中国理论语言学史》，华东师范大学出版社 1991 年版，第 53 页。

"国音学"，这大概有别于"老国音"、"新国音"中的"国音"。当然，也有一种可能：即当时在推广、普及"国音"时，因为涉及**国音的发音学**，所以也要"普及"一些语音学常识，只是这种"普及"可能离"研究"还有一定的距离。只有到了后来，语音学的研究才得以发展起来。

为了普及注音字母，王璞于1919年出版了《注音字母发音图说》一书，强调发音、注重实用的特点异常明显。王璞《注音字母发音图说》共有52幅图，包括"发音机关部位图"1幅、按照39个注音字母顺序的发音图51图①。这是我国较早的语音学著作。

国音学时期的语音研究以后觉《国语发音学》（1922）为转折点，此后的语音研究逐渐深入、更加专业。国音学时期的语音研究论著主要有：刘复《四声实验录》（1924）、后觉《国语声调的研究》（1926）、赵元任《一套标调字母》（1930）、赵元任《汉语的字调跟语调》（1933），等等。当时，"普通语音学"也有所发展，例如有张世禄《语音学纲要》（1934）、岑麒祥《语音学概论》（1939），等等。

新中国成立以后，语音学研究很少再使用"国音学"的称呼。1955年"现代汉语规范化学术会议"以后，推广"普通话"是整个语言学界的大事。从50年代开始的"中央普通话语音研究班"在推广普通话方面做了大量的工作，参加培训的相关学员后来大都成了著名的语音学、方言学专家，他们曾经一度是我国语音学研究的中坚力量。当时，国内有一系列的语音学论著围绕"普通话"展开，这种类型的论著到了60年代、70年代其学术水平逐渐提高、研究深度逐渐加强，比如说，周殿福、吴宗济《普通话发音图谱》（1963）就是这方面的代表。

新中国成立以后，普通语音学也得到了较大的发展，相关的重要论著主要有：董少文（李荣的笔名）《语音常识》（1955），罗常培、王均《普通语言学纲要》（1957）。20世纪80年代以后，语音学得到了突飞猛进的发展，相关的代表性论著主要有：吴宗济、林茂灿《实验语音学概论》（1989），曹剑芬《现代语音基础知识》（1990），王理嘉《音系学基础》（1991），林焘、王理嘉《语音学教程》（1992），等等。

近五十多年来，语音学相关专题研究的论著不少，这些专题涉及的内容基本上都可以认为是当时的学术前沿。例如，汉语元音研究专题、汉语

①　温云水：《王璞先生与其〈注音字母发音图说〉》，《南开语言学刊》2010年第1期。

辅音研究专题、汉语轻声和重音研究专题、儿化韵研究专题、声调语调研究专题，等等。在相关的专题研究中，有些学者的研究非常专业、深入，很值得称道。例如，沈炯的声调和语调研究，王洪君的汉语非线性音系学研究，等等。在此期间，语音规范化的相关研究也取得了很大的成绩。

百年来的语音学作为语言学新兴学科之一，是这些学科中最为"全新"的学科，中国古代并没有严格意义上的语音学。语音学在国内一度被认为与自然科学的相关研究非常接近，在语音识别、信息处理的相关研究中取得较大的成绩。近年来，语音的心理研究受到重视，语音学展示出自然科学和人文社会科学的双重重要性。

五 词汇学

词汇学是汉语中的新兴学科，它不同于古代的训诂学，也与传统的文字学有别。笔者曾说，"在中国，汉语词汇学大概源自训诂学，从赵振铎《中国语言学史》中的节标题《由传统训诂学发展起来的词汇研究》就可以看出这种渊源（虽然这一节的内容并未对这个标题名称展开有针对性的阐释）"[①]。词汇学的这种并无真正"来头"的"渊源"，决定了它不会如语法学、音韵学、方言学等"内核"稳固，它确实比较"散"，似乎每一位学者都可以自封为词汇学专家、词汇学大牛。如果要找汉语词汇学的"渊源"，它大概在 50—70 年代受到了苏联语言学的较大的影响。这种"渊源"的明证之一是，张永言《词汇学简论》[②] 曾被指大篇幅地抄袭苏联的相关著作，但语言学界对此颇为宽容，张永言依然还是汉语词汇学大家，这在其他专业的学者看来颇为不解。这种"不解"，如果套在《汉语大词典》等成果头上则或许就更加能够为人们所理解了：《汉语大词典》又是抄袭了谁的呢？词典似乎可以"抄袭有理"，那么，词汇学专著呢？词典如果不是"辗转抄袭"，那么，世界上可能就没有哪一个人能够创造出一部词典来。

汉语词汇学研究通常可以分为两个组成部分：现代汉语词汇研究、汉语词汇史研究。现代汉语词汇研究以刘叔新、葛本仪、符淮青为代表，其他的晚辈学者目前尚没有谁得到学术界的公认。符淮青既做现代汉语词汇

---

① 薄守生：《关于汉语词汇学研究的四点困惑》，《西华大学学报》2013 年第 6 期。

② 张永言：《词汇学简论》，华中工学院出版社 1982 年版。

学研究①，又做现代汉语词汇学史研究②，他做的"'词汇学'史"仍然应归为现代汉语词汇学更合适，不同于其他学者所研究的"词汇史"。在汉语词汇史研究方面，张永言、汪维辉是最重要的学者代表，他们的《关于汉语词汇史研究的一点思考》通过 8 组同义词为例，指出了"词汇史有别于训诂学"③，该文至今影响颇大。

在词汇学界，还有"核心词研究"这一研究类型，只是呢，各家所研究的"核心词"的内涵并不一致，各有各的核心词研究。陈保亚说，"斯瓦迪士当初提出 100 核心词的目的是要通过这些词在亲属语言中的分布数量来确定亲属语言分化的年代，因此他选词尽量保持'常用、构词能力强、稳固'几条标准"④。大家可以在这一点上求同存异，以此为核心词的理解基础也许是一种正确的学术选择。诸家提出的具有不同理解的"核心词"与张永言、汪维辉提出的"常用词"有联系，也有区别，在具体的研究方法上相差也很大。

因为词汇学具有"无核化"的特点，相对比较"松散"、甚至无门槛，基本上也没有"霸"存在，自称大王的猴子亦有之。在这种情况下，我们并不知道该介绍哪些学者的论著更合适一些。在这里，我们暂时介绍一下董秀芳的相关论著，但我们不敢说她就是当代词汇学界的唯一的代表。词汇学的其他的代表应该还有不少，其他的相关的论著的评述有待于我们以后继续补充吧。

董秀芳说，"词库是一些意义具有不可预测性的单位的集合，而词法则是具有一定能产性和周遍性的生成词的规则"⑤。"词库"其实就是通常所说的"词汇"，只是呢，以往我们在使用"词汇"这一称谓时往往没有刻意地去与"词法"相区别，或者说，以往所提到的"词汇"包括"词法"和这里所说的"词库"两部分。董秀芳说，"本书所使用的'词库'概念专指词汇单位的清单这一部分内容，而将词法与词库并列"⑥。

---

① 符淮青：《现代汉语词汇》，北京大学出版社 1985 年版。

② 符淮青：《汉语词汇学史》，安徽教育出版社 1996 年版。

③ 张永言、汪维辉：《关于汉语词汇史研究的一点思考》，《中国语文》1995 年第 6 期。

④ 陈保亚：《20 世纪中国语言学方法论：1898—1998》，山东教育出版社 1999 年版，第 60 页。

⑤ 董秀芳：《汉语的词库与词法》，北京大学出版社 2004 年版，第 7 页。

⑥ 同上书，第 12 页。

　　语法学研究词法，词汇学也研究词法。词汇学里的词法研究是词汇学研究的重要内容之一。董秀芳说，"在汉语词法的研究中有一个大的争论，即语法构词理论与语义构词理论的分歧（这两个名称取自叶文曦1996）。这代表了对汉语词法的两种不同认识，同时也就决定了两种不同的研究角度。语法构词以陆志韦（1957）、赵元任（1968）等为代表，认为词法与句法的结构方式具有相通性，注重复合词的内部形类构成（如用'名＋名'，'动＋名'等来描写复合词的构成），采用语法的术语来描写词的内部结构关系（如并列式复合词、偏正式复合词等称呼）；语义构词理论以刘叔新（1990）、周荐（1991）、黎良军（1995）、徐通锵（1991，1994，1997等）、叶文曦（1996）等为代表，反对用语法的概念来分析复合词，否认复合词中蕴含有句法或词法关系，只承认复合词的词汇性质。其中，有些语义构词理论的学者走得更远，甚至放弃了'词'和'词类'的概念。我们认为这两种认识及其相应的研究角度都有一定的偏颇……我们主张从形式和意义/功能两个方面对词法进行研究，词法的形式构成与语义构成都会具有一定的规则性，应该将这两方面的研究结合起来"①。在中国人的处世哲学中，"结合"、"和事佬"、"中庸"等常常有相近或相通的含义，董秀芳在这里说要"结合起来"，但是她尚未能够给学术界提供一个大家都愿意认可的、可操作的"结合"范式。

　　董秀芳2001年毕业于四川大学，《词汇化：汉语双音词的衍生和发展》就是在博士学位论文的基础上修改而成。导师朱庆之在本书的序中说，"论文虽然受到诸多名家的肯定，但问题还有不少。秀芳对古代汉语的感知和认识还有待进一步地加深；在汉语研究现代化和国际化的进程中如何为理论语言学与汉语研究相结合找到一个更加合理的平衡点，也是今后要进一步努力的"②。董秀芳说，"本书主要研究汉语史中与双音词的产生与发展密切相关的词汇化现象。所谓双音词，是指语音形式为双音节的词，但这里所讨论的双音词不包括双音节的联绵词和音译词。之所以不干脆说本书的研究对象是双音合成词，是因为不同类型的词之间的界限并不总是很清楚"③。

---

① 董秀芳：《汉语的词库与词法》，北京大学出版社2004年版，第4—6页。

② 董秀芳：《词汇化：汉语双音词的衍生和发展》，四川民族出版社2002年版，序第2—3页。

③ 同上书，第1页。

　　在中国语言学界，复音词研究（或称双音词研究等）在 1985—2005 年间是最为集中的论文选题之一，特别是以硕博士学位论文为多。并且，这些研究复音词的选题中，以专书研究较多，也有个别的断代复音词研究。这些专书、断代的复音词专题研究，大多数成果都是材料非常扎实，常常能够做到穷尽性的统计。完全可以说，董秀芳《词汇化：汉语双音词的衍生和发展》同时也是当时复音词专题研究中的一个代表，就其选题的"时代潮流"而言符合当时的"随大流"心态。然而，该书能够突破专书，不再局限于断代，做通史的、理论上的研究，这难能可贵。这样的突破与提升，需要作者具有非凡的宏观驾驭能力，严密而清晰的逻辑思维能力。从这个意义上来说，作为博士学位论文，董秀芳的这个书稿，即使在过去了十几年以后的今天，它仍然不失为一篇优秀的论文。当然，该书在例词的选择和取舍方面有一定的随机性和主观性，这是所有的通史类专题研究的常态。当这种随机性是作者有意为之、故意回避了某些"例外"的时候，这些例词的说服力也就会大打折扣了。同时，该书在利用外国理论来解释汉语现象时也显得不够自然，尚不能做到水乳交融，中外之间的"痕迹"与"间隙"还是比较明显而清晰，这也是一个值得注意的问题。该书在学术上之所以能够取得如此的巨大成就，那也是时势造英雄的结果，而不是英雄随便就造出了一个时势来。

　　对于词汇学来说，词义研究一直是一个重点内容。古代汉语词汇学侧重于字词考释，这与传统训诂学的内容有相通之处。字词考释能够体现出研究者的学术功底，但是，这种考释本身往往比较零散，不成系统，所以也就很难系统化地被总结出来，转引率、学术影响力也都不大。现代汉语词汇学与"语义学"联系更为密切，这种语义学的研究范围更为宽广。例如，刘大为把隐喻性语义泛化分为三个阶段：以语义隐喻为特征的第一阶段（新义位的产生）、以语义抽象为特征的第二阶段（因词语使用频繁而隐喻特征被遗忘或被忽略）、以语义含混为特征的第三阶段（不分场合、不问对象地被广泛使用以至于义位都已经难以准确概括）[1]。类似刘大为的这种研究在传统训诂学中确实少见。国内的语义学研究常常借鉴国外的研究成果，是语言学对外交流比较多的一个部门。

　　词典编纂是词汇学应用中的一个重要领域，有些学者则倾向于把词典

---

[1]　刘大为：《流行语的隐喻性语义泛化》，《汉语学习》1997 年第 4 期。

编纂从词汇学中独立出来，成立一个单独的分支学科"词典学"或者
"辞典学"。

关于近年来的词汇学研究的相关总结，笔者的《关于汉语词汇学研
究的四点困惑》一文①有相关介绍，可以参阅。

词汇学研究在百年来一直不死不活，难说是语言学领域里的热点，但
研究队伍是语言学各个分支学科中人数最多的一个部门。有人认为以语义
学为契机的词汇学将成为未来学术的发展方向，但是，这个问题依然不太
好说。陆俭明就曾说过，"意义如流沙"难以把握、不易抓住，这确实是
实际情况。词汇学在未来的发展，我们还不太容易预测。

六　现代修辞学

现代修辞学与古代修辞学（传统修辞学）相对而言，近百年来古代
修辞学已经不占主流，现代修辞学则逐渐发展成熟。20 世纪初，以陈望
道《修辞学发凡》为代表的现代修辞学正式形成，《修辞学发凡》常常被
人们誉为现代修辞学上的第一座丰碑。当然，也有学者说王易《修辞学
通诠》"建立了中国现代修辞学史上第一个完整的具有现代科学品味的修
辞学体系"②。当时的现代修辞学著作，大多数都借用了大量的日本和欧
美的语言学理论和方法。20 世纪 80 年代以后，"广义修辞学"观念逐渐
得到了人们的广泛认可。

陈望道等人对"修辞学"的学科建设功不可没，钱钟书等人把"修
辞"应用到文学作品中去则显得灵气十足。王培基说，"我认为把钱钟书
先生定位为大作家、大文学理论家、大修辞评论家比较合适，如果定位为
'钱钟书是我国 20 世纪继陈望道之后的又一座修辞学高峰'，缺乏充足的
根据。衡量是不是'修辞学高峰'，我认为有两个主要标准：理论建树和
历史作用及影响。钱钟书的所谓修辞学理论体系，不是本人自觉构建并加
以明确阐发的，而是别人按已有的修辞学框架演绎的，他的修辞学说带有
较浓的'非修辞专业性'，他的表述带有明显的'非系统性'；对钱钟书
修辞评论的研究，是上世纪改革开放后才兴起的，因此，在指导修辞实践

---

① 薄守生：《关于汉语词汇学研究的四点困惑》，《西华大学学报》2013 年第 6 期。
② 钟久英：《王易〈修辞学通诠〉的当代阐释》，《锦州师范学院学报》2003 年第 5 期。

方面，钱氏评论能否产生巨大作用和巨大影响，历史将作出回答"①。我们认为，钱钟书对修辞的运用确实不容忽视；但是，他对修辞的研究却类似文学理论、文学欣赏一类的评论，不太像是系统的修辞学研究。

新中国成立以后，现代汉语修辞学得到了很大的发展。邵敬敏、方经民说，"50 年代初，同语言学其他分支学科一样，修辞学的普及工作也受到了重视……影响大的是吕叔湘、朱德熙《语法修辞讲话》（中国青年出版社 1952 年）和张瑰一（张志公）《修辞概要》（中国青年出版社 1954，修订本上海新知识出版社 1957）……《语法修辞讲话》是为普及语法修辞知识，帮助纠正语言文字使用中的缺点而撰写的"②。《语法修辞讲话》在修辞时紧密结合语法来进行，是语法修辞结合的典范性著作。

关于语法学和修辞学的关系问题，学术界曾有过争论。邢福义、汪国胜说，"在语言学界，过去就有学者将语法和修辞结合起来考察、分析语言现象，如：吕叔湘《中国文法要略》，吕叔湘、朱德熙《语法修辞讲话》等。郭绍虞《汉语语法修辞新探》（上、下册）虽出版于 1979 年，但作者思考这一问题和写作该书却是在'文革'后期。郭绍虞在该书中不仅主张在教学和研究上语法修辞要结合，而且在学科上这两门学科也应合二为一。发起语法修辞结合问题讨论的学者是新加坡学者郑子瑜，他在《中国修辞学史稿》（上海教育出版社 1984）中提出，'中国的修辞学已经发展到了与语法学相结合而作科学的有系统的论说的时代了'，'不管学术界赞成也好，反对也好，汉语语法修辞结合论的时代总要到来，而且是已经到来了呢'。1985 年 9 月 25 日，郑子瑜发表公开信，希望中国语法修辞学者开展讨论。针对这个问题，一批学者保持沉默，一批学者（尤其是高校学者）则积极响应。概括地说，这一讨论有 3 种意见：一是赞成派，认为将语法和修辞结合起来进行研究和教学是行得通的，当然，语法是语法，修辞是修辞，两门学科是不能合二为一的，胡裕树、郑远汉等是这种意见；二是反对派，认为郭绍虞、郑子瑜的观点站不住脚，语法修辞不能结合，谭永祥、陈炯、高万云等持这种看法；三是保留派，即有保留意见地认同'语法修辞结合论'，张志公、袁晖、张炼强等是这种观

---

①　王培基：《一个新突破　三面新进展——评宗廷虎主编〈20 世纪中国修辞学〉》，《焦作大学学报》2010 年第 1 期。

②　邵敬敏、方经民：《中国理论语言学史》，华东师范大学出版社 1991 年版，第 121 页。

点。这次讨论，学者们在概念使用的内涵上是有差异的，究竟是学科的结合，还是角度（语法角度和修辞角度）的结合；是教学的结合，还是研究的结合；是两门学科一定合二为一，还是想合就合，想分就分等等还没有完全弄清楚，只是大多数学者认为语法修辞可以结合起来进行教学和研究，不同意语法修辞合而为一。这次讨论的文章大多发表在《修辞学习》和《营口师专学报》上，1996 年结集为《语法修辞结合问题》一书，由北京语言学院出版社出版"①。邢福义、汪国胜的这段概述非常得体，言简意赅地说明了语法和修辞的关系问题。现在，人们不再继续纠缠于语法和修辞的结合，而是致力于拓宽修辞学的研究范围，倡导"广义修辞学"或者说"大修辞学"。

修辞学虽然在近百年来获得了一些突破性的进展，但是，关于修辞学的学科归属问题却始终存在着争论。谭学纯认为，"按理说，既然学科目录把修辞学归入语言学的一个子学科，那么，修辞学理应和语言学其他子学科一样，有一个共同行使话语权的公共平台，但是很遗憾，这个平台为语言学其他子学科共享，惟独修辞学，常常是缺席的……修辞学属于语言学，更属于多学科……中国古代修辞学的发展，也是由一大批'多栖'性的人物共同推动的，古代修辞学家中的很多大家，往往同时也是文艺学家、美学家、哲学家"②。这是修辞学学科的一个实情。就学科发展来说，常常是由专业性强的学科逐步分化出高精尖的学科，不同的高精尖的学科又可以进一步地融合、组成一种跨学科的研究。修辞学却不是这样，修辞学大概还没有经历到一个很成熟的学科分化的过程，因此学科的专业性也受到一定的影响。

长期以来，修辞学没有得到学界的足够的重视，希望这种情况在今后能够有所改观。只是，修辞学发展的突破口何在？我们认为，修辞学应当在文论、文学研究、写作概论、演讲、辩论等等领域发力，尽可能地向应用研究靠拢。

---

① 邢福义、汪国胜：《中国高校哲学社会科学发展报告：1978—2008. 语言学》，广西师范大学出版社 2008 年版，第 173—174 页。

② 谭学纯：《修辞学研究突围：从倾斜的学科平台到共享学术空间》，《福建师范大学学报》2003 年第 6 期。

七　理论语言学

语言学的分类角度不同，所分出的分支学科也就不尽一致。如果按照学科的功用来分类，语言学可以分为理论语言学和应用语言学，这里所说的理论语言学应当是相当宽泛的一个类。对古代语言学而言，我们很难分出理论语言学和应用语言学这样的类来，因为我们都知道我国在古代并不重视理论探讨，因此理论语言学发展也就不够成熟。就现代语言学而言，理论语言学的范围也很不固定，甚至于都不太好说理论语言学究竟包含哪些内容。但是，不管怎么说，理论语言学是现代语言学诞生的标志之一，理论语言学是近百年来语言学中最为重要的新兴分支科学。

理论语言学与普通语言学的关系较为特殊，通常认为理论语言学包括普通语言学。按照中国语言学研究的习惯，通常是把语言研究切分为语料和理论两部分，凡是在语料基础上的理论提升都可以称为理论语言学，这样一来，"理论语言学"在理解上确实有些宽泛；同时，凡是涉及语料本身的研究，往往一概说是缺乏理论修养、甚至认为那并不属于语言学研究，这样也有些偏颇。在这种宽泛的理论语言学的理解中，历史语言学、社会语言学、认知语言学、语法理论、词汇理论，等等，所有的一切理论都可以看作是理论语言学的一个组成部分。正是这种原因，从事现代语言学研究的学者们往往都非常自觉地重视理论修养，他们也确确实实地、或多或少地运用某种理论去从事语言学研究，但是，他们却很少自我标榜地说自己在从事理论语言学研究。在全国范围内，较为明确地提出自己在从事理论语言学研究的学者主要是徐通锵、王洪君、陈保亚一系，他们在博士研究生招生方向名称、研究生课程名称上都有"理论语言学"的称谓。其他的一些学者，包括同是北京大学的陆俭明、蒋绍愚、袁毓林等学者也很少自称自己是理论语言学家。所以，如果要详细研究百年来的中国理论语言学，就需要关注语言学各个分支学科里的各种理论，而不能仅仅是关注贴有"理论语言学"标签的语言学研究。我们可以对我国的理论语言学做出一些总结，基本涵盖百年来中国语言学的重大理论，但是，我们却不可能毫无遗漏地把各个语言学分支学科里的理论都挖掘、总结出来，我们还没有那种"全面"的能力，并且，我们相信即使是像王洪君、陈保亚那样的学者也不敢说自己具备了那种"全面"的能力。

具有外语背景的学者往往理论自觉性较强，但是，他们提到的理论主要是引介外国的理论，很少有独创的理论提出。邢福义、汪国胜说，"总的看来，我们外语界所做的主要是国外语言理论研究，真正的外国语言研究较少……改革开放后中国学者开始走出去，尤其是前几批留学人员回国，推动了国外语言学理论的译介"①。当然，我们一般都很少刻意区分外语界和汉语界，语言学的融合常常使得研究古今中外的语言的学者们你中有我、我中有你，汉语界和外语界完全可以相互借鉴。

关于理论语言学的较为详细的内容，我们拟放在本书第十三章"普通语言学包含于理论语言学"中的第一节"普通语言学与理论语言学"一节中加以介绍。在这里，我们主要是为了说明：理论语言学是近百年来语言学中最为重要的新兴的分支科学，理论语言学中的理论其实体现在语言学的每一个分支学科的方方面面，理论语言学需要从这些方方面面去进行深入的挖掘。

八 语言学史

作为语言学的一门分支学科，"语言学史"也是近百年来兴起的一门新兴学科。我国虽然有着悠久的语言学研究传统，历史上对语言学研究也做过为数不少的历史回顾、阶段总结，但是，那些回顾和总结往往都还不足以称为是"语言学史"学科。语言学史学科要想成立，至少要有一个较为完备的著作"样本"，至少需要一种较为完备的"关于'语言学史'的理论"的体系。

理论语言学包括普通语言学，语言学史却常常作为普通语言学的准备学科。当前，我国的学科分类目录中二级学科、三级学科都没有语言学史学科，在惯例上人们常常把它放在普通语言学下面作为一个次类或者附类。

1976 年以来，"特别引人注目的是中国语言学评论的形成以及中国语言学史研究的繁荣。中国语言学的评论，加强了宏观研究、分支学科综述、专题研究的述评、语言学家的评介、语言学学术活动的报道，从而开始形成了一门分支学科……中国语言学史的研究，首先表现在出版了一批专著，包括语言学通史、语言学分支学科史、特别是汉语语法学史的研究

---

① 邢福义、汪国胜：《中国高校哲学社会科学发展报告：1978—2008. 语言学》，广西师范大学出版社 2008 年版，第 361 页。

更为突出，其次是开展了有关中国语言学史理论的研究，这标志着中国语言学史的研究也独立成为一门分支学科"①。"有关中国语言学史理论的研究"是"语言学史"学科成立的前提。这里提到的"中国语言学的评论"，其实就是相对于语言学文献"史料"的"史论"，这还是语言学史研究的内容。

关于语言学史的介绍，本书中的第四章"语言学文献、语言学史、语言学思想史"已经有所涉及，第十三章"普通语言学包含于理论语言学"中的第二节"普通语言学与语言学史"还将有所介绍。在这里，我们把语言学史放在这里简单介绍，主要是为了说明：语言学史学科也是百年来中国语言学的一个新兴的分支学科。

九　社会语言学

社会语言学于 20 世纪 60 年代在欧美国家发展起来，我国于 20 世纪 70 年代、80 年代引进以来，它在我们国内发展很快。1985 年，祝畹瑾编译的《社会语言学译文集》② 在推动社会语言学学科发展方面起到了很大的作用。如今，社会语言学已经成为语言学领域中一个较为重要的部门，发展逐步成熟。

社会语言学一般都很重视调查研究这么一个环节，其研究方法则综合采用语言学、社会学、人类学、民俗学、统计学等众多学科里的各种方法。在我国，社会语言学常常与方言调查紧密相关，可以说，大多数的社会语言学大家往往起步于方言学家。语言规划研究常常也被纳入社会语言学的范畴，我们曾著有《当代中国语言规划研究——侧重于区域学的视角》③ 一书。少数民族语言与特定的民族、社会、文化紧密相连，所以，有关少数民族语言研究的内容往往会与社会语言学有所关联。比如说，我国著名的少数民族语言学家周庆生，同时也是我国著名的社会语言学家。罗常培《语言与文化》④ 一书，常被尊为中国社会语言学的鼻祖，它也常常被作为中国的社会语言学早于欧美产生的一个论据。《语言与文化》又

---

① 邵敬敏、方经民：《中国理论语言学史》，华东师范大学出版社 1991 年版，第 149 页。

② 祝畹瑾：《社会语言学译文集》，北京大学出版社 1985 年版。

③ 薄守生、赖慧玲：《当代中国语言规划研究——侧重于区域学的视角》，中国社会科学出版社 2009 年版。

④ 罗常培：《语言与文化》，北京大学出版部 1950 年版。

常常被作为文化语言学的著名代表作，从这个层面上讲，社会语言学和文化语言学两个名词的所指确实存在着一定的不确定性。事实上，社会语言学与文化语言学之间既有交叉，也存在着一定的区别。

目前，学术界对社会语言学研究范围的理解还不统一。有些学者把社会语言学分为大社会语言学（或者叫"宏观社会语言学"）和小社会语言学（或者叫"微观社会语言学"）。小社会语言学主要研究语言变异、行业语言等方面，大社会语言学主要研究双语现象、语言关系、语言和民族的关系、语言政策、语言规划等方面。比如说，国内对拉波夫的引进模仿①，徐大明的言语社区理论、城市语言调查②，孙汝建的性别语言学研究③，等等，都属于小社会语言学。李宇明关于语言规划的一系列论著，张卫国关于语言经济学的研究，江荻关于语言与民族的相关研究，等等，都属于大社会语言学。

近百年来，各个时期的语言规划活动都可以纳入社会语言学的范畴。例如，白话文运动、国语运动、拉丁化新文字运动、汉字简化、推广普通话，等等。最近几年来，教育部语言文字信息管理司组编的《中国语言生活状况报告》系列是社会语言学研究的高潮。最近几十年来，少数民族语言调查是社会语言学研究的重要组成部分。比如说，集方言与民语大成于一体的《中国的语言》④一书就特别厚重。《中国的语言》就可以用于社会语言学研究。方言学、少数民族语言学往往结合地域文化来进行研究，从文化到社会是一个自然而然的研究过程，这与传统的纯而又纯的语言本体研究不太一致。

作为一门新兴学科，社会语言学确实发展很快，但是，它尚未完全发展成熟，在研究中还存在着一些薄弱环节。作为一门交叉学科，当前，社会语言学需要处理好"重心不稳"的问题，要考虑清楚学术研究的重心究竟处于一个什么位置比较合适，语言和社会既不能头重脚轻，也不能无头粗腿，只要重心稳、平衡好、有力度，社会语言学就能够发展好。

---

① ［美］拉波夫：《语言变化原理：社会因素》，北京大学出版社 2007 年版。
② 徐大明：《社会语言学实验教程》，北京大学出版社 2010 年版。
③ 孙汝建：《汉语性别语言学》，科学出版社 2012 年版。
④ 孙宏开：《中国的语言》，商务印书馆 2007 年版。

十　少数民族语言学

中国少数民族语言学主要包括中国少数民族语言研究、中国少数民族文字研究、中国少数民族古文献研究三大领域。有些少数民族有语言却无文字，有些少数民族有现代文字却没有存世的古文字，有些少数民族原有的语言文字现在已成为死语言、死文字。长期以来，中国少数民族语言学研究的最主要的方面是少数民族语音研究。

在古代，我国并没有严格意义上的少数民族语言学。我们通常所说的少数民族语言学（本节中以下简称"民语"），是中国现代语言学的一个分支学科，它从20世纪30年代才有了一些高质量的学术成果。例如，赵元任《广西瑶歌记音》（1930）、马学良《湘黔夷语掇拾》（1938），等等。总体来看，在新中国成立以前，民语学科发展较为缓慢。

1956年，中国科学院少数民族语言研究所成立。同年，民语学者对全国的民语进行了大规模的普查，到1959年已经调查了42个民族的语言。1960年，独龙语、怒族语调查也取得了较为圆满的成绩。20世纪70年代，我国还相继调查了西藏、云南、东北、四川、广西等地区的语言。傅懋勣从1983年起在《民族语文》上连载《民族语言调查研究讲话》，对民语研究的理论化起到了很大的推动作用。

近百年来，民语研究主要集中在描写、对比、演变等方面，这也与汉语研究的模式相似。描写是语言研究的基础，对比是描写的深化，演变则是一种历史的纵向的对比。在民语的应用研究方面，主要是少数民族语言规划的问题，双语教育在语言教学中取得了较好的效果。在少数民族古文献研究方面，《中国民族古文字》（1982）、《中国民族古文字图录》（1990）都是重要的著作，西夏文、古藏文、突厥文、纳西文字、契丹文都有所研究。中国少数民族古文献的研究，对于考古、历史等方面的深入都有很大的推动作用。

近百年来，在民语研究领域涌现出了一大批优秀的学者。例如，李方桂、王静如、傅懋勣、闻宥、马学良、孙宏开、戴庆厦、周庆生、王均、黄行、江荻、王远新、李锦芳，等等。

目前，我们对中国少数民族语言学史的研究还很不够，一是相关论著少，二是这类论著论述得太粗、不细致。在论著的细致性方面，如果能够有一些针对某个学者个人的总结，那种学术史相对就比较细致了。孙宏开曾对自己的研究做出过一定的总结，他说："我主要的贡献，一方面我自己完善了中国少数民族语言系属分类表，这个事情最早是由李方桂做的，1954 年罗常培、傅懋勣有篇文章，进一步提出了中国语言分类表，我现在做的贡献是把这些新发现的语言都塞到分类表中去……第二个贡献是提出了语言识别的理论和实践（方法），这个主要体现在 1988 年的一篇文章里——《语言识别和民族》……第三个贡献是在汉藏语系藏缅语族中建立了羌语支，这是我第一个提出来的，这个历史过程也是很曲折的。"[①]像这种客观、实在、不浮虚的个人学术总结，着实难得、珍贵。如果我们能够有更多的此类个人总结，我们写中国少数民族语言学史时也许就会容易一些。

就中国语言学史的研究现状而言，民语在中国语言学史专著中往往论述得非常粗略，甚至有一些语言学史专著完全不录民语部分。

十一　心理语言学

心理语言学可以看作是由语言学和心理学相互融合而形成的边缘学科。就研究现状而言，它现在早已成为一门独立的学科，但我们依然可以把它作为语言学的一个分支学科。

新中国成立之前，我国基本上没有成熟的心理语言学成果，但是当时已经有了一些心理语言学研究的雏形。例如，关于汉字心理的认知研究就可以看作是心理语言学的一个组成部分。邵敬敏、方经民说，"刘廷芳于1916 年至 1919 年在美国哥伦比亚大学进行首次实验，通过对识记，再认、重视、看写等手段鉴定汉字形、音、义的关系，从而确认这三者对学习难易的影响。其后，相继有艾伟、陈礼红、周先庚、沈有乾、杜佐周、杨继本等人从事研究，尤以艾伟的影响最大"[②]。艾伟的《汉字心理》一书就很厚重、扎实。在此之前，有些学者对心理、思维等的相关认识基本上都没有任何科学性可言。比如说，章太炎在后期极力反对人脑是心理的物质基础，他的心理学思想的主要倾向是主观唯心主义，认为客观时空也是心理存在[③]。章太炎的这种认识无疑十分错误。

————————

①　张宜：《历史的旁白：中国当代语言学家口述实录》，高等教育出版社 2012 年版，第217—218 页。

②　邵敬敏、方经民：《中国理论语言学史》，华东师范大学出版社 1991 年版，第 311 页。

③　张积家：《章太炎心理学思想初探》，《烟台师范学院学报》1989 年第 4 期。

心理语言学现在还非常年轻。通常认为，心理语言学起于 20 世纪 50 年代的美国，在 70 年代才被介绍到中国。正是这个原因，我们国内从事心理语言学研究的开拓者们大多是从事外国语言学研究的专家，他们与国外学术界交往也较为密切。

外国语语言学专家杜诗春对我国心理语言学的发展起到了很大的推动作用，他于 1985 年出版了我国第一部心理语言学专著《心理语言学》①。此后，心理语言学发展逐步深入，心理语言学触及词汇、句法、篇章各个领域。

心理语言学包括三个主要学派：联想学派、内容学派、程序学派。心理语言学主要注重如下三个领域：言语产生、语言习得、语言理解。在进行语言对比研究或者第二语言教学时，心理语言学能够对语言研究者和学习者提供一定的帮助。

认知语言学、神经语言学等学科与心理语言学关系密切。其中，认知语言学可以看作是心理语言学的一个分支和拓展；同时，心理语言学也可以被看作是认知科学的一个组成部分。以认知心理学为研究方向的心理语言学把语言看作是人类"认知过程"中的一个组成部分，由此而形成的语言学派现在通常称为"认知语言学"。在我国，认知语言学是当今最热门的学科之一。

神经语言学可以看作是心理语言学发展的一个新兴的分支，该学科更加年轻，主要研究语言和大脑之间的关系。从事大脑等方面的相关研究难度极大，目前，我们尚不能解剖活人的大脑，神经语言学有时可以通过言语障碍患者的大脑电图、波形进行研究。我国从事神经语言学实验的科学家主要有杨亦鸣的研究团队。笔者在查阅资料时发现，杨亦鸣的自我介绍材料中说自己是"目前语言学及应用语言学第一位也是唯一一位教育部'长江学者'特聘教授"（笔者按：截至 2015 年）。对此，语言学界或许会有这样那样的心理不平衡，但我们必须要充分肯定杨亦鸣团队的"闯劲"才行；由此，我们也可以佐证神经语言学学科在国内科学界的重要地位。2012 年，杨亦鸣在我国语言学权威期刊《中国语文》上发表了《神经语言学与当代语言学的学术创新》一文②，从该文中我们可以发现，

---

①　杜诗春：《心理语言学》，上海教育出版社 1985 年版。

②　杨亦鸣：《神经语言学与当代语言学的学术创新》，《中国语文》2012 年第 6 期。

神经语言学到 2012 年依然还是发展很不成熟，该文基本上可以看作是为神经语言学"喊喊口号"，该文尚不能作为严肃的专业论文来看待。

心理语言学虽然至今尚不够成熟，但是，它一反语言学的社会科学、人文学科的传统，它特别重视自然科学的研究，这在百年来的新兴学科中具有很好的代表性。心理语言学是当代语言学的重要组成部分。

十二　对比语言学

对比语言学在国内的历史并不长，是一个新兴学科。国内对比语言学较早的有代表性的著作主要有专著《对比语言学概论》① 和论文集《对比语言学论文集》②。其中，《对比语言学论文集》把多人的论文汇集成册，并非作者个人的论文汇集成册，书中的观点也是各抒己见、百花齐放。

对比语言学是不同语言之间的对比研究，较多地侧重于语言的个性而不是语言的共性。"对比语言学"与"比较语言学"很不相同，比较语言学致力于探讨不同语言之间的谱系关系。邵敬敏、方经民认为，"对比语言学不同于比较语言学。比较语言学是历时研究，只能用于有亲属关系的语言之间，目的是追溯语言之间的谱系关系，所以也叫历史比较语言学；对比语言学是共时研究，既可用于亲属语言之间又可用于非亲属语言之间，目的是揭示语言之间的异同关系，尽管有人也将它称为比较语言学"③。严格说来，"'历史语言学'不同于'历史比较语言学'，不研究语言的史前史，包括无文献记载的构拟的语言（它才是历史比较语言学的研究对象）。'历史语言学'有时只研究一种语言的历史，如汉语史、法语史，不涉及多种语言，而'历史比较语言学'的研究对象则必涉及多种语言的历史、史前史及其比较"④。然而，事实上，"历史比较语言学"有时又被笼统地简称为"历史语言学"，历史语言学却是一个范围广阔的类，凡是涉及古代语言的许多研究（历时研究）常常都可以"自称"是历史语言学研究。就时间维度来说，"对比语言学"主要侧重于共时研究，比较语言学则离不开历时分析。

在谈对比语言学时，有些学者会笼统地谈"中西"语言对比，这种

---

① 许余龙：《对比语言学概论》，上海教育出版社 1992 年版。
② 王福祥：《对比语言学论文集》，外语教学与研究出版社 1992 年版。
③ 邵敬敏、方经民：《中国理论语言学史》，华东师范大学出版社 1991 年版，第 355 页。
④ 伍铁平：《与普通语言学有关的几个问题》，《外语教学与研究》2008 年第 5 期。

对比不太合适。这正如姚小平所说："人们喜欢谈论中西差异，可是'西方'实际上是个笼统的概念……如能把空间范围缩小至西方一国，比较的对象就具体得多。问题是，近代西方各国都有自己的语言学，我们选择哪一国才好？"① 对此，伍铁平也曾有多次论述，比如说，他纠正了某些学者"欧美语系"的说法，不赞成"西方语言的构词以派生为主……汉语构词以复合为主"等"以偏概全"的笼统对比，等等。对比语言学最好是一种具体的语言和另一种具体的语言直接对比，这样得出的结论往往能够更准确、可靠。

最近几年，"语言类型学"非常时髦，或者说是非常热门，它可以被看作是"语言谱系"的平面化。严格来说，语言类型学必须建立在严格的对比语言学的基础之上，它当然还要包括历史语言学，注重探讨各个具体语言的相关性。按照笔者个人的理解，对比语言学主要立足共时平面，不只是对比各个不同语言之间的共性，还可以对比各个不同语言之间的个性，却不一定要探讨各个语言之间的普遍相关性。

对比语言学必须建立在对各个语言充分描写的基础之上，这就要求研究者最好能够熟悉几种语言或者方言。事实上，能够熟悉数种语言或方言并且愿意从事语言学研究的人并不多，一个人会说某种语言并非就是研究那种语言的语言学家。当然，我们也可以利用二手材料来进行对比语言学的研究，即使无法达到对比语言学的最理想状态，通过语言对比我们也能够发现语言研究中某些非常有价值的线索。从这个意义上来说，对比语言学既可以是一门独立的学科，也可以看作是其他学科的一种研究方法。在对比语言学在国内发展成熟之前，对比语言学作为研究方法的这一层面不能被掩盖和否定。

十三　语文运动

我们这里所说的语文运动，其实就是指"中国语文现代化运动"，是中国现代语言学史的重要组成部分。关于语文运动的早期萌芽，学术界一般认为是清末切音字运动。然而，关于语文运动的确切起止时间却不太容易划定，起点基本上可以划在民国初年前后。

---

① 姚小平：《17—19 世纪的德国语言学与中国语言学　中西语言学史断代比较研究》，《外语教学与研究》1997 年第 3 期。

关于语文运动的相关史料异常丰富，内容庞杂，散乱零碎，很难用一根主线简单明了地概括清楚。黎锦熙、倪海曙、叶籁士等学者都曾对语文运动做过一些梳理和总结，但是，他们的那些总结既不够全面，线索也不够清晰。历史是一片散落的珠子，理论也曾屡屡回卷成各式各样的麻线团，一线串珠需要高超的技术，所以，要想把百年来的语文运动三言两语地说清楚，那还真的不是件容易的事情。也许正是因为这种困扰，《中国语文现代化百年记事》① 干脆直接编年，放弃了对主线的探索。

在这里，我们打算只是简单举出几种文献来，既不作提纲挈领的主线探索，也不作详细史料的编年堆砌。

"五四"白话文运动、国语运动、大众语运动、拉丁化运动，等等，都是语文运动的重要组成部分。但是，泛泛而谈地提提它们可能不难，如果要想详细地解释清楚它们却很难，至于分析它们之间的关系就更不容易了。比如说，白话文运动与国语运动是一种什么关系？这个问题就很难回答。

关于国语运动的起止时间，学术界没有明确的界定。黎锦熙在《国语运动史纲》中将国语运动分为四个时期："切音运动时期"（约 1900—1907）、"简字运动时期"（1908—1917）、"注音字母与新文学联合运动时期"（1918—1927）、"国语罗马字与注音符号推进运动时期"（1928 以后）。胡适在《国语运动与国语教育》中把国语运动分六个时期：（1）白话报时代：以白话为"开通民智"的利器。（2）字母时代：以简字或拼音文字为不识字人求知识的利器。（3）读音统一会：谋求国语的统一，作注音字母。（4）国语研究会：推行注音字母，以国语作教科书。（5）国语文学的运动：以前皆以国语作为他们小老百姓的方便法门，但"我们"士大夫用不着的，至此始倡以国语作文学，打破他们与"我们"的区别。以前尚无人正式攻击古文，至此始明白宣言推翻古文。（6）联合运动：今日与今后。② 后来，胡适在《国语运动的历史》中又把国语运动的历史分为五个时期，阶段的划分基本上与上面相同。

关于"国语"的内涵，在理解上也曾很不统一。比如说，胡适认为

---

① 费锦昌：《中国语文现代化百年记事》，语文出版社 1997 年版。

② 胡适：《国语运动与国语教育》，载姜义华《胡适学术文集·语言文字研究》，中华书局 1993 年版，第 306 页。

"严格说来，现在所谓'国语'，还只是一种尽先补用的候补国语，并不是现任的国语。这句话的意思是说，这一种方言已有了做中国国语的资格，但此时还不曾完全成为正式的国语"①。胡适还提出过"国语的文学，文学的国语"，那几乎就是一团浆糊，不具有专业研究上的科学性②。

胡适还批评当时的国语研究会的人学者气味太重，"他们不知道国语的统一决不是一两部读音字典做到的，所以他们的研究工作偏向于字母的形体，六千多汉字的注音，国音字典的编纂等项，这都是汉字注音的工作。他们完全忽略了'国语'是一种活的语言；他们不知道'统一国语'是承认一种活的语言，用它做教育与文学的工具，使全国的人渐渐都能用它说话、读书、作文。他们忽略了那活的语言，所以他们的国语统一工作只是汉字注音的工作，和国语统一无干，和白话教育也无干"③。胡适的这些批评不尽合理，也不完全符合事实。实际上，黎锦熙等人所做的工作比胡适的这些批评更具有实质性的意义，更务实一些。

在民国政府时代，汉字注音的问题已经得到了一定的解决。（1）1913年"读音统一会"制定注音字母，1918年由政府教育部发布，1930年改称"国语注音符号第一式"，简称"注音符号"。（2）1926年"国语统一筹备会"通过"国语罗马字拼音法式"，1928年政府"大学院"（即"教育部"）公布该方案，称为"国音字母第二式"。1943年后，国语罗马字更名为"译音符号"，它的功用仅局限于译音。（3）拉丁化新文字。

黎锦熙对国语运动付出过很多努力。史锡尧说，"黎先生终生从事的学术活动，可以说是围绕着'语文现代化'这一中心，再具体来说，便是'国语统一'和'言文一致'"④。黎锦熙等人还组织过编纂《中国大辞典》，这本大辞典最终未能编成，但他们却编成了几部中小型字词典，如《国语词典》、《同音字典》、《学文化字典》、《学习词典》等。

新中国成立以后，语文运动取得了空前的巨大成就，主要成果有

① 胡适：《国语文法概论》，载姜义华《胡适学术文集·语言文字研究》，中华书局1993年版，第1页。

② 薄守生：《语言学史视域下的30年代大众语运动》，《文艺争鸣》2014年第2期。

③ 胡适：《胡适文集3》，人民文学出版社1998年版，第274页。

④ 史锡尧：《语文现代化的光辉先驱——纪念黎锦熙先生100周年诞辰》，《语文建设》1990年第1期。

《汉字简化方案》、《汉语拼音方案》、推广普通话等方面。现在，关于语文运动的相关研究，一般被统称为"语言规划研究"。语言规划研究比以往的语文运动更加宏观，在涵盖面上也更加广阔。语言规划研究在当前已经成为中国语言学的一个重要的分支学科。

十四　语言学的跨学科研究

语言学的新兴分支学科是近百年来中国语言学的一个亮点，也是中国现代语言学得以成立的根据。通常情况下，语言学的新兴分支学科大多数是从语言学的跨学科研究中逐步发展、独立出来的学科。如前所述，我们概括了部分新兴分支学科的情况，但是，我们选取的分支学科还很不完备，有一些分支学科我们尚未纳入进来做出一定的概括，并且我们相信无论如何选择可能总会有所遗漏。有些语言学的新兴分支学科正在形成之中，尚未明显地独立出来，对于这种情况我们有必要在此做出一点简单的说明。

曾经有一段时期，"语言学是一门领先的科学"论调鼓舞着语言学学者。然而，当人们在思考语言学如何突破自我、切实成为一门领先的科学时，很多学者想到了语言学的跨学科研究。在这种思路之下，这种逻辑似乎不太合乎科学，存在着循环论证的可能性：其他学科围绕在以语言学为中心的周边、语言学要积极吸收其他学科的各种发展要素。张后尘在《语言学研究与现代科学发展》中提出，变语言学封闭研究为开放研究、变单一研究为多学科交叉研究①。其实，这是近三十年来语言学研究的一个重要导向，这也是对"中国结构主义语言学"注重语言"本体"、研究语言"内部"的一个反动，这种反动具有一定的进步意义。

邢福义、汪国胜说，"20 世纪 80 年代语言学研究具有如下倾向：语言研究形式化；阐释语言的普遍现象，寻求各种语言间的共性；跨学科研究开始形成，研究正从语言系统过渡到语言使用，功能语法、语用学、话语分析、篇章语言学等学科悄然兴起"②。这里所说的"语言系统"就是指语言本体、语言内部，而不是语言的外部因素、语言的使用。在 80 年

---

① 张后尘：《语言学研究与现代科学发展》，《中国外语》2008 年第 1 期。
② 邢福义、汪国胜：《中国高校哲学社会科学发展报告：1978—2008. 语言学》，广西师范大学出版社 2008 年版，第 363 页。

代之前，语言学不是不涉及语言的外部因素，只是说对语言外部因素的研究不占语言学的主流，只是非主流。随着我国宏观文化背景的进一步开放，语言学的非主流与主流也开始了一定的转化，这是一件非常有益的事情。当然，语言学无论向哪个方向发展，研究语言本体、探索语言本身的规律永远都是语言学的中心任务。

在语言学的不同方面，跨学科研究的迫切性程度也不太相同。比如说，中国现代语言学非常注重跨学科研究，研究中国古代"语言学文献"的学者则更加强调语言学本身的专业性问题。**研究古代某种文献中的某一个字某一个词，固然需要了解当时的各种社会背景、典章制度、风俗传统等"非文字学"的知识，但是，人们很少把这一类的研究认为是跨学科研究，这无疑是人们的习惯性偏见。一个学科的良性状态大概是内核稳固、外围活跃，整个学科结构具有很强的向心力。**这就如同宇宙中的一颗恒星，如果恒心塌陷、外壳膨胀，那颗恒星的生命周期就已经到头了。

语言学的某些分支学科原本就是从某一种的"综合学科"中分离出来的，并非自古有之。比如说，现代修辞学非常年轻，它早先主要服务于"写作学"（写无定法，"写作学"至今还不是一个学科）。陈光磊说过，"他（陈望道）自己就说因为'五四'以后白话文起来了，很多人不知道怎么用白话文写文章，所以他当时就写了一本白话文的《作文法讲义》，这也是第一本白话文的作文法著作，这是1922年发表的。我觉得很多人忽视了这个。实际上他先写了《作文法讲义》，**在《作文法讲义》的最后一章他就讲到文章的美质，文章要美实际上就是修辞要用得好，这就跟修辞联系起来了**。我觉得他完全是面向应用的，《修辞学发凡》也是这样的。他是在大学教书教了十几年积累而成的"[①]。我们很难说《作文法讲义》是一本语言学著作，但是，《修辞学发凡》却常被人们看作是现代修辞学的奠基之作。

近百年来，语言学以各个分支学科纷纷独立发展为典型特征。当然，我们也可以从另外一个方面去理解这种历史趋向，即传统语言文字学与其他相关学科深度融合，当这种融合发展到了一个较高的水平时，语言学的一门新兴的边缘学科就形成了。但是，我们也不能完全那样理解，关于语

---

① 张宜：《历史的旁白：中国当代语言学家口述实录》，高等教育出版社2012年版，第323页。

言本体研究的相关分支学科主要是语言学向纵深发展的必然结果，不宜简单地看作是语言学与其他学科横向融合而成。

　　关于语言学的新兴的分支学科的介绍，本书的上述内容肯定还很不全面，我们在选取哪一些分支学科、不选取哪一些分支学科方面一定还存在着某些偏颇和遗漏。但是，我们知道，任何一部著作无论详细到何种程度，任何一部著作都无法做到绝对的全面完备、毫无遗漏。

　　我们在介绍语言学各分支学科的形成的时候，每一部分内容都涵盖了对这个分支学科的理论思考。语言学会在什么时间分化出哪些独立的分支学科来，这有社会的因素，也有语言学自身的因素。从语言学内部来看，语言学既重视理论建设，又注重应用研究。无论是应用方面还是理论方面，语言学都非常重视跨学科研究，而这种跨学科研究对于语言学各个分支学科的形成又起到了很大的作用。语言学的分支学科分布版图就是在这种种外在的、内在的因素中绘成的，我们从语言学这个宏观层面上可以预测各个分支学科的未来，从各个分支学科的微观层面上可以看出语言学在未来的走向。

第七章

阶级定性、民主与科学

语言不具有阶级性，语言学不具有阶级性，这几乎已经成为语言学常识。然而，在历史上的某些特定时期却并非如此，语言学有时被阶级斗争所利用，成为阶级斗争的工具。今天，我们在反思这个问题的时候，要一分为二地看待历史，历史上为什么会出现那种错误的观念，这与"话语权"具有阶级性有关。只是，"话语权"并不能与"语言（学）的阶级性"画等号，"话语权"也不是语言学研究的常规内容。

中国语言学的发展还与民主与科学的观念有着较为紧密的关联。"五四"新文化运动推动了现代汉语的形成。"五四"新文化运动时期提出的"民主"与"科学"的口号也促进了语言学的发展，语言学从哲学、心学发展成为科学；语言本体也经历了民主化的过程，语言文字由权贵主导变为大众参与。可以说，无论是现代汉语还是现代语言学，都深刻地得益于民主与科学的相关精神。

第一节 语言学与阶级论

一提到"语言学与阶级论"，人们可能马上就会想到 20 世纪 50 年代的"马克思主义语言学"，人们可能还会自觉不自觉地以调笑、调侃的语气来叙述这个论题。当时，斯大林在《马克思主义与语言学问题》中批判了马尔语言学。其实，语言学家们没有必要为此感到羞愧与愤懑，在当时的那个历史年代，哪一个学科没有"马克思主义××学"呢？不独语言学如此。

一 中国语言学的苏联模式

由于国际关系和地缘政治的多重原因，我国语言学在新中国成立前后都受到了苏联语言学的深刻影响。关于如何分析中国语言学在不同时期分别受日本、苏联、欧美的影响的问题，那是一篇大文章，笔者在此无法展开、不专门来谈这个问题。改革开放以后，中国语言学在欧美语言学的渗透下得到了一个较大的发展，直至今天这种情况尚未得到一个根本性的扭转。

在苏联，语言学界曾经有一个马尔语言学时代。马尔（1865—1934）曾在圣彼得堡大学攻读高加索学，毕业后留校任教，研究领域涉及考古学、语文学、历史学等学科。马尔对格鲁吉亚、俄、德、法、英、拉丁、古希腊语都很熟练，具有一定的语言天赋。但是，他对语言学并没有太大的天赋，以至于梅耶曾说**马尔的学说"里面多的是令人吃惊的幻想，没有一点是关于语言学的"**①。由于一系列的社会的原因，马尔提出的语言学新学说在苏联语言学界取得了胜利。这其中的一个原因是在苏联搞斯大林崇拜的时候，斯大林支持马尔新学说。1934年马尔去世后，被高度评价为"马克思主义语言学的缔造者"。马尔死后，出于政治的原因，他的学生梅夏尼诺夫继续打着马尔语言学新学说的旗号。1948—1950年，苏联语言学界的军阀头子菲林、谢尔久琴科二人继续迫害"反动的语言学家"。在新的社会形势下，1950年斯大林发表《马克思主义与语言学问题》对马尔语言学进行了批判，苏联语言学界迅速清算马尔语言学新学说。

马尔语言学的主要内容有：（1）语言属于上层建筑，是阶级统治的工具。（2）四种成素 сал，бер，йон，рош 是语言的"古生物学"的原始要素，现存世界上所有的语言在原始阶段都包含有这四种成素。现代语言之所以会不同，只是因为它们的发展阶段不同罢了。马尔还对四要素归纳出了"四要素合乎规律的变体表"，它们四要素都还有众多的变体，这些变体不受时间、空间、语种的限制，要研究任何一种语言都能够找到而且必须找到这些要素，否则就是不成功的语言研究。（3）语言发展阶段论。马尔认为汉语是孤立语，是最落后的语言；印欧语是屈折语，比较先进；雅弗语的发展阶段却经常变化，处在孤立语和屈折语之间。（4）语言发展的原因主要在于社会因素，语言自身的因素不是语言发展的主要原因。马尔语言学大体上可以归结为如上四点，从这四点中我们可以看到马尔完

---

① 郑友昌：《俄罗斯语言学通史》，上海教育出版社2009年版，第568页。

全就是在痴人说梦、胡说八道。马尔语言学实质上是一种极端唯心主义的语言观，严重地破坏了俄罗斯语言学的优良传统。

由于历史、政治的原因，中国语言学受马尔语言学的影响是隐性的，中毒也没有苏联那么深。然而，中国语言学受斯大林的《马克思主义与语言学问题》的影响却很深，以至于"马克思主义语言学"在中国延续了较长的一段时间。1956 年以后，苏联掀起了斯大林批判，斯大林的《马克思主义与语言学问题》被批判为"消灭上层建筑的公式"、犯有严重的教条主义，苏联语言学界重新分化。苏联学者认为，"如果说马尔主义者企图把语言学的对象溶化在历史学、考古学、社会学中去，那么辩论（指苏联 1950 年包括斯大林参与了的语言学问题的辩论）后我们的语言学家则重新获得了自己的科学对象"①。我们认为，斯大林的"马克思主义语言学"有其合理的成分，它对批判马尔语言学具有很大的历史功绩，但是，斯大林的语言学无疑同样存在着某些缺陷。50 年代初，中国语言学学习斯大林语言学立场坚定、旗帜高扬；1956 年斯大林在苏联受批判以后，部分中国语言学者对斯大林语言学产生了怀疑，但是，在中国并没有出现大规模的斯大林语言学批判。1978 年改革开放以后，苏联语言学对中国语言学的影响越来越小，中国语言学除了部分地引进、借鉴苏联的词汇学、词典学外，欧美语言学已经深深地影响了中国语言学的发展。

近年来，人们对于"经济基础"和"上层建筑"的讨论已经很少了，这应该是一种学术进步。事实上，我们最好不要机械地划分经济和政治，经济和政治之间的关系异常复杂，有时还特别隐秘。我们研究语言学，完全可以不必过多地受到"上层建筑"理论的束缚。

当然，有关语言学的问题远不像马尔语言学或者斯大林语言学在表面上看起来的那样简单、机械、教条。但是，语言学又确确实实与阶级论有着较深层次的关联，语言学研究远非语言学在进行"政治跟风"那么简单，语言学与政治确实存在着较为紧密的内在逻辑。

二　中国语言学与阶级论、意识形态的关系

在历史上，语言学受意识形态的左右，这是一个世界性的普遍的问

---

① ［苏］B. A. 谢列勃连尼柯夫：《有关语言学的几个问题》，群力译，科学出版社 1959 年版，第 13 页。

题，不独独中国和原苏联存在过这种情况。褚孝泉说，"在漫长的20世纪里我们看到了太多的意识形态对学术研究的无情且无理的摧残，语言学家们常常因他们的理论不见容于国家意识形态而受到迫害。纳粹德国和法西斯意大利曾正式宣布结构主义语言学不符合国家的意识形态，结构主义的研究被禁止发表。德国的语言学期刊上满是关于德语如何体现了德意志民族精神的论述。在斯大林时代的苏联，结构主义被宣判为是资产阶级意识形态的一个结果，语言学家们被禁止从事结构主义语言学研究。也是在前苏联，意识形态对语言学研究的影响最后超出了可以想象的程度，国家的专制统治者利用所谓的语言学讨论来实施对学术界的血腥清洗"①。确实如此，意识形态、阶级论对语言学产生影响并非只发生在原苏联，其他的许多国家也都存在过这种情况。在美国，少数民族"双语教育"政策的提出、兴盛、衰落，也不仅仅在于教育经费的制约问题，其中有许多问题就关涉到政治的层面。当然，相比之下，原苏联的马尔语言学和斯大林的马克思主义语言学是在世界范围内最为突出、非常极端的一种情况。

自"五四"新文化运动以来，我国的许多激进分子或者主张废除汉字，或者主张采用所谓的"大众语"，他们的一个重要的论调就是文言为统治阶级愚弄百姓的工具。徐沫认为，"被统治阶层，因了劳动和经济情形底限制，极少甚至没有机会去争取（语言文字）这个智识的钥匙。结果，文字便成为统治者的专利品，压迫大众的工具。不但如此，统治阶层还要有意无意地使文字艰深化，或者使用一种古代的文字，因为这样一来，他们才可以永远封锁住大众底头脑和喉舌，永远维持本身底支配的优位"②。徐沫这里使用的"阶层"一词，实际上应该改为"阶级"一词才符合徐沫本人想要表达的意图。在当时，很多人都持有这种观点或者与此相近的观点。鲁迅对文字的观点也是相当激烈的，他曾提出"汉字不死，中国必亡"。

20世纪30年代，由进步人士组成的"左联"是一个重要的文化、文艺组织，左联具有强烈的意识形态性质。周有光曾说，"解放前有一个杂志叫《语文》，是左翼办的。电影有左翼，文学有左翼，语文也有左翼。语文的左翼是没有力量的，很少有人注意。当时'语文'两个字放在一

---

① 褚孝泉：《语言科学探源》，上海教育出版社2006年版，第243页。

② 徐沫：《语言底本质和起源》，《语文》1937年第1期。

起算是新的，没有这样用的，这样的用法在当时是新的用法"①。周有光在这里所说的"当时'语文'两个字放在一起算是新的，没有这样用的，这样的用法在当时是新的用法"不是非常严谨，"语文"两个字放在一起的年代远远早于《语文》，对此我们在此暂且不展开来讨论。周有光说《语文》是左翼办的，这些情况确实都非常符合史实。《语文》虽然办刊不长，但它自始至终都有着强烈的政治倾向，具有鲜明的意识形态立场。

我们认为，语言文字问题很难长时间地成为社会热点问题，语言文字工作很难持久地作为社会的中心工作。这种定位，在我国是如此，在原苏联也是如此。在原苏联，B. A. 谢列勃连尼柯夫说："在我们的高等学校中，还和过去一样继续讲授旧的'印欧'资产阶级的繁琐哲学。而马尔的，第一次把语言学'从唯心主义的头部搬到唯物主义的脚跟上'（正如马克思当时对黑格尔哲学所说的那样）的理论，尽管它已经产生了四十年，但还是一种备而不用的理论，在专门的小组之外，很少有人知道。原因是这样的，一方面，我们的社会人士对语言学问题根本不关心，这是由于他们完全不理解和不懂得；另一方面，阐述这些理论的著作，叙述得过于抽象，而且通常是刊印在一般读者完全看不到的集刊里。"② 这种情况并不奇怪，语言文字问题很难成为一个国家的长期的中心工作。当然，**语言文字问题、语言政治在一个国家立国之初的一段时间里，往往可以作为这个国家的最重要的中心工作之一，但是，当这个国家政治稳固了之后，语言文字工作往往又会回归边缘化地位。**在特定的历史时期，写了一个错别字、用了一个不该用的词都可能被定为欺君罔上、叛徒卖国的行为，因为语言文字问题被砍头的事情也不是没有发生过。但是，从人类历史的整个历史长河来看，当一个国家政治成熟、稳固了之后，他们的政治、社会很可能就进入到了一个相对宽松的氛围。这时候，语言文字问题、语言学受到政治干扰、意识形态影响的程度可能就会更小一些，语言学也就更加独立一些。**在政治清明、社会稳定的大环境下，语言学作为一个学科也就能够更加单纯，这种背景下的语言学自然可以涉及政治因素，只是，这种"涉及"是语言学的自主发展、自我完善，而不是语言学的被动的被阶**

---

① 张宜：《历史的旁白：中国当代语言学家口述实录》，高等教育出版社 2012 年版，第3页。

② ［苏］B. A. 谢列勃连尼柯夫：《有关语言学的几个问题》，群力译，科学出版社 1959 年版，第9页。

级、被政治所收缴、所控制。语言学在这两种很不相同的境遇下，其表现形式和发展动力也都很不相同。

三 语言学与政治存在着关联

语言学涉及政治，这种情况很正常。但是，语言学不能同阶级论直接挂钩，语言学不能充当阶级斗争的工具。当前，我国的政治主要在强调和平与发展的时代主题，在这个方面，有时候语言学和政治又可以相容相辅。

就社会与政治的关系而言，政治是社会的一个组成部分，在过去，阶级斗争又是政治的一种表现形式。语言学的相关研究也从小到大，研究视角和研究内容逐渐宏观起来，在这样的背景下，社会语言学得到了一个良好的发展机遇。从以阶级斗争为纲的狭隘的"政治语言学"（不是我们今天所说的"政治语言学"）到广泛地研究语言在社会中的运行的宏大的"社会语言学"，我们可以从中看出语言与阶级论的关系的消长与更替，以及语言与社会的关系的互动与互释。

"阶级"和"阶层"在政治学科里是很不相同的两个概念，在语言学里也会涉及它们。我们不愿费力地从政治学学科的角度去诠释它们，我们可以从最简单的理解中来给它们不同的定位。我们认为，阶级强调社会集体、是相对稳固的社团组织，阶层则侧重个人层面、是由一个一个的在政治意图上相对独立的松散的个人的集合。在语言学上，当我们放弃了侠义的"政治语言学"之后，"社会语言学"则加紧了研究不同的社会"阶层"的语言的步伐。在社会语言学里，"阶层"是最重要的调查单位和结论归宿。社会方言调查、城市方言调查等相关研究，往往都会与阶层或多或少地相互关联。

由于中国近代历史和中国国情的缘故，长期以来，许多学科都是入世太过、涉政太深，这平白地让许多原本轻松的学者额外地多了一些忧伤。好在近年来我们国内的大环境进一步地宽松，许多学者也从种种羁绊中挣脱了出来，他们自己觉得他们获得了自由，某些个别的学者甚至以远离政治而自我清高，这有可能又进入到了历史的反动的误区。在过去，许多学科涉政、入政，并不代表着深入社会，"政治"和"社会"并非同一概念，这值得反思。近年来，"社会语言学"逐渐繁荣，狭隘意义上的"政治语言学"逐渐销声，从宏观潮流上来讲那是好事情，是语言学的解放与进步。对此，笔者并没有什么质疑之辞。只是，笔者同时还想表达另外一个层面的意思："政治语言学"还是有存在的必要，它可以作为语言规划研究的一个组成部分，继续为我们的"人民"服务。关于这一点，我们确实也没有必要回避。总之，我们反对在语言学与阶级论的关系上的严重扩大化和生硬捆绑，但是，我们也支持一定数量的"语言政治"（或曰"政治语言学"）研究。

第二节　拉丁化：党的语言政治的实现路径*

在中国，早期拉丁化运动与早期共产党有着密切的关联。随着拉丁化运动的发展，拉丁化对扫除文盲和宣传共产主义起到了很好的促进作用。为了叙述方便，我们以瞿秋白的拉丁化为代表，以点带面地对早期拉丁化进行全面的介绍。从纯语言学的角度来看，拉丁化有一定的语言学依据，但它对语言学的理解还不够深入。拉丁化还可以作为一种形式隐蔽的政治宣传，这是拉丁化语言政治的重要的实现路径。

在中国早期共产主义运动史上，语言政治的作用不该忽略。在拉丁化新文字的倡导者中，有些人本身就是共产党员（例如瞿秋白、李大钊等），有些人则是共产党员的友好人士（例如鲁迅、倪海曙等）。拉丁化新文字的倡导们大多数都把新文字和阶级斗争关联起来，让文字革命汇入政治革命的潮流之中，并非从纯学术的层面来做语言学研究。

语言政治一般是指，"以语言政策为手段，把语言作为重要的政治工具，通过语言规划来辅助实现国家的统一或分裂、民族的融合或本土化，借助于语言制度来加强社会控制，等等，是包括语言制度的决策、实施和反馈在内的整个过程。语言政治是语言的选择、使用、传播、规范、教育与政治相结合的产物"①。通常情况下，一个国家的语言政治在建立政权之初表现特别突出，在建立政权之前比较温和，在政权得到巩固之后恢复宽松。中国拉丁化的语言政治就相对温和，其政治意图也比较隐蔽。

---

* 本节内容曾发表于《云南师范大学学报》（对外汉语教学与研究版）2016年第2期，在此略作修改。

① 薄守生、赖慧玲：《当代中国语言规划研究——侧重于区域学的视角》，中国社会科学出版社2009年版，第122页。

　　早期共产党人的语言政治，主要表现为通过拉丁化团结广大人民群众，在消除文盲、普及教育的同时进行革命宣传，把拉丁化新文字当作一种有效的隐蔽的渗透式的政治宣传。中国共产党曾明确地认识到拉丁化新文字的"传教"功能，并且，这种新文字还具有一定的"排他性"，因为认识新文字的人民群众还是不认识汉字，从而有效地隔离了国民党通过汉字媒介所做的各种"反宣传"，共产党人却可以把自己的政治主张编入新文字课本。

　　拉丁化是瞿秋白等早期共产党人的拼音文字主张，是一种完全意义上的新文字，并非汉字的拼音工具。这与汉字拼音化历史上的利用拉丁字母作为汉字的拼音工具不同。拼音工具或者称为拼音符号本身并非文字（例如汉语拼音方案），它只是识读文字的辅助性工具。

一　20 世纪初的拼音化运动简述

　　汉字拼音化探索可以追溯到明朝末期，明末的《西儒耳目资》和清末的《语言自迩集》影响都很大。辛亥革命前后，汉字拼音化探索非常活跃，方案纷纭。"中国字拼音化"主要有两种定位，一是把拼音作为给汉字注音的工具，一是废除汉字确立拼音新文字。

　　由于当时方案众多，线索纷扰，良莠不齐，在这里我们只能举其要而述之，无法一一列举。

　　（一）民间人士发起的拼音化运动

　　1892 年，卢戆章《一目了然初阶（中国切音新字厦腔）》在厦门出版，这是第一个由中国人创制的字母拼音方案。

　　1901 年，王照《官话合声字母》在日本出版，该方案受日本片假名的启发，采用"偏旁"作字母。

　　1906 年，劳乃宣《增订合声简字谱（宁音谱)》和《重订合声简字谱（吴音谱)》在南京出版，在官话字母的基础上增添部分声韵母。

　　（二）国民政府认可的"官方"方案

　　1912 年 8 月，南京临时政府教育部在临时教育会议上通过《采用注音字母案》，计划实施国语教育。

　　1913 年 2 月，读音统一会审订了 6500 多个汉字的标准国音，即"老国音"，古今南北语音杂糅。

　　1918 年 11 月，教育部正式公布"注音字母"以便各省区传习推行，这是第一次以国家专门机构名义正式公布的汉语拼音方案。

1924 年 1 月，国语统一筹备会制订"新国音"，以北京语音为标准音。

1925—1926 年，国语统一筹备会制订《国语罗马字拼音法式》。1928 年，该法案由南京国民党政府大学院公布，作为"国音字母第二式"与注音字母在全国同时推行。这就是俗称的"国罗"。

1930 年国民政府发布训令，改称"注音字母"为"注音符号"，强调它仅适注音并非造新字。

（三）共产党支持、领导的拼音化 30 年

1920 年，苏联"化除文盲协会"成立，同时探索新文字方案。瞿秋白 1921 年到达莫斯科，受此启发颇深。

1928 年，莫斯科的"中国问题研究院"开始了中国文字拉丁化的研究工作，瞿秋白参与其中。

1929 年，瞿秋白在苏联写成《中国拉丁化字母方案》。

1929—1935 年，瞿秋白、郭质生（苏）、龙果夫（苏）、刘宾（苏）、史萍青（苏）、莱希特（苏）、萧三、吴玉章、林伯渠等人在苏联进行新文字改良工作，并在华工中间试点推行。新文字初期在苏联创制，当时并未传到国内。

1932 年，《四海杂志》发表《苏俄成功之中国语拉丁文》后，国内也开始了拉丁化探索。

1933 年，上海世界语协会成立，介绍世界语理论，研究中国拉丁化新文字。

1935 年 6 月 18 日，瞿秋白在福建长汀英勇就义。

1935—1940 年，拉丁化新文字运动继续高涨，尤以上海地区最为活跃。

1940—1943 年，陕甘宁边区新文字运动如火如荼。1943 年以后，新文字运动逐渐停滞。

1955 年，中国文字改革委员会通过《汉字简化方案草案》，拉丁化运动终止。

二　语言学视角下的汉字拉丁化

从语言学专业视角来看，20 世纪上半叶的现代语文运动以"国罗"

和"北拉"为主。国罗即国语罗马字拼音法式,北拉即拉丁化新文字。为了叙述简洁、方便,"拉丁化"、"中国新文字"、"拉丁化新文字"、"中国文"、"新文字"等称谓常常可以笼统地称为"北拉"或者"拉丁化"。称述"北拉"时往往还有与"国罗"对比的味道,"拉丁化"作为"拉丁化新文字"的简称则较为常用。

(一)国罗和北拉的语言学理念

国罗之前,注音字母地位较高,国罗被当时的教育部公布为注音字母"第二式"以后,其影响逐渐盖过了作为"第一式"的注音字母本身。注音字母主要是以古文或象形文字的偏旁修改而成,类似于日本的片假名。

国罗和北拉二者只是方案不同,所用字母并无多大区别。拉丁字母也称罗马字母,这两个译名常常可以互混。北拉只是"简洁"称谓,其实并不局限于北方话,它还可以拼南方各地方言。北拉在发展过程中前后并非完全一致,只是大体情况却变化不大而已,最终也没有一个官方意义上的定案;国罗方案制定出来之后相对来说基本稳定。这两个方案的不同之处可以用下列表格简单说明。

	国罗	北拉
声调	用拼法表示声调,有详细的拼法规则	暂时不管声调,同音词用分词书写来区分
方音	只拼国语,不拼方言	可以拼写方言,学会拼音文字后再统一国语

就两个方案的创制者来说,两大阵营存在着非常明显的不同。国罗阵营的创制者大多是纯粹的语言学家,例如赵元任、林语堂、钱玄同、汪怡、白涤洲等人,他们大多具有欧美背景,他们对当时的政治参与相对有限。北拉阵营的创造者多是懂双语(主要是俄语和汉语)的革命家,例如瞿秋白、萧三、吴玉章、林伯渠等人,他们基本上都到苏联学习过,他们的语言学专业知识并不精通、厚实。

这两个方案就科学性、理据性而言,国罗优于北拉,这主要表现在声调的问题上、标准音的问题上。1958 年公布的《汉语拼音方案》以北京音为标准,这在标准音问题上与国罗理念相同。"在古代语言的规范化中,尚没有标准音的概念,标准音是现代语言学的产物。历史地看,标准音的选取,纯粹用'人工语言'的标准的话,在推广时会有很大的难度,所以,一般都要选定一个基础方言,在基础方言的基础上来确定标准音,这就是通常所说的有'根'的语言的好处"①。北拉没有基础方言的说法，可以拼各地方言，表面上看有似放之四海而皆准，实则无根游离。

就语言和社会之"根"来说，本来有"根"的国罗"小资"一些，他们很少亲身躬行地到下层民众中去推行，显得有一些无根漂游，甚至于被某些人认为是专家学者的"清玩"。原本就没有"根"的北拉"务实"一些，他们常常深入到文盲中间去苦口婆心地进行推销，走上"街头巷尾"扎根人民大众。当然，他们这种截然相反的态度并不是基于纯语言学的考量，更多的是一种语言政治。相对来说，国罗阵营的人学者情结更浓厚一些，他们虽然得到了中华民国政府的支持（大多数人都在食用中华民国政府的官禄），但他们于政治还是有着较为明显的疏离，政治参与相对有限。北拉阵营的人却始终与共产党走得很近，他们推行北拉的态度与共产党的群众路线紧密相连，政治目的很强。

（二）瞿秋白拉丁化观点举要

瞿秋白废除汉字的主张较为坚决。他在《鬼门关以外的战争》（1931）中说，"要写真正的白话文，要能够建立真正的现代中国文，就一定要废除汉字采用罗马字母。我们可以把一切用汉字写的中国文叫做'旧中国文'或者汉文，而把用罗马字母写的中国文叫做'新中国文'。或者简直叫做'中国文'，而革掉汉字文的'中国文'的头衔"②。他在《罗马字的中国文还是肉麻字的中国文?》（1931）中主张废除汉字、以拼音文字来替代，说"这种'国语罗马字'……既然后来又改称'注音符号'，足见并不废除汉字"③。瞿秋白和国罗划清界限，强化废除汉字的主张。

瞿秋白对声调的主张体现了彻底中的不彻底。他在《中国拉丁化的字母》（1929）中认为，"如果拉丁化的中国文，要把'五声'（就算是实用上的'五声'）完全保存在拼法里，那么，这种拼法一定很困难……'五声'的分别只保存极必要极明显的。如 mae（买）和 mmae（卖），she（是）和 sshe（使）等等很少几个字；再者 i, u, y, ji, wu, ju 的分

---

① 薄守生、赖慧玲：《当代中国语言规划研究——侧重于区域学的视角》，中国社会科学出版社 2009 年版，第 204 页。

② 瞿秋白：《瞿秋白文集》第 3 卷，人民文学出版社 1989 年版，第 169 页。

③ 同上书，第 217 页。

别只保存最清楚的。in 和 jin，yan 和 yuan 的分别也是这样"①。他在《汉字拼音表》中按韵分列，这类似把古韵书翻成了拉丁字母拼音②。他在《罗马字的中国文还是肉麻字的中国文?》（1931）中依然坚持拼音文字不标声调③。他认为，声调难拼就干脆彻底地不标声调，但当同音常用词较多且易混时则订立部分拼写规则以区别之，这体现了彻底中的不彻底。

瞿秋白对世界语和拉丁化的理解有相通之处。他在《新中国文草案》（1932）中说，"新中国文的字母采取世界语字母做大致的标准，而加以相当的变更。这使得中国接受外国文的字眼来得格外方便，读音和写法都可以和世界语差不多完全相同。所以新中国文也可以叫做 Esperanto 化的中国文"④。拉丁化方案本来就是没有"根"的语言，这跟世界语的性质极为相近，它们都有"人工语言"的性质。

瞿秋白编写过"检音表"新文字。他的《汉字检音表》对按照部首、笔画排序的汉字标音，从而查出各个汉字的读音来⑤。这和现在的字典音序正好是互逆的检索方式，这同时也可以理解为：这些为汉字标音的拉丁字母其实就是拉丁化新文字。

瞿秋白的拉丁化方案存在一些优点。比如说，"声母 zh—z，ch—c，sh—s 对应，ao 不作 au，u 开头的韵母独用时变为或者加上 w 等等。用字母标调法，阴平用基本形式（比如：fu 敷），阳平或'半上'重叠主要元音或在原元音前加个 e（比如：fe 扶），去声辅音字母重叠（比如：ffu 付）"⑥。当然，瞿秋白的拉丁化方案不是一成不变的，他在研发过程中不断地有所改良，所以，不能把瞿秋白的早期方案和完善后的方案作为同一个拼音系统看待。

（三）马尔语言学与拉丁化运动

马尔是苏联语言学家。在十月革命胜利以后至斯大林《马克思主义与语言学问题》发表之前这期间，马尔学说在中国影响很大。马尔认为

---

① 瞿秋白：《瞿秋白文集》第 3 卷，人民文学出版社 1989 年版，第 352—355 页。

② 同上书，第 373—417 页。

③ 同上书，第 226 页。

④ 同上书，第 426 页。

⑤ 同上书，第 492—586 页。

⑥ 刘丹丹：《拉丁化新文字及其运动研究》，硕士学位论文，湖南师范大学，2008 年，第 24—25 页。

语言属于上层建筑，主张用激进的方式变革语言文字。马尔学说得到列宁的支持，受到斯大林的批评。

在中国，拉丁化运动有着马尔语言学的学理依据。但是，当拉丁化运动在苏联急刹车的时候，中国的拉丁化运动却势头不减，直到1955年才最后终止。

现在，我们通常认为语言不具有阶级性，语言不属于上层建筑，这已经成为语言科学的基本知识。但是，现实社会中的不同阶级（阶层）的话语方式、话语权却非常不同，这一点也毋庸置疑；只是，语言学很少愿意把这些因素纳入语言学学科之中进行研究。当今的社会语言学具有较为合度的开放性，社会语言学可以研究不同阶层的语言行为。就历史史实来看，拉丁化运动确确实实有着马尔语言学的影子，拉丁化运动也可以被纳入到社会语言学研究的范畴；但是，拉丁化运动并未得到社会语言学理论的指导，社会语言学在当时的中国尚未正式萌芽、成熟，（作为相对完整的理论）社会语言学大概正式兴起于20世纪60年代的美国。拉丁化运动一直受到苏联语言学的密切影响，中国的拉丁化运动在理据上受到了马尔语言学的深层影响。

三　拉丁化：形式隐蔽的政治宣传

拉丁化运动不仅仅是一场语文运动，在当时它还是一种形式隐蔽的重要的政治宣传。

共产党是拉丁化运动的支持者、领导者，这就使得拉丁化本身自然而然地具有自己的政治意义。不止拉丁化，中国的世界语组织也同样得到了党的领导。"在重庆，成立了世界语函授学社。这实际上受中共中央南方局宣传部和青年组领导，主要任务是通过传播世界语，团结一批进步青年共同抗日。"① 除了在国共合作时期外，拉丁化运动在国统区被认为不合法。在这种情况下，"世界语"这名号就有着看似政治"中立"的姿态，不至于引起国民政府的警觉。

瞿秋白在自己的拉丁化方案确定之前，他自己同时也是一个世界语者。世界语的爱好者大多具有一定的无政府主义倾向，早期的瞿秋白也有

---

① 陈旭晓：《20世纪30年代中国的世界语运动研究》，硕士学位论文，中共中央党校，2012年，第16页。

这种成分在里边。其他的世界语者（例如钱玄同），支持世界语可能主要是出于一种反叛传统文化的心态、从旧阵营中走出来的极端心态，找一些"新"东西来砸碎一切"旧"东西。从瞿秋白自身的情况来看，拉丁化与世界语并不矛盾，它们本来就具有一定的继承性和合作关系。

在共产党主导的解放区，拉丁化自始至终具有很强的政治倾向，并非"中立"的姿态。拉丁化具有"传教"的功能，教学用的拉丁化新文字课本的课文内容也体现了共产党的政治主张和政策。拉丁化还可以以其他隐蔽的方式进行政治宣传。

（一）"阶级语言"确实存在于现实之中

马尔语言学认为语言具有阶级性，这早已为学术界所批判。不过，这个问题不能简单化地来理解。如果把语言当作纯粹的交流工具，不得承认语言具有阶级性。但是，语言还承载着"语言情感"和"语言态度"等方面的内容，语言远非那么"单纯"。

语言问题并非仅仅是语言问题那么简单，话语权从来都具有阶级性。"语言底阶层性首先表现在两个阶层所用的语言底性质的不同上。即是，因了生活环境的悬殊，统治阶层底语言往往是浮华的，掩饰的，而被统治者底语言往往是直率的，粗糙的……被统治阶层，因了劳动和经济情形底限制，极少甚至没有机会去争取这个智识的钥匙。结果，文字便成为统治者的专利品，压迫大众的工具。不但如此，统治阶层还要有意无意地使文字艰深化，或者使用一种古代的文字，因为这样一来，他们才可以永远封锁住大众底头脑和喉舌，永远维持本身底支配的优位。但是当社会里的下层大众逐渐强大，进而要反抗统治者而谋自身底经济和智识的解放的时候，这新兴阶层便不能不要求一种自己底文字作为武装自己的工具，这时候就发生了文字底革命"①。这无疑明确指出了"语言的有产者"和"语言的无产者"之间的矛盾。1931 年，中国新文字第一次代表大会（海参崴）认为，"中国汉字是古代与封建社会的产物，已经变成统治阶级压迫劳苦群众工具之一，实为广大人民识字的障碍，已不适应现在的时代"②。在这样的历史背景下，拉丁化新文字可以说就是无产阶级的新文字，曾经的"语言的无产者"们终于可以利用自己的"阶级语言"去进行革命了。

---

① 徐沫：《语言底本质和起源》，《语文》1937 年第 1 期。

② 吴玉章：《文字改革文集》，中国人民大学出版社 1978 年版，第 58 页。

在后来的语文运动中，"国罗"和"北拉"不仅仅是汉字拼音化方案这种表层现象，语言文字学领域里的这两大集团其实都包含着一定的"政治意识"。"国罗"阵营大多看似没有明确的政治主张和政治倾向，他们以纯粹的"语言学家"自居，但是他们都很热心于国民政府的文化教育事业。可以说，"国罗"阵营无疑得到了国民党方面的支持，而"北拉"的推动者本身就是共产党人。"国罗"和"北拉"虽然都属于文化教育事业，但是，当它们面对文盲（无产阶级）的教育问题时它们却展现出了不同的"文化教育事业"。

（二）拉丁化新文字与扫盲运动

民国时期的全国人口数量并没有一个可靠的历史数据，"四万万"只是一个粗略的估计。我们在查阅多种历史资料后相信民国时期的文盲很多，据估算全国范围文盲率不低于80%，农村的文盲率应在95%以上。

历来的语言"改革"，往往是知识者高高在上，或者是少数知识分子之间内部交流，或者组织者借助于已经取得的政权的影响进行社会推广，"国罗"就是这样。"北拉"则不同，它主动走进文盲中间进行宣传。据萧三回忆，"1930年4月间中国新文字工作者和苏联的'扫除文盲社中央'及'新文字字母中央委员会'发生了联系。这时候列宁格勒的苏联科学院东方研究院中国问题研究室的汉语学家龙果夫同志等也已开始了拉丁化中国字的研究工作。1930年5月23日龙果夫同志在莫斯科中国问题研究会又作了一个报告，到了许多苏联各民族的新文字工作者。到会者原则上都赞成瞿秋白、郭质生两同志草拟的字母草案。会上当即推瞿秋白、郭质生、龙果夫三同志组织委员会，对草案作最后的定夺。委员会决定了基本字母，并认为可以有两个拉丁字母结成的字母（双字母）"[①]。后来，苏联的中国字拉丁化工作者深入到苏联华工中进行宣讲。再后来，在国内，"北拉"深入到文盲之中，面对面、肩并肩地进行"普及"教育，对象主要是无产阶级。"国罗"则不同，它常常通过书籍、收音机、灌制唱片等进行推广，当时拥有这类"固定资产"的国民确实为数不多，接受"国罗"的人们大多数都属于资产阶级。

"北拉"和"国罗"的争斗一直都没有停止过，直到1937年第二次国共合作期间才真正握手言和，共同探索汉字拼音改良方案。事实上，在

---

① 萧三：《祝中苏文字之交》，《文字改革》1959年第21期。

从 1935 年开始的国共合作的酝酿和筹备期里，"北拉"曾主动与"国罗"缓和关系，那时"北拉"已经秘密渗透进了国统区。1937 年，在政治倾向上支持"北拉"的《语文》月刊创刊（也有人称之为《语文月刊》，不太准确），作为"国罗"阵营重要成员的周辨明在该刊第 3 期上发表了《携手一同走上拼音文字的大路》一文①，标志着"语文联合战线"已经基本形成。1938 年，国民党宣传部认为"中国字拉丁化运动在纯学术的立场上，加以研究，或视为社会运动的一种工具，未尝不可"，"北拉"获得了"合法"地位，从而能够在国统区得以发展。此后，"北拉"继续发挥着深入社会底层的扫盲作用，在扫盲的过程中密切联系群众。1945 年抗战胜利后，拉丁化新文字不能再在国民党统治区公开推行，只有上海仍存在一些半公开的活动。扫盲原本应该是一项纯粹意义上的文化教育事业，然而，从国民政府对"北拉"的态度上我们就能看出当时的扫盲运动远非那么单纯。在这个意义上说，"北拉"扫盲既是扫文字盲，又是扫政治盲。

　　（三）拉丁化：形式隐蔽的政治宣传

　　拉丁化不能仅仅从文字改革角度来看待文字改革问题，应该把它与共产党宣传、实践共产主义理想联系起来，完全可以说，拉丁化是党的一种隐蔽的语言政治策略。

　　早期共产党在成长过程中不免有过"左"倾、右倾的种种困惑，政治上有这种困惑，文字上也有这种困惑。1931 年在中国新文字第一次代表大会（海参崴）上，林伯渠认为"在以前就有许多汉字拉丁化的反对者。现在我们必须考虑到右倾机会主义和'左'倾偏差主义的危险。右的意见断言：拉丁化是将来的事情。'左'的意见断言：汉字在现在对我们来说是完全不需要的。代表大会对于这些偏向应该给以反击"②。虽然从这些文字政策上我们无法引申出当时的共产党在政治上的右倾和"左"倾错误，但是，在文字领域提出右倾和"左"倾却具有政治的意义。

　　通常认为，拉丁化运动的最高潮发生在抗日战争胜利之前的延安。那时，虽然共产党在延安胜利会师，但是共产党在延安的根据地之"基础"还需要进一步巩固，"北拉"正是这个过程中的最好的宣传媒介之一。

---

① 周辨明：《携手一同走上拼音文字的大路》，《语文》1937 年第 3 期。

② 吴玉章：《文字改革文集》，中国人民大学出版社 1978 年版，第 58 页。

1941 年，吴玉章在《新文字在切实推行中的经验和教训》中指出了新文字运动中的三大错误，即关门主义、宗派主义、主观主义。吴玉章说，"一开始就带了很浓厚的政治色彩"，"有些同志常常不免提出过左的口号，并且常常和政治运动联系起来。使新文字太政治化"①。这毫无掩饰地说出了此前的拉丁化运动与政治的紧密联系。事实上，拉丁化运动本身就是共产主义运动的一个组成部分，它是形式隐蔽的政治宣传，既是宣传载体，又是宣传内容。当时，很多革命主张都是通过新文字来书写的，通过学习新文字可以响应革命主张。同时，新文字学习者组成了一个社会团体，团体成员之间比较容易达成政治上的一致。

除了在国共合作期间，国民政府禁止"北拉"在国统区推行，这不仅仅因为"北拉"不是法定语言文字，更多的是出于一种"反共"、"反赤"的考量。拉丁化宣传不仅巩固了共产党的内部团结，还拓宽了共产党的外部发展。

四　对"拉丁化政治"的历史解读

俄国十月革命一声炮响送来了共产主义，苏联的拉丁化运动也很好地启发了中国的拉丁化运动。十月革命后的苏联曾主张用拉丁字母代替俄文，列宁还把它称为"东方伟大的革命"，那时苏联帮"东干"等少数民族创制了拉丁字母。苏联初建百废待兴，扫盲也蓬勃地发展了起来，扫盲对象包括在苏联远东的中国劳工，中国字拉丁化发端于此也就顺理成章了。

拉丁化运动在中国承载了太多的政治意义，它从一开始就不是一场单纯的语文运动。引而申之，也许，拉丁化运动可以定性为"五四"新文化运动的一部分（笔者尚未见到如此定性的较为科学的论述），但它不是以"泛泛"的文化的形态出现于当时，而是直接地"介入"了政治。吴玉章曾以"文字是文化的工具，它同文化一样，是社会的上层建筑物"为立论基础，提出"我们要创造广大民众所需要的新的民主主义的文化，首先就要有大众容易懂、容易学、容易写、容易念、容易认的文字"，从而写成《新文字与新文化运动》一文②。但到了后来，吴玉章在《在中国

---

① 陈永舜：《汉字改革史纲》，吉林大学出版社 1992 年版，第 124—125 页。
② 吴玉章：《文字改革文集》，中国人民大学出版社 1978 年版，第 27—88 页。

文字改革研究委员会成立会上的讲话》中本着自我批评的精神，纠正了自己"认为文字是社会上层建筑"的错误，并说"我并未读过马尔的书，但已有这样的和他一样的错误观点"①。即使我们不说拉丁化运动是"五四"新文化运动的组成部分，我们也必须承认拉丁化运动对新文化运动具有很大的推动作用，它们在某些层面上确实存在着一定的相通之处。

在早期共产主义运动中，学习共产主义理想和推进拉丁化运动有着密切的关联，早期共产党人几乎都支持拉丁化运动。早期的拉丁化文字倡导者们，或者拥有极端主义思想，或者怀有浪漫主义情怀，或者兼而有之，有时在心理上显得不免有些"幼稚"。拉丁化运动对于中国社会的发展无疑具有极大的历史功绩，我们不能用今天的"成熟"的眼光去挑剔它，我们一定要对历史厚道。

语言本身并没有阶级性，语言学也不具有阶级性，语言学在一定程度上具有接近自然科学的属性。拉丁化新文字在当时的扫盲运动中具有很强的政治倾向，它本身就是一种或显或隐的政治宣传，同时它还是一种联系人民大众的政治纽带。拉丁化新文字的语言学意义有限，但拉丁化在历史上的政治功绩却无法抹杀，在今天仍然值得我们重读拉丁化新文字，它们是解读那段历史的密码之一。

第三节　科学与民主：语言学的前世今生

民主与科学在"五四"时期又被称为"德先生"和"赛先生"，相对于传统的中国社会来说，这两位"先生"可以作为"五四"新文化运动的标志，没有这两位"先生"就不能把"五四"运动看成是新文化运动。中国现代语言学形成于"五四"运动前夕，中国现代语言学的标志是挣脱传统语言文字学的羁绊，把语言学从传统学术中分离出来，使语言学成为一门现代意义上的科学。本书中所讨论的百年来的语言学，其主要组成部分就是指中国现代语言学，当然它也还包括中国传统语言学的某些继承和发展的部分。在深层逻辑上，中国现代语言学与"德先生"和"赛先生"同样存在着深刻的关联，这就是中国现代语言学兼具自然科学

---

① 吴玉章：《文字改革文集》，中国人民大学出版社1978年版，第89—90页。

属性和社会科学属性的原始根源所在。完全可以说，从"科学"与"民主"这两个角度，我们可以了解中国现代语言学的"前世今生"。

"科学"是中国现代语言学诞生的根本原因，语言学走向独立发展的道路离不开"科学"。"民主"在中国现代语言（包括现代汉语、中国现代的少数民族语言）的形成过程中起到了很大的作用，没有民主可能就没有现代语言，没有现代语言就没有现代语言学。同时，"民主"的观念也影响到了人们的语言研究倾向，使语言学学派或者准学派得以形成和发展，没有民主的观念就没有当前我们绚丽多彩的语言学。在深层的思想观念上，"民主"对"经学"的瓦解起到了决定性的作用，使原本作为"经学的附庸"的语言学走向独立发展的观念深入人心。"民主"与"科学"同中国现代语言学一路相伴，共同走在当今的学术繁荣的大道上。

一　"科学"观念促使中国现代语言学得以形成

有些极端的学者认为，中国古代没有语言学，只有作为"经学的附庸"的小学，或者认为中国古代最多只有"语文学"尚没有"语言学"。有些学者虽然承认中国古代有语言学，但是，古代的语言学比较零散、不成系统，有较为丰富的语料但却基本上没有较为完整的理论。其实，不独独语言学如此，我们当今的众多学科在"科学"的前夜无不如此，我们当今为数众多的学科类别、术语名词基本上都是在"科学"的基础上逐渐形成的。无论哪个学科，"西学东渐"现象具有很强的普遍性。

通常认为，马建忠的《马氏文通》和高本汉的《中国音韵学研究》是中国现代语言学诞生的标志，也有个别学者认为在章太炎把"小学"改称为"语言文字之学"时中国现代语言学就已经在孕育形成了。章太炎是传统语言文字学之"殿军"，同时又受到过西学的影响。马建忠对于"泰西之学"甚为熟悉，高本汉原本就是西方人。他们都是"科学"在中国的启蒙人和发展者。

褚孝泉说，"语言学有一个被普遍接受的相当宽泛的定义：研究语言的科学。由于这个定义太宽泛，在为语言学立史的时候人们会把历史上所有有关语言的论述都归入语言学史的内容里。渐渐地人们会以为，语言学是一门古老的学科，起码在古典时代就已有了语言学科。这实际上是个很大的误解。现代语言学与它的先驱所研究的对象并不是完全相同的。在古典时代其实并没有一个独立的语言学科，许多我们今天赋予其语言学家或者语法学家的头衔的学者在他们的时代并没有认为他们是在为一个有着自己目标的组织严密的学科工作的想法，他们只是在继续从事他们的前人遗留下来的事。正像我们在上文里指出的那样，西方语法学的奠基之作的作者狄奥尼修斯在他的大作的开始处只有很简单地定义说，'语法是有关诗人和散文作家怎样使用语言的知识。'在试图理解历史上的语言学思想时我们一定要先知道，这些思想是为什么样的目的而展开的"①。诚然如此，比如说，我们现代人会认为许慎是伟大的语言学家，其实不然，许慎在当时是"经学博士"。

中国人从那个"科学"匮乏的古代走来，面对"科学"有些人对它过于迷信，这也是自然而然的事情，无须羞愧，甚至于还应该得到人们的普遍赞扬。鲁迅去日本学过医学，领略到了科学的某些妙处，所以，他对中国的传统文化中的某些糟粕甚为仇恨。傅斯年曾经到英、德留学，他对中国传统文字学也是有着固执的偏见，他把语言学的发展寄希望于科学。比如说，傅斯年在《历史语言研究所工作之旨趣》中说"要把历史学、语言学建设得和生物学、地质学等同样，乃是我们的同志"，这充分体现了他对"科学"的迷信到了何等的地步。如果我们以客观、中立的立场来看待傅斯年的这个言论，傅斯年那样做无疑不利于语言学的良性发展。

不独中国如此，在世界范围内，语言学与"科学"的关系也曾出现过偏颇的亲疏远近的分别。在世界范围内，历史比较语言学是现代语言学开始形成的标志，因为历史比较语言学有了更多的"科学"的因素。但是，历史比较语言学所提出的"语言谱系"学说却不能与生物进化理论进行简单的比附。褚孝泉说，"施莱歇尔认为，孤立、粘着和屈折这三种语言类型代表了人类语言从低到高的三个发展阶段……这是生物学范例给语言学带来的有害影响。到了今天，这种语言类型理论已经不再有人相信了，因为没有任何证据可以表明存在过这种所谓的语言类型进化过程，语言和语言之间也决没有什么高低之分。毕竟我们不能把人类语言完全当作生物体来看待。有意思的是，最后也是达尔文的生物进化论学说使语言学家们明白，语言学毕竟不是生物学，不能用解释生物种类的方法来解释语言的不同"②。生物进化主要是一种自然现象，语言发展更多的是一种社

---

① 褚孝泉：《语言科学探源》，上海教育出版社 2006 年版，第 90 页。
② 同上书，第 137 页。

会现象，二者之间不宜进行简单的比附。施莱歇尔的这些学术观点又被称为自然主义语言学，他是语言学自然主义学派的代表人物，把语言类同于生物体。历史比较语言学在发展出青年语法学派以后，他们才开始批判自然主义的语言观，把语言研究限定在"实证"的范围之内。但是，青年语法学派继承了之前的许多优良传统，从语言的结构类型来"实证"语言的演变规律，他们还是得益于语言学的"科学"精神。

因为中国古代缺乏真正意义上的自然科学，近代又积弱积贫，很多人都认为中国的自然科学远远落后于西方国家。这样就造成了人们对自然科学的崇拜和迷信，自然科学的"过度化"理解的情况也就可能会出现。不独语言学如此，其他学科也都曾经历过类似的发展过程。比如说，"文学理论界在20世纪初推出种种别出心裁的新颖理论，渴望着让文学理论也科学化。这些尝试失败以后文学理论家们才开始转而解构科学，索性把科学也说成是与文学一样的一种话语而已"①。文学理论界的这种做法不尽足取，那种处理模式会给人一种"捉贼不成便做贼"的印象。语言学则是在"科学"的框架下不停地自我革新，剔除某些不适合语言学发展的生硬的"科学"方法，求得符合语言学本身特点的科学实质。

关于"语言科学"的学科性质，褚孝泉说"从19世纪以来，语言学家们对自己学科的经验科学性质深信不疑"②。这基本符合语言学发展的事实，语言学有着优良的研究传统，它重视语料、证据，善于归纳、总结，尽可能多地采取"实证"的方法。这样一来，语言学就摆脱了空谈、玄学的困扰，使语言学能够相对独立地向前发展。当然，语言学除了重视语料之外，还非常重视思辨，这可以避免语言学陷入繁琐的语料之中不能自拔。从这个方面来说，语言学同时还属于"理论科学"。无论是经验科学还是理论科学，都是科学的重要组成部分。语言学也只能把自己定位为"科学"才能得到一个较好的发展。

语言学不仅有着"科学"的研究视角，同时，它还曾被人们认定为"人文"的一个组成部分。关于这一点，我们在下一章"传统还是现代人文"中将有所介绍。申小龙等人提出的"文化语言学"在事实上也是倾向于把语言学划入大人文的范畴。对于中国语言学而言，它还有一个特殊

---

① 褚孝泉：《语言科学探源》，上海教育出版社2006年版，第2页。

② 同上书，第10页。

的情况，那就是古代语言学的文献传统，这与现代语言学的研究方法和学科性质有着很大的区别，中国当前的语言学研究中还有一小部分保留着这种文献传统，这就使得当前的中国语言学有着"大杂烩"表象。就当下的中国语言学研究现状而言，中国语言学确实存在着多重定位的问题。褚孝泉说，"我们能够对语言进行多角度多方位和多重目的的研究，能够就语言这个对象根据不同的目的、不同的方法和不同的现象表现而建立起多种不同的理论体系来。就这个意义上来说，说语言学是一门科学确实是不合适的，语言学是一个类，是多门不同的科学的集合，语言学应该是个复数名词，是许多相关联的学科组成的一个学科群"①。这样一来，我们把语言学仅仅看作科学就不够了。事实上，语言学确实因科学而诞生，但是，语言学在成长的过程中既包含科学因素，又集聚着人文精神。下面我们要谈的《民主：中国语言学发展的重要推动力》也涉及语言学的人文性问题，这是对"作为科学的语言学"的有益补充。

综上所述，近百年来，语言学研究一直有着科学、泛科学与人文性的学科倾向。"科学"口号曾是"五四"运动的重要旗帜，语言学也深受这个口号的影响。在语言学领域，"科学"占主流，但也有"泛科学"成分，它们一起影响了语言学研究的走向。这种"走向"主要有如下一些表现：汉语及汉字拼音化的探索、词类的有无和划分标准的大讨论、语形语法学的长足发展而语义语法研究的进展迟缓、语言学研究中的伪科学因素的滋长（把一些东西"给它穿上科学的外衣来忽悠人"）、语言研究的"去人文化"倾向，等等。伪科学是泛科学的后果之一。当然，语言学里的"科学"基本上都是真科学而不是伪科学，比如说，实验语音学、神经语言学、方言的"地理信息系统"处理、古籍数字化、计算语言学等等成为近年来的"朝阳语言学"，我们可以把这些研究纳入"科学"的范围。

二　民主：中国语言学发展的重要推动力

一提"民主"，有些学者可能会觉得我们要谈政治问题，他们可能认为语言学与"民主"并无太大的关系。这实在是一种误解。事实上，"民主"与语言、语言学都存在着异常紧密的关联。

---

① 褚孝泉：《语言科学探源》，上海教育出版社 2006 年版，第 273 页。

（1）民主思想促进了中国现代语言的形成

语言是语言学研究的客观对象。中国近代以来的民主思想对中国现代语言的形成起到了重要的促进作用，这包括现代汉语以及现代的各少数民族语言。

就现代汉语而言，它从古代汉语发展而来，在上下几千年的发展过程中有过数次曲折。古代汉语发展到近代汉语以后，有些学者主张现代汉语是近代汉语的一个组成部分，把汉语史分为古代汉语和近代汉语两大阶段；有些学者认为现代汉语孕育于近代汉语，在汉语史中古代汉语、近代汉语、现代汉语三分。笔者倾向于认为汉语史三分更合理一些。近百年来，特别是从"五四"新文化运动前后，轰轰烈烈的语文现代化运动却并非一帆风顺，有时还会受到复古逆流的干扰。"五四"以来，重视平民语言，重视方言口语，打破了以往唯文言、贵族为尊的局面，现代汉语得以快速地形成。在谈到现代汉语史的时候，我们一般可以笼统地认为现代汉语从"五四"前后兴起，到了1955年前后已经基本形成，此后一直在逐步完善，到了今天现代汉语已经基本成熟，但它依然在继续完善、发展之中，尚未完全定型。在这样的整个过程中，基础教育中的"语文"起到了一定的作用，"语文"课程是近百年来的新生事物，在古代唯有读经、无所谓"语文"课程。"语文"课程可以使语言学习者把母语文字化得到一个合法的途径，它在推动现代汉语的形成方面作用远远大于"五四"白话文学。清末民初，由于中国基础教育的严重落后，普通民众的文盲率非常高，"五四"白话文学对"文盲"们基本上没有什么启蒙、启发作用。也正是这个原因，百年来的所谓"新文学"常常总是"读者圈即是作者圈"，不"写作"的人基本上不会去读什么新文学。

1955年以后，汉字简化、推广普通话等语言政策，极大地促进了现代汉语的逐步完善。差不多近十年来，普通话推广已经取得了极大的成功，我们语言规划研究者又适时地提出了语言资源的观念，开始重新重视现代汉语方言。至此，在学理上，我们已经非常成熟、完善，即：现代汉语包括以简化字为主的书写系统，还包括以普通话为主、以方言为辅的口语系统，现代汉语方言是现代汉语不可或缺的一个组成部分。近年来，随着网络的普及，网络语言也成为了现代汉语的一个组成部分。由于网络语言门槛低、参与者众多、新陈代谢速度快，使现代汉语进入了"甲亢"时代，人们对网络语言的态度也尚未形成一个统一、鲜明的认识。我们认为，现代汉语的主体部分应该基本稳定、根据语言自身的规律建立起来的"法规"需要适当从严、同时还要具有适度的开放性，这样才有利于现代汉语的健康发展。现代汉语从根瘦苗黄到"甲亢"到"健康"这一系列的发展，体现出了民主思想的深层影响：从皇权第一、人民没有话语权，到过分民主、众声喧哗，再到珍视民主、有效集中、合作统一。

在少数民族语言方面，20 世纪 50 年代帮助没有文字传统的少数民族人民制定字母、文字，这也体现了尊重少数民族的民主观念。由于少数民族地区发展相对落后，要学习先进的经济、政治、文化，往往可以借助于汉语来实现，我国在少数民族地区开展的广泛的"双语"教育起到了很好的社会效果，这样就可以让少数民族人民有能力民主地参与到我们国家的先进的经济、政治、文化建设潮流中来。语言与民族的关系十分密切，民主既属于民族，又属于语言。

现代汉语和各少数民族语言，在民主的精神指引下得到了很好的发展。语言的成熟和完善又可以对民主起到一定的推动作用。综上所述，那种认为语言与民主无关的观念从根本上就是非常错误的观念，语言与民主在实质上就是语言和思想的关系，没有思想的语言简直就不可思议。

（2）民主思想推动了中国现代语言学的发展

近代"民主斗士"章太炎把"语言文字之学"从"经学的附庸——小学"中独立出来，这为语言文字学的发展提供了良好的机遇。在古代，我国并没有语言学这么一个学科，即使是"小学"也不是独立的，它围绕着"解经"而存在，如果不能够为解经服务就是旁门左道。对"经"的理解，也不允许人们传播离经叛道的观点，必须符合统治阶级规定的"道统"才行，在这样的社会背景与学术氛围下，那时社会上也不可能有民主可言。清末民初，国内的民主思想有了一定的发展，章太炎又对国外的学术发展特别是日本的语言学有一定程度上的了解，这就为章太炎提出独立的"语言文字之学"提供了可能。

民主思想能够促进学派的形成，对中国语言学的现代化发展非常有益。在皇权至上与个人崇拜的专制时代，语言学或者无法发展起来或者机械僵化，那时不可能形成语言学学派。民国时期，除了涉及政治的问题外，包括语言学在内的许多学科相对宽松，那时，语言学界出现了以章太炎、赵元任为代表的各具特色的学术派别，介于他们之间的许多中间派也有很多。到了新中国成立以后，我国有相对长的一段时间学习原苏联的教育模式，受到原苏联语言学界出现的个人崇拜的影响，我国的语言学界也出现了类似个人崇拜的情况，那时的学术权威能够说一不二，一言九鼎。幸运的是，在中国没有出现马尔一类的学者，中国的语言学学术权威确实是真正的语言学家。比如说，王力、罗常培、丁声树、吕叔湘、朱德熙等等先生们都是我国最为优秀的语言学家，就纯学术层面而言他们无愧于他们的那个时代。情况不太好的是，他们那个年代要用结构主义语言学的观点分析中国语言时还得掩盖、屏蔽"结构主义语言学"的这种说法，到了50年代"反右"以后，他们连先前的那种"挂着羊头卖狗肉"地去运用结构主义语言学都不敢了——正是这一点，也证明了中国从未出现马尔一类的学者，如果哪位学者有野心要求全国语言学界都挂着他的头卖他的肉的话，那才是语言学界的灾难。改革开放以后，语言学获得了空前的解放，许多语言学家在这样的历史机遇下形成了各家不同的学术权威，徐通锵、裘锡圭、王宁、王洪君、江蓝生、陆俭明、邢福义、鲁国尧、戴庆厦、沈家煊等诸家蜂起，他们还代表着一个时代，民主进一步发展的重要的时代。在这样的特殊时代背景下，他们基本上都是立足于自己学术专长（专业方向）的学术权威，他们分别是文字学家、语法学家、民语学家，等等，他们不敢再像王力一样是一位语言学全才、各个专业方向都懂。随着国内大环境的进一步宽松，随着语言学学科的进一步精细化，如今的语言学已经得到了一个空前的繁荣时期。虽然语言学整体上得到了繁荣发展，但是，当今的语言学也到了一个相对混乱的学术战国时代，诸侯纷乱，烽火四起。正是这样的时代，老而无为的学者越来越多，学界的"小的们"也就没有了约束，甚至有毫无语言学根基的初始入道的语言学研究者嚣张声言自己要建立一个"放屁语言学"学科，他要自任这个学科的国际学会会长。不止如此，语言学界的年轻学者自称在某某领域"全国第一、世界前列"的人已经不在少数了。此趋势好耶坏耶？我们尚难预知。但是，这种情形无疑也体现出了一股民主的力量。在中国，还有一个特殊的情形，那就是大制度和学术制度的不统一，"大制度"是指国家的一些教育、人才制度，学术制度是指纯粹学术意义上的制度。只有处理好了这两种制度的"协调"关系，民主对语言学的助推作用才能得以实现，语言学才能得以扬长避短地走上健康成长的康庄大道。

　关于语言学能否成为一级学科的问题，这也与民主有关，但是这个问题还比较复杂，我们又不能仅仅归结为民主的问题。我们知道，在目前的学位教育学科目录中，汉语言文字学、语言学及应用语言学、中国少数民族语言学都属于一级学科"中国语言文学"下面的二级学科，而中国语言文学、外国语言文学、新闻传播学又属于大学科门类"文学"下面的一级学科。曾经有一段时期，邢福义、陆俭明、刘丹青、杨亦鸣等学者呼吁设立"语言学"这样一个一级学科。对于这样的呼吁，后来的热烈响应者并不很多，这包含着众多的原因。在笔者看来，如果语言学成为了一级学科，那么，中国语言学与外国语言学的关系怎么协调也是一个问题；特别是外国语言学，每一个外语语种都可以有自己的语言学，那样的话，"语言学"内部的许多问题还是不太容易处理。

　　总之，并非民主与语言学无关，我们也不能狭隘地把民主理解为只是政治参与。对于任何一位学者来说，学术参与也许比政治参与更为实际一些，并且也应该更有活力一些。中国语言学的发展受到众多因素的制约，我们在说它同样受到民主的影响的时候，民主绝对不是一个敏感的政治问题，它完全可以只是一个纯粹的学术问题。

第八章

传统还是现代人文

　　"传统"是一个高频词汇，然而，不同的人对"传统"有不同的理解，甚至有时会出现为了自己的个人需要而做出的选择性的理解。通常认为，"传统"是指：世代相传、从历史沿袭下来的思想、文化、道德、风俗、艺术、制度以及行为方式等。这个定义基本上可以说概括全面，只是用来释义的有些词语本来就意义含混，比如说其中的"历史"、"文化"等等就歧义纷呈。"文化"的定义有千百万种之多，但没有哪个定义能够把文化涵盖无遗，似乎"文化"已经成为了一个"泛义无定"名词。人们在有意识地选择性地理解"传统"时，往往对定义中的"历史沿袭下来的"这个定语做文章，这比"古今字"中的"古今"二字还要难以处理。一个老师在教学生要求继承"传统"时，这位老师的老师有传统，这位老师本人也可以有传统，学生无论继承哪一种传统都是一种传承。至于矫传圣旨，把自己的喜好、习惯说成是自己的老师的传统，让自己的学生辈们去传承，这种情况也并不少见。在当今，我们一提"传统"，往往就是指"传统文化"，但由于"文化"是一个"泛义无定"的名词，说了也等于白说，那么，解释了半天结果"传统"还是"传统"。就中国国情、历史现实而言，"传统"主要体现为"人文精神"，并且人们往往还会有意无意地把"传统"与"科学精神"相对立。我们在上一章中谈到了"科学"与"民主"对语言学的影响，它们都是"现代性"的产物，并非古代传承，只是呢，"民主"可以被纳入"人文精神"之中，"科学"常常被认为与"人文精神"相对立。

　　"人文"常常被解释为"关于人的文化"，还是因为"文化"是个"泛义无定"的名词，"文化"在用于给"人文"释义时显得非常无用、在语言学上甚至可以称之为"羡余"成分，那么，我们只好把人文理解为"关于人的……"，可以用于那些跟"人"无关的"物"（不是人造的，人无法左右的，先于人而存在的，等等）相对。"人"与"精神"无法绝对分离，"人文"和"人文精神"也常常含混在一起，"人文精神"可以包含"人文主义"，这样一来，"人文"、"人文精神"、"人文主义"三者之间常常可以含混、不予分别。本章中的"人文"二字，就采用这种含混不分的办法。只是呢，人文是一个动态的概念，我们在这里用"现代人文"的提法，用以区别"传统人文"（"传统人文"中"人文"二字也是羡余成分）。"现代"和"传统"的时间节点，我们在这里约略地定在1919年"五四"新文化运动或者1912年中华民国成立前后。我们也不需要一个非常精确的时间节点，只需要一个大体的时间段就行了，笼统地说来就是："百年来以前"或者"百年来"这样模糊的历史段。这样说来，我们在这里说"现代人文"和说"现代性"差不多，只是，我们不提"后现代"，我们把"后现代"放在"现代"的一体里，至今还是"现代"。

　　我们为什么要提"传统还是现代人文"这个问题呢？我们知道，"语言学"学科目前是一个"异质纷呈"的"总类"，"当今的中国语言学"并非就是"中国现代语言学"，中国语言学里面至今还包含着某些古代的"小学"传统。在国内，人们对"语言学"的理解并不统一。徐烈炯曾说，"20世纪80年代的语言学不是一门学科，而是一组同名而不同性质的学科，其中有好些都从属于其他学科。把不同的学科统称为'语言学'是历史原因造成的。人体生理学、解剖学、心理学、人类学……研究的对象都是人，每门学科研究一个方面，幸而从未有人用过'人学'之类总称"①。不止于80年代，当今的中国语言学仍然如此。**我们在此提出"传统还是现代人文"这个问题，意在分别梳理"当今的中国语言学"中的"中国现代语言学中的人文倾向"和"传承下来的古代传统语言文字学部分"**，这种梳理不涉及非常琐碎的细节问题，只是就相关学科做一些宏观的分析。

　　传统已经走了多远，语言学是现代人文？这个问题确实很值得我们思考，只是，要想概括清楚这个问题并不是件容易的事情。今天，真正的传统语言文字学保留下来的只有文字学（不包括现代文字学）、训诂学（某

---

① 徐烈炯：《八十年代的语言学》，载全国高等院校文字改革学会《语文现代化》，知识出版社1990年版，第121—122页。

些古代汉语词汇学）两个领域，音韵学在主流上自高本汉以来已经不再是单纯的传统语言文字学了、只有少数的音韵学研究还在沿袭传统。语言学的现代人文性主要表现在哪些方面也值得探讨。下面，我们分三节内容来粗略地谈谈"传统还是现代人文"的问题，其中前两节内容与此关系紧密，第三节"从基础教育触及语言学问题"看似与此主题距离稍远，但不是与此无关。关于基础教育中的"语文"的定位、性质，从有语文课开始一直就争论不断，从未有过统一的意见。今天，关于中小学"语文"课程的工具性还是人文性的争论依然没有答案，只是，更多的人愿意承认语文课程是工具性和人文性的合一。

中国语言学：传统，还是现代人文？**传统大概已经式微，从成果数量和从业研究者人数的比例来看大概数值较低，大多数学者都已经具有一定的现代精神。从现代人文的角度研究中国语言，这大概也不占当今语言学的主流，大部分人还是愿意把中国语言学看成是科学。**中国语言学的不同组成部分、不同分支学科，对于"现代性"的开放程度也不尽一致，总体上来说，做古代汉语研究的人可能相对更传统一些，现代汉语语音、语法研究等可能更重视科学一些，研究现代汉语词义的学者可能会更人文一些。

第一节 语言学：社会背景与时代精神

陈寅恪曾说，"一时代之学术，必有其新材料与新问题。取用此材料，以研求问题，则为此时代之新学术。**治学之士得预于此潮流者，谓之预流**（借用佛教初果之名）。其未得预者，谓之未入流。此古今学术史之通义，非彼闭门造车之徒所能同喻者也"[①]。陈寅恪的这句话一度成为学术界的名言，非常流行。关于"入流"还是"预流"，在后世也曾有过歧误，甚至几乎要成为学术界的一段公案。作为一个普通的学者，人们也不可能能掐会算，不是巫婆，谁能知道接下来的学术潮流是什么呢？很难。真正能够"预流"的学者，往往具有很好的学术远见，千年能有一人就已经非常很不错了。国学大师章太炎学识渊博，但是在他晚年以前他仍然

[①] 陈寅恪：《敦煌劫余录序》，《学衡》1931年第74期。

不相信当时已经初具规模的甲骨学，我们不可轻易否认章太炎的学术远见，从中我们可以看出要想能够"预流"究竟有多难。至于学术研究的"新材料"，那往往是时代赋予人类的机遇，只有少数情况是人们发挥主观能动性可以获取的，大多数情况下不是人力所能及，正是这种"少数情况"才是检验优秀学者的判定标准，然而，芸芸众生究竟能有几人能够做到？关于"预流"的问题，这就是社会背景与时代精神的问题，语言学在百年来一直在追问自己是否已经做得很好了。在此，我们希望对此做一个粗略的回顾。

一　新派、旧派、识时务与坚守

任何一门有历史传统的学科都会有新派、旧派的分别，除非是一个新兴的找不到源头的学科。语言学在很长的一段时间内，一直有着新派和旧派的冲突和转换。旧派有旧派的社会背景，新派有新派的时代精神，大多数情况下，"识时务为俊杰"是正确的，但是，许多学术传统的坚守却又常常比变来变去更值得称扬。每一位学者都可能会面临"识时务还是坚守"的困惑与抉择，这时他们都要以学术自身的规律来判断比较好，少一些目光短浅和利益交割可能更有利于学术的长远发展。

语言学的新派和旧派在不同的时期有不同的称谓和表现形式。比如说，20世纪初期语言学方面有"国故"和"新学"之分，"国故"基本上都是经学传统的沿袭，"新学"则大多是受西学启发而产生的新学科。在古代汉语研究领域，王力也曾对新派、旧派有过一阵子的迷惘与困惑，直到1947年王力《新训诂学》发表才正式地跟旧派决裂，这期间他已经苦苦思索、苦苦追寻了好多年。事实证明，王力的最后抉择是正确的，经学传统要想回到过去的老路上去，那是回不去的，学术只能往前发展才能融入浩浩汤汤的时代潮流。

修辞学从总体上说是一门新兴学科，很少有人会想到修辞学领域中还会有"旧派"之说。在古代，如果要对修辞学溯源，人们往往会提到《文心雕龙》中的修辞学思想，那自然不是新兴的修辞学中的研究内容。其实，近代以来的修辞学同样有着旧派、新派的区别。王希杰说，胡怀琛"1923年出版《修辞学要略》（上海大东书局），1931年出版《修辞学方法》（世界书局），1935年出版《修辞学发微》（大华书局），三本著作分量都不大，但却引发了较大的学术争论。修辞学史著作中把他称之为旧派修辞学家"①。修辞学的新派著作主要有陈望道的《修辞学发凡》，该书常常被看作是修辞学的"开山之作"。这种"开山"，应该指新派修辞学，而不是旧派修辞学。王希杰还说，"胡怀琛的修辞学著作有许多缺点，不符合现代科学的要求，陈望道和何爵三的批评从总体上看是正确的……两位批评者对胡怀琛的批评的确有历史的局限性，他们跳不出'五四'思潮的束缚，这是可以原谅的，这就是所谓的'历史局限性'，但是今天必须站在更高的层面上来看待和总结这场争论……任何人都是时代的儿子，是很难跳出其时代的局限的。这是后来人不应当苛求的。但是，后来人应当站在更高的立场上，分析这些时代局限"②。王希杰在这里的观念非常正确，任何人都跳不出自己的时代，任何人都要认识到学术总是从不成熟逐渐走向成熟，我们既不能以后来的成熟来否定前面的不成熟，我们又不能以当前的成熟来压制后来的更加成熟。总体上看，胡怀琛的旧派修辞学有着自己的社会背景，其一胡怀琛本人就是从旧阵营走出来的学者，他继承着以往的学术传统实属正常；其二那时的语言本体常常文白夹杂，读经的事还常常会在社会上反复，当时的政令、官方文书、红白公事的请柬等都还是保留着古典传统，现代汉语尚未正式形成，那样的语言本体对应那样的语言学观念实属正常。陈望道往后的学术形势、课题对象已经有变，陈望道把修辞学引向语言学的康庄大道也实属正常。

在音韵学研究领域，新派和旧派的斗争都已经持续了近百年，硝烟至今尚未完全消散。邵敬敏、方经民说，"五四"以后"音韵学的研究有两条路子，一是以钱玄同、汪荣宝、魏建功、周祖谟、白涤洲等为代表，他们有深厚的传统音韵学根底，同时又接受了新的语音学理论，因而能发人之所未发……二是以罗常培、王力、李方桂、陆志韦、张世禄等人为代表，他们的研究更多地接受了现代语言学研究的理论和方法，用历史比较法以及现代方言的材料、外语译音材料的参考来拟测古音系音值"③。这两条路子上的学者都可以被划入新派音韵学，只是，他们对传统音韵学的理解有不尽相同之处。章太炎、王国维、姜亮夫等学者可以算作是音韵学旧派，他们几乎都不曾专门致力于音韵学研究，他们有着更为广阔的研究

---

① 王希杰：《胡怀琛的修辞学研究及其争论》，《苏州教育学院学报》2003 年第 1 期。

② 同上。

③ 邵敬敏、方经民：《中国理论语言学史》，华东师范大学出版社 1991 年版，第 51—52 页。

领域。这些音韵学旧派学者他们本人对音韵学进行研究的成果都不算太多，我们至少可以表述为"他们的音韵学著作占他们全部著作总数的比例不是很高"，但是，他们有一大批弟子、学孙子辈在做一些音韵学的研究。非常有趣的是，他们的这些弟子、学孙子辈大多数也是综合研究、国学大师，只是就音韵学研究音韵学的人比较少。音韵学旧派学者常常有着某种实用的目的对待音韵学，学习、研究音韵学常常为的是解读、解释某些经学、文献，所以，相对而言他们对于音韵学的理论探讨要少一些。然而，音韵学新派学者常常愿意把音韵学作为自己非常"专"的研究领域，甚至有些学者不得不放弃了他们自己在其他方面的某些学术特长，他们更重视理论探讨，他们更在意追踪国际学术前沿。音韵学的旧派和新派之间对于国际音标的看法也不尽一致，旧派学者对语音学的知识可能会存在某些欠缺。邵敬敏、方经民说，"音韵学研究侧重于历史的比较，而'国音'学研究则偏于断代的描写以及一般语音学知识的介绍"①。在民国时期，"国音学"领域中基本上可以说没有旧派，所有的学者都是新派，这就是因为"国音学"无须处理太多的古代文献。从此看来，我们在分析相关分支学科的社会背景与时代精神时，不能仅仅从研究者的角度去寻找异同，我们还需要从研究对象的社会背景方面去寻求原因。曾经有一段时间，我们提出过"古为今用，洋为中用"的口号，这里的"用"是"利用、用途"的意思。但是，我们怎么去探求"古"和"洋"呢？在大多数的情况下，我们可能要用"古"法去研究"古"、用"洋"法去研究"洋"。这种种的古古今今中中洋洋，就是种种不同的社会背景与时代精神。

　　无论是语言学旧派还是新派，继承（基于社会背景）和创新（顺应时代精神）都要齐驱并进、相得益彰才好。如果能够做到这一点，我们完全可以淡化旧派和新派的提法，只管解决了哪些问题、提出了哪些理论，其他的方面都不是那么重要。吕叔湘是我国百年来的最著名的语言学家之一，他"晚年将自己的治学原则总结为：'广搜事例，归纳条理，反对摭拾新奇，游谈无根。'（《吕叔湘先生生平》，《中国语文》1998 年第 3

---

　　①　邵敬敏、方经民：《中国理论语言学史》，华东师范大学出版社 1991 年版，第 53 页。

期）他毕生的研究著述，体现了中国小学传统与现代科学精神的完美结合"①。吕叔湘的这种"中国小学传统与现代科学精神的完美结合"的做法，应该成为中国语言学的共识才对。一句话，在任何社会背景下我们都要弘扬时代精神，每一次面对时代精神我们都要理清各种现实所处的不同的社会背景。

二　历史、立场、感情、继承与批判

人们对待历史的态度，不同的国家很不相同。对于不同的特定国家来说，历史也许会是一个时代的沉重包袱，也许是非常珍贵的精神财富。语言与历史的关系密切，有的国家利用伪造语言的历史的办法来获得某种历史成就感，也有的国家在总结本国语言学的历史中展现自己的学术传统。人们对待历史的不同态度，往往能够在他们对待历史语言的态度上有所体现。历史和语言在有的时候是不可分的，傅斯年在创立"中央研究院历史语言研究所"时就是把"历史"研究和"语言"研究合并在同一个研究所里（当然，所内的研究分组并不相同）。语言与感情、精神紧密相关，洪堡特就说过"民族的语言即民族的精神，民族的精神即民族的语言"。所以，在语言的问题上，历史、立场、感情、继承与批判等各个关键词常常纠缠在一起，这也就不难理解了。

褚孝泉说，"语言学和历史的密切关系还因为19世纪的学术取向而得到极大的加强。我们知道西方语言学是在19世纪开始具有科学特征和科学意识，而19世纪是个历史主义盛行的时代。对19世纪的西方学者来说，研究对象的本质只有在历史度向上才能揭示出来。历史比较语言学成为19世纪的主流语言学派并不是偶然的，这与当时学术界的主导观念有关"②。这就从社会潮流、学术背景上说明了历史比较语言学的发展机遇。在我国，"主流"的方言调查基本上都不是纯粹的描写，往往还会联系音韵学的相关内容进行一定程度上的对比和归类，这主要是因为以赵元任为首的学者具有很强的历史意识，这与高本汉的《中国音韵学研究》对中国学者产生的影响有关。

---

① 中国语言学会《中国现代语言学家传略》编写组：《中国现代语言学家传略》，河北教育出版社2004年版，第833页。

② 褚孝泉：《语言科学探源》，上海教育出版社2006年版，第140—141页。

在现实语言的分异方面，有时还会加入一些人为的类似于神话故事的叙事来进行解说。《圣经》里的"巴比塔"就是关于上帝分化人类语言和人类希望统一语言的神话故事。褚孝泉说，"在欧洲殖民者到来以后，白人殖民者的优势地位和本地人的弱势处境也被印第安人以语言的差异来解释。西库安尼人传说，大神点燃了一支样子像虫子的雪茄烟，有的人不怕，拿过来就吸。烟一碰到他们的嘴唇他们就能讲西班牙语；那些害怕的人没敢碰这烟，他们就仍还是印第安人，他们的语言仍各不相同。随后而来的白人的强势就是这个语言分野的结果"①。这段话，把殖民语言与本土语言、语言统一与语言差异作为一个历史故事来传说。至于这个故事究竟有几分真实，几乎就没有人愿意去认真地去追问，但是这个故事确实深刻地道出了历史幻象与语言现实的关系。

有些民族为了证明自己有着悠久的历史，甚至会在"不经意间"人为地造出来各式的"文物"和古老"语言"，从而可以让自己的"族谱"冠上"长辈"的假象，在这个世界上几乎没有人愿意装孙子。褚孝泉说，"人类语言具有一个很明显的历史度向，今天使用的语言是昨天流传下来的，有文字以后我们能够经常地接触过去的语言，而社会的历史也是依靠语言才能够得到可靠的记载。语言和历史有着天然的联系，语言学和历史学这两门学科各自都能够为对方提供启示……语言的历史能够用来解释语言，历史也能够被用来为语言确立它的社会地位"②。用历史来证明语言古老，用古老的语言来证明历史久远，这看似循环论证的简单的幼稚认识却常常被人们不停地运用着。比如说，"在文艺复兴时代的佛拉芒学者则构造出了一个子虚乌有的古比利时语来为自己的民族争荣誉"③，这并不可耻，因为这样做的人并不在少数。古希伯莱语在灭亡了两千多年以后重新复活，这却常常被看成是犹太民族感情、精神的力量。古希伯莱语真实存在过，但是，在它灭亡两千多年后人们人为地让它重新复活，这跟以"世界语"作为母语有相似之处，这种"复活"虽然不是"造假"行为，但犹太人通过这件事所要实现的价值、意义与那些造假者所期望获得的意义相似。

---

① 褚孝泉：《语言科学探源》，上海教育出版社 2006 年版，第 59 页。
② 同上书，第 138—139 页。
③ 同上书，第 140 页。

　　罗振玉、王国维都是著名的甲骨学者，著名的语言学家，他们的著作、他们的人生无不映射着他们所处的那个时代，他们拥有那样的社会背景，却无法融入当时的时代精神。"罗振玉在《集蓼编》中说，第一次世界大战后的中国是'异学争鸣，斯文将坠'。所谓'异学'，即指博兴于五四运动前后的新思想、新潮流。他对此十分惶恐，这是由他维护封建专制主义制度的立场决定的。为了抵制'异学'，挽救'斯文'，他对古代文化切实做了一番整理工作，这确为后人进一步研究这份宝贵的遗产创造了良好的条件。正是在这个意义上，郭沫若说：'罗振玉的功劳即在为我们提供出了无数的真实的史料。'（《中国古代社会研究·自序》）并赞扬他的工作内容丰富，甄别谨严，成绩浩瀚，方法崭新，是中国近代文化史上的一件大事"①。对于这个问题，我们不能简单地从旧派、新派的角度来进行分析，这里边涉及复杂的历史因素。要说是旧派，章太炎、罗振玉都是旧派，但是罗振玉对于甲骨文非常重视，而章太炎却不太相信甲骨学。要说是新派，傅斯年可以看作是新派，但傅斯年和罗振玉一样都非常重视甲骨文。非常值得注意的是，章太炎是革命家，而罗振玉致力于维护封建制度。比罗振玉还要极端的是王国维，"王国维生当一个新旧交替的时代，他的立场、感情属于过去了的时代，正是那个时代吞噬了他的生命。在学术思想上，他深受封建旧学的影响，有其阶级和历史的局限性。但另一方面，他又系统学习过近代科学，他以新的方法回治旧学，整理古代文化，取得了超越前人的成果。当代中国不少著名的语言文字学家都曾直接或间接地受教于他。所以，郭沫若说：'……他遗留给我们的是他知识的产品，那好像一座崔巍的楼阁，在几千年来的旧学的城垒上，灿然放出了一段异样的光辉。（《中国古代社会研究·自序》）'"②。罗振玉、王国维都是站在历史的十字路口，他们的立场是维护封建统治，他们的知识有一定的科学因素，他们在感情上充满着诸多自相矛盾，传统文化、传统文字的东西他们要继承，但是，在关于批判社会的一些问题上又会使他们陷入深深的困惑之中。

　　语言和历史之所以可能会存在着循环论证，那往往主要取决于人们对

---

　　①　中国语言学会《中国现代语言学家传略》编写组：《中国现代语言学家传略》，河北教育出版社 2004 年版，第 861 页。

　　②　同上书，第 1256 页。

社会背景的态度和立场；语言学和历史以及历史学之所以可能会存在着循环论证，那是因为人们对这种关系需要继承还是批判常常摇摆不定。每当我们在追问语言学究竟更多的是传统还是现代人文的时候，我们会发现，在民国初年这个历史转折时期，传统之中可能会有一些现代化的成分，现代人文倾向中也可能会包含着某些传统因素。民国时期是传统与现代人文的急剧变革时期，那个时代的许多语言学著作给后世定下了调子，对今天的语言学发展产生了深远的影响。

第二节　语言（学）的人文性问题

关于语言（学）的"科学"性问题，前面我们已经谈到了一些，本节中不再详细分析。关于语言学的工具问题，那主要是古代的"经学的附庸"时代。当然，对于现代的语言教学而言，语言学也许可以算作是一种工具。关于语言的工具性问题，我们都无法回避，虽然语言可以直接与精神实质相关联，但语言更多的是人们的一种交流工具。语言学的人文性问题，也许说成是"体现人文精神的语言学"更为合适。

关于语言学的人文性问题，有两本专著标题比较鲜明：申小龙《人文精神，还是科学主义？——20 世纪中国语言学思辩录》① 和李葆嘉《理论语言学：人文与科学的双重精神》②。值得注意的是，这两本专著都有破折号或者冒号，意思是言犹未尽、总是再想补充出点什么意思来——这也说明了人们在研究语言学的人文性的时候总是得牵扯上点什么，牵扯比较多的是"科学"。

下面，我们先对李葆嘉、申小龙的这两本专著做一个概括性的解读，然后再谈谈我们对语言学的人文性的理解。

相对来说，李葆嘉的《理论语言学：人文与科学的双重精神》算是较为平和、中立、客观，不是很急躁，但是，该著中确实有不少口号式和口水话的内容，在扎实、踏实方面尚有欠缺。该书洋洋洒洒有 362 页之

① 申小龙：《人文精神，还是科学主义？——20 世纪中国语言学思辩录》，学林出版社1989 年版。

② 李葆嘉：《理论语言学：人文与科学的双重精神》，江苏古籍出版社 2008 年版。

多，但是，关于人文性的较为纯粹的论述并不是很多，较为集中的论述主要包括：人类语言起源的传说、荀子的王者制名论和约定俗成说、心理索绪尔、历史文化圈假说、东西方文化的本原差别及其分野，在其他的章节中基本上主要是在夹叙夹议中牵扯到语言学的人文性。总体来看，该著关于人文性的论述比较分散、不够集中，同时，著作构思的主线意识不是很强，牵牵绊绊的论述较多。该著《跋　走出人文主义和科学主义的怪圈》对语言学的人文性的论述相对集中、条理，我们引用里面的几句话以供分析（在此不再用脚注标出页码，这个《跋》页码本来就不多）。如下：

"所谓人性就是语言性，人与动物的区别就在于创造并运用语言符号**以顽强地**表现自己的精神世界，语言是人类的精神家园。"——这样的论述总给人一种似是而非的印象，抓不住、不实在，简直就是文学是诗歌，太过于空灵了。

"语言是生物的、心理的、物理的、社会的、艺术的……语言的研究或**语言学，归根结底就是人性**（生物人、心理人）**和人学**（艺术人、社会人、经济人、科技人）**的研究**，作为自然界的精灵，人类是人文（最初是文身）、社会（最初是血族）和科学 science（最初是巫术）的生物。人类的使命就是'认识你自己'，认识内心中的感受，认识社会界的关系，认识自然界的奥秘，由此形成人文学科、社会科学和自然科学的分野。"——也许这就是著者自己的心语，著者对自己的认识就是这样。其中，"语言学归根结底就是人性和人学的研究"这样的表述属于语言学研究中最为致命的缺陷，"语言"和"思维"的关系都还是一个谜，"灵与肉"的关系更难把握；把语言学导入人性和人学之中更容易引人误入歧途，人性和人学究竟该如何去研究呢？我们知道**"语言'附着'在'人'上面，附着得很结实，很难分离"**[①]，但是，**语言学的任务就是对这种"附着"做出适当的分离，不然的话，我们当今世界只能有一个科学：人体生物学，不需要其他的任何的学科了。**

"作为认知手段的系统和人类文化的底座，语言符号系统是贯通人文、社会和自然的基本工具，语言学是渗透于人文、社会和自然一切理性认知和艺术表现领域的泛学科。"——"底座"是什么意思，是作为一个普通的词汇使用，还是作为语言学中的一个专业术语？通常情况下，在不

---

① 薄守生：《起步、融合与创新：语言经济学在中国》，《语言文字应用》2015 年第 3 期。

是非常必要时，我们一般不要去新造一些专业术语。这里的"底座"大概是底层、基础的意思，不知道笔者的理解是否准确。说语言学是"泛学科"，似乎不如说成是"学科群"或者"学科组"更准确一些，即使是作为"学科群"也存在着某一个核心学科。"泛学科"容易给人造成语言学"并无内核"的误解。在当前的科普知识中，通常介绍太阳由日核、过渡层、液态层、沸腾层、光球、色球、日冕这样的由内到外的圈层结构，并且说当"日核"塌陷时太阳就要走完生命历程了。语言学定然有一个核心的研究内容，不然的话这个学科不可能长期存在。周小兵在《句法·语义·篇章：汉语语法综合研究》中有：语言学与多学科交叉、语言学的主体与客体、语言学的泛性（泛学科性、泛时空性、大语言学的观念）①，虽然谈到"泛学科性"，但他在谈"泛学科性"时并不是作为语言学的唯一定性来论述的。在语言学之中，"语言本体"研究确实存在。

"1989 年，中国语言学界发生过人文主义与科学主义的针锋相对。"——该著认为，申小龙是人文主义的代表，朱晓农是科学主义的代表；语言学应该是人文与科学双重兼顾。关于语言学要兼顾人文与科学的观点无疑非常正确，只是呢，我们有时需要注意一点：做语言学研究没有必要故意找到人文与科学的两个极点去研究——做人文研究时是纯粹的人文，做科学研究时是彻底的科学，没有中间状态。其实，人文与科学也不是绝对不相容的，科学哲学史就能够说明这一点。我们认为，语言学者在做人文研究时要注重逻辑，不能一塌糊涂；在做科学研究时文字表达要具有可读性，相关表达虽然不要有太重的文学色彩，但也不能磕磕绊绊、不忍卒读。

上面是我们对于《理论语言学：人文与科学的双重精神》的一些认识。下面，我们来谈一谈申小龙的《人文精神，还是科学主义？——20世纪中国语言学思辩录》这部著作。其实，申小龙关于语言学的人文性的著述甚多，比如说论文集《中国语言的结构与人文精神》②"开辟了汉语与中国文化相关联性研究的新领域"，我们在此不过多地加以介绍。之所以不过多地介绍，这主要是因为申小龙的著述太多、一一介绍很困难，

---

① 周小兵：《句法·语义·篇章：汉语语法综合研究》，广东高等教育出版社 1996 年版。

② 申小龙：《中国语言的结构与人文精神》，光明日报出版社 1988 年版。

并且，许多著作、论文之间存在着一定的重复内容而未加醒目地标注。值得肯定的是，申小龙的文笔很不错，论著的可读性很好。

张世禄在给《人文精神，还是科学主义？——20世纪中国语言学思辩录》一书写的序言中将该书定位为"我国第一部现代语言学史论"。对此，笔者无权评判；但是，笔者承认申小龙应该是较早对中国现代语言学进行全面反思的学者（是不是第一人，笔者也不敢下结论）。该书书名中就包含着一个问号，这样的书名相对来说比较少见，这说明著者内心确实还有许多的疑问，关于人文还是科学的问题著者还没有完全考虑清楚。该著章节主要有：晚清维新派的语文宪章——《马氏文通》，欧化文的大雅之堂——白话文运动，汉字的"泰西"归宿——拉丁化，中国现代语言学的初次反思——文法革新讨论，从一般走向特殊——"功能说"，从特殊走向一般——"语序说"，中国现代语言学的再次反思——词类之争，人文淡化的酸果——科学主义，海派语言学的民族意识——复旦学人，汉语史演进的纵向思考——研究传统及其方法更新。申小龙关于中国语言学的人文性倾向观点主要有两点：一是"汉语的人文精神与汉语学的科学主义"之间存在着冲突（该著第178—188页）。该著的这部分内容写得确实不错，这部分内容在申小龙的为数众多的论著中多次重复。二是通过建立"中国的文化语言学"来解决这种语言和语言学之间的冲突。关于"文化语言学"，我们在本书第十一章"文化语言学的海市蜃楼"中还将提及申小龙的某些观点。曾经有一段时间，"文化语言学"是一个接近于具有负面性的避讳词语，但这并不是文化语言学的错，这个词语主要是因为申小龙的缘故而受到了不公正的待遇。文化语言学作为语言学的一个分支学科非常有必要，但是，必须要严格划定文化语言学的范围，不能使文化语言学学科泛化。申小龙曾说，"汉语研究的文化学方法是在新的历史条件和文化生活环境下中国现代语言学更新、改造、发展，走上宏富之路的必由途径。以方法论的更新为前导，逐步形成一个包括社会语言学、民族语言学、心理语言学、语言民族学、语言人类学在内的中国文化语言学的大学科，实现我国语言学在质态上由描写型走向人文型的历史转折"[1]。与此类似的意思表达，在申小龙的各种论著中多处多次出现，这也可以看作是他的一种学术坚守。然而，"语言学包含文化语言学"人们可以取得

---

① 申小龙：《中国语言的结构与人文精神》，光明日报出版社1988年版，第318页。

共识，申小龙的学术架构中的"语言学包含于文化语言学"（意即"'文化语言学'包含'语言学'"）可能就不会有太多的人愿意接受。申小龙批评"中国现代语言学"解决不了中国语言的一些实际问题，那么，他提出的"文化语言学"就能解决中国语言的实际问题吗？不能。事实上，语言学需要的是"具有可操作性"的一些概念范畴和研究方法，而不是像申小龙所提出的文化语言学那样"富有人文弹性而毫无可操作性"的研究范式，不然的话，不管是什么雄辩、大略也都解决不了任何实际问题。如果要按照申小龙的逻辑，只要文化语言学解决不了实际问题，那么，我们也可以去批评文化语言学了。

　　具体到语言学的某些分支学科，比如说修辞学，有时候也会涉及人文性的问题。陈光磊说，"修辞学跟语法不一样的地方在于语言的灵活运用，应用的时候人文性特别的丰富，因此怎样用科学的方法或者精密一点的方法来解析它，我觉得修辞学今后应该做这两方面的事情。但我相信修辞学的研究并不是要把修辞机械化，修辞在相当的程度上还是有一个'运用之妙，存乎一心'的问题。应该承认修辞在具体的运用里灵感的发挥。这个东西有人说可以说出规则来，我很同意（陈）望道先生的观点，这个是没有机械的规定，只能是临场发挥。但临场发挥一定是你对规则了解和熟悉以后，不能随便乱来，一定是你对这些规则有了认识之后才可以做到的，不是说否定规则的存在，而对于规则的运用绝对没有一个机械的定规，而是对应情境的东西。这方面的研究我觉得也还要进行，这是人文的东西"①。在这里，陈光磊一方面承认了"修辞"的规则问题（规则、规律属于"科学"），同时又强调了"修辞"的"灵感的发挥"的问题，认为关于这个"灵感的发挥""对应情景"是"人文的东西"。对于这种"人文性"，陈光磊主张"用科学的方法或者精密一点的方法来解析它"。

　　训诂学在"人文性"的问题上较为突出，"新训诂学"值得反思。"许嘉璐认为，传统'小学'原本对文化现象是十分关心的，名物、典章、礼仪风习，都可包括在训诂学研究范围内。但是当它近几十年比较彻底地离开了文献附庸的地位之后，也就远离了文化。现代训诂学开始了对

　　① 张宜:《历史的旁白: 中国当代语言学家口述实录》，高等教育出版社 2012 年版，第 319—320 页。

训释工作的理论研究，更重视训诂学的语言学性质，削弱了对语言所表现的内容的注意。**近几十年又由于学科的分工，治训诂学者也相应地习惯了对语言规律的研究，而对社会的、文化的现象却生疏了**，这样，训诂学出现了封闭性"[①]。近几十年来训诂学的研究水平受到了局限，研究成果的质量有所下降，这个问题需要引起我们足够的重视。语言学是一个"学科群"（关于这种表述，我们在前面已经谈过），在这个"学科群"里，训诂学具有更强的人文性，这是我们需要注意的问题。其他的诸如语音学，则更多的是一种"科学"，因为语音是语言的物质外壳，具有更多的自然科学的属性。从这种情况来看，我们在讨论语言学的人文性的时候，确实可以从"人文"的视角特别关注某几个分支学科，不一定是在每一个分支学科上都平均用力。

徐烈炯在20世纪80年代的一系列论著中谈到了语言学界中的一些现象，他说，"从50年代开始国内学术界都以为语言是社会现象，是交际工具，语言学是社会科学，甚至是人文学，以为语言学理论应该研究语言有没有阶级性，是社会基础还是上层建筑。而国际语言学界更多的人认为语言是心理客体，或者是抽象客体，语言学是一种心理科学，甚至是一种生物学，也有人认为它更像数学和逻辑学"[②]。从阶级性、社会基础、上层建筑这些"人文"的角度去研究语言，很容易会出现学术研究上的种种的偏离，这在语言学史上就不乏其例。其实，语言的人文性远不止这些，难以定指，但是核心内容却是"不以文害辞，不以辞害志"。

谈语言学的人文性，就少不了谈语言学与社会的关系，人文性离不开社会。李宇明说，"学者具有学术和社会的双重使命。我们的语言学前辈，非常好地行使了这双重使命，王力先生、吕叔湘先生、朱德熙先生、许国璋先生等，对社会语言生活都很关心，参与了国家很多重大的语言规划。（20世纪）80年代以后，特别是到了90年代以后，许多语言学家突然要和社会保持距离。这里有很多原因，今天不讨论。但有一点很清楚，你脱离了社会，社会也会脱离你；你抛弃了社会，社会也会抛弃你。一个

---

① 中国语言学会《中国现代语言学家传略》编写组：《中国现代语言学家传略》，河北教育出版社2004年版，第1536页。

② 同上书，第1473页。

学者必然有双重责任"①。这与语言学在八九十年代追求"基础科学"的定性有关，当语言学弱化了人文性，那么它也就自然而然地远离了社会现实，无法做到"应用科学"不能制造社会需求的物质产品（精神产品主要由"艺术"来制造而非"应用科学"），不能生产物质产品也就更无法吸引社会的关注了。李宇明还说，"语言学研究成果的知晓度，在社会上很低。语言文字知识、语言文字的国情，过去是作为一个读书人必有的常识，但现在这种常识没有了。不信，你去找社会上很多精英问问，中国有多少种语言，中国有多少种文字，语言文字和国家是什么关系，恐怕没有几个人能给你说清楚。为什么？过去老一代知识分子都有私塾功底，都有人文功底。现在基础教育文理分家，很多人的语文水平只是停留在高中水平，以后没有质的进步，而高中也很少涉及语言文字的知识。现在我们整个语言文字的工作环境和学术环境不怎么好，原因之一是社会缺乏最基本的语言文字常识。心理学、病理学、计算机、甚至天文学的很多东西，都有一定的社会知晓度。他会给你讲血型……会给你讲最近流行的时装。而一些大文学家，甚至连字和词都分不清楚，书面语和口语分不清楚，一讲中国语言的情况就讲成中国文字的情况。这种局面如果不改变的话，对语言学的发展和国家的语言文字工作都会造成困难"②。这主要涉及语言学"科普"的问题，或者是把关于语言学的某些简单的科学常识内化为"人文基础"，从而实现语言学与社会的正常对接。

综上所述，语言具有人文性，但是，我们在说"语言学具有人文性"时就有点儿令人费解。其实，所谓的"'语言学'的人文性"应该就是指"对'语言'所具有的各种属性'之一'的'人文性'所进行的研究"，这样一来，"语言的人文性"和"语言学的人文性"就可以获得统一了。人文性的突出表现就是亲近社会、亲近人，语言学在这方面确实需要做出进一步的努力，这样的人文性才是鲜活的、现实的人文性。

---

① 张宜：《历史的旁白：中国当代语言学家口述实录》，高等教育出版社 2012 年版，第 498 页。

② 同上书，第 504 页。

第三节　从基础教育触及语言学问题

基础教育主要指幼儿园、小学、初中阶段。幼儿园、小学、初中《语文》课程与语言学存在一定的关联，但是，那主要是间接性的联系，它们联系的直接相关性并不强。即使如此，**语言学的某些观念还是能够影响到中小学语文教学的深层思想**，能够影响中小学语文教学的路径选择；同时，语言学在一定程度上也需要从幼儿园小学开始的语文课的积累，没有一个好的语言能力总是或多或少地影响着语言学的学习与研究。涉及中小学语文教学史的问题，那与语言学的关联就更大了，特别是**民国初年的中小学语文教学对推动现代汉语的形成起到了某些作用**。在中小学语文教学中，自始至今都一直在讨论语文课的"工具性"和"人文性"的问题，并且，关于"中小学语文教学史"的研究主要的就是一种人文史。正是考虑到这些方面的原因，我们决定把关于中小学语文教学的讨论放在本章之中加以简单介绍。这种章节安排虽然有点儿牵强，但是，对这一部分内容进行简单的总结还是十分必要，并且这一节内容既不好放在"语言学各分支学科形成"里边，也不好放在关于"语言学史"的总结里边。

最近几年，我们国内掀起了一股民国时期的中小学教材热。比如说，《民国时期小学语文课文选粹》[①]就是一本不错的书，还有一批语文教育家在挖掘一些民国语文课本原版。民国语文教材热与当前的"民国热"并没有关系，但它的热也有一定的缘由。为什么呢？因为当前中国语文教育的迷惘和徘徊，因为中学语文教学所遇到的危机，以至于近十几年来语文课程一直不停地在谈"课改"。在中小学，语文老师们经常提到的词就是"新课改"，然而，对于究竟怎么改大多数语文老师都还是处在一种晕头转向、糊里糊涂的情形之下。其实，适当地了解一下中小学语文教学史对正确地对待当前的"新课改"还是非常有必要。

在古代，我国并没有专门的中小学语文课程，那时能够上学读书的人很少，私塾大概就是主要按照"六艺"来安排内容，初级阶段的核心是识字（蒙学）。清末废科举兴学堂，开始在小学设立"中国文字"课程。

---

① 闫苹、张雯：《民国时期小学语文课文选粹》，语文出版社2009年版。

1912 年，民国南京临时政府规定在小学设立"国文"科。1919 年，中华民国教育部下令把小学一二年级"国文"课改为"国语"课，此后，白话文逐步取代了文言文。1950 年以后，全国范围内的中小学教材统一改称"语文"（至于"语文"一词的出现则更早），语文课程也进入了一个新时代。

在中小学语文课程教育的发展过程中，自始至终围绕着一些基本问题展开：一、"言"和"文"。早期的语文教材中主要采用文言文，这就使得在现实中人们言文脱节。只有到了后来，语文教材逐渐减少文言文的比例，增加白话文口语教学。直到今天，我们语文课程的主要目标是说、出声阅读、听这一"言"的方面和看、写这一"文"的方面。二、"文"与"道"。"道"主要是指社会制度、哲学、思想、德育、美育，我们今天所说的"语文的人文性"就包括"道"的某些内容。三、"工具"和"知识"。这里的"知识"是指百科知识，不是专指"语文知识"。在中国古代，学科没有明确的分工、分化，天文地理数学物理等所有的学科都包含在"经"里。"工具"是指阅读、写作、交流的工具，以及作为认读其他学科的工具。这三个方面涉及语文课程的性质问题，每一个方面在历史上都曾出现过反复，比如说，20 世纪 30 年代就出现过文言复古的潮流。在现代学科分化以后，"工具"与"知识"的问题因为不同学科的分化而得到了一定程度上的解决。在今天，语文课的"文"与"道"的问题基本上演变成了"具"（工具）与"道"的问题，只是呢，这个"道"在现在同时还特别强调"美"，这在过去也许还没有强调得那么严重。语文课的"具"与"道"也就是工具性和人文性的问题，这个问题至今还不能得到一个较为完美的解决。

关于"语文"教育史的研究，20 世纪二三十年代的一些情况值得重新思考。那是一个社会激荡的年代，也是"语文"性质变革、承上启下的重要时代。在这里，我们只是概括地介绍一下这个时期的"语文"课程，至于整个的语文教育通史我们则不拟介绍，并且，单纯地阐述语文教育史也不是我们的本意。

20 世纪二三十年代是"言""文"过渡的关键时期，文言文在当时曾出现过反复。刘沛生说，"在教育部规定初小使用国语教科书的政策公布之初，许多家庭、学校对国语教学不能接受，甚至公开加以排斥。结合当时的情况分析，一方面是由于传统教育的影响还很大，另一方面，许多家长送孩子上学的目的无非是让孩子多识几个字。相比较而言，语体文课本的识字量要远远少于文言文课本的识字量。另外，白话文在当时仅仅占据了学校领域；在社会领域，例如，请柬、家信、公文等等还都是采用文言文体。在这种社会背景下，若采用语体文课本，就会导致学生将来学无所用，所以正是适应这种需要，1924 年，商务印书馆又推出了文言教科书《新撰国文教科书》八册。上述情况的出现也是过渡时期不可避免的，到 1932 年新学制公布后，这种情况得到了根本的转变"①。在 20 世纪 30 年代，当时还兴起了"大众语"运动，其中涉及大众语文的相关问题，那也是关于取消文言和摒弃"白话还不够白"的问题。

关于民国时期的小学语文教材，范远波把它们划分为三个阶段，"第一阶段是 1912—1921 年语文教材曲折发展的草创期，期间重要事件是小学废除读经，统称为国文，并具体规定了国文要旨和学年教学内容，后期国文改国语运动也最终得到了教育部的通令落实，并规定到 1922 年废止旧时的小学文言教科书，小学全面改'国文'为'国语'科。第二阶段是 1922—1928 年语文教材多元化的探索期；期间重要事件是学制改革案的颁布，全国教育会联合会组织专家拟订了《新学制课程标准纲要》，各地在纲要的指导下进行国语教育的探索。第三阶段是 1929—1949 年语文教材规范化的成熟期，这一时期的重要事件是暂行课程标准的制定和四次正式课程标准的颁布，对教材选编的诸多方面都有了明确的规定"②。中小学语文教材研究是中小学语文教学法研究的重要组成部分，对历史上的教材进行研究有很大的学术价值。

刘沛生在自己的硕士学位论文《近代国语运动研究》中曾提到当时的国语教科书存在着的一些缺点，整段内容如下：

> （国语教科书）过分强调"儿童本位"，过分强调趣味性，从而使教学失之于肤浅。1921 年至 1924 年商务印书馆编写的《新学制国语教科书》，第一册第一课的内容是："狗、大狗、小狗"。第二课的内容是"大狗叫，小狗跳，大狗小狗叫一叫，跳两跳"。像这类语

---

① 刘沛生：《近代国语运动研究》，硕士学位论文，山东师范大学，2007 年，第 97—98 页。

② 范远波：《民国小学语文教材研究》，博士学位论文，华东师范大学，2007 年，第 27 页。

言，虽然在形式上接近了口语，但内容过于单调、肤浅，被讥讽为
"猫狗教育"。胡适对此也极为反感："现在有些小学国语教科书上
说：'一只手，两只手；左手，右手。'教员认真地教，对于低能儿
可以行得，因为他们资质笨了，还得用这种笨教法。可是文字和说话
一天接近一天了，教一般儿童，这种方法，千万使不得了！将来诸位
去教儿童，第一天要引起那儿童们'文学的兴趣'！"胡适认为无论
是国语教科书还是教员的讲授，都要以引起儿童"文学的兴趣"为
第一要旨，否则只会事倍功半。①

　　胡适在这里提到的中小学语文教育的观念无疑非常偏颇。但是，历史
发展到今天，现实竟然出现了近乎惊人的相似！现在，很多人主张强化中
小学语文的"文学的美的"教育，注重文学文本的解读和中小学生诗性
性格的引导栽培，那几乎就是想把中小学语文课改为"中小学文学"课
了。在表层上，语言学在中小学语文课程中是缺席的。在 20 世纪 50 年代
"暂拟汉语语法教学系统"提出以后，直到 80 年代末，中小学语文教材
中都有一个关于"语文知识"的内容，其实就是一些简单的语言学知识，
这些知识内容后面都还会安排一些练习题供学生学以致用。由于种种原
因，后来的中小学语文教材中就不再有这种关于语言学的知识了，全国通
用教材一直这样安排。随着社会的发展，文化逐渐多样化、娱乐素材也丰
富了起来，中小学生对于语文课程的兴趣锐减，语文课堂显得日渐沉闷、
低效，于是，一些"专家"和中小学语文教师想到了另外一种办法：用
"文学"的"激情"与"美"去唤醒学生，勾引、迎合学生的意图已经
十分明显，这已经超出了语文课程的"人文性"的范围。也正是因为如
此，中小学语文课程的问题确实到了该认真反思的时候了。

　　中小学以上，民国时期的专科、大学里的语言学教材、课程也很值得
研究，这是语言学研究的内容之一。虽然专科以上不属于基础教育阶段，
但它还是值得我们在此简单提及一下。彭敏根据《全国专科以上学校教
员研究专题概览》统计了 1934—1936 年的教员情况②，该表格由当时的

---

① 刘沛生：《近代国语运动研究》，硕士学位论文，山东师范大学，2007 年，第 95—
96 页。

② 彭敏：《1930 年代我国高校文科教师》，《中国图书评论》2011 年第 10 期。

教育部颁文统计、学者自填表格、收录 28 所学校的情况。关于各学科的统计中，从事文学研究的教员最多。从这些统计中，我们可以大体推测出当时大学里的语言学课程并不是很多。

说到中小学语文教学，特别值得一提、甚至是让人感觉特别奇怪的是：学识渊博的陈独秀竟然也曾编写过小学语文识字课本。陈独秀学识渊博，曾担任过北京大学文科学长，他对哲学、文学、政治等都有很深的见解，对艰深的文字学和深奥的音韵学等学问也都有一定的研究，但是，他后来竟然去编写小学识字课本。他这样的一个学者做一些被某些人看来是"小儿科"的事情，这着实令人惊讶。1938 年以后，陈独秀编写了《小学识字教本》，该稿在 50 年代散失，现存版本据梁实秋所珍藏的油印本。曾露珠在硕士学位论文中介绍了《小学识字教本》的编排情况："上编 545 个字根与半字根依类编排，按其本义分为了十类。一、象数七字；二、象天十五字；三、象地三十二字；四、象草木五十七字；五、象鸟兽虫鱼八十二字；六、象人身体六十三字；七、象人动作六十七字；八、象宫室城郭四十字；九、象服饰二十五字；十、象器物一百五十七字；下编字根孳乳之字，分列两章：第一章字根并合者共 464 字，又分：（甲）复体字六十三字；（乙）合体字存二百四十三字；（丙）象声字一百五十八字。第二章字根或字根合并之附加偏旁者。第一章其中甲、丙两种在书稿中已完成，乙合体字，写到'抛'字，未作注释，乃成绝笔，因此，第二章只留下了目录。全书共二十万字左右。"[1] 从陈独秀的这种编辑设计来看，该书与同时代的某些识字书别无二致，即重视汉字的象形和孳乳。我们现在已无法推测陈独秀当时写该书的初衷、过程和动机，我们能够猜测到的可能是陈独秀为当一名小学老师从而能够自食其力地生活做准备，这种猜测符合陈独秀晚年的境遇和心理特征。我们相信，《小学识字教本》就是陈独秀汉字教学的指导思想和心得体会。穿过重重的历史云烟，我们再次回眸中小学语文教育，竟然有一种回归人性的感觉。从前，有些人对于古代的学科"小学"太小而眼红人家那些"大学"，陈独秀却是从那些"大矣哉"中退回到了小小的汉字识字之学上来；参加革命需要志同道合，面对社会需要学识渊博，陈独秀竟然在晚年说"将来谁是朋友，

---

① 曾露珠：《陈独秀〈小学识字教本〉研究》，硕士学位论文，福建师范大学，2013 年，第 17 页。

现在完全不知道"，那着实让人心凉。也许，陈独秀在面对一群群孩子的时候，在给孩子们教学汉字的时候，他的一切的忧郁、风尘全部都被孩子们的纯洁所洗涤一净，真正能够战胜心灵的并非是"道高一尺魔高一丈"的角力而是那些简单的、无知的、纯净的孩子们。从此意义上来说，陈独秀的《小学识字教本》既是中小学语文教育研究的对象，又是治疗中小学语文教师不甘寂寞、向往浮华的一剂良药。

当前，我国的中小学语文教学法在各个大学里都是一个弱学科，教师数量相对少，想出科研成果难，学生不感兴趣、没有几个人愿意听课。中教法学科弱，在一些非师范专业的大学里还根本就没有中小学教学法这么一个专业设置。随着中小学教师资格证全国统考制度的出台，师范大学的本科毕业生也许就不再占有太大的优势了，以后，师范大学和非师范大学的界限可能会有所淡化，那些非师范大学里的学者们也可以适当考虑一下关于中小学语文教学法的相关问题了。在这种情况下，各类院校里的语言学学者们应该尽可能多地、更加主动地介入中小学语文教学法领域，这对完善中小学语文教学有着积极的意义。在中小学阶段，语文课程也不能像胡适所说的"文学的兴趣"那样把语文课变成文学课，语言学对语文课程教育应该贡献出一些自己的力量。在中小学语文课程中适度地多讲一些"人文性"的内容，那并不违语言学的宗旨，语言学自诞生之日起就从未拒绝过"人文性"。当然，在具体的专业的语言学研究中不能让"人文性"压倒"科学性"一枝独大，但是，在中小学语文教育中涉及语言学时却可以适当地多讲一些属于"人文性"的内容，在这些盘根错节之中适度地兼顾各个方面这样才能使语言学的条条干干都枝繁叶茂。

第九章

艺术与语言

艺术可以看作是人文的一个组成部分，由于它在人文中的地位突出，所以人们有时把它们并列而称"艺术和人文"或者"人文和艺术"。艺术和人文的这种特殊的关系，我们也可以从惯常表达"科学与人文"和"科学与艺术"中看出来，它们常常与同一个词"科学"对举，它们所表达的内容也有一定的相通性。本章中，我们打算对"艺术和语言"做一个简单的分析。

"艺术和语言"这一个问题，我们也可以径直用"艺术语言学"来指称。只是，"艺术语言学"一词似乎不太容易突出"艺术和语言"的关系，而是突出了"艺术语言学"作为一个"学科"的性质。在国内，提出"艺术语言学"的学者大概是骆小所先生，他说"艺术语言学就是从艺术的角度对语言进行研究的科学"①。他还在《艺术语言：普通语言的超越》的序言中说这门学科是他开创的一个新兴的分支学科，可见这个学科太年轻、不成熟。他还回顾了发展这个新学科的心路历程，他从哲学领域逐渐转到修辞学领域，在修辞学领域深挖细作的过程中创立了艺术语言学。骆小所把艺术语言分为广义的艺术语言和狭义的艺术语言，其中广义的艺术语言包括非语音、非文字的图画、体态、音乐、蒙太奇等内容。我们认为，从语言学的角度切入到艺术语言之中应当主要分析涉及语言要素的语音、文字、词汇、语法、修辞等方面，那些图画、体态、音乐等最好不被看作是艺术语言。我们阅读了骆小所的相关论著，初步认为他尚未给"艺术语言学"做出一个系统科学、框架严谨的学科体系，"艺术语言学"尚不足以称为一个较为成熟的分支学科。这个新学科充满着无数的机遇，同时也遭遇着极为艰难的起步，要想把这么一个学科研究好那实在

---

① 骆小所、太琼娥：《艺术语言：普通语言的超越》，云南人民出版社2011年版。

是太难了。

艺术语言的范围非常宽，以音乐为例，音响、音调、节奏、节拍、旋律、力度等都可以看作是艺术语言；以书法为例，形态、框架、线条、色彩等也都可以看作是艺术语言。但是，有些内容并不太适合放在语言学中去进行研究，我们在本书中所讨论的艺术语言只包括：书法中的文字因素，演讲、歌唱、吟诵中的语音因素，文学作品中的语言表达因素。其他的内容，我们暂不涉及。

一　文学文本中的艺术语言

我们对《艺术语言：普通语言的超越》一书中的语料加以归纳，发现书中绝大多数语料都是来源于小说、诗歌、散文中的书面文本，也就是说，该书主要分析了那些不太符合语法常规的句子文本，书面性强，涉及面窄，这离著者自己说的广义或狭义艺术语言的范围都有较大的偏差。

文学文本中的艺术语言绝不等于语法病句。通常认为，优秀的艺术语言具备"超常合道"的特点，也就是说，艺术语言与语言常规相违背但却又符合某种情理。我们认为，对于艺术语言我们可以猜测到这么一种状况：艺术语言是文艺作者在能够写（说）出符合语法的语言搭配的前提下有意识地进行的超常规创作，而不是文艺作者在尚未找到符合语法的语言搭配的时候就已经选择好了错误的语言表达，通俗地讲，文艺作者学会走之后可以继续学跑，但如果是先学会跑再学走就不太合适。当然，这只是我们的一种猜测，这种猜测也不一定符合文艺创作者们的真实的心路历程。

文学语言的超常搭配有很多类型，有些学者从修辞学的角度对它们进行了分类，其实有些超常搭配不一定非划定为修辞格中的哪一类别不行。例如，"我奶奶扔碗之后，放声大哭起来。哭声婉转，感情饱满、水分充沛，屋里盛不下，溢到屋外边，飞散到田野里去"。莫言在小说中用夸张性的手法写泪水之多，还用了"水分充沛"这样的词语来形容，不符合语言常规，但又不好说是哪一种类型的明显的语法错误。再例如，"马肚上浓烈的尿臊和汗酸味被马身带起的旋风漫卷着，沉重地糊涂在父亲的头上和身上脸上，久久拂不去"。说"糊涂在"简直就容易让人以为是"胡乱涂在"的脱落、错别字。"超常"和"典范"是相对而言的，"典范"具有"常规"的代表性，"超常"是"常规"的对立面，语言学对"典范""超常"都有研究、区别对待。

二　书法所体现的文字艺术

书法是不以文字意义的直接表达为标志的文字的艺术形体，书法可以书文合一（既看重文章内容，又在乎书法美感），也可以书文分离（只在乎书法美感，忽略文章内容），还可以单字书法不必成章。

"文字起源于图画"也许是汉字书法存在的原始基础和重要原因①。对于汉字来说，象形字最有特色，它与图画也最为接近。关于"书画同源"的问题，笔者的观点："历史地看，象形字和图画当同出一源，只是到了后来，二者分离了开来。"② 自从汉字脱离了图画以后，才能称为真正的汉字。到了现代，我们提出规范汉字，杜绝在非书法领域使用错别字，也不能为了书法效果而减省、改变汉字结构。书法和汉字已经成为了两个领域，不能随意越界。

在古代，按照载体的不同书法有着不同的流派。比如说，清代可以分为两个时期，"前期称'帖学期'，即以阁帖为主，承接晋唐以来的书法传统，尤其是赵孟頫、董其昌的行楷的帖学；后期称'碑学期'，是碑学的兴起与昌盛，借鉴西周钟鼎、秦篆、汉隶及六朝石刻的碑学"③。清代前期书法如郑燮《难得糊涂》，后期如阮元《五言联》（见附图），这些书法都非常有名。近百年来，我国著名的书法家主要有康有为、吴昌硕、李叔同、于右任、沈尹默等人。

姜同绚认为，汉字书体的多形貌是汉字书法存在的直接原因，她还把

---

① 姜同绚：《文字学和书法关系论略》，《重庆第二师范学院学报》2015 年第 1 期。
② 薄守生：《郑樵传统语言文字学研究》，中国社会科学出版社 2012 年版，第 46—47 页。
③ 周斌、马琳：《中国书法简史》，上海人民美术出版社 2008 年版，第 143 页。

这种多形貌分为语言书体（篆、隶、楷、行、草）和言语书体（褚、欧、颜、柳、苏、黄、米、蔡、赵）①，这个观点笔者第一次听说。不过，笔者个人觉得这种分类不太恰当，笔者认为把前者称为"书体总类"、把后者称为"书体个体"也许比较合适。在书法领域，我们无法要求绝对的文字规范，但这种情况也只能限定在书法领域内。书法有一些属于自己的理论，例如：繁则减除（《石门颂》《石门铭》 字中的"齿"省去右下角的短竖），疏当补续（《兰亭序》"和"字的"口"中加以一横），替换（《醴泉铭》"祕"字中用"礻"右下小点替换"必"左侧小点），类似变通在历代书法中非常多②。然而，如果按照严格的汉字规范来说，那些写法都是错字。除了汉字以外，其他国家的某些文字也可以有书法，但是，汉字书法是世界上最为有韵味的书法。这其中的原因主要在于汉字的线条、框架非常适合于书法，书法可以在汉字书写中得以发挥到极致。

书法在对外汉语教学中的地位也应引起人们的注意。在教学中，可以把书法和文字结合起来教学，既是习字又是书法，软笔书法硬笔书法都应该适当地教一点。陈志恺在硕士论文中认为，书法教学可以和普及文房四宝等中国传统文化结合起来③。其实，不止在对外汉语教学中应该重视书法教学，在我们的小学学字认字的阶段就应该涉及书法教学的某些内容，这种结合非常自然融洽，不会显得生硬，也不会占用太多的时间。努力在小学、对外汉语教学中普及书法教学的同时，我们还要重视关于书法的语言学理论研究。

三 吟诵艺术中的语音、语调、停顿

最近几年，诗词吟诵在古典文学领域研究得较多，许多学者把这个问题上升到非物质文化遗产保护的高度，呼吁人们要切实解决当前的吟诵濒危问题。在语言学领域，鲁国尧近年来的吟诵研究、实践很值得关注，他著有《古诗文吟诵·我学习古诗文吟诵的经历》一文，并在数所大学以学术讲座的形式进行呼吁、普及。鲁国尧说，"看来，在古代，诵读诗文的方式是'吟诵'，可以随时随地'吟诵'（如宋高宗吟诵陈修联语），

---

① 姜同绚：《文字学和书法关系论略》，《重庆第二师范学院学报》2015 年第 1 期。
② 同上。
③ 陈志恺：《国际汉语教学中的汉字书法艺术》，硕士学位论文，西北大学，2012 年。

不像今天的'朗诵'，是必须在'大雅之堂'，在正经场合，当作一件需要认真的事，拿腔作势进行的"①。当今的语言学界的其他学者尚未发现有此举动。在民国时期，赵元任对诗词吟诵有较多的研究。赵元任说："所谓吟诗吟文，就是俗话所谓叹诗叹文章，就是拉起嗓子把字句都唱出来，而不是说话时或读单字的语调。"② 郭沫若认为吟诵就是"无乐谱的自由唱"。对赵元任的吟诵艺术进行研究，目前在古典文学领域、音乐学界都已经有一些成果问世，但是，语言学界对此研究的成果却非常少见。其中，博士学位论文《中国传统吟诵研究——从节奏、嗓音和呼吸角度》③ 用实验语音学的方法对传统吟诵进行了研究，其他的同类的语言学研究成果确实为数甚少。

在古代，诗词、歌曲、音乐、舞蹈往往是合而为一的，通常不会截然分离，吟诵是习以为常的事情。《周礼·春官宗伯下》曰："以乐语教国子，兴、道、讽、诵、言、语。"④ 其中，"诵"应该就是指吟诵。按照现代学科分类来说，吟诵是音乐、语言学、文学的结合。赵元任本身就是一位语言学家、音乐家；现在对赵元任的文艺研究的成果已经不少了，例如《赵元任艺术歌曲研究》⑤ 就是其一。到了现代，吟诵已经处于濒危状态，成了需要保护的非物质文化遗产。至于濒危原因，"也正是由于吟诵无曲谱这一原因，所以才使得吟诵无论在哪种传承方式中，都必须以口传心授的形式进行，这给吟诵的传承带来了困难"⑥。当然，也有个别学者为吟诵谱过曲，这样一来，吟诵就可以通过纸面上就能够演习了。例如，赵元任就曾用常州话给李白的《月下独酌》谱过曲。在传统吟诵中，方言的音、调、腔都很重要，可以说，古代的诗词吟诵主要是以方言为基础来进行的。古代的吟诵素材，主体部分是诗、词、曲、赋，同时还包括其他的韵文、不押韵的一般散文，甚至可以说任何体裁的文字形式都可以吟诵。

---

① 鲁国尧：《古诗文吟诵·我学习古诗文吟诵的经历》，《甘肃高师学报》2013 年第 4 期。

② 秦德祥等：《赵元任　程曦　吟诵遗音录》，商务印书馆 2009 年版，第 102 页。

③ 杨锋：《中国传统吟诵研究——从节奏、嗓音和呼吸角度》，博士学位论文，北京大学，2012 年。

④ 孙诒让：《周礼正义》，中华书局 1987 年版，第 1724 页。

⑤ 张婷：《赵元任艺术歌曲研究》，硕士学位论文，四川师范大学，2010 年。

⑥ 杨玫：《吟诵的音乐性文献及吟诵在学校教育中的传承研究》，硕士学位论文，中央音乐学院，2011 年，第 15 页。

古人写诗作词，常常是作者先反复吟诵拿捏用字然后才落笔写成，如果是先写了几个字往往就要通过吟诵来反复修改。

古典文学专家赵敏俐对吟诵进行过分类，他认为："把那些'土得掉渣'、'原汁原味'的'私塾调式'的吟诵称之为'传统吟诵'，而把其它几种方式，根据它们与音乐的关系，可以分别称之为'普通话吟诵'或者'新式吟唱'……传统吟诵以语言为本位，它强化了语言的声音意义，但是并不排除音乐的作用……以音乐为本位的新吟唱，从总体效果来讲要比传统吟诵和普通话吟诵更能体现音乐之美。因而从美听的角度来讲，它也更能被当代人所接受，更适合于宣传和表演。"[1] 传统吟诵在当今的教育中较难传承，在中小学教学大纲中都难以找到自己的位置和理据。音乐教学中不教传统吟诵，中小学语文教学中一般也都不会有传统吟诵。可以说，传统吟诵是私塾教育向现代教育发展断层中的一种遗漏。

四　流行歌曲、演讲中的语言艺术

流行歌曲的文本语言部分属于语言文字学的范畴，它的乐谱部分应当归属于音乐学，我们这里简单分析一下流行歌曲的文本语言。演讲主要是一种有声言语活动，虽然也涉及演讲稿的问题，但是演讲稿无法显现出声音、语调、停顿等信息。

（1）流行歌曲的文本语言研究

通常认为，流行歌曲发源于清末民初，其后经历了许多不同的阶段。由于历史资料和我们的专业水平的限制，我们在此只能大体说一下当代流行歌曲的相关情况。张璐在硕士学位论文中说，"自 20 世纪 80 年代以来，流行歌曲歌词作为一种语言元素已融入到人们的生活之中，并发散着影响力。而对于艺术语言体系，语言学家因为它属于'言语'的范畴而对之重视不够。文艺学虽然注意到了它的重要性，但他们更注重艺术语言表现出来的丰富的社会内容和心理内容。应该说，在很大程度上，艺术语言是自然语言经由种种途径、方法艺术化而形成的，但对从自然语言到艺术语言的艺术化过程及其规律的研究则很少有人问津"[2]。我们认为，语言学

---

① 赵敏俐：《论传统吟诵的语言本位特征》，《首都师范大学学报》2013 年第 6 期。

② 张璐：《当代流行歌曲歌词的语言艺术》，硕士学位论文，华中师范大学，2005 年，第56 页。

研究应该关注流行歌曲这样的研究对象，只是呢，如何深入、如何创新确实具有不小的难度。

流行歌曲的文本中常常使用一些衬字、语气词叹词、单音词、叠词等，这样可以增强流行歌曲的抒情、音乐效果。下面，我们对每种情况分别举一例来了解一下。赘词、衬字，如："冒着敌人的炮火，前进，前进，前进**进**"（《义勇军进行曲》）中的"进"可以看作是赘词，"前进"表意完备，其后再加一个进字在意义上纯属多余。语气词、叹词，如："啦啦……想她／啦啦……／她还在开吗／啦啦……／去呀／她们已经被风吹走散落在天涯"（《那些花儿》）中的"啦啦""呀"具有很好的音乐效果，但是，它们并无非常明确的表意功能。单音词，如："多少恩爱匆匆葬送／我心中／你最**重**／悲欢**共**／生死**同**／你用柔情刻骨／换我豪情天**纵**"（《霸王别姬》），这些单音词的使用"使歌中的情绪骤然紧张，仿佛内心剧痛步步逼近，阵阵抽搐，让人压抑得难以喘息"[1]。汉语在发展历史上曾有过单音词复音化的趋势，在流行歌曲中偶尔可以通过这种反向选择，使用单音词能够实现重音、音长的增强效果。叠词，如："曾经在幽幽暗暗反反复复中追问，才知道平平淡淡从从容容才是真"（《再回首》），这种叠词使得缠绵的情感进一步延伸，既能强化感情基调，又能在一定程度上平复心理落差。陌生化、新鲜感，如："蓝蓝的天上云朵朵，美丽的河水泛清波。雄鹰在这里展翅飞过，留下那段动人的歌。Hong ma ni ma ni bei bei hong, hong ma ni ma ni bei bei hong"（《家乡》）。另外，在流行歌曲中词语的词性常常也会有所改变，有时会出现一些特殊用法，如："因为路过你的路，因为苦过你的苦，所以快乐着你的快乐，追逐着你的追逐"（《牵手》）。

流行歌曲文本语言的特点还有很多，在此我们无法一一穷尽列举。通常情况下，流行歌曲的语言要服务于表达感情的需要，要有音乐性、音乐感，主要是用于"唱"。但是，近年来出现了一些新式的说唱歌曲，例如周杰伦的一些歌曲。这种说唱歌曲，有点儿类似于古诗词的传统吟诵，同时又具备现代音乐的唱法，包括一系列的杂糅成分。从文本语言的角度研究流行歌曲，虽然突出了文本的重要性，但是还要抓住流行歌曲"音"

---

[1]　张璐：《当代流行歌曲歌词的语言艺术》，硕士学位论文，华中师范大学，2005 年，第11 页。

的方面，选择什么样的文本一般都不能与该歌曲的基调音相违背。

（2）演讲中的声音语言研究

在大学里，"演讲与口才"常常作为普通话、逻辑学课程的延伸，在课堂上有时还可以举行演讲比赛。但是，在具体的学术研究上，关于演讲的学术成果并不多。尤其是把演讲放在语言学的领域中进行研究，这样的研究成果更少，诸如硕士学位论文《演讲有声语言研究》①这一类的研究成果常常也不够深入。在研究演讲时，我们主张主要从声音的角度加以研究，不一定要涉及太多演讲稿的文本因素。

演讲是"演"和"讲"和谐统一，需要"演"、"讲"同步，需要"声"、"形"结合。因为演讲者一般都是立于讲台、高处发言，活动空间有限，所以，演讲者的体态语言通常是靠手势、头部动作、眼神来表现，这就与跳舞时的动作相区分。这样一来，演讲事实上是以"讲"为主，"演"一般都不能过度，如果演的成分占多数了那可以称为"演戏"而不再是"演讲"。"讲"与"说"有着一定的不同。"说"时一般要求朴素化、平常化、自然化、口语化，不然的话，那种"说"就显得有点儿做作、甚至会令人生厌。"讲"时一般都会允许一定程度上的"做作"，因为"讲"往往是一对多进行而不是一对一讲，这样一般不会让人感觉某句话讲的不自然，只要讲话顺畅、不磕磕绊绊，很少有人会以朴素化、自然化来要求演讲者，在演讲时可以偶尔加入一些非口语化的文言成分。同时，"讲"很重视各种副语言成分的运用。

演讲时需要合理运用各种"类语言"（副语言），这主要包括语调、语速、停顿、节奏，等等。这些副语言的使用和选择非常重要，这也正是演讲与一般的书面交流不同的地方。不同的副语言代表着不同的感情基调，情绪的、理性的、共鸣的、分歧的、平淡的等一切的感情基调都可以通过副语言表达出来。例如，闻一多《最后一次演讲》："今天，这里有没有特务？你站出来！是好汉的站出来！你出来讲！凭什么要杀死李先生？（厉声　热烈地鼓掌）杀死了人，又不敢承认，还要诬蔑人，说什么'桃色事件'，说什么共产党杀共产党，无耻啊！无耻啊！"这里边的副语言成分就非常多，如果是心平气和地"说"出来或者"读"出来，这样的表达就非常不合适，这说明了语言成分和副语言成分要搭配协调才行。

---

① 张岚：《演讲有声语言研究》，硕士学位论文，安徽大学，2011年。

有些学者把演讲归结为"修辞艺术"，包括词语修辞、辞格运用等，把语音、词语、句法等等列为"修辞技巧"①。这应该是一种"大修辞"，并不限于传统上所说的"修辞学"。我们认为，研究演讲一定要把握演讲中的诸多因素，而不是仅仅强调其中的"修辞"，在语音、词汇、语法、修辞等每一个方面都要涉及，研究演讲尤其应该以语音研究为重点。

五　关于艺术语言的一点理论思考

陈光磊曾说，"语言使用的三种形态……就像我们走路的步伐一样，我们平时走路是一个自然形态，这就是我们的自然语言，这是语言的自然习惯、自然形态；而在天安门广场上检阅的时候要正步走，那就是一个规整的姿态，就像我们的科学文体、法律文体，整个是规矩的，有程式的，是规整形态；另外还有舞台上跳舞的步伐，摇曳多姿，那就是艺术的形态，好比是文艺语体，是语言的艺术形态"②。艺术语言就是语言的艺术形体，艺术语言就是自然语言的舞蹈。

关于语言与艺术的问题实在是太多，我们在此无法一一解决。比如说，作为艺术的语言（有些语言可以作为某种艺术形式）的范围究竟有多大？书法、演讲、吟诵、流行歌曲、文学，其他的还包括哪些呢？这些不同类别的艺术语言之中，语言学的作用或者说价值究竟占它们这些艺术的效果的多大比例？对于艺术语言，除了在修辞学的框架内打转转外，语言学还能够提供哪些研究手段和研究视角？这些问题无疑都在困扰着语言学这个学科。

在艺术语言中，常常涉及"陌生化"、"非意义"、"零语值"等术语。陌生化常常是建立在探索—反馈受众的兴趣点的基础上提出来的有针对性的艺术策略，在一定程度上迎合了受众所感兴趣的猎奇心理。艺术表达者在运用陌生化的策略时，一定要牢记自己的表达初衷，通过陌生化的艺术途径达到熟悉化的内心情感，不是为了猎奇而猎奇，更不能达到怪诞的程度，要能够做到迷途知返。非意义通常是艺术表达者并未给出一个确定的、不变的、唯一的思想、结果，受众在自己的大脑近似一片"空白"

---

① 王佳琪：《现代汉语演讲的修辞艺术研究》，硕士学位论文，西北师范大学，2011 年。

② 张宜：《历史的旁白：中国当代语言学家口述实录》，高等教育出版社 2012 年版，第314 页。

中苦苦追寻"真相"究竟是什么，非意义是艺术语言的暧昧表达的极致——甚至是每一个受众都能够根据自己的情况、自己的感受想到自己所期望的理解，每一个受众都可以对自己的想法深信不疑，而不同受众之间的理解就变成了歧义纷呈。非意义不是"无意义"，只是艺术表达者并未在字面上给出一个确定的意义而已。完全的无意义就是"零语值"，废话，并且受众并无探求究竟是什么意义的"欲望"。艺术语言中的这些特征，常常是日常语言所批判的做法，人们并不赞成在常规语言中使用过多的艺术手法。

涉及语言与艺术的几个领域中，研究相对成熟的可能要数书法。书法是体现语言文字艺术的少有的领域，但它在目前很难被纳入语言学的学科体系。很多从事书法的人其实并不懂太多的文字学，练习书法也许不需要有太多的文字学知识，大多数文字学家也不是书法家。现实生活中，也有很多从事书法的人纯属附庸风雅，只有少数人具有创作精神地在从事书法实践与理论探索。启功、蒋维崧等学者既是大书法家，又是文字学家，他们曾经都想成为贯通书法理论和文字学的大家，但是，他们都没有能够很好地把这两者真正地融合起来研究。这也说明了研究艺术语言的难度确实很大。

艺术和科学是非常不同的两个部门，有时候它们并不容易得到协调的发展。自近现代以来，语言的艺术的成分已经被严重削弱，日常语言也越来越干瘪；相反，各门艺术也离语言渐行渐远，简直就不再是正常语言。作为语言学思想之一，我们对"语言艺术"需要重新进行审视。

本章简单谈及了"艺术与语言"这个论题，内容较为单薄，有章无节，这主要因为该项研究难度大，我们对这个问题的研究也还很不够。希望语言学界以后加强对这一论题的研究，希望有更多的语言学者加入到这一研究中来。

第十章

文学与语言

在涉及语言的各类艺术之中，也许文学是与语言关系最为紧密的艺术领域，文学也是人们研究的最为成熟的艺术学科之一。"文学是语言的艺术"，意即文学是由语言材料构建起来的艺术品之一，并非语言自主、主动地艺术化为文学。

从学科源流上来说，本来文学和语言同起于一家（主要来源是经学），但是，在现代学科分化之后，语言学和文学两者之间渐行渐远，以至于到了今天两者似乎已经成了两门不太相关的各自独立的学科了。著名语言学家刘叔新曾出版《语言学和文学的牵手：刘叔新自选集》[1]，该书包括诗歌的语言学分析、语言学论文、散文诗歌创作等内容，只是该书并未获得一个较大的学术影响。刘叔新作为语言学家被人们提起的还是他的纯语言学著作《汉语描写词汇学》[2] 一书。

在文学和语言学的问题上，刘半农的观点相对来说较为极端、彻底。**刘半农主张将文字与文学严格分类，"凡科学上应用之文字，无论其为实质与否；皆须归入文字范围"**。他把新闻通信（普通纪事体）、官文告令、日记信札以及文学革命中争论的文章统统归为文字的范围，**"其必须列入文学范围者，惟诗歌戏曲、小说杂文、历史传记三种而已"**。他主张把文字与文学严格分开，对于文字来说，"只须应有尽有，将所记之事物，一一记完便了。不必矫揉造作。自为增损"[3]。刘半农在这里用"文字"与"书面文学"相对，其观念主要反映了他对语言学和文学的关系的认识。我们认为，把语言（学）和文学截然地分开，并非"文学改良"的必备

---

① 刘叔新：《语言学和文学的牵手：刘叔新自选集》，南开大学出版社 2004 年版。

② 刘叔新：《汉语描写词汇学》，商务印书馆 1990 年版。

③ 刘半农：《我之文学改良观》，载胡适《中国新文学大系·建设理论集》，上海良友图书公司 1935 年版，第 64 页。

条件，世界上绝大多数的语言都能够很好地适应丰富多彩的文学创作。

关于语言与文学的相关问题比较复杂，我们很难在一个较短的篇幅内把这个问题说清楚，本章内容也难以做到对这个问题进行全面的分析。在此，我们粗略地介绍一下语言和文学的关系，在理论方面做一个浅显的说明，重点是通过举例示范的方式来处理这个问题。本章第二节"语言学史视域中的 30 年代大众语运动"就是一个示例，我们通过这么一个示例"解剖一个麻雀"来展示语言和文学的关系。有关语言和文学的关系的更为全面、更为宏观、更为系统的研究，目前我们还难以做到，本章暂且这样安排内容。

第一节　语言的文学与文学的语言

人们在讨论"语言和文学"的关系时，常常会把"语言"和"语言学"搞混，这不利于正确地认识它们之间的关系。文学与语言关系密切，文学就是由语言材料构建而成。文学还与语言学存在着关联，这主要在于语言学观念影响着人们对语言材料的选择，同时，文学观念和语言学观念也存在着某些相互的影响。至于语言和语言学的关系问题，那主要地属于语言学内部的问题，在本章中我们不拟对此展开、过多地讨论。

我们应该把语言和语言学区分开来，最好不要笼统地混同在一起。在"语言的文学与文学的语言"这样的表达里，"语言"主要是指语言，一般情况下并非指语言学。在"文学与语言"这样的表达里，"语言"主要指称语言，同时也可能兼指语言学。语言学是研究语言的科学，它的研究对象是语言，语言是客观的但却不是静止、不变的，语言学不能预测、规定语言的每一个变化动作，但是语言学在语言演变的过程中确实能够起到某种特定的影响，也正是这个原因，我们才说语言和语言学的关系特殊、复杂，不是简单的"客观物质"和"自然科学"的关系。语言学既有自然科学的成分，也有社会科学的因素，语言学是二者的结合。

在这里，我们打算简单分析一下"语言的文学与文学的语言"这一命题。

首先是"语言的文学"。"语言的文学"通常就是指"由什么样的语言材料建构起来的文学"，比如说，文学有英国文学、西班牙文学、俄罗斯文学、中国文学、吴方言文学，等等。因为英语是全球许多国家都在使用的语言，所以，我们在说"英语文学"时常常不能确定作者、国籍、文学特点，美国文学中的大多数作品都可以划归英语文学。"英国文学"主要是指当代和历史上的英国人民创作的文学，其语言材料以英语为主，也即是说，我们通常所说的"英国文学"事实上就是指"英国人民创作的英语文学"。至于"吴方言文学"则直接以方言分区命名，"吴方言"不是一个国家、行政区划的称谓，是中国语言的一个次类。沈兼士在《今后研究方言新趋势》中说，"歌谣是一种方言的文学，歌谣里所用的词语，多少都是带有地域性的，倘是研究歌谣而忽略方言，歌谣中的意思、情趣、音调至少会有一部分的损失。所以研究方言，可以说是研究歌谣的第一步基础工夫"①。方言文学的研究，离不开作为语言学的一个分支学科的方言学的研究。其他的各类文学的研究也是一样，必须以对该种语言有一个较深的语言学研究为前提，如果没有这样的"基础工夫"则很难深入的、切合实际的去研究那种文学。当我们提到"五四白话文学"的时候，强调构成文学的语言材料的意味尤为明显，文学的主要构成材料是五四白话文而不是文言文。

其次是"文学的语言"。"文学的语言"通常是指语言的某种文艺变体，往往有强调其与"常规语言"有别的意思。周振甫在《中国修辞学史》中说，"同样讲修辞，语文修辞里讲的，跟文艺性修辞里讲的还有不同。本书讲的修辞学，以文艺性的修辞学为主……主要是文艺性的，与《修辞学发凡》的讲法不一致"②。文艺性修辞其实就是语言的某种文艺变体，它与我们的日常语言、"常规语言"中的使用不太一致。就共时层面而言，文学对语言的推动作用不宜被高估，且不说"读者圈即是作者圈"的文学，就是某些畅销的文学作品对语言的引领作用也非常有限。因为中国固有的本土传统，文学"经典"基本上都不包含"当世"作品，普通的文学作品要想成为真正的经典往往需要经历岁月的洗濯，让那些种种华而不实的花哨语言在时间的流淌中逐渐的涤荡无存，甚至是后人还要特意地修改掉原作品中的过于"个性化"的语言因子，经过这样的过程的文学经典才有可能成为语言规范的参照之一。文学是现实生活中的重要组成

---

① 沈兼士：《沈兼士学术论文集》，葛信益、启功整理，中华书局1986年版，第42页。

② 周振甫：《中国修辞学史》，江苏教育出版社2006年版，前言第8页。

部分，但是，人们却无法生活在文学里面，人们却时刻也离不开话语、语言，这种"小老百姓"们的常规语言正是人类语言的主要组成部分。当我们面对这样那样的文献（包括文学文献）时，那已经是在有意无意中偏离了"人类语言的主要组成部分"，以至于可能会"一叶障目不见泰山"。正是因为如此，在任何的历史时代我们都不能过分地夸大文学语言的作用，同时又不能完全地忽视文学语言的作用。文学作品的面世有着复杂的个人心理、社会原因，不一而足，很少有为了语言学习和语言规范而创作的文学作品，那种专门为中小学语文教科书准备的文学作品可能少而又少，那些专门为语言学学科而创作的作品至多不会超越赵元任的《石室诗士食狮史》。从文学欣赏、文艺美学的层面讲，《石室诗士食狮史》简直就糟糕透了，晦涩、丑恶、呆板、无趣，这样的文学作品是不会流传至今的。然而，正是赵元任把它看作是语言学创作，它才得以流传下来，并且其学术价值不菲，这也就从另一个方面说明了它不是文学作品。历史地看，"文学语言"的作用常常被人们夸大了。因此，我们认为，文学语言只要能够实现自己的文学表现即可，为了达到这样的文学的目的，我们不妨适当地放宽对文学语言的要求，只要它们能够衬托出一种扬善、唯美、不淫、不乱、健康、生态、希望的良性语言环境就行了。语言对文学再宽容一些，文学对语言再善意一些。

"语言的文学"是刚性的，"文学的语言"是柔性的，两者处在非常不同的逻辑层次上，不能简单粗暴地进行比较、关联。语言和文学可以牵手，但人们要分清"哪儿归哪儿"的问题，不能眉毛胡子乱扯毛。

第二节　语言学史视域中的 30 年代大众语运动*

本节内容主要探讨 20 世纪 30 年代"大众语"和当时的"大众文学"的关系，研究对象较为具体、狭小，时空涵盖面都很有限，对本章内容来说本节内容主要起到"解剖一个麻雀"的示例作用。要想全面、宏观、

---

* 本节内容曾经发表于《文艺争鸣》2014 年第 2 期，在此略作修改。文章发表以后，人大复印资料《中国现代当代文学研究》2014 年第 5 期全文转载，人大复印资料季刊《文学研究文摘》2015 年第 2 期摘要。

系统地研究"语言和文学"的关系，那需要涉及更为广阔的时空，需要拥有、针对大量的、广泛的、具体翔实的研究材料，这样的研究工作我们目前还做不到、做不好，目前我们能够做到的只是通过"解剖一个麻雀"一步一步地进行。

一　引言："语言学"和"'文学'学"

"语言学"和"'文学'学"隔膜很深，"'文学'学"和"语言学"距离很远。

近代科学以来，学科分化越来越精密，"语言学"和"'文学'学"渐行渐远。大约是术业有专攻的缘故，学问越"大"往往其研究就越假，研究越"精"常常其学问就越大。2010 年前后，语言学家陆俭明、刘丹青等向教育部、国务院学位委员会提议建立"语言学"一级学科①，以期与国际接轨。但是，据说"'文学'学"家们反对那个提议，认为学科也要符合学科国情。2011 年国务院学位委员会公布学科新目录，"语言学"的相关专业依然作为"文学"下面的二级学科。

把"语言学"和"'文学'学"拉上同一条船，挤撮成一对鸳鸯，未必真能成事。近百年来，众多"'文学'家"中能够谈一点语言学的大概主要有鲁迅和林语堂。林语堂是德国莱比锡大学语言学博士，回国后原本打算在语言学领域大显身手，岂料中国的学术环境太过"土气"（他的"小学"功底也常常受"语言学家"们耻笑），他一个洋博士呼吸不畅，只好转行做了文学家。当然，林语堂还扎扎实实编过几部汉英辞典，不可小觑。鲁迅弃医从文以后，成长为一名优秀的作家。鲁迅在文章里提过他有好几位老师，章太炎就是其一。鲁迅曾一顾茅庐免费听了次《说文》，从此也算是章氏"弟子"学过"小学"。在《门外文谈》里，鲁迅说"再好一点的是用罗马字拼法，研究得最精的是赵元任先生罢，我不大明白"②。其实，创制字母文字还算不上什么，像赵元任那样的方言、音韵研究才更像语言学。"'文学'学"家（研究文学的学者）们很少有人敢自比"'文学'家"（创作文学的艺术家）鲁迅和林语堂（至少鲁迅同时

---

① 薄守生：《郑樵传统语言文字学研究》，中国社会科学出版社 2012 年版，第 222—228 页。

② 鲁迅：《鲁迅全集》第 6 卷，人民文学出版社 2005 年版，第 98 页。

还是"'文学'学"家）。就这样，"语言学"和"'文学'学"隔膜了近百年，在它们二者之间很难找到契合点、共同语言。

"'文学'学"上有不少的谜，20世纪30年代的大众语运动就是其一。不过呢，好在它正处在"'文学'学"和"语言学"的契合点上，在语言学上它可不是个什么谜。"'文学'学"实在是拗口，在下文中，笔者将使用诸如"文学研究"一类的表述。在此之前不费拗口，只是为了和"语言学"相对而称。当然，也有个别学者认为文学也谈不上"研究"，更多的是一种"评说"，或者叫"评论"，例如，期刊《文学研究》于1959年更为现名《文学评论》。有个别学者为了显示精英意识喜欢用"文学批评"一词，使得汉语语境下的"小老百姓"对此有点紧张并且讳莫如深。也有个别学者主张"文学批评"包含于"文学评论"之中，二者内涵不同。但是，笔者倾向于认为文学谈得上"研究"，不然的话，诸如"中国现当代文学"作为一种"学科"那就有点儿儿戏了。在文学研究领域，关于"大众语运动"的话学者们说过不少，但从来就没说明白过，甚至越说越糊涂，简直就是个烂泥塘。相反，在语言学领域，对于它学者们解释的相当少，似乎不太值得说，大概是因为它太浅陋吧，它最多也不过是半截小溪，更不曾源远流长过。

现今，"学院式的语言学家"们很少涉入文学研究；但是，对于"大众语运动"来说，它还真的需要做一番"纯而又纯的语言学"研究。近年来，笔者一直在从事"民国语言学史"研究，为"大众语运动"写上一笔也算是尽了笔者的本分。

二 发挥：拿"语言"给"文学"断史

作为一种研究方法，拿"语言"来给"文学"断史在逻辑上并不荒谬。只是，当"语言"和"文学"纠缠在一起，我们就需要小心翼翼，谨防循环论证。

1. 中国现代文学史

按照惯例，我们常常把"五四"新文化运动定为中国现代文学的起点。但是，"五四新文化运动"并非确指"五四"那一天，也非1919年这一年。中国现代文学的起点有"1919说"、"1917说"、"1915说"、"1912说"、"1898说"等几说。其实，如果要保留"五四新文化运动"的提法，不妨把它的起点约略算到1912年2月12日清帝宣诏退位。这样一来，中国现代文学的起点可以定为"1912 年前后"。事实上，任何历史都不会因为某个所谓的"节点"而戛然而止，人类历史是个"连续统"，不是什么"离散点"。我们给学术史分期划段，首要的依据是纯粹意义上的"学科特点"和"学科规律"。在此前提下，我们必须明确分期划段的"目的"是为了便于总结学科规律、细化学科研究。这样的"目的"要求我们既不能"遗忘和遮蔽"什么，也不能"重复或拼凑"什么，至于其"名称"或"提法"倒不是最重要的。丁帆曾提出过"民国文学史"的观念①，学界对此反应不一。"民国文学史"起自 1912 年 1 月 1 日或 1911 年 10 月 10 日或 1912 年 2 月 12 日，也就是"1912 年前后"。假如有一段历史被研究者"遗漏"了，提出一个新"名称"来强化、补充研究就显得非常必要。假如因为多出了几个新"提法"，造成了研究上的诸多"重复"，那就有点儿冤枉。

"现代文学"曾是个新"名称"，"新文学"也曾是个旧"提法"②。幸运的是，我们并没有因为多了个"名称"而造成太多研究上的冤枉。

"新文学"再往上追溯是"白话文学"，但"白话文学"不一定是"新文学"，到了"五四时期的白话文学"才算数。在"托古改制"的《白话文学史》里，胡适把白话文学的历史上溯到汉武帝时代。可是，鲁迅说"新文学是在外国文学潮流的推动下发生的，从中国古代文学方面，几乎一点遗产也没摄取"③。"新文学"除了在思想内容上"新"外，在语言工具上也"新"。所以，拿"语言"来给"文学"断史自有一定的根据。

2. "现代文学"与"现代汉语"

我们不能拿"现代汉语"来给"现代文学"断史。

"现代汉语"即"现代汉民族共同语"，"现代汉语"不是"现代汉文"。通常认为，"共同语的标准音主要参照基础方言的语音标准制定，基础方言大多就是选取政治或经济或文化等的区域中心的方言。例如，伦

① 丁帆：《新旧文学的分水岭——寻找被中国现代文学史遗忘和遮蔽了的七年（1912—1949）》，《江苏社会科学》2011 年第 1 期。

② 刘纳：《新文学何以为"新"——兼谈新文学的开端》，《中国现代文学研究丛刊》2012 年第 5 期。

③ 鲁迅：《"中国杰作小说"小引》，《鲁迅全集》第 8 卷，人民文学出版社 2005 年版，第 445 页。

敦方言作为英吉利共同语基础方言是由于伦敦的经济中心地位，多斯岗方言成为意大利共同语基础方言是由于多斯岗方言区的文化中心地位"①。"标准音"是现代语言学的产物，在引入（或者虽未明确"提出"但在实践中"应用"了）这个概念以前的"汉语"尚不能称为完全意义上的"现代汉语"。建立在"超区域"的"文本"基础上的"语言"并非"现代汉语"，它只是"现代汉语"的一个组成部分，即"现代汉语"的一种"书面语言"。

刁晏斌认为"现代汉语"形成于"五四"前后②。说现代汉语形成于"五四"前后并没有错误，但是，我们不能说现代汉语"完全形成"或者"定型"于"五四"前后。事实上，笔者认为，现代汉语到了1955年以后才算"基本形成"，尚未完全定型，但已经基本定型，直到现在它都还处于发展、丰富之中。从时间上看，"现代汉语"与"现代文学"曾经携手并肩一起走过一段路。但是，我们绝对不能把它们"合二为一"。"文学"的新旧以"思想"为重心，"语言"的发展以"要素"为依凭。所谓的"要素"，主要是指语音、词汇和语法等方面。

胡适把"白话文学"正名为"国语文学"，提出"国语的文学，文学的国语"③。这时，他错误地把"语言"和"文学"合二为一。从此以后，许多学者也就跟着把它们混淆不清了。

从时间上来看，"国语运动"首先从语言学界提出，在时间上先于"白话文运动"的提出，比"文学革命"的提出要更早一些时间，只是"国语"在推行的过程中一直效果不佳。敦促教育部于1918年公布"注音字母"应当算是"国语运动"的重要成绩之一。"（1918年胡适的《建设的文学革命论》）发表后，'文学革命'与'国语统一'遂成双潮合一之观……（1919年国语统一会）底'国语统一''言文一致'运动，和《新青年》底'文学革命'运动，完全合作了"④。文学革命在"文学的场域内"取得了很大的成功，这无疑对国语运动起到了一定的推动作用。然而，当时"作者圈即是读者圈"，"大众"是文学之外的存在；报章文

---

① 薄守生、赖慧玲：《当代中国语言规划研究——侧重于区域学的视角》，中国社会科学出版社2009年版，第126页。

② 刁晏斌：《现代汉语史》，福建人民出版社2006年版，第10页。

③ 胡适：《建设的文学革命论》，《新青年》1918年第4卷第4号。

④ 黎锦熙：《国语运动史纲》，商务印书馆1934年版，第70—71页。

体、应用文体照旧是文言。所以，国语运动并没有因此而获得真正的胜利。

一言以蔽之，所谓的"现代文学"和"现代汉语"的关系，只是在"文体语言"上存在契合点，并无其他的关系，不能把"文体语言"扩大化。像胡适那样混淆了"语言"和"文学"之间的关系，必然会造成诸多学术上的混乱。

三　本论：30 年代大众语运动史纲

20 世纪 30 年代大众语运动史料丰富，相关研究也不少，但认识并不统一。下面，我们先综述一下相关史实，然后简要列举几条相关资料。

1. 简要史实

谈大众语运动大概可以有三种方法：（1）"事件"发生、发展、死亡的轨迹"素描"。这原本是最简单的方法，也是最为客观的处理方式。遗憾的是，人们对"事件"本身的理解（所指）并不相同，这便不再是个实用的好方法。（2）人物传记，对涉及大众语运动的众多历史人物一一介绍，具体"事件"由读者自己在脑海里重拼而成。《二十世纪中国的语言学》有"白话文运动和大众语运动"一节①，就是这种传记体。这种方法的缺陷是琐碎，不利于阅读。（3）分学科领域来叙述，主要是文学史和语言学史两个学科。学术界常用第三种方法。

何九盈《中国现代语言学史》有"现代语文运动"一章，前两节是"现代书面汉语的形成"和"现代标准汉语的确立"②，这两节标题的这种平举具有浓烈的对比意味。大众语运动是放在"现代书面汉语的形成"中来叙述的，从晚清到"五四"到 20 世纪 30 年代，介绍甚为简略。笔者把何九盈书中的内容综述如下：1934 年 5 月 4 日汪懋祖发表《禁习文言与强令读经》倡导复古读经，接着，许梦因《告白话派青年》推波助澜，沉渣开始涌流。7 月 15 日，白话文运动的发起者之一胡适发表《所谓"中小学文言运动"》予以驳斥。6 月 18 日陈子展发表《文言—白话—大众语》，6 月 19 日陈望道发表《关于大众语文学的建设》，大众语

---

① 盛林、宫辰、李开：《二十世纪中国的语言学》，党建读物出版社 2005 年版，第 48—60 页。

② 何九盈：《中国现代语言学史》，商务印书馆 2008 年版，第 17—46 页。

运动由此轰轰烈烈地展开了。在这场讨论中，陈望道起到了很好的组织作用。

"五四"白话文在"文学语言"方面突破了文言文的樊笼，小说、散文、诗歌、戏剧都有了较为明显的"白话"，但其中也会夹杂一些文言僻字，同时还出现了一些新的欧化句法。在报章文体和应用文体方面，包括公文、公告、社论、礼单等还是以文言文为主。瞿秋白在"文艺大众化"的讨论中涉及了文学语言问题，要求抛弃五四白话"非驴非马的骡子语言"，实现更为彻底的"白话"。陈望道等人组织的大众语讨论，可以看作是对此前"文艺大众化"的延伸和呼应，具有更为广泛的社会性。在当时的讨论中，几位报刊编辑起到了重要的推动作用，当时集中刊发大众语讨论的报刊主要有《申报·自由谈》、《中华日报·动向》、《太白》等。以陈望道等人为中心的大众语讨论火山喷发了几个月，然后就完全平息了，他们对"大众语的标准"争论不少，进展却不大。如果把1934年的这几个月细分为几个阶段，大体如下："5月至6月：酝酿期……7月至8月：混战期……以至当时就有人惊呼：'现在问题被弄得一塌糊涂了'……9月至10月：平息期……在曹（聚仁）的公开信影响之下，以前对大众语讨论作壁上观的京派文人，这时也开始置身其间……在10月以后，大众语的讨论便在不知不觉之中偃旗息鼓了；第二年即完全被悄然而起的新文字运动所取代"①。至于"新文字"运动，我们可以把它看作是一个相对独立的运动，只是"大众语"曾与它擦肩而过罢了，它与"大众语"发生关系更多的是一种巧合，不能把它看成是"大众语"的第二个发展阶段。

2. 相关资料

与大众语运动有关的书籍资料，有几种值得关注。

（1）文振庭编《文艺大众化问题讨论资料》，上海文艺出版社1987年版。对于中国现当代文学专业来说，它是研究大众语运动的基础材料和必读书目。该书编排格局比较让人省心，颇受文学研究者欢迎。

（2）黎锦熙著《国语运动史纲》，商务印书馆1934年版。该书有一篇长长的序言专门谈大众语及大众语运动，学术价值很高。该书是立足国

---

① 黄岭峻：《从大众语运动看30年代中国知识分子的主体意识》，《近代史研究》1994年第6期。

语运动的大框架来谈大众语的，学术视角与大多数文学研究者不太相同。

（3）宣浩平编《大众语文论战》，启智印务公司 1934 年版。

（4）文逸编著《语文论战的现阶段》，天马书店 1934 年版。

（5）高玉著《现代汉语与中国现代文学》，中国社会科学出版社 2003 年版。该书中讨论大众语的章节曾全文发表在《中国现代文学研究丛刊》上，书中的内容并未有所增补。该书自始至终以"语言不仅仅只是工具符号，同时还是思想本体"为主线展开论述。书名虽包含"现代汉语"，但它不是语言学著作。与那些单纯的语言学专著相比，该书难免显得相对"空洞"了一些。

（6）刘进才《语言运动与中国现代文学》，中华书局 2007 年版。该书有"方法论思考：关于跨学科研究的史料问题"一节内容，提及作者利用了民国时期的《国文杂志》、《国文月刊》、《语文月刊》和《教育杂志》等史料。在"语言学史"和"文学史"的"关系"上，该书缺乏系统性的"学理"上的论证。与其他的文学史专著相比，该书对自己的"跨学科"研究未免"高调"了一些。

此外，还有一些专著或多或少地涉及大众语运动，因为只是零星论述，在此不再特别列举。有关大众语运动的论文也有一些，主要发表在《文学评论》、《文艺争鸣》、《中国现代文学研究丛刊》、《新文学史料》等期刊上。还有一些硕博士学位论文涉及大众语运动，在此不再列举。

四　学理：大众语运动线索缕析

从"学理的系统性"上、从"学科发展的内在逻辑"上来探讨大众语运动，对当前的学界来说是个难点，但很值得关注。

就纯学理的层面来讲，关于大众语运动的"学理"至少有如下三个角度可以探讨：（1）"发生学"上的学理。大众语运动的前因后果、社会背景、发展历程、变异分化、生命周期、历史影响，等等，把所有这些要素都纳入到一个"系统"之中，既要防止碎片化，又要确保严谨性。（2）"关系学"意义上的学理，围绕"大众语"为中心来探讨"文学"和"语言"的关系问题。（3）"语言学"上的学理，把大众语运动中的"大众语"以"语言学"律之，看看这个"大众语"究竟有多少"含金量"。在此，笔者打算详细分析（3），简要分析（2），简单提及（1）。

1. "语言学"上的学理

在大众语运动中，"大众语"只是人们论争中的一种"想象"，并非一个先验客体，也没有一个统一的标准，所以，我们无法对"大众语"进行语言学意义上的"要素"分析。陈望道曾主张以"说得出，听得懂，写得来，看得下"为大众语的标准，胡适要他们"拿出货色来看"，乐嗣炳认为"《太白》就是货色"。但是，《太白》终究不是《切韵》。

从语言学史上来看，轰轰烈烈的"现代语文运动"中不乏其人欲效颦于"我辈数人，定则定矣"①，哪怕内含"学院式语言学家"的"数人会"也有过类似的想法。"数人"也许能意见统一，大众语讨论者数十人数百人怎么统一意见？《切韵》也不是立刻就"拿出货色来看"，数十年后它被定为"官韵"时影响才大了起来，才逐渐有了一些"货色"。

在大众语讨论的过程中，那些"学院式语言学家"基本上都回避了，讨论主要靠"非专业人士"鼓吹、呐喊。赵元任收到陈望道的邀请，"赵元任没有参加会谈，来信也认为宣言不符合语文统一的要求"②，这其实就是委婉的否定。林语堂、刘半农等则被讨论者划为复古逆流。语言学家中，陈望道和乐嗣炳可能算是例外，对此，笔者给不出解释。陈望道在1938年还组织过"文法革新"讨论，当时也集中在上海，但两次讨论的参加者却少有交叉、鲜有合集（傅东华两次都参加了，但是，他的关于"文法"的观点基本上都被"文法革新"讨论所否定了）。比如说，方光焘、张世禄都是"文法"的活跃分子却不曾对"大众语"太热心。乐嗣炳对"大众语"很热心，他在1935年以后基本上不再研究语言学了，自然不是"文法"的活跃分子。"国语运动"的旗手黎锦熙也反对"大众语"，认为这么个"新名词"根本就不可能有什么"新内容"。

如果要一个成熟的语言学家去推广大众语，他至少要做如下几个方面：（1）编写韵书、词典，以期成为人们的语言规范。《切韵》如此，黎锦熙编写辞典亦如此。（2）在考察现有音系基础上列出声母、韵母、声调，数量有定，拼法规则。赵元任的"国罗"即如此。（3）列出常用词词表，给出词频，明确语法规则。民国时期，词表、词频的工作已经有人在做，语法学发展也很快。就语言规范而言，"立竿见影"的语言规划需要政治力量的推动。"群众自发"的大众语运动除了"空口白牙"的争论

---

① 《宋本广韵·永禄本韵镜》，江苏教育出版社2002年版，第2页。

② 乐嗣炳：《乐嗣炳谈大众语文运动和鲁迅先生》，载文振庭《文艺大众化问题讨论资料》，上海文艺出版社1987年版，第409页。

外，在"语言学"上并未开展具体的工作。

虽然大众语运动的语言学意义不大，历时短暂，影响也很小，但它对"现代汉语"的成长还是有一定的推动作用。经过大众语运动的锣鼓喧天，"白话"的某些缺陷被放大了；大众语运动空口白牙的吵吵闹闹，使得"白话"更有信心去进行自我改良了。

当时，文言、白话、大众语的关系比较复杂。陈望道说，"当时的复古思潮很厉害。汪懋祖在南京提倡文言复兴，反对白话文，吴研因起来反击汪的文言复古。消息传到上海，一天，乐嗣炳来看我，告诉我说：汪在那里反对白话文。我就对他说，我们要保白话文，如果从正面来保是保不住的，必须也来反对白话文，就是嫌白话还不够白。他们从右的方面反，我们从左的方面反，这是一种策略。只有我们也去攻白话文，这样他们自然就会来保白话文了。我们决定邀集一些人在一起商量商量。第一次集会的地点是当时的'一品香'茶馆。应邀来的有胡愈之、夏丏尊、傅东华、叶绍钧、黎锦晖、马宗融、陈子展、曹聚仁、王人路、黎烈文（《申报》副刊《自由谈》主编），加上我和乐嗣炳共 12 人。会上，大家一致决定采用'大众语'这个比白话还新的名称"[1]。陈望道的这个"说法"看似高明，实则为一些学者所不足信。如果要追寻这种说法"高明"的根据，大概因为瞿秋白曾批评"五四"白话已经蜕化成一种"新文言"[2]，陈望道不但要反对汪懋祖"提倡"的"文言"，还要反对汪懋祖"反对"的"新'文言'"。事实上，在 20 世纪 30 年代文言复古的时候，胡适就认定白话文在事实上已经取得了决定性的胜利，文言的鼓吹手们必然会很快就偃旗息鼓。鲁迅参与了大众语讨论，但他同时也警惕某些人只是为了"把水搅浑"。

客观来说，"在五四文化革命运动的初期，白话文在文艺阵地上虽然取得了绝对的优势。但是文言文历史长，根子扎得深，在社会上的广泛应用方面，一时还没有什么改变，这一点突出地表现在应用文上和中学语文教学实践上……语法具有极大的稳固性，汉语在五四以前虽然已经接受了印欧语的影响，开始产生了一些新的语法格式，但是汉语语法在那时发生

---

① 陈望道：《谈大众语运动》，载文振庭《文艺大众化问题讨论资料》，上海文艺出版社1987 年版，第 404 页。

② 宋阳：《大众文艺的问题》，载文振庭《文艺大众化问题讨论资料》，上海文艺出版社1987 年版，第 55 页。

的变化终究是较小的，到了五四以后继续发展下来，才有了一些显著的变化"①。对于欧化句法问题，王力、鲁迅、茅盾等都比较开明，基本属于"洋为中用"的观点，不能"为了反对而反对"。茅盾认为，"第一应该先来一番'清洗'的功夫。要剔除'滥调'，避免不必要的欧化句法和文言字眼……第二就要设法'充实'现在的白话文"②。大众语可以改良五四白话，但终归要回到白话中去。对此，黎锦熙说："'大众语'这个名词，恕我浅陋得很，简直不知道它和'国语'或'白话'有甚么异同！"③ 高名凯也认为"大众语，在某种意义上讲，其实只是'白话文'的大众化而已"④。

　　总之，从"语言学"上的学理来看，20 世纪 30 年代的大众语运动主要有两个方面的缺陷：（1）这场讨论、这场运动并无"学术性"可言，没有得到"语言学"的指导。（2）这场运动把"文体语言"严重地扩大化了，它混淆了"书面语"和"口语"的关系，也模糊了"言语"和"语言"的界限。书面语既要和口语相适应，又是对口语的提炼和提高；但口语和书面语永远都不能画等号。如果说得更彻底一些，只要还有汉语，只要汉语不死，我们的书面语就无法彻底根绝"文言成分"，口语中也难以完全杜绝作为"语言活化石"的"文言字眼"，除非汉语寿终正寝而为某种外语所彻底取代。即使是假如汉语真的灭亡了，汉语的"底层遗存"也会活在那种新的语言之中，从而在细微之处潜移默化地改变着那种语言。正是因为这样，我们在语言研究中一般都会区分语言的"主要特征"和"次要成分"，综合研究语言的"共性"与"个性"，既做"共时语言研究"又做"历时语言研究"，不走极端，不致偏颇。在文体语言的问题上，林语堂"我恶白话之文而喜文言之白，故提倡语录体"的意思屡屡被人误解，林语堂用因果关系连词"故"固然错误，但他说"'白话'之'文'"和"'文言'之'白'"却恰当地指控了当时的"文体语言"，当然也要包括"大众语"的某些错误主张。其实，对林语堂个

---

　　① 北京师范大学中文系汉语教研组：《五四以来汉语书面语的变迁与发展》，商务印书馆 1959 年版，第 2—3 页。

　　② 仲元：《白话文的清洗和充实》，《申报·自由谈》1934 年 8 月 20 日。

　　③ 黎锦熙：《国语运动史纲》，商务印书馆 1934 年版，序言第 7 页。

　　④ 高名凯、姚殿芳、殷德厚：《鲁迅与现代汉语文学语言》，《北京大学学报》1957 年第 1 期。

人来说，对于"国'语'运动"和"白话'文'运动"在后来的"合流"倾向他也许觉得不可理喻；如果是真的存在这种"不可理解"的情况，那么，很可能是因为他怀着"志不同道不合"的私心杂念，而并非他这位语言学博士的学术观念过于顽冥不化。王力认为"严格说起来，所谓文言白话之争只是旧体文与新体文之争"①，这其实是对热火朝天的大众语讨论的冷漠的参与。在这里，（2）其实也可以归入（1），特别地强调（2）就是为了点中大众语运动的死穴。

为什么会有这样的死穴？因为"文体语言"既与"文体"有关，又与"语言"有关。"在大众文艺问题的论争中，之所以对作为书面用语的'普通话'未能作出明确的界定和具体标准，还由于对文艺和语言的关系有时在理论上分辨不清"②。这样一来，我们还需要从"关系学"上来分析这个问题。

2. "关系学"上的学理

现代语文运动和现代文学有时存在着一定的互动，而这种互动也给文学研究带来一些困惑。具体到"诗界革命"、"文学革命"、"'大众语'文学"以及"文学的民族形式"等问题，它们都涉及"语言"和"文学"的关系。

探讨特定时期的"文学"和"语言"之间的关系，我们通常有三个角度可以考虑：（1）相关著作"文本"的史料关系的角度，这里所谓的史料关系是指在文本的时间先后上找因果。（2）相关著作者的人际关系的角度，以人际关系为中心把许多"事件"关联起来。（3）相关学科之间的内在逻辑的角度，可以表述为探求关系学上的学理。

我们首先从相关著作"文本"的史料关系的角度来看大众语运动。1930 年，鲁迅的《文艺的大众化》和郭沫若的《新兴大众文艺的认识》发表。1931—1932 年，瞿秋白、茅盾等提出从语言、形式、内容等方面建设"大众文学"。至此，"文艺大众化—大众文艺—大众文学"等关键词基本上串联了起来。1934 年，陈、乐阵营提出"大众语"，涉及"'大众语'文学"，于是，"大众文学—大众语—'大众语'文学"等关键词

① 了一：《今日的白话文言之争》，载文振庭《文艺大众化问题讨论资料》，上海文艺出版社 1987 年版，第 314 页。

② 高天如：《中国现代语言计划的理论和实践》，复旦大学出版社 1993 年版，第 125 页。

也串联在了一起。"大众语运动底前奏：这就是一九三二年关于'大众文艺用什么话写？'的讨论（即瞿秋白《大众文艺的问题》）。那次的讨论虽然没有展开就中止了，但是它底意义却是不可抹杀的；它，可说是这次大众语讨论底先导，也可以说是这次大众语运动底序曲"①。当然，陈、乐阵营并不单纯，错误地串联了某些关键词的可能性并非没有。王瑶说，"瞿秋白确实没有参加这次论争，大众语这一个词也是在这次论争中提出来的，但这都不能说明它与瞿秋白没有关系。这次讨论中主张大众语的许多基本论点都是一九三二年瞿氏关于文艺大众化的论点的阐述和发挥"②。其实，"大众语文学"和"大众文学"并非完全一致，牵强地把它们串联在一起存在思维上的混乱。黎锦熙也曾谈过这些关键词之间的串联关系，"的的确确用的是'大众语'，干干脆脆用的是'大众语文'，规规矩矩自己作了前进的'大众'之一员，精精致致把自己认为最好的文学的技巧运用出来，这才是真真实实从事于建设'大众语文学'"③。在关键词串联时，再加上了关键词"大众'语文'学"，那就更复杂了。孔另境论述过"白话文与大众语文的关系"、"大众语大众文和大众语文学"④，他说的"大众语文学"实为"大众'语文'学"，而非"'大众语'文学"。可见，这些围绕"大众语"的关键词串联有时确实存在混乱，比"此生或彼生"（鲁迅）歧误还多。文振庭对大众语运动有过总结，在文学史学科内，他的观点影响最大、最广。他说，"三十年代的文艺大众化运动，从一九三零年至一九三四年，经历了三个阶段，三次讨论。第一、二次讨论都由中国作家左翼联盟直接领导和发动，第三次讨论也是在'左联'的影响和支持下展开的"⑤。文振庭的这个总结，既利用了关键词串联的混乱，又抛却了某些不利于"系统化"的混乱。如果我们暂且抛却某些混乱，只做粗略的"系统"，那么，大众语运动的结构可以图示如下。

---

① 文逸：《语文论战的现阶段》，天马书店 1934 年版，第 32 页。

② 王瑶：《三十年代的文艺大众化运动——纪念"左联"成立五十周年》，载文振庭《文艺大众化问题讨论资料》，上海文艺出版社 1987 年版，第 443 页。

③ 黎锦熙：《国语运动史纲》，商务印书馆 1934 年版，序言第 97 页。

④ 孔另境：《大众语文建设之理论与实际》，载文振庭《文艺大众化问题讨论资料》，上海文艺出版社 1987 年版，第 346—356 页。

⑤ 文振庭：《文艺大众化问题讨论资料》，上海文艺出版社 1987 年版，第 482 页。

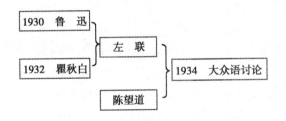

图 10 - 1　大众语讨论合流图

参与大众语讨论的相关作者的人际关系十分复杂，我们无法对他们进行一一落实、穷尽统计。在大众语讨论中，乐嗣炳提到的接受会议邀请的 12 人有：乐嗣炳、陈望道、陈子展、沈雁冰、胡愈之、叶圣陶、夏丏尊、黎烈文、马宗融、黎锦晖、王人路、赵元任[①]。陈望道提到的 12 位参会人员有：陈望道、乐嗣炳、胡愈之、夏丏尊、傅东华、叶绍钧、黎锦晖、马宗融、陈子展、曹聚仁、王人路、黎烈文[②]。他们对这次讨论的定调是"不画圈圈"，所以，实际的参与者我们已经很难确定了。此外，鲁迅、胡适、郭沫若等人也不同程度地参与进来。林语堂、刘半农、汪懋祖等人都被卷入这场讨论的话题之中。当时瞿秋白在苏区，并未参与 1934 年的讨论，但关于这场讨论的话题与他存在一定的关联。所有这些，人际关系都非常复杂。鲁迅、胡适、林语堂、刘半农等曾是"五四"白话文运动的推动者。鲁迅基本支持大众语运动，但他要保持自己的立场。胡适对大众语运动基本上是"不以为然"的态度。鲁迅说，"别有一枝讨伐白话的生力军，是林语堂先生……他一闪而将宋明语录，摆在'幽默'的旗子下"[③]。刘半农当时忙于方言的调查研究，根本就顾不上这种"民间游戏"式的讨论。作为"学院式的语言学家"的代表人物，赵元任并未对大众语运动做过过多的表态，实际上他并不赞成这样的讨论。茅盾参与了讨论，提出"不要阉割了的大众语"。汪懋祖自始至终都反对白话文，茅盾说"新的大众语尚没产生，他们（指某些支持大众语运动的讨论者——

①　乐嗣炳：《乐嗣炳谈大众语文运动和鲁迅先生》，载文振庭《文艺大众化问题讨论资料》，上海文艺出版社 1987 年版，第 409 页。

②　陈望道：《谈大众语运动》，载文振庭《文艺大众化问题讨论资料》，上海文艺出版社 1987 年版，第 404 页。

③　鲁迅：《玩笑只当它玩笑（下）》，《鲁迅全集》第 5 卷，人民文学出版社 2005 年版，第 553 页。

笔者注）先想把它阉割了！这样的'大众语'，无怪汪先生也赞成了"①，汪懋祖其实并非真的赞成大众语，只是赞成"阉割了的大众语"而已。陈、乐阵营热闹了一阵子，最后"无果而终"，自行平息了。其他的人物关系更是复杂，有些甚至都成了历史悬案。例如，茅盾说"'大众语问题锣鼓喧天来了，你一拳，我一脚，把白话文抨击得只配丢在粪坑里了：这中间，自然大多数是真心为了大众语作先锋，但也有不少是在那里替文言干那借刀杀人的勾当。'（这种人即鲁迅所谓'狗才'）"②。谁在"借刀杀人"？我们很难指名道姓地找出来。与"狗才"相关联，还有"倘有同一营垒中人，化了装从背后给我一刀"③，情况实在是复杂。再如，大众语讨论中以"寒白"为笔名发表文章④的人究竟是谁？鲁迅曾怀疑是"遗少"施蛰存，但直到 2003 年去世施蛰存一直都不承认。其他的，诸如鲁迅所说的"打旗号"的人、"远交近攻"的人⑤、"引诱我们自己缴了自己的械"的人⑥，各色人等，太复杂了。

从相关学科之间的内在逻辑来看，在共时层面"文学"和"语言"不可能存在相互定义的情形，而在历时层面"语言"先于"文学"而存在。20 世纪 30 年代的大众语讨论之所以混乱，主要在于两个方面：（1）"文体语言"的严重扩大化（笔者已在前面论述过），"语言"和"文学"循环定义。这种循环定义，有时就是简单的静态的"替代"和"混同"。"胡适从形式看问题，把文学语言与文学混为一谈，把新文学说成是'白话文学'，把文学革命说成是'白话文运动'或'国语文学运动'，结果是把新文学运动与白话文运动混同起来，以后者代替了前者"⑦。这种替代和混同，也会让"文体语言"进一步扩大化，从而抹杀了"文体语言"只是"语言"中的一个很小的类别的事实。（2）这种循环定义，更多的时候作一种复杂的动态的理解。胡适说，"我们提倡新文学的人，尽可不

---

① 茅盾：《文艺大众化的讨论及其它》，《新文学史料》1982 年第 2 期。

② 同上。

③ 鲁迅：《鲁迅全集》第 6 卷，人民文学出版社 2005 年版，第 152 页。

④ 寒白：《大众语在中国底重要性》，载宣浩平《大众语文论战》，启智印务公司 1934 年版，第 177—181 页。

⑤ 鲁迅：《鲁迅全集》第 6 卷，人民文学出版社 2005 年版，第 103 页。

⑥ 同上书，第 80 页。

⑦ 高名凯、姚殿芳、殷德厚：《鲁迅与现代汉语文学语言》，《北京大学学报》1957 年第 1 期。

必问今日中国有无标准国语。我们尽可努力去做白话的文学。我们可尽量采用《水浒》、《西游记》、《儒林外史》、《红楼梦》的白话；有不合今日的用的，便不用他；有不够用的，便用今日的白话来补助；有不得不用文言的，便用文言来补助。这样做去，决不愁语言文字不够用，也决不愁没有标准白话。中国将来的新文学用的白话，就是将来中国的标准国语。造中国将来白话文学的人，就是制定标准国语的人"①。胡适的这话原本没有错，但是，这种"将来1的A就是将来2的B"并非仅仅在于A到底是不是B，主要在于"将来$_1$"和"将来$_2$"是不是固定的、孰先孰后、前后相差多少年？胡适尚且如此，陈、乐阵营并不比胡适高明，所以，大众语问题最后被他们弄得"一塌糊涂"了。

当"内在逻辑"到了"一塌糊涂"的时候，"保守"也许不再是一个贬义词，相反，"激进"可能更会出问题。"'五四'文学革命一开始就追求文学的大众化，语言的大众化更是主要的目标。但无论胡适、陈独秀、钱玄同、刘半农还是周氏兄弟都仅仅把大众化作为文学革命的一个遥远的梦想。胡适曾明确宣告中国文学将来一定要以语言文字彻底的大众化为目标，他甚至认为汉语书写的拉丁化才是文学革命最后胜利的标志。但是当左翼文化界向'五四'一代作家急切地要求大众语的时候，胡适又严厉批评他们急躁冒进，责问他们'大众语在哪里？'他当时实在看不到哪位作家真正有能力贡献出这种理想的'文学的国语'，相反他清楚地认识到，如果用子虚乌有的大众语来取消'买办的白话文'，就等于取消刚刚开创的新文学传统唯一的载体和语言根基"②。在破与立的关系上，在"五四"文学革命中胡适采取了先破后立、破立结合的策略，胡适当时算是做了一回破的急先锋，而当大众语文学要"彻底砸破"的时候胡适却保守了起来，因为他明白那些立不起来的破可能是真的破了。

在"内在逻辑"到了"一塌糊涂"的时候，引入"国语运动"或者"大众'语文'学"这些与"教育"有关的概念也许是一种缓冲，即：既不简单地涉及纯粹的、专业的"文学"，也不简单地涉及纯粹的、专业的"语言"，只关注"语文"上的"教学"（"语文"一词又不好说成是泛泛的"文学"和泛泛的"语言"的简单"加合"，"语文"一词更多的

---

① 胡适：《建设的文学革命论》，《新青年》1918 年第 4 卷第 4 号。

② 郜元宝：《1942 年的汉语》，《学术月刊》2006 年第 11 期。

是表达一种与"教育""教学"相关的概念）。这里所说的"教学"，侧重于初等教育的教学。值得说明一下的是，人们可以对"国语运动"、"语文运动"理解不一，但"国语运动"意在教育的普及、语文的教学则无疑义。不幸的是，胡适提出的"国语的文学，文学的国语"似乎过于看重了"文学"，看轻了"教育"。教育作为一项事业，必须以国家的富强为先决条件，贫弱无教育。那么，"文学"呢，教育不昌，文学能先行？几无可能。遗憾的是，在 20 世纪 30 年代的大众语运动中，"大众'语文'学"并未得到真正的发展。"国语运动"倡导者和"大众语"提倡者处于一种冷战状态，他们不可能合作，历史史实中也不曾有过单方面合作。对此，黎锦熙感叹道："无论跑步到时代前面去的'大众语'新名发起人，和落伍到时代后面去的文言读经提倡者，对于国语运动这件事的缘起和历史进展，大多数还是很隔膜的，无怪四十年来，尽兜圈子；长此以往，永兜圈子！"①

3. "发生学"上的学理

宏观来看，大众语运动的发生、走向、性质和意义等这些近似客观的"存在"竟然常常受到不同历史时期的诸如国际思潮、社会背景、偶然因素等各种"变化"的左右。

大众语运动过去了 44 年以后，乐嗣炳回忆道："在会上，傅东华提出，把运动名称叫做'大众语运动'，他提的根据是《文学》前一两年，曾讨论过文学大众化问题，是沈雁冰、瞿秋白为主进行讨论的。但这也不是主要根据，主要是我们提倡大众化语言，语文一致，反对广大群众不能接受的夹杂文言的白话……扩大反文言反复古的统一战线。"② 在这个回忆录里，乐嗣炳确实存在一些强颜遁词、遮遮掩掩、语焉不详；对此，我们不能主观臆断、造谣惑人。乐嗣炳回忆说"大众语运动"这个名称由"傅东华提出"，陈望道（1973 年）在回忆录里则说"大家一致决定采用'大众语'这个比白话还新的名称"③，这二者虽不矛盾；但是，乐嗣炳说出了这个名称与瞿秋白的关系，而陈望道却把这种关系省略了，除了有所

---

① 黎锦熙：《国语运动史纲》，商务印书馆 1934 年版，序言第 116—117 页。

② 乐嗣炳：《乐嗣炳谈大众语文运动和鲁迅先生》，载文振庭《文艺大众化问题讨论资料》，上海文艺出版社 1987 年版，第 409 页。

③ 陈望道：《谈大众语运动》，载文振庭《文艺大众化问题讨论资料》，上海文艺出版社 1987 年版，第 404 页。

省略之外还有补充："大众语运动的宣言，我记得没有发过。我不同意把这次运动说成是我和乐嗣炳发起的，事实上运动是在许多人一起商量讨论之后开展起来的。如果说谁是发起人的话，那么这十二人都应该是发起人。"① 陈望道在这里否认发布过关于大众语运动的宣言，乐嗣炳的回忆录里却提到赵元任不赞成那个宣言。关于这个运动的发起人是谁、大众语运动这个名称是谁提出来的、这个运动与瞿秋白有什么样的关联，也同样被他们搞得很玄妙，并且他们的解释也相互矛盾。乐嗣炳修订这个回忆录的时候（1978 年），瞿秋白（领袖—英雄—"叛徒"）尚未得到平反（1980 年）但已经有可能会得到平反，傅东华在 1971 年已经去世，陈望道在讲这个回忆录的时候（1973 年）还看不到瞿秋白有得到平反的可能。在这种情况下，乐嗣炳回忆录中的"但这也不是主要根据"几乎就如同"中国的豆腐也是很好吃的东西，世界第一"（瞿秋白）。事实上，有人利用"大众语运动"故意"把水搅浑"的可能性自始至终都存在过。

　　根据"发生学"上的学理来解释大众语运动，立意实在是过于庞大，笔者不敢去做，只能如上简单提及。

五　结语：用语言学史的观念来总结

　　把 20 世纪 30 年代大众语讨论这个选题放在语言学史的学科下来研究，其研究难道着实巨大，对此，笔者确有一种"小马拉大车"的感触。另外，对于文学史学科来说这么重要的一个论题，近年来在文学史的框架内却只是兜圈子。正是基于这样的种种原因，笔者愿意把它纳入语言学史的框架内来做一番探索。

　　大众语运动之所以混乱，归根结底与"文体语言"的严重扩大化有关。语言是大海。当把整个大海装在"文学的酒瓶"里时，不免会有种种的不适应。且不说"文学语言"，就算是更大的"文艺语言"也只是"语言"的很小的一个组成部分。如果要把"语言"的全部放入"文学语言"，那就会造成"文学语言"的不切实际的扩大化，这对"文体语言"来说更是非常严重地扩大化了。就语言学史而言，"严格的说，中国历代的语言研究更像是一种'语文学'（philology）的研究，它'特别着重在

---

　　① 陈望道：《谈大众语运动》，载文振庭《文艺大众化问题讨论资料》，上海文艺出版社1987 年版，第 404 页。

文献资料的考证和故训的寻求'上，其研究对象是'文字或书面语言'，而非后代'语言学'（linguistics）研究'语言的本身'"①。也许是因为大众语倡导者们并不专门研究语言学史，他们受到了中国古代语言学的历史惯性的误导，他们试图把"语言的本身"统统都纳入"文字或书面语言"之中，这种泛化、扩大化的证据十分明显。在 20 世纪 30 年代，中国语言学已经是完全意义上的现代语言学了，从现代语言学的观念来看，大众语讨论发生在那个时候确实有点儿不合时宜。

从语言学史的观念来看，有时"文学"确实可以为"语言"提供某些语言规范，但是，那主要是一种"有意的"语言学（特别是"语言规划"的政治意图），很少有胡适所说的"有意的"文学②在短时内所能造就。或者怀着创造语言规范的目的，或者怀着"化大众"的目的，当作家们以"文学的名义"去创作文学时，也许"文学的要求被修改了"③。那样的文学究竟还是不是文学理应受到相当的质疑，也正是因为这些原因，在"大众文学"的问题上茅盾对瞿秋白的某些观点存在着疑问。让文学附丽太多，要求文学家同时也是语言学家，这实在是强人所难、越俎代庖。

文学和语言学的关系问题，已经有很多年没有学者愿意深入讨论了。我国著名文理理论学家鲁枢元曾经著有《超越语言——文学言语学刍议》一书，书中有不少语言学方面的常识性的错误。为此，伍铁平、孙逊还专门著文对《超越语言——文学言语学刍议》（中国社会科学出版社 1993 年版）进行了批评④。如果没有较为充实的语言学基础，一个学者想从文学领域跨入语言学领域实在很不容易。

在语言学史的视域中，相对于"五四"白话文运动，20 世纪 30 年代的大众语运动是"东施效颦"行为，甚至有过之而无不及。即使如此，30 年代大众语运动对文学的意义是巨大的，这正如鲁迅所言："他不看轻自己，以为是大家的戏子，也不看轻别人，当作自己的喽罗。他只是大众

---

① 王力：《中国语言学史》，复旦大学出版社 2006 年版，第 1 页。

② 胡适：《白话文学史》，上海古籍出版社 1999 年版，第 4—5 页。

③ 张卫中：《倾斜的坐标——"五四"白话文运动的语言策略及影响辨析》，《文艺争鸣》2006 年第 1 期。

④ 伍铁平、孙逊：《评鲁枢元著〈超越语言〉中的若干语言学观点——文学言语学刍议》，《外语学刊》1993 年第 2 期。

中的一个人，我想，这才可以做大众的事业"①。也许，正是自此以后我们才有了真正的"大众的事业"。当然，这样的"大众的事业"已经完全超出了语言学史研究的学术承重，也完全溢出了语言学史研究的框架视域。

第三节 "文学"的定型与"'文学'学"的生造 *

作为学术术语，"文学"和"文艺"等名词并不简单、都不单纯，这就需要我们重新对它们进行辩证。"文学"或涉"'文学'学"的某些问题，只是，"'文学'学"在汉语语感中尚属生造词，显得很别扭；"文艺"在普通人的意识里是"文学"和"艺术"的临时"凑合"，但是，作为学科的"文艺学"却不是"文学"与"艺术"的简单加合。本文将对"文学"、"'文学'学"和"文艺学"等学术名词进行一定的探索，以期人们对"文学"有一个正确的认知，使其更加名正言顺，预防人们误入歧途。在文学研究术语不断翻新、概念不停升级、马甲瞬息万变的当代学术"繁荣"的大背景下，我们重新来回顾一下人们已经耳熟能详的"文学"这样一个"老"术语却还是很有必要，老树重焕新芽。

笔者在《语言学史视域中的30年代大众语运动》中提到"'文学'学"这一说法②，这一名词确实拗口，似乎有点儿生造。在此之前，张法在《"文学"一词在现代汉语中的定型》中探讨了"文学"这一名词在汉语中的演进过程，认为这一名词给学术研究带来了不少混乱③。想想这两篇文章的思路，我们能够发现：反思"文学"这一名词和生造"'文学'学"这一说法确实有着相通之处。

张法认为"'文学'一词在现代汉语中的定型从语言上讲是一个错误"。这主要因为：现代中国同时食西方、食日本、食古代不免会牙碜，必然消化不良，使得中西方学术体系无法完全磨合、融洽。张法说："为什么西方的'*literature*'最后定型在没有'学'的含义、仅由文字形成的

---

① 鲁迅：《门外文谈》，《鲁迅全集》第6卷，人民文学出版社2005年版，第104—105页。

* 本节内容曾发表于《汉字文化》2015年第4期，在此略作修改。

② 薄守生：《语言学史视域中的30年代大众语运动》，《文艺争鸣》2014年第2期。

③ 张法：《"文学"一词在现代汉语中的定型》，《文艺研究》2013年第9期。

艺术作品的'*literature*'上，而中国却最后定型在从内容上是美的艺术、在字面却带着'学'的'文学'上呢?"这可能要涉及汉语词汇"文学"的多义性。在现代汉语中，"文学"一词究竟何指似乎没有谁能够说得很清楚。

从外文汉译词汇和对中国传统文化的继承等方面来看，大陆和台湾有时确实有所不同。在中国大陆，各个大学里的"文学院"基本上都是"中文系"的"升格"，与"外国语学院"、"历史文化学院"等平齐，"文学院"并不包含外语系、历史系等系科。大陆的有些大学里设立了"文学与新闻（传播）学院"，他们一般都要刻意强调要用"文学与新闻（传播）学院"全称，不能简称"文学院"，可见大陆大学里的"文学院"在学科类属上的精确、纯粹和单一。在台湾地区，大学里的"文学院"往往包括中文系、外文系、文学系、语言学系、历史系、哲学系、戏剧系、艺术系，等等。台湾的有些大学设立有"人文社会科学院"，没有独立的"文学院"，中文系、文学系、语言学系等专业系别都列入他们的"人文社会科学院"。仅此一例，就可以看出"文学"的处境。同是汉语语境下，"文学"竟然会有如此的不同，且不去对比中西方的"文学"这一名词了。仅就中国大陆而言，"文学"的最大的疑惑主要在于"文学创作"（既是名词短语，又是动词短语）和"文学研究"（同样既是名词短语，又是动词短语）常常混同，以至于很多时候人们对"文学"一词不得不采取模糊的处理方式。在大陆的文学研究领域，某断代文学研究中的"某某视野"、"某某机制"在近几年似乎很火，这从实质上来说就是利用了台湾地区"文学院"一词中的"文学"二字（但是，这样截取同样有违台湾地区对"文学"二字的理解，并不符合台湾地区的实情），而不是大陆本来的"文学"。这些"视野"、"机制"往往强调综合运用经济学、社会学、历史学、民俗学等一系列的学科，它们并不再限于大陆传统上所说的以"文学创作的文本"为基础的"文学"。其实，这些"某某视野"、"某某机制"也不只限于台湾地区的"文学"，经济学等学科在台湾的大多数大学里都归入"管理学院"，也就是说，这些断代文学研究中的"某某视野"、"某某机制"即使是台湾地区的大学的中文系的学者也不会去那样做，至少不会像"某某视野"、"某某机制"那样做得那么"全面"、"宽阔"。文学不是社会的全部。把"文学"泛化为"文化"也不一定能够解决问题，并且"文化"是一个比"文学"更为含混的概念。

　　笔者认为，可以尝试"'文学'学"这一名词。这个名词肯定不是笔者首先提出来的，在世界上早就另有其人，因为笔者见过有 *literaturology* 这一类的英文生造词。2006 年出版的译著《文学学导论》就采用了"文学学"的提法①；只是呢，原著作如果直译的话书名为《文学理论》，译为《文学学导论》是译者的一种不太恰当的意译罢了，笔者在这里提到的"'文学'学"其学科范围包含且大于"文学理论"，二者范畴并非等同。张法在文中也提到了"'文学'学"，他说"'*Literature*'在西方文化中定型后是语言形成的艺术作品，并没有'学'，而在汉语定型成'文学'之后，关于文学之学又怎么办呢?'文学学'是一个很差的中文词"。在这里，笔者愿意分析一下笔者提出的名词"'文学'学"的结构层次，即:｛［(文) 学］学｝，由里向外三层分布。因为这里边有两个"学"字重复，显得别扭，我们可以把第二个层次上的"学"字拿掉（用空位○表示），不影响意义表达，这样一来，它就变成了｛［(文) ○］学｝。张法所说的西方的 literature 实际上就是［(文) ○］，没有"学"。作为一个"学科"名词，我们在写｛［(文) ○］学｝时中间放上一个空位确实不明智，那简直就不是汉语。这个空位可以允许没有太多意义，可以拿掉，拿掉后我们对它再次减缩，它竟又变回到"文学"了! 这说明，"文学"一词即使是仅仅作为一个"学科"名词，也同样的非常不好使。

　　如果不是专门作为"学科"名词，"文学"一词还存在着其他的多重定位。说白了，人们常常有意无意地混同了如下的逻辑链条:"文学创作活动——物理形式存在的具体的文学作品、心理形式存在的抽象的文学作品——针对文学作品进行的学术研究——作为'一级学科'中国语言文学的俗称——学术研究的一个'学科门类'（包括中国语言文学、外国语言文学、新闻传播学 3 个一级学科）"。这个链条上的这些不同的节点，不可能全部都用 literature 去模糊地对译。我们知道，英文中表示"学科"的单词常用后缀有 – ology， – logy， – tics 等，如果在英文中用 *literaturology*（这大概是个生造词，尚未成为正式单词）或者 *literaturetics*（大概还没有人这么造过，连生造词都还不算）与 literature 相区别，那么，我们汉语中的"文学"一词也许就能够区分"文学"有没有"学"了。

　　在汉语语境下，"文学"也不仅仅与"文学作品"相关，它往往还牵

---

　　①　［俄］瓦·叶·哈利泽夫:《文学学导论》，周启超等译，北京大学出版社 2006 年版。

扯到"艺术"。比如说，一级学科"中国语言文学"的下面有一个二级学科"文艺学"，按理说"文艺学"应该包含"艺术"才是，但是"艺术学"本身就是一个"学科门类"、不属于学科门类"文学"，所以，在惯例中人们更习惯于称其为"文学理论"而不是"文艺学"。专业名称和理解惯例很不一致。聂珍钊说："（二级学科目录中）在文艺学后面还有一个特别说明，即用括号表述的'文学理论与批评'，用以说明文艺学就是文学理论和批评。"① 然而，如果严格按照中国内生的学科惯例，有些学者主张不该单设独立的"文学理论"专业，所有的理论都可以"化"入中国古代文学、中国现当代文学等学科之中。所以，我们有时确实无法刻板地来对照它们那些专业名称。再例如，在中国大陆，有些大学的"文学院"（中文系）招收"比较文学与世界文学"专业的博士生，通常都会有一大批外语系的人在读、毕业回外语系去教书，他们为什么不去考外语系的"英语国家文学研究"、"俄罗斯文学"、"阿拉伯文学"等专业呢？难考！外语系本系的博士非常难考。不为了别的，为了个博士文凭罢了，在这些方面，似乎很难有什么学科理据可以探讨。在这种情况下，探讨作为"学科"名词的"文学"同样也会有很多很多的问题。

　　有时，在俗称上，"文学"一词不是指"学科门类"，"文学"常常被模糊地看作是一级学科"中国语言文学"的简称。中国古代文学、语言学、中国现当代文学都是"中国语言文学"下面的较"大"的二级学科。一级学科"文学"下面的这些二级学科，各自的情况也是非常不同，在此我们可以粗略地看一下它们各自的情况。中国古代文学研究比较成熟、厚实，创新、突破却不容易。苏州大学博导王钟陵在评论博士学位论文的创新时说过：中国那么多的古代文学的博士，如果没有创新点、突破口，有几十亿博士又如何、每个博士写几十篇学位论文又怎样？诚然，只是守住传统大概不够，学术需要在创新中前行。中国现当代文学研究大概比较注重创新，不过呢，南京大学博导王希杰在批评诗人刘大白给《修辞学发凡》写的序言时同时也影射了：现当代文学研究实在是太"虚"了、相互之间的吹捧也有些也太过了，彼此之间把吹捧当作一种习以为常的行为了。在"比较文学与世界文学"领域，诸如"杜甫家的鹅一定接

---

① 聂珍钊：《论"文艺"与"文学"概念的意义含混》，《上海师范大学学报》2014 年第 1 期。

受过基督教的洗礼"① 也曾引起学界的争议，这样的研究观点虽"新"但逻辑性不足，很难把此类研究划归"科学"的范畴（作为艺术则无不可）。在"实"与"新"的问题上，"理想"中的"语言学及应用语言学"学科做得应该比较好。只是呢，中国国内的"语言学及应用语言学"学科，在"现实"中目前只有北京大学等少数大学做得好一些，其他的大学的"语言学及应用语言学"专业基本上就是"汉语言文字学"专业的换汤不换药，其实还是"汉语言文字学"的老传统。"汉语言文字学"专业在"实"的方面一般都没有问题，只是有些时候却是"实"过而"滞"了，没水分当然是好事，但没"灵性"却又不好了。比如说，笔者所熟知的某大学汉语言文字学硕士学位论文选题数十年来一律是"专书专题"研究，模式固定，换本书、换个例子、换个统计数字就是一篇硕士学位论文，很多硕士生说那样的论文就是个体力活，他们感觉很"空"绝非真"实"，写完了论文就把人的活力熬完了，一个大活人在论文结束后就成了一具僵尸。他们老师为什么要求他们那样选题呢？因为"可控"、没有风险，一些其他的"好"一点的题目怕学生们写不出来——这本意确实是好的，但对学科发展来说却未必就好。在学理上，"专书专题"研究有一个理论大背景：过去，人们在写语言史（例如"汉语史"，这里不是指"语言学史"）时总觉得通史难写，难写厚，难写丰满，比如说王力《汉语史稿》的页面就不是特别多，于是，学者们就想啊，通史的前提是断代史，断代史的前提是专书专题研究，把专书专题研究搞好了，每一本书都搞透了，一本书接着一本书地去搞，再写语言史就轻松了、容易了。现在看来，专书专题研究已经不少了，光说全国范围内的硕士学位论文就差不多快要汗牛充栋了，材料已经不少了，但是，语言史还是写不出来、写不好。从这一点上看来，过去的那种学术理念早就已经破产了，就算是再多出几万篇专书专题研究论文来，通史还是通不起来。当然，如果是把写专书专题研究当作对硕士研究生的一种"基本的学术训练"，训练他们怎么收集语料、如何分析语料、得出什么样的结论，而不是上述早已破产了的学术理念，那么，硕士学位论文写专书专题也就无可厚非了。总之，俗称中的"文学"一级学科下面的各个二级学科各自的情况差别很大，情况有好有坏，用"文学"模糊指代一级学科"中国语

---

① 张思齐：《从咏鹅诗看基督精神对杜甫潜移默化的影响》，《大连大学学报》2013 年第 2 期。

言文学"并不一定有助于建设"文学"本身。

在"'文学'学"这一名词中,如果再把其中的两个"学"字去与 *literature* 或者 *science* 对应,那将会显得更加混乱。"由于传统书写方式的影响,近代学人习惯将'科学'或'学科'简称为'学'……20 世纪初,'科学'对于大多数中国人而言,还只是一个生僻的词汇,运用者也多是将其作为新思想撷拾,表达的是共同的却也是朦胧的东学方向。但是,当概念简化为一个'学'字,不知不觉中也模糊了'科学'的本质,本有与新进的两种学术便在一个混沌的'学'的范畴里交汇,言说者则各自寻找着他们思想的落点"①。在汉语语境下,近代"科学"似应侧重于指称"自然科学",然而,由于近代中国自然科学的相对落后,只提"自然科学"大有"历史虚无主义"之嫌,或者不免会产生自卑心理。所以,五四运动时期提倡的新名词"民主"与"科学"中的"科学"已经相当泛化,远远超出了"自然科学"的范畴。史学在近代史上曾被奉为科学,但是,当今的史学界对于"历史"与"科学"在汉语语境下的同现却又异常警惕。在与"科学"的"遭遇"方面,文学与史学非常不同,文学与自然科学距离遥远,但文学在学科名称上所用的"学"字又相当模糊。

让我们回到"文学"的"多重定位"上去,那样的"逻辑链条"悠长又寂寥,即使增加一个 *literaturology* 英文单词也许还是会无济于事。从这个层面上来讲,也许,张法的《"文学"一词在现代汉语中的定型》尚需要继续拓展,这么一个题目写它个二三十万字的一本专著或许比较合适。对于"'文学'的定型"这样的题目来说,如果是既要求这一项研究做得史料扎实、客观平允,又要求全面系统、逻辑严密,那么,单单一篇小论文也许确实不够,作为一本专著倒是比较合适。当然,也许有人会问:在"文学"一词的定型上纠缠、发泼又有何意义?对此,笔者也说不上什么来,但笔者坚信学术自有学术本身的意义,脱离了学术去谈学术已经回头无岸,只好随波逐流了。与张法的文章不同,笔者在《语言学史视域中的 30 年代大众语运动》中提出"'文学'学"这一名词时主要是基于如下三点考虑:一是用"'文学'学"和"语言学"对应,"文

---

① 张帆:《"有学""无学"之辨:20 世纪初"科学"标准下的中学自省》,《中山大学学报》2010 年第 4 期。

学"和"语言学"似乎对应不起来。二是虽然"文学"和"语言学"确
实对应不起来，但是，"文学史"和"语言学史"似乎能够对应起来、二
者都属于"学术史"；"文学史"和"语言学史"的这种貌似对应关系，
则可能会反过来导致人们进一步误解"文学"和"语言学"的关系。更
为令人们困惑、无措的是，"文学史"和"语言史"从字面上看似乎对应
非常整齐，但是，它们在学理上的对应却似乎非常不整齐。三是用"'文
学'学"表示学科，这个学科研究的对象是"文学"，使张法认为的"文
学"本无"学"字原形毕露。除了这三点之外，笔者实在是不愿意去戳
"文学"这个马蜂窝。全国著名学者、苏州大学文艺学博导鲁枢元撰写的
《超越语言——文学言语学刍议》①一书并没有真正超越语言学，笔者更
不愿意去尝试着什么超越文学研究，笔者确实连萌生这类想法的"主观
故意"都不曾有过。笔者的专业方向是语言学，将来也不会专门去做文
学研究，笔者去惹"文学"的风情与风骚、尘芥与尘土那又是何苦呢?
在这里，笔者只是从语言学的一条岔路上遇到了一次"文学"而已，"文
学"的奥妙可能也并不在作为书写符号的字面意义上，"文学"一词也许
并不需要从语言学的角度加以研究，但是，语言学同样也不仅仅是表面文
章，我们对语言学的理解充满信心。

第四节　书面文学对语言学研究的制约

长期以来，书面文学作品是语言学研究的重要语料来源。侧重于古代
汉语的相关研究主要借助于各类文献，其中包括文学文献，这一点毋庸置
疑，并且这种现状基本上难以改变。音韵学研究的语料主要来源有历代诗
词韵文、韵书字书等，文字学研究主要依靠历代字书词典、甲骨金石文
字，训诂学、古代汉语词汇研究则深藏于各式各样的古典文献之中，研究
古代汉语永远都无法绝对地离开古代文献（当然，仅仅停留在文献的层
面尚不足以称为语言学，语言学对文献语料必须深挖、推阐）。侧重于现
代汉语的相关研究在利用文献的问题上情况稍微有所不同，语音学、实验
语言学是古代文献需求量最小的语言学分支学科，方言研究需要用到古代

---

① 鲁枢元：《超越语言——文学言语学刍议》，中国社会科学出版社 1993 年版。

文献也相对较少（与韵书比较、考察地方志、联系历史文化时，方言学还是得求助于文献）。现代汉语语法研究的语料主要来源于现代文学作品，这是利用现代文学文献之大宗。古诗词韵文、古代小说散文、现代文学作品，等等，它们都属于书面文学作品。

过度地利用书面文学作品来进行语言学研究，势必会产生某些片面的、不太好的研究倾向。语言学研究领域，历来就有文献派和理论派两大阵营，这两大阵营并非至清无鱼，文献派并非只是纯粹的文献毫无理论，理论派也并非只是纯粹的理论而毫无文献，只是他们的侧重点不同罢了。总体而言，文献派中的某些成果可以说是从来就亘古不变、很难说是现代学术，理论派的大多数研究成果看起来"更像"语言学。我们在这里并不是要批判文献派，只是说，过度地、纯粹地依靠文献进行语言学研究可能是不够的，需要我们想方设法获得更为广泛的研究语料才行。

就书面文学而言，它们也远不是文学的全部，书面文学经过了作者不少的书面加工，它们可能来源于生活但往往都高于生活。书面文学中的小说对白，常常也加入了作者的许多书面化的改造，往往不是真正的口语对白。相对而言，口语文学（我们不打算使用"口头文学"的称谓）可能更加原生态一些，更加接近于当时的生活现实。我们的语言学研究一直都缺乏口语文学的语料来源，这是我们当前语言学研究的一个短板。当然，我们有一个现实制约：那就是历史上的无文字传统的口语文学可能数量较少，口语史诗、口语小说过一段时间之后就有可能就会变成了书面史诗、书面小说，《诗经》大体上如此，《聊斋志异》亦如此。情况相对较好的是，从民国时代开始我们就有了一些关于歌谣、农谚、民间故事的口语研究。口语研究还不限于这些既成的内容，更多的是活生生的、在日常生活中流动着的一字一句。

近百年来的现代方言学研究把口语研究的重要性提升到了一个前所未有的高度，这是一个极好的开始，对完善语言学的相关研究起到了至关重要的作用。高本汉、赵元任、林语堂、刘复、罗常培、丁声树、李荣、袁家骅，等等，方言学名家辈出，他们开创了一个语言学的时代，与以往研究传统不太相同的语言学的时代。稍晚于汉语方言学，中国少数民族语言学的发轫对中国各少数民族的口语研究也起到了极大的推动作用，少数民族口语研究和少数民族文献研究结合起来（中国少数民族文献相对于汉语文献来说其传统相对要淡薄一些），李方桂、王静如、邢公畹、王均、严学宭，等等，少数民族语言学学者承前继后、继往开来，他们与汉语言文字学在早期过度偏重于文献不太相同，中国少数民族语言学从一开始诞生就是健康的、全面发展的语言学。

现代汉语方言学在研究的前期特别重视语音，尤其关注方言语音的系统性。赵元任虽然对方言语法也有一定的研究，但那不是他的方言研究的重点，他的方言研究的重点还是在语音方面。这种重语音、轻语法的方言研究倾向持续了七八十年之久。只是到了近年来，语言学学者们才对方言语法研究有了足够的重视，这特别体现在语法学学者们的转向上面，而不是体现在方言学学者身上，这是一件好事情。长期以来，语法学学者们主要借助于书面文学作品来研究语法，这种研究具有一定的局限性。事实上，口语语法可以研究、并非难以捉摸、不成体系、没有规律，口语语法的规律可以探索，口语语法和书面文学的语法并没有质的区别，它们只是存在"语域"上的某些不同。对于修辞来说，修辞比语法更加灵活、难以抓住，口语修辞的研究至今还不够成熟。胡裕树说，"多少年来，修辞研究局限于书面语，对口语修辞则很少顾及。望道早就提出要注意这一方面，但至今成果不多"①。胡裕树所说的"至今成果不多"在于口语修辞的短暂性、变异性和随意性，研究口语修辞着实是难度不小。

总的看来，中国语言学研究的语料范围逐渐走出书面文学的困囿，掠过口语文学的天空，到达日常口语的田野，这一路走来实属不易。特别是在语法研究领域尤其值得一提，汉语语法学界对"关在屋子里自己生成句子"保持相当的警惕的同时，也逐渐放宽了心态，打破书面文学的相对单一的语料来源，拓宽语法研究的内容，造就了"全面的语言学"而非昔日的"书面的语言学"。一句话，我们既要重视书面文学对语言学研究的重要贡献，我们又要认识到书面文学对语言学研究的制约，只有这样，才能使中国语言学在各个层面上都能够得到一个全面、均衡的发展。

---

① 胡裕树：《学习〈修辞学发凡〉，为促进修辞学的繁荣贡献力量》，《修辞学习》1982 年第 4 期。

第十一章

文化语言学的海市蜃楼

文化语言学的诞生与发展，是中国语言学人文主义化的直接结果。文化语言学在中国的发展经历过一些曲折，现在，文化语言学的流派、发展和"前几年对文化语言学'发展'的反思"都很值得总结。

游汝杰、周振鹤在 1985 年发表了《方言与中国文化》① 一文，学术界通常认为这就是"文化语言学"学科的"正式提出"。但是，我们在读到该文时发现，游汝杰的语气是一种带有商榷性质的、建议性质的无疑而问，并非毅然决然的肯定语气。原文如下：

> 中国境内的语言，据一般的估计有六、七十种之多，几乎每一种语言的内部都有方言的差异。如果将如此丰富的语言材料和历史悠久、多姿多彩的中国文化结合起来研究，是不是可以称之文化语言学？它跟德国的人种语言学、美国的人类语言学及拉波夫近年来所倡导的社会语言学有所区别，应该是具有中国特色的一个边缘学科，**应该把中国的语言学和文化史研究结合起来，探索语言与文化史的内在联系**。自从赵元任的《现代吴语的研究》（1928 年）出版半个多世纪来，我国所刊行的方言调查报告已足以让我们开始对中国文化和语言的关系作深入的研究。

从游汝杰的观点来看，文化语言学是一种关系之学，并非本体学科，这从他所使用的"结合起来"、"内在联系"就可以看出来。以此来观照，中国文化语言学的发展确实走过弯路，包括在 20 世纪八九十年代学科浪尖上的某些观念可能都包含着某些极端、偏颇之处，在最近的十多年来，

---

① 游汝杰、周振鹤：《方言与中国文化》，《复旦学报》1985 年第 3 期。

文化语言学有回归游汝杰的初衷之势。文化语言学自方言研究始，又自方言研究而终。近些年来，方言学更在乎与社会语言学的关联，而非文化语言学。关于社会语言学和文化语言学的区别与联系的问题，下面我们还将做一个简单的解释。

邵敬敏、方经民说，"关于语言与文化的关系，我国语言学界的前辈学者，如赵元任、罗常培、王力等都有过精辟的论述……但长期以来未能受到足够的重视。50 年代以来，在我国，无论传统语言学、结构主义语言学，还是转换生成语言学等都有很大发展，而文化语言学却一直处于被忽视的地位。**这种忽视语言人文主义性质的不正常状态**一直到 80 年代中期，才被一批以上海中青年学者为主体的呐喊声所冲破"①。这里所说的"上海中青年学者"以申小龙为代表，具有深厚的复旦传统。为什么说具有深厚的复旦传统呢？这与复旦大学当时的学术传统有关。在复旦大学，陈望道的修辞学占有极高的地位，陈望道曾经热心于汉语语法学研究，但最终却定位为"现代修辞学的鼻祖"。修辞学具有很好的人文倾向，可以作为文化语言学生长的良好的土壤。复旦大学郭绍虞的《汉语语法修辞新探》②"是一部有关语法理论研究的书，不是一种研究语法而自成体系的书"，是一部强调"语法修辞经常结合之说"的书，这也给申小龙批判现代汉语语法学提供了学术灵感和学术勇气。复旦大学张世禄主要的是一位音韵学家，有着深厚的古代汉语的学术素养，但他从来就不是一位非常专业的语法学家，作为申小龙的硕士生博士生导师，这可能也会对申小龙的学术生涯产生一定的影响。至少有这些方面的原因，也正是这些综合的原因，申小龙走上文化语言学的道路也就可以理解了。值得注意的是，文化语言学学者常常以人文主义情怀自居，但是，他们并未给人文主义做出一个清晰的界定，也没有提供一个具有"可操作性"的可行的研究模式。

就文化语言学在中国发展的 30 年来说，它只有 10 年左右的波涛汹涌，之后便没有太大的发展、跃进了。在今天，我们回过头来看，文化语言学不啻是曾经的一段靓丽的海市蜃楼，但是，到了最后它还是只有那无尽的苍茫的大海而已，即使偶尔还有几只海燕，我们也已经无法预测暴风雨会不会、何时会再来了。

---

① 邵敬敏、方经民：《中国理论语言学史》，华东师范大学出版社 1991 年版，第 289 页。

② 郭绍虞：《汉语语法修辞新探》（上下册），商务印书馆 1979 年版。

第一节　文化语言学的简单回顾与评论

有些学者认为文化语言学在中国的诞生是历史的必然，是"历史性的反拨"。申小龙就发表过一篇论文《历史性的反拨：中国文化语言学》①，文章认为"中国现代语言学的困惑是西方语言流派中科学主义思潮与汉语独特的人文性特征的深刻对立"，以至于到了必须实现"历史性的反拨"的时候了。**我们并不认可文化语言学的产生是"历史性的反拨"，中国语言学从来就没有在绝对的"科学主义"的桎梏之下，中国语言学从未完全地放弃对"意义"的研究，中国从未出现过彻底的、纯粹的"形式语言学"。**即使是现代汉语语法学比较重视"形式"，但在事实上，它更重视"形式"与"意义"的"对应关系"的研究。文化语言学的起家并不需要人为地树立一个"假想敌"，"形式语言学"不是文化语言学的假想敌，文化语言学诞生的学术土壤和历史必然是一个非常复杂的问题。

文化语言学把"形式语言学"作为"假想敌"（如"对纯形式研究的强烈反思"等表述）是错误的做法，它更不能夸大"形式语言学"的"纯洁性"，中国的语言学从总体上来看并没有纯粹的"形式语言学"，中国的绝大多数语法学者、语法学论著主要是在探讨"语形"与"语义"的关系问题。方光焘就常常被作为"形式语言学"的代表人物之一。徐思益说，"语言是形式而不是实质……（方光焘）有时又把'形式'叫'表现'，并反复强调，研究语法'不要把表现与意义分割开来；不要把出发点放在意义上，然后再去探讨与意义相对应的表现'。关于意义问题，（方光焘）先生说：'我们不是不问意义，只讲形式。事实上，抛开意义的语言形式是没有的。我们只是为研究的方便起见，暂时撇开意义，弄清对象。这也是为了更好地明了意义，弄清意义，并不是什么形式主义。意义是我们研究的终点，不是出发点。一句话，从听话者的角度说，是从声音到意义的。因此，研究者不能从意义出发。分析的结果要求同意义相符，但决不能从意义出发，否则就容易夹杂主观的东西'。我们认

---

① 申小龙：《历史性的反拨：中国文化语言学》，《学习与探索》1987 年第 3 期。

为，先生从理论上讲清了形式和意义的关系，从分析程序上强调从形式出发，最终同意义相符，使形式和意义有机地结合，这是对索绪尔学说的改造和发展"①。在语法学以外的其他分支学科，我们更无法用"形式语言学"去套它们，它们各有各的特点。中国语言学并未真正经历过一个纯粹的"形式语言学"阶段。

关于"文化语言学"的定义问题，这么多年来一直没有一个统一的意见。邢福义主编的集体之作《文化语言学》是我国文化语言学领域中较早的著作，该书说"文化语言学是研究语言和文化相互之间关系的科学"②，这个定义应该比较平和、公允。至于"文化语言学就是语言的本体科学"的观点，把语言学的所有的分支学科都纳入到文化语言学之中，认为文化语言学包括既有的语言学，这个观点并未得到学术界的普遍认可，近年来也不再有学者坚持这样的观点了。邵敬敏、方经民说，"尽管不少人都在讲'文化语言学'，各人的内涵实际上相距甚远，有的甚至是对立的。目前国内主要有三种代表性观点……**双向交叉文化语言学**……游汝杰代表了这种'双向''交叉'研究的倾向……**社会交际文化语言学**，这可以陈建民为代表……**全面认同文化语言学**，这可以近年来新崛起的青年学者申小龙为代表……申小龙对汉语语法的研究过分强调'意合'，基本排斥'形式'分析，特别强调汉语的人文性对句型的决定作用，基本上否定了近百年来的汉语语法研究；并把文化语言学看成是一种'世界观'，从而要把其他语言学研究全部纳入自己的理论框架之中，并断言这才是'中国语言学宏富的必由之路'（此观点和分析能否指导汉语语法的研究和学习，还有待于实践的证明）……双向交叉文化语言学和社会交际文化语言学把文化语言学看作是一门介于语言学与文化学之间的边缘学科，它同社会语言学、心理语言学等等并行，是语言学研究向纵深发展的一种补充和必然；而**全面认同文化语言学则要从根本上改变原有的语言观，认为文化语言学是一种新的语言观，是今后语言学发展的方向和未来**"③。"全面认同文化语言学"就是申小龙的"文化语言学"，这就是我们通常所说的"本体文化语言学"。

---

① 徐思益：《方光焘与中国现代语言学》，《新疆大学学报》1998年第1期。

② 邢福义：《文化语言学》，湖北教育出版社1990年版，第1页。

③ 邵敬敏、方经民：《中国理论语言学史》，华东师范大学出版社1991年版，第289—295页。

文化语言学在中国从 1985 年左右到 1995 年前后，大约有 10 年的高潮发展期，在此之后它基本上趋于了平静。直到今天，文化语言学竟然还有着在"纯学术层面上"的"学术名声不太好"的尴尬，我们希望学术界有一天能够重新给它一个公正的学术评价，但我们也不希望再来一次"历史性的反拨"。李亚明说，"罗氏《语言与文化》出版后的 30 年间，'新路'竟无继踵者。直到 80 年代后期，中国语言学界才形成一股文化语言学新潮……《中国文化语言学辞典》，宋永培、端木黎明编著，四川人民出版社 1993 年版。该书是文化语言学初创阶段成果的总结，它的出版标志着文化语言学学科建设初获成功"①。然而，邵敬敏于 1995 年主编的《文化语言学中国潮》② 只是一个论文集，没有一个较为系统的学科体系，也没有能够获得一个较大的学术提高，这说明文化语言学学科直到 1995 年也还没有发展成熟。该论文集共收录了 24 篇不同作者的论文，大多数论文都曾公开发表过，论文所论述的内容也比较宽泛，它只是汇集了一些"与文化沾点边的、各篇论文之间不太相关的、具有不同观点的"论文。在该论文集中，史有为说"文化语言学必须是一门科学，而绝非是玄谈"③。这个观点在文化语言学狂热的当时很有指导意义，文化语言文学不是神学，"神摄"必须以"能够琢磨"为前提。

我们认为，文化语言学学科在中国的诞生和发展自有其学科背景和学科规律，它决不是任何的哪一个个人头脑一热就开创出来的"神"学。以申小龙为例，他曾经是中国文化语言学大潮中最为突出的一位学者，但是，从他的学术流程来看，那里边可能存在着诸多美丽的错误和历史的误会。申小龙从《左传》句型研究开始了自己的"文化语言学"之旅，这本来就是历史的错位。在此，我们实在是不愿意节外生枝地、过多地去评说古代汉语语法学研究的种种不足，但是，申小龙把在古代汉语语法研究中遇到的一些问题引申到现代汉语语法研究中去那就确实存在着逻辑上的混乱。在我国，古代汉语语法研究常常是把现代汉语语法的条条框框往古代汉语语料上套，这种做法本身就值得反思（在此，我们不会对古代汉语语法学做全面的否定），哪怕是这样地去"套"实属别无他法，那也同

---

① 李亚明：《20 世纪文化语言学研究综述》，《淮阴师专学报》1995 年第 4 期。
② 邵敬敏：《文化语言学中国潮》，语文出版社 1995 年版。
③ 同上书，序第 7 页。

样需要我们认真反思。至于中国古代文论中的那些类似语法分析的夹叙夹议，它们往往都显得异常零散、不够系统、理论性不强，现代人重新拿起那些零散的叙议来论证语法问题的时候不免会显得牵强附会、模棱两可。申小龙**《中国句型文化》**①一书的主体部分是对《左传》句型的分类研究，这是申小龙文化语言学著作中语料最为扎实的一部，他的关于文化语言学方面的其他的著作大都鲜有扎实、翔实的语料基础。在该书中，**申小龙既采用了古代文论中的夹叙夹议的部分内容，又采用了把现代汉语语法套在古代汉语语料上的"套子"。当申小龙发现这个"套子"并不好用时，他没有去反思这种套法是否科学，他却发明出了语法学（包括现代汉语语法学）不适应中国的文化现实的理论（语法也无法用文化去套），这里边有着严重的逻辑上的错误和理论上的混乱。**古代汉语语法、现代汉语语法、中国文化，它们之间并不存在着什么逻辑上的"递进"关系，它们之间也不存在性质完全相同、彼此可以通用的"套子"。申小龙在夸张性地批评语法学研究的无用、无能的同时，他提出了自己的"包打天下"的文化语言学。事实上，文化语言学更不具有科学上的"可操作性"，可能中听但不可能有用，一百步笑五十步则何如？"文化语言学"不能用以解构"语言学"，当这种解构到达虚无一物时，人们需要又到哪里去找寻"文化语言学"呢？这才是申小龙文化语言学的症结所在。从申小龙的学术著作来看，他确实才华横溢，聪明绝顶，但是，他不尊重"科学"、过分夸大"文化"这却是一个实实在在的缺陷。同时，申小龙著作屡屡为学者诟病的地方是：完全相同的内容在不同的著作中不停地"组装"，并且，在著作中并未标注"本文曾发表于××期刊"和"本文已被收入××著作"，"拼七色板"的玩法玩得人过了。在认识到这些问题之后，在今天，申小龙的文化语言学需要重新回归学术界，但这种回归需要的是一种开诚布公的、建立在"否定之否定"的基础上的螺旋式上升，文化语言学该到了自我升华、凤凰涅槃的时候了。否则，任何"万变不离其宗"的回归都是对中国语言学的严重伤害，如果没有这种真正的回归、升华发生，那么，人们可能会误认为申小龙在过去只是一场学术骗局而已。

申小龙曾经提出过文化语言学的一些"术语"，例如："焦点视""散

---

① 申小龙：《中国句型文化》，东北师范大学出版社 1988 年版。

点视"、"单域视""双域视"、"弹性实体"、"神摄"、"人治"、"东方功能型"、"气",等等,到了后来,它们几乎都成了语言学界的"邪恶术语"和"神秘咒语",它们从未获得过"科学名词"或者"学术术语"的地位。类似这样的术语表达,在未来的文化语言学重建中也不可多用,任何学术术语最好都不要模棱两可、都要有一个较为严格的学术规范。

纵观文化语言学在中国发展的30年,在讨论语言与文化的关系时,文化语言学学者们常常只能说一些"杂碎话",基本上可以说文化语言学一直没有能够建立起自己的完整的理论体系。从最近10余年来的研究成果看,文化语言学在学科理论上基本上没有任何创新和发展,这也从反面映现了文化语言学在20世纪八九十年代突然"虚胖"了起来的亚健康状态。

第二节　文化语言学不同于社会语言学

很多学者常常会把文化语言学与社会语言学搞混,分不清它们都在研究一些什么内容,其实它们二者是很不相同的两个学科。它们二者彼此的包容关系,也常常为人们所误解,有些学者认为文化语言学包括社会语言学,有些学者则认为社会语言学包括文化语言学,其实,这些认识都存在着一定的片面性。我们应该承认,这两个学科之间确实存在着一定的交叉关系,但是,它们并不存在一个学科在整体上属于另一个学科的一部分这么一种情况。从学科发展的"来源"来看,文化语言学是"国货",我们可以说"中国的文化语言学";社会语言学发源于国外,中国只是引进、借鉴与改造了这么一个学科而已,它原本是一种"洋说"。高一虹说,"社会语言学兴起于本世纪60年代的美国。在我国,虽然50年代罗常培就在《语言与文化》一书中将语言与社会文化因素联系起来考察,但社会语言学作为一门学科的真正起步是在80年代……我国的社会语言学又有其本土特点,不象心理语言学等学科那样是较纯粹的'舶来品'"①。我国的社会语言学从国外引进而来,经过了一个本土化的过程,现已发展成

---

① 许嘉璐、王福祥、刘润清:《中国语言学现状与展望》,外语教学与研究出版社1996年版,第382—391页。

为语言学的一门比较成熟的分支学科。

张公瑾说，"**文化语言学是我国近年来兴起的一门新的语言学科，国外未有此学科**。美国的人类语言学、德国的魏斯格贝尔（Leo weisgerber 1899—1985）的著作和前苏联有关语言与文化的一些论著，在某些方面与本学科有关。我国传统语文学'小学'对古代词语的阐释，也与本学科有一定的联系。我国 50 年代初有罗常培著的《语言与文化》一书，可以看成是本学科的先驱著作。我国近 10 年来有关这个学科的研究逐渐兴起，其中较早的论文有游汝杰的《从语言地理学和历史语言学试论亚洲栽培稻的起源和传布》（载《中央民族学院学报》1980 年第 3 期）和我的《社会语言学与中国民族史研究》（载《中央民族学院学报》1982 年第 4 期，后又收入《语言论文集》，商务印书馆 1985 年 2 月版），当时都还没有使用'文化语言学'一名。1985 年之后，一些中青年学者先后提出'文化语言学'或'中国文化语言学'，作为语言学框架中的一个独立学科，此后，各地都有一些语言学家热心于语言与文化问题的研究，纷纷著书立说……**但对这个学科的基本理论问题至今仍缺乏一致的认识**"①。张公瑾在这里所说的"文化语言学"应该是指一种"大文化语言学"，其具体的涵盖范围自始至终都没有一个一致的认识。

关于文化语言学和社会语言学的相互包含关系，邢福义、汪国胜说，"陈建民把文化语言学作为社会语言学的一部分……申小龙把社会语言学作为文化语言学的一部分……（游汝杰）认为目前将文化语言学的研究'纳入人类语言学也好，纳入社会语言学也好，或者不纳入任何学科，都是不重要的，重要的是语言和文化的结合研究应该成为中国语言学的一个重要的研究方向'"②。我们只承认这两个学科有交叉，不认可它们彼此之间具有隶属关系。就研究方法来说，社会语言学常常可以依靠实验和计量来进行研究；文化语言学由于宣扬从科学精神中反拨，过度重视对人文性的阐释。

社会语言学侧重于语言在社会不同阶层中的变异研究。通常认为，方言学与文化语言学关系密切，罗常培《语言与文化》③，周振鹤、游汝杰

---

① 张公瑾：《关于文化语言学的几个理论问题》，《民族语文》1992 年第 6 期。

② 邢福义、汪国胜：《中国高校哲学社会科学发展报告：1978—2008. 语言学》，广西师范大学出版社 2008 年版，第 313—314 页。

③ 罗常培：《语言与文化》，北京大学出版部 1950 年版。

《方言与中国文化》① 都是在谈文化。在社会语言学发展起来之后，如果按照严格的学科归类，方言学与社会语言学关系更为密切一些。社会方言研究应该和社会语言学更为接近，地域方言研究虽然涉及较多的地域文化，但是，地域方言研究也可以放在社会语言学的框架之下，因为不同的地域常常与不同的社会阶层紧密相连。在我国，陈原的《社会语言学》② 是较早地冠以"社会语言学"的专著，该书有着相当高的学术质量，历来为语言学界看重。少数民族语言学跟汉语方言学的情况相似，它们都与社会语言学存在着一定的关联。少数民族语言学与文化的关系本来就异常密切，但是，从事少数民族语言学的学者们真正参与到文化语言学中来的人很少，他们倒是对社会语言学非常关注，常常冠以"语言与社会：××族语言调查研究"类似这样的题目来著书立说。这种情况确实就很特别，难道：汉族的（方言）就是语言与文化，少数民族的（民语）就是语言与社会？如果是那样的话，在逻辑上似乎也很难说得通。对此，周庆生曾经说，"'语言与文化'到底属于社会语言学还是文化语言学？这种一个研究领域分属两种或多种学科的现象，国内外并不少见。上世纪我国曾有过热烈讨论，迄今仍让两方面的学者感到头疼。少争论归属、多研究问题似乎是一种权宜之计"③。也许，冠以什么学什么学的"标签"并不重要，重要的是要做出扎扎实实的研究来。

　　文化语言学不止与社会语言学存在着归属上的争议，其他的几种名目的学科：人类语言学、语言文化学、语言国情学（原苏联使用的术语，王德春称之为"国俗语言学"）、民族语言学，等等，它们与文化语言学之间也有着难以辨明的关联。对此，我们还是本着对学科名称不予争议的立场，认为"埋头苦研"才是正道。杨启光说，"中国文化语言学不是西方人类语言学，也不是对西方人类语言学的简单模仿，而是立足于中华文化和汉语本体之上，在批判继承古今中外语言学及其它相关学科的研究成果、反思检讨中国现代语言学的诸种弊端、融会贯通 20 世纪以来人类文化研究对语言的研究成果的基础上，在理论上对近百年来汉语汉字研究方向的历史性反拨、在方法上向中国语文研究传统的螺旋式复归、在体系上

---

① 周振鹤、游汝杰：《方言与中国文化》，上海人民出版社 1986 年版。

② 陈原：《社会语言学》，学林出版社 1983 年版。

③ 周庆生：《中国社会语言学研究述略》，《语言文字应用》2010 年第 4 期。

为探究汉语汉字的文化真谛和中华文化的语言本质而构建起来的一个学术新范型"①。"'中国'文化语言学"肯定不是"'西方'人类语言学",即使如此,即使对于"文化语言学究竟是什么"我们还是没有绝对的把握,这也不会影响我们对文化语言学做更进一步的研究。

辨析"文化语言学"与"社会语言学"的联系与区别并非本节内容的唯一目的,我们更注重如何拓宽语言学研究的领域以及增多语言学研究的视角,至于对中国语言学进行反思则不是文化语言学的首要任务。我们呼唤文化语言学的完善和繁荣,但是,我们必须强调一点:只有当某一种研究还属于语言学的时候,这其中的某一种研究才有可能是文化语言学。

---

① 杨启光:《中国文化语言学不是西方人类语言学》,《暨南学报》1995 年第 2 期。

第十二章

哲学与语言学流派的关系

当国人呼吁设立语言学一级学科的时候，曾经有人说欧美的语言学博士也曾授予过哲学学位，语言学属于哲学这一大学科。诚然，语言学与哲学的关系极为密切，但是，它们毕竟是两个不同的学科。

在古代中国，经学是一个综合学科，所有的现代学科都还没有完全分化出来，文史哲是经学的核心部分，语言文字学常常被看作是经学的附庸。在西方，现代科学分化出来之前，哲学是一个内容庞杂的学科总类。到了后来，现代科学的各个学科逐渐地从哲学中分离了出来，有人曾担心各个学科独立之时就是哲学终结之日，哲学将被消解无存。然而，事实上，哲学到现在为止还依然存在着。只是，从 20 世纪开始，哲学出现了"语言学转向"，哲学已经不再是传统哲学了。所谓的"哲学的语言学转向"，是指语言不再是哲学的表达工具，语言成为哲学研究的本体之一，以至于维特根斯坦说"全部哲学就是语言批判"。

哲学的语言学转向（语言哲学），就是运用新逻辑等相关技巧、策略，将关于哲学的相关问题转化为语言问题，人们将语言问题解决了也就把哲学问题基本上解决了。通常情况下，语言哲学可以分为三个组成部分：语言（思维）诠释实在（存在）、语言缺陷分析、分析哲学。分析哲学的主要代表包括弗雷格、罗素、维特根斯坦、维也纳学派。分析哲学包括几个主要的学派，但也存在着几个支派，支派之间体系庞杂，甚至是同一个学派内部也存在着许多观点上的分歧。分析哲学的主要流派包括：逻辑经验主义学派、日常语言学派、批判理性主义学派。分析哲学的各个学派之间的共同特点是用分析的方法研究语言问题，这也是它与语言学关系最为密切的原因之一。

虽然哲学在 20 世纪进行了语言学转向，但是，现在的语言学和现在的哲学毕竟是两个很不相同的学科，我们在谈它们"相关"的时候，自然也要谈到它们之间的不同。相比于语言哲学，语言学更重视对具体的语言材料的搜集和分析。江怡说，"语言学家们更多地从微观的角度关注语言使用的具体情况，希望能够从个别案例分析中得到关于语言使用的一般规律；但哲学家们则更多地从宏观的角度考察语言的基本性质、一般形式以及语言活动与人类生活之间的普遍联系，企图通过语言分析达到理解语言意义并发现人类的理智生活与世界存在之间的普遍联系"①。

　　语言学与哲学的区别，并非如上所言就可以大而化之地轻松地说清楚，要想说清楚它们其实很难。就我们所知，我国的大部分语言学家对哲学都存在着一定的畏惧感，哲学本身也许并不可怕，可怕的是陷入哲学之中就有可能难以自拔，没有那么多的时间和精力耗进去。国内语言学家中，哲学出身的学者笔者一时只想到了首都师范大学周建设教授。周建设说，"语言研究在不同时期有不同的重点取向。传统语言学侧重于语言要素的研究，相应地形成了语音（音韵）学、文字学、词汇（训诂）学、语法（句法）学等。现代语言学侧重于语言符号关系的探索，相应地形成了语形学、语义学和语用学等"②。就周建设的研究成果来看，他的关于语言学的文章主要涉及三个领域：语言哲学、语用学、语义学，这三个领域与哲学都有着非常紧密的联系，是语言学中和哲学走得最近的三个组成部分。近年来，周建设还有少量的关于语法学的成果，但那主要是和他的那些语言学出身的博士生们的合作成果，并非他自己独立完成的学术成果。另外，还有于全有教授也是哲学专业的博士（马克思主义哲学），但他硕士时读的是语言学专业，他的论著很少紧密地涉及具体的哲学问题。虽然于全有著有《语言本质理论的哲学重建》③ 一书，但是，该书其实主要是在讨论语言学理论的一些基本问题，不同于一般的语言哲学方面的著作。在国外，梅祖麟曾是"美国康奈尔大学中国文学和哲学教授"，但他的汉语史研究确实就如同大多数的一般的语言学论著，他的汉语史研究论著读不出太专业的哲学的刺鼻的味道。也就是说，在研究实践中，语言学与哲学还是有着较为明显的较大的距离，语言学可能会借鉴哲学中的某些观念，但是，主流语言学却始终在躲避可能陷入泥潭的全面的哲学体系。

---

① 陶秀璈、姚小平：《语言研究中的哲学问题》，中央编译出版社 2010 年版，序言第 5 页。

② 周建设：《汉语研究的四大走势》，《中国语文》2000 年第 1 期。

③ 于全有：《语言本质理论的哲学重建》，中国社会科学出版社 2011 年版。

正是由于如上的这种种情况、种种原因，本书的写作是个难点，我们并未系统地研读过所有的哲学经典，我们并不能以哲学家的情怀来书写语言学。我们细细研读过的语言哲学类著作主要有：《语言哲学》①、《语言：人类最后的家园——人类基本生存状态的哲学与语用学研究》②、《论人类语言结构的差异及其对人类精神发展的影响》③，等等。因此，本章的内容主要是从语言学的视角来书写语言与哲学的关系问题，在具体写作上也只是勉为其力，本章内容的完善要待我们以后继续补充或者由其他的学者们来指正、丰富了。

第一节　哲学对语言学发展的影响

由于哲学的内容异常丰富，我们对哲学问题的涉及首先要保证有所节制，其次要保证这些哲学思想和语言学思想在联系上的真实性。我们不会去找一本哲学史著作拿来照搬，在没有实实在在地把哲学史内化于心之前，我们宁可把本章内容写得简单一些。

历史上有许多哲学流派和哲学家对语言学产生过深远的影响，比如说，施莱格尔、洪堡特、萨丕尔、沃尔夫、索绪尔、弗雷格、维特根斯坦、乔姆斯基、实证主义、后现代主义等，他们对语言学都起到了极大的推动作用。社会思潮与语言学思想也存在着一定的互动。哲学流派和社会思潮具有一定的关联，但社会思潮具有更强的时代性和大众性。在哲学流派、社会思潮与语言学思想的互动上，它们主要是一种潜、隐的存在，我们往往很难找到它们之间显、现的证据。当然，我们也拒绝谈玄，我们只能去把握其中某些较为明确的问题。

语言学研究方法、语言学流派都与哲学有关，大多数情况下哲学思想会影响语言学研究，但是语言学界对此深挖得还很不够。有时，语言学研究能够影响到哲学的发展，这种情况大多数时候会为语言学家们所津津乐道。比如说，索绪尔的结构主义语言学影响到了很多学科，包括哲学，这

---

①　陈嘉映：《语言哲学》，北京大学出版社 2003 年版。

②　钱冠连：《语言：人类最后的家园》，商务印书馆 2005 年版。

③　［德］威廉·冯·洪堡特：《论人类语言结构的差异及其对人类精神发展的影响》，姚小平译，商务印书馆 1999 年版。

一度成为让语言学界异常自豪的事情。当然，索绪尔时代或稍早前的"结构主义"（或者当时并无此名词）是否专指索绪尔的结构主义语言学，对于这个问题我们还不能完全地回答。索绪尔之后的结构主义，也存在着许多我们还不能完全搞清楚的问题。我们现在所说的"结构主义"，在事实上已经形成了各种各样的结构主义，比如说，陈保亚就曾提出"中国结构主义"① 的说法。

通常情况下，语言学理论、语用学、语义学与哲学关系密切，语法学与哲学的关系也比较接近，而文字学、语音学与哲学的关系相对就要稍远一些。也正是这个原因，语言学的不同分支学科对哲学的重视程度并不相同，它们对哲学的理解也存在着一定的差异。

从语言学史的角度来看，语言学评论常常也要建立在哲学观点的基础之上。"同时必须记住，过去的语言学家，即使是其中最出人头地的，毕竟是他这一时代的人物，就是他们对许多问题的看法走在同时代人的前面，把语言学推向新的阶段，但他们终究受制于当时的统治思想，常常按照过时而又保守的倾向和观点行动，特别是在一般的哲学方面……所以在《语言学史》课程里，对语言学家的介绍和他们的作品的分析，应当建立在宽广的历史背景上，并估计到当时哲学战线上落后和进步、唯心主义和唯物主义的尖锐而顽强的斗争。如果不去认识这种斗争，**不对这个或那个语言学家的语言学观点的世界观基础作深刻的哲学分析**，就无法确定他在语言学总的前进运动中所占的地位，也不可能从他的观点中选择所有正面的和有价值的部分；这部分不仅对于当时的科学有影响，而且对现代的许多语言学家来说也是有鼓舞作用的。"② 只是，我们今天在分析语言学论著的时候，基本上已经不会再以马克思主义语言学、资本主义语言学等哲学范畴来进行定性，我们常常以其他的某些哲学流派的观念来给语言学定性。

胡适信奉实用主义哲学，他在《国语文法概论》中"用杜威的实用主义观点来论证为什么说国语比起国文不是退化而恰恰是进化了"③。当然，语言的发展一般都不宜使用"进化"、"退化"这样的说法，或者说

---

① 陈保亚：《20 世纪中国语言学方法论》，山东教育出版社 1999 年版。

② 中国科学院语言研究所：《苏联大学"语言学史"课程的讨论》，商务印书馆 1960 年版，第64—65 页。

③ 邵敬敏、方经民：《中国理论语言学史》，华东师范大学出版社 1991 年版，第41 页。

语言根本就无所谓进化、退化。

胡裕树、王希杰说，"（1963 年，方光焘）完成了《试论语言的研究方法》（提纲）。这是中国语言学史上第一篇从哲学高度系统地论述语言研究的方法论和方法的专门论文，这是中国语言学现代化的标志之一，它不但是中国语言学史上的珍贵文献，也是时至今日依然对我们的语言研究有一定促进作用的论文之一"①。方光焘的《试论语言的研究方法》一文里只是列出了几个小标题，作为一个"提纲"并无详细论述，其中有一个小标题为"语言哲学与一般语言学"，提出了"语言哲学是在一般语言学之内，还是在一般语言学之外呢"的思考。我们知道，先秦的那些处于萌芽状态的语言学思想，都属于语言哲学，却不属于真正的语言学理论。毫无疑问，哲学确实为一般语言学（普通语言学、语言学理论）提供了许多研究思路，但是，语言学确实与哲学非常不同。

近百年来，我们国内只是出版了少数的"语言哲学"著作，它们的著者主要是哲学专业的学者，语言学家基本上没有写过类似的著作。在探讨语言学理论的时候，人们通常会借鉴哲学的相关研究，但是，全面系统地深入哲学内部而从事语言学研究的学者确实屈指可数。这就说明了，我们不能无视哲学与语言学的联系，但是，我们更倾向于对语言做科学的分析，而不是陷入哲学的泥潭。申小龙等人提出的文化语言学之所以最终"不成气候"，就是因为它容易陷入哲学的、文化的泥潭，那样的文化语言学只能夸夸其谈、好听罢了，并不能解决语言研究中的任何的实际问题，并不能真正推动语言学向前发展。关于哲学对语言学的影响的问题，同样还是应了陈保亚的那句话："由于中国语言学把方法隐藏在材料背后的这种特殊传统，梳理中国语言学方法的线索就显得非常困难。这就需要我们有面向材料的评价标准，根据这样的标准，我们能够判定隐藏在材料背后的方法的得失"②。语言学家们总结过有关语言学的研究方法，至于这些方法中哪一种方法曾经受到过哲学的启示这个问题却很难回答；我们既要深挖语言学思想的哲学来源，又不能虚构语言学与哲学的某些关联。我们用这种实事求是的态度去探索语言学（思想、方法）的哲学来源，

---

① 胡裕树、王希杰：《方光焘教授与汉语语法学》，《复旦学报》1985 年第 4 期。
② 陈保亚：《20 世纪中国语言学方法论：1898—1998》，山东教育出版社 1999 年版，自序第 1 页。

这对语言学的发展无疑具有很好的推动作用。

第二节　语言学对哲学发展的影响

　　语言学对哲学影响最大的事件是 20 世纪的哲学的语言学转向。索绪尔《普通语言学教程》对哲学的发展也起到了一定的作用。此后，中国语言学基本上放弃了"微言大义"的学术传统，很少再有通过词语训诂来构建某个哲学体系的情况了。在古文字学研究中，人们有时候可以通过对古代社会、古代哲学的研究来帮助训释、解读某个汉字，人们有时候也可以通过某一个汉字某一句话的解读"悟"出某种哲学道理，但是，这二者之间并不是一种循环论证的关系。通过一个字一句话的解读"悟"出来某种哲学道理，那种"解读"主要是一种"语文学"的解读，从微观意义上的解读，而不是从哲学的高度来进行的宏观意义上的解读，这种解读与通常所说的哲学阐释完全不同。百余年来，语言学理论的发展也为哲学的发展起到了某些促进作用，只是，这些促进作用可能也不是很大、其表现也不是十分明显，并且我们现在也难以把这些促进作用归纳出一条条明晰的叙述的线索来。

　　1947 年，傅斯年以著作《性命古训辨证》参评"院士"，他提交了如下的自评报告："此书虽若小题而牵连甚多，其上卷统计先秦两汉一切有关性命之字义，其结论见第十章。本章中提出一主要之问题，即汉字在上古可能随语法异其音读也。**以语言学之立点，解决哲学史之问题，是为本卷之特点，在中国尚为首创**。其中卷泛论儒墨诸家之言性与天道，引起不少中国哲学史上之新问题，富于刺激性，其地理及进化的观点，自为不易之论。其下卷乃将宋学之位置重新估定"①。但是，余英时却说，"这本书出版在抗战时期，后又经历国共内战，至少到目前为止，严格地说并无产生影响，而且也没有人续在傅氏的研究基础上再发展。究实而论，《性命古训辨证》不是关于训诂学的研究，而是一部思想史研究"②。傅斯年

---

　　① 李泉：《傅斯年学术思想评传》，北京图书馆出版社 1999 年版，第 160 页。
　　② 余英时：《学术思想史的创建及流变——从胡适与傅斯年说起》，载《文史传统与文化重建》，生活·读书·新知三联书店 2004 年版，第 424 页。

的这本书把传统中的"微视角"学科文字学与宏观学科哲学牵连了起来，是把学问的两个极端撮合在一起，其难度可想而知。然而，就本书而言，傅斯年自然摆脱不了"卖弄"学问与"拼凑"材料的嫌疑，这也许有着在学术研究上的"眼高手低"的深层根源。陈寅恪也有一些关于哲学、语言、历史的综合研究，但是，他的研究风格与研究取向与《性命古训辨证》还是有着很大的区别。

语言学的发展对哲学发展起到一定的推动作用，这不能被称为"语言学的哲学转向"。"工具还是本体"是关于"转向"判定的重要标准。比如说，我们国内的外国语言学研究一直不够深入、系统，发展艰难，这就与把外语仅仅当成是工具有关。胡壮麟反对"外语不是专业是工具"的口号，认为"把外语学习仅仅看作听说读写的技能训练，实为井底蛙见"①。目前，我们国内语言学的发展就要绕开这两个极端，不要把语言仅仅当作是工具，也不要把语言学当成是哲学。如果人们把语言仅仅当作是人际交流工具，那必然会使得语言学赢弱不堪，无法发展。如果人们把语言学当成了哲学，那么，语言学只能离实务虚，无处下口。所以，无论语言学发展会面临怎样的困局，语言学都不要出现"语言学的哲学转向"。

在关于语言学的学术术语的问题上，我们常常会面临着一系列的困惑。如果严格按照各个术语的学术界定，我们在说话、写论文时就需要异常谨慎，每写一个字都需要反复推敲三五遍才行。伍铁平所写的众多语言学评论的论文中不乏关于语言学术语使用不严谨的问题，那些评论并非都是鸡蛋里挑骨头，他的学术批评大多数都体现了很好的学术精神和学术意义。比如说，我们常常提"功能语言学"、"功能主义"、"系统功能语法"，表面上看它们似乎差不多，但是它们的提出者、观点主张并不相同，我们不能轻易地把它们相混使用。当然，有时候我们还会面临另一种困惑，那就是理解某些语言学家、语言学派实在是非常困难。现代语言学研究者几乎人人都提到过索绪尔，但是，每一个人所理解的索绪尔的语言学观点可能都不会完全相同，即使是《普通语言学教程》那也不是索绪尔自己亲自所写，他的几个学生在"拼凑"这本书的时候也曾颇费脑筋。事实上，索绪尔的《普通语言学教程》虽然十分重视系统的观念，但是，

---

① 封宗信：《现代语言学流派概论》，北京大学出版社 2006 年版，总序第 1 页。

它本身并非就是一个严谨、毫无破绽的系统，它本身就存在着某些相互矛盾的内容。从这个意义上来讲，让语言学推动哲学的发展着实很难，语言学术语理解统一了吗，语言学学派内部的观点基本一致吗，等等，这些问题都会制约着语言学的发展，也制约着语言学推动哲学向前发展。

在探讨语言学与哲学的关系时，一般都不太适宜于只看语言学家个人的观点，通常是通过不同的语言学流派来与哲学发生联系。但是，"把某个语言学家归入语言学的这个或那个学派的问题不像初看那么简单。世界语言学的发展，有时很难纳入语言学'学派'的框子里；这些学派在德国和法国基本上是分得一清二楚的，把它们叫做'自然主义学派'、'青年语法学派'、'社会学学派'、'美学学派'等等。不应当否认这些'学派'的客观存在，也不应当否认这些学派的代表们对世界语言学的宝库作出的贡献；但同时我们清楚地知道，个别语言学家的观点时常超越某一学派的范围，一定要把他们归入上述的这个或那个学派会碰到很大的困难……这一点提醒我们，在《语言学史》课程里，一般在叙述各个学派的材料时……应当和叙述个别语言学家的活动、分析他们最著名的作品交叉进行"①。这种情况造成了语言学史的书写是一个困难，语言学流派的归纳也是一个困难，探讨语言学与哲学的关系也是一个困难。

说到学派，在中国国情下，它常常又与集体项目、团结等问题相关联。关于语言学研究的集体项目，这在不同的历史阶段也会有不同的表现，往往很不相同。郭锡良说，"'文革'前搞集体项目好办，大家都是一心一意的。'文革'后，特别是 80 年代以后，都是各人搞各人的，再搞集体教材编写就有难度了"②。当然，情况也有个别例外。例如，陈光磊说，"（《语法述要》）那本书是安徽教育出版社出的，我们用了一个笔名，田申瑛。田是种田的'田'，比喻是我们 4 个人种的'田'，'申'是上海，'瑛'是谐音声音的'音'字。意思是我们 4 个人耕语法的地，也算是在上海表达我们对语法的一些声音和意见"③。《语法述要》出版于1985 年。另外，胡附、文炼的合作常常被语言学界所称道，他们在 2000

---

① 中国科学院语言研究所：《苏联大学"语言学史"课程的讨论》，商务印书馆1960年版，第63—64页。

② 张宜：《历史的旁白：中国当代语言学家口述实录》，高等教育出版社 2012 年版，第79页。

③ 同上书，第310页。

年前后都还有合作论文发表，他们之间的合著赢得了学术界关于"合作"的广泛赞扬。说到论著合作的问题，还有两个方面值得去进行说明。一是有些对王力不敬的学者常常说：王力的著作中究竟有多少合作者、贡献者大概已经无从考证了，王力的很多著作中常常并不会提及著作的某些贡献者，后人以为那是王力的独立著作，其实不然。对此，我们只承认王力的著作中确实可能存在着类似的问题，但是我们不愿做出过多的探讨，因为包括王力的有些学生辈都常常处于一种矛盾的心理状态：不说出自己的学术贡献，似乎让自己感觉委屈；说出自己的学术贡献，也不一定会有其他学者相信（因为王力的著作中常常并未实名提及），并且那样做可能有损老师的学术地位，进而由此也会损害他们学生们的学术继承的合法性。二是当前的论文署名确实存在着一些学术失范现象，特别是某些行政繁忙的大腕学者常常直接把学生的论文拿来以自己为第一作者、学生为第二作者的形式来发表，至于研究生发论文时导师未提供任何帮助而把导师署名为第二作者的情况非常普遍。这些有违学术规范的论著合作，不是真正意义上的集体项目，这些情况也不属于学派行为，我们更无法从中得出语言学与哲学是一种什么样的关系的推论。

　　冯志伟说，"索绪尔之后，现代语言学的主要方向是就语言和为语言而研究语言结构本身，这一点，结构主义语言学表现得特别明显，语言研究的路子也就随之变狭窄了。近20年来，现代语言学开始把它的研究领域进一步拓广，不但研究语言本身的结构，而且还研究语言与心理、语言与社会的关系，这样，便产生了心理语言学和社会语言学，语言研究的路子也就越走越宽了，这是现代语言学发展中的可喜现象"①。索绪尔的结构主义语言学在学术界提出之后，对哲学确实产生过一定的影响。但是，在中国结构主义语言学的一个较长的时间段里，中国语言学的研究确实是越来越琐碎、路子越来越窄，这便与哲学逐渐失去了关联、越来越孤立。只是到了近些年来，出现了"现代语言学发展中的可喜现象"，语言学研究的范围也逐渐拓宽、开放，语言学研究有可能会进一步促进哲学的发展，我们现在还不敢断言语言学的这种促进力度究竟会有多大。

　　总之，哲学与语言学流派的关系是一个异常复杂的问题，它并不是一句话两句话就能够说清楚的问题，我们至今尚不能把这个问题研究得十分

---

① 冯志伟：《现代语言学流派》，山西人民出版社1999年版，第332页。

彻底。诸如语言、语言学、语言学流派、哲学思想、哲学、哲学流派，等等，它们之间确实存在着纷纭复杂的交织，要想研究清楚它们之间的关系，必须要有超强的宏观的学术驾驭能力，任何只见树木不见森林的做法都是危险的行为；同时，还要有关于语言学文献的坚实的材料基础，不慕虚言，尚实，严密。目前，我们还不能完全做到这种让人较为满意的理想状态，我们现在所做的研究还只是处于一个非常初步的研究阶段。即使我们可以勉强承认"语言学的理论基础是哲学上的认识论"①，我们目前也很难理清楚理论语言学与哲学原理之间的切实关系。在大多数情况下，人们往往满足于：只要不违背逻辑严密性和哲学规整性，我们就可以大胆地去探讨某一种语言学理论，我们并不会事先去设计、论证这种理论语言学对哲学将会产生哺育作用还是反哺作用。

---

① 宁春岩：《简述美国当代理论语言学的特征及研究方法》，《国外语言学》1991 年第 1 期。

第十三章

普通语言学包含于理论语言学

　　普通语言学、理论语言学与哲学的关系都非常密切，它们是哲学与语言学联系最为紧密的语言学的两个分支学科。原苏联学者认为，"可以说，这种年代久远（2500 年前）的语言哲学，即是我们后来名之为《普通语言学》课程的原始。在以后的发展过程中，语言学又不止一次地受到哲学和逻辑学的'入侵'。这一事实大家都耳熟能详，没有再加说明的必要。不仅如此，哲学和逻辑学甚至现在还占有地位。因此，《普通语言学》至今还常被叫做'语言哲学'，这决不是偶然的。而且，在《普通语言学》课程教学大纲的第一节，就提出了普通语言学和唯心主义语言哲学（按其内容范围、观点和方法等方面）的根本区别的问题，这也不是偶然的"[①]。对此观点，我们有两点认识：一是我们在谈及哲学时并非局限于机械的唯物主义、唯心主义、马克思主义等简单的分类法，哲学是一个流派众多、内部错综复杂的学科，我们不能把哲学这个学科简单化。二是在本章中我们将不再专门讨论哲学与语言学的关系，而是将内容重点放在普通语言学与理论语言学的关系的论述上面去。

　　作为语言学学术术语"普通语言学"和"理论语言学"，在国内，它们常常被人们搞混，但是总会有人不停地出来纠正、辨析；在国外，general linguistics（译为"一般语言学"或者"普通语言学"）和 theoretical linguistics（理论语言学）也会常常相混，但是人们很少愿意去过多地区分它们。那么，它们到底有没有区别？也许有区别，那主要在于只要是涉及对语言学理论的探讨都可以称之为理论语言学，不管这种理论探讨的"语料"是一种单一的语言还是涉及不同语言的对比；而普通语言学更强

---

①　中国科学院语言研究所：《苏联大学"语言学史"课程的讨论》，商务印书馆 1960 年版，第 89 页。

调的是与"个别语言学"相对的包括一种以上的语言材料的语言学理论探讨，其语料只是单一的语言往往不能称之为普通语言学。因为中国自古较少有关于多种语言比较的研究，在绝大多数情况下，中国语言学几乎就是汉语语言学，所以，普通语言学研究在中国比较弱小，那些所有的理论研究却都可以归为理论语言学之列。当然，在具体的研究实践中，即使有人总是不断地辨析、区分"普通语言学"和"理论语言学"的表述，但它们二者还是常常相混、不分；当需要特别区分它们的时候，常常是"理论语言学"包含着"普通语言学"，"普通语言学"包含于"理论语言学"之中。

百余年来，普通语言学对中国现代语言学的发展起到了至关重要的作用，它是中国现代语言学的最重要的组成部分之一。王力曾说，"首先应该强调的是普通语言学。可以这样说，最近50年来，中国语言学各个部门如果有了一点一滴的成就，那就是普通语言学的恩赐。普通语言学通过直接和间接的道路来影响中国语言学。但是如果我们不承认中国语言学的落后，我们就没有自知之明。而中国语言学的落后，主要是由于我们的普通语言学的落后。这一个薄弱的部门如果不加强，中国语言学的发展前途就会遭受很大的障碍"①。王力对中国语言学的这种反思非常客观。就目前来看，普通语言学确实是中国现代语言学的一个重要的发展瓶颈，普通语言学的发展对中国现代语言学的发展能够产生很强的助推力。

在国内，公开宣称自己从事普通语言学研究的学者为数不多，伍铁平大概算是一个，其他的研究者主要是在大学里从事"语言学概论"、"语言学纲要"教学的老师。公开承认自己是从事理论语言学研究的学者人数较少，主要有徐通锵、王洪君、陈保亚、李娟、叶文曦等人。其他的一些学者，例如：陈满华、彭泽润、李葆嘉、于全有等，他们往往很少打出一个明确的旗号，他们确实在做一些与语言理论相关的研究（有时他们做的又很"杂"），但他们很少明确地贴出理论语言学的标签。

第一节　普通语言学与理论语言学

邵敬敏、方经民在《中国理论语言学史》中说，"**长期以来，我国语**

---

① 王力：《中国语言学的现状及其存在的问题》，《中国语文》1957年第3期。

言学界对理论语言学都只作狭义理解，看作为普通语言学。这一看法暗含了两层意思：其一，个别语言特有的现象及其规律似乎不是理论研究的对象，从事理论研究的人似乎只须注意各种语言共有的现象及其普遍规律。其二，个别语言学似乎不必有理论部分，研究个别语言的人似乎只须描写具体的事实，而不必重视理论探讨。受这种看法影响，理论和实际相脱离是不可避免的了，它人为地限制了中国理论语言学的发展"①。只重视语言共性、忽略语言个性的研究，这对中国的学者来说可能有点儿好高骛远，因为中国的语言学者能够懂数种语言的人还是比较少，绝大多数的学者主要懂汉语、英语两种语言。中国语言学家要脚踏实地、一步一个脚印地做起，恐怕还是得从个别语言的研究入手来探讨语言理论，先进入理论语言学研究再踏入普通语言学研究。其实，诚如通晓数门外语的姚小平教授所说："实际上搞普通语言学不一定非要学习很多种语言。所以以前中国有的语言学家就会汉语，一种外语也不懂，他也是语言学家。这不是一回事：学了很多种外语的人叫 polyglot，但不是一个 linguist。一个 linguist需要对语言做深入的分析，探索（其）内部结构和演变规律，这才是语言学家。光会说多少种语言，这个不算的，只能说是个多语者。"② 姚小平的这个观点非常重要，它可以使我们破除对普通语言学的恐惧，帮助我们获得对普通语言学研究的信心。

　　就当前国内大学的普通语言学教材而言，使用最多、影响最大的教材应该是北京大学出版社出版的《语言学纲要》。现在，有些大学所使用的普通语言学教材属于自编教材，使用范围主要是主编、编者所在的大学，这一类教材的全国性影响大小不一。在 20 世纪 60 年代，情况有所不同，当时的教材和教学参考书都不多。段满福说，"《语言》（房德里耶斯著，岑麒祥、叶蜚声译，1992 年出版）是'法兰西学派'理论观点的总结，也是 60 年代初全国文科教材会议指定的作为语言理论参考的四部国外语言学名著之一。其余三部为索绪尔《普通语言学教程》（高名凯译，商务印书馆 1980 年出版）、萨丕尔的《语言论》（陆卓元译，商务印书馆 1964年出版）和布龙菲尔德的《语言论》（袁家骅等译，商务印书馆 1980 年

①　邵敏敏、方经民：《中国理论语言学史》，华东师范大学出版社 1991 年版，第 374 页。

②　张宜：《历史的旁白：中国当代语言学家口述实录》，高等教育出版社 2012 年版，第465 页。

出版)"①。历史再往上推，本章第三节"民国时期的语言学概论类教材史略"将对民国时期的普通语言学教材做一梳理与说明。

从普通语言学发展的整个历史来看，普通语言学主要是外来的，许多观点、材料都是借鉴西方语言学所得。段满福说，"1939 年，岑麒祥编著《语音学概论》（中华书局）。该书从法国语言学家胡迪的《普通语音学基础》（1910）和格拉蒙的《语音学概论》（1933）两书中选取了大量的材料（原书'弁言'中明确说明了这一点），把法国普通语音学和历史语音学的内容介绍到中国来。《语音学概论》基本上是浓缩版的《普通语音学基础》，两本著作论述的语音学要点内容基本一致，结构安排也相仿"②。这种情况在民国时代十分普遍，在很多时候，我们根本就无法用今天的学术规范去要求那个时代的著作。也正是当时著作中的这么多的学术不规范，为我们今天探索它们的思想和材料的"来源"起到了很大的作用。

有些著作可能没有采用普通语言学的名称，但是它的内容却属于普通语言学，我们不能只是看到著作的标题、名称就下结论。比如说，高名凯的《汉语语法论》就不仅仅属于语法学的著作，它有相当大的篇幅在介绍普通语言学的内容。高名凯《汉语语法论》这本书很不易读懂、读起来很不轻松，这大概主要有两个原因，一是要想把西方的普通语言学理论融合到汉语中来确实很不容易，二是高名凯本人的语言表达能力可能不是太好。对此，刘叔新曾说，"以前我的老师高名凯先生的语文表达其实不怎么好，句子太长，说了又总怕读者不清楚，说来说去，有点啰嗦，表达工作不太好。这就涉及文风问题"③。相对而言，徐通锵的《基础语言学教材》就比较通俗易懂，虽然该书并未对其中的某些概念做出科学、清晰的界定，但是，该书在总体论述上确实较为通俗、流畅。

我们谈到的以上内容，基本上都属于普通语言学的学科范畴，它们不是我们国内惯例中所理解的理论语言学。但这并不意味着在普通语言学和理论语言学之间存在着某些不可沟通的天堑，事实上，它们存在着许多思想上的关节、接口。比如说，乔姆斯基的深层结构理论可以被看作是普通

---

① 段满福：《法国现代语言学思想（1865—1965）及其对中国语言学的影响研究》，博士学位论文，北京外国语大学，2013 年，第 106 页。

② 同上书，第 109 页。

③ 张宜：《历史的旁白：中国当代语言学家口述实录》，高等教育出版社 2012 年版，第 194 页。

语言学的内容，然而，当人们把这个理论运用到各个具体的语言之中的时候，它就属于我们国内理解惯例中的理论语言学了。我们知道，乔姆斯基提出过深、表层结构之分以及语言能力和语言运用之分。严辰松说，"乔姆斯基的目标是大胆的，方法是独特的，现在评价他学说的成败还为时过早。但是至少有一点是肯定的：乔姆斯基引导语言学进入了'柳暗花明又一村'的境地。举例来说，语言研究者不再仅仅局限于句子表面结构的分析，比如使用直接成分分析法切分句子。象'台上坐着主席团'这样的句子，过去对哪是主语曾有过很多争论，今天看来是没有意义的"①。我国语言学家对"台上坐着主席团"分析得较为细致、深入，但是他们并未提出乔姆斯基所说的深层结构理论，相反，深层结构理论却可以用来阐释我们语言学家的那些语法分析。接下来，我们主要探讨一下关于理论语言学的相关问题。

新中国成立之前，我国很少有相对独立的理论语言学研究。从20世纪50年代以来的40年里，中国理论语言学研究发生了许多变化，它们主要包括：从原子主义到结构主义、从单层次到多层次（语义、语法、语用等）、从描写到解释、从个性到共性、从经验到理性②。近些年来，影响较大的理论语言学著作主要有陈保亚的《20世纪中国语言学方法论：1898—1998》一书。下面，我们打算引介陈保亚的几处观点，算是对我国理论语言学研究的粗略的概括。

近些年来，传统语言学、结构主义语言学备受批评，认为语言学的道路越走越窄。这种批评当然有一定的道理，但是，事情并非只是单单一个方面。陈保亚说，**"任何学科的初级阶段都需要把所研究的对象限定在一个确定的范围内，使研究的对象有一个稳定的、静态的、没有变异的、易于观察的基础，这就是研究对象的同质化"**③。中国语言学在研究的初期，主要工作就是语料收集、描写这两大任务，如果没有这样的基础、前提，其他的所谓的高大上的研究都是无源之水、无本之木。陈保亚还说，"所

① 严辰松：《乔姆斯基理论的目的、方法及语言能力先天论——读书问答》，《现代外语》1991年第4期。

② 赵世开：《语言学研究中观念和态度的变化——简评40年来语言学理论研究在中国》，《语文建设》1990年第2期。

③ 陈保亚：《20世纪中国语言学方法论：1898—1998》，山东教育出版社1999年版，第1页。

谓异质研究，就是讲语言和言语、内部和外部、历时和共时结合起来。从60年代开始，出现了异质研究的转向。在音系研究中有代表性的是魏茵来希、拉波夫等人提出的有序异质模型；在语法研究中有代表性的是配价语法、格语法、生成语义学、语义特征分析；在语用研究中有代表性的是系统功能语法。中国语言学由于受文革的影响，从70年代末才开始形成异质语言研究的转向"①。关于同质语言研究的说法，学术界大体上是接受的，它符合语言学在当时发展的实际情况。陈保亚在这里关于异质语言研究的说法、观点，在语言学界并未产生重大的学术影响。至于说"语言和言语、内部和外部、历时和共时结合起来"，它们这些因素本身就是相对而言的，并且它们本身就难以界定。我们认为，研究任何一种类型的"语言事实"都属于异质语言研究，而研究某一种抽象化、人为地封闭截取的"理想语言"则属于同质语言研究。

　　陈保亚还提出了"中国结构主义"的问题。他说，"本书所谓的**中国结构主义，是指中国语言学家在借鉴西方结构主义方法的前提下，在近代实证主义思潮的影响下，通过对汉语的分析提出的一套方法原则**……由于这一套方法和全世界整个结构主义语言学的方法有共同之处，同时又有其独立性，所以称为中国结构主义。这种方法论是从陈承泽开始的，后来不断深化，60年代初达到顶峰，基本原则一直延续至今"②。许多语言学家都谈到过，说当西方语言学理论不停地翻新的时候，中国语言学界的主流并未完全被动地跟着翻新，而是基本上坚持住了"中国结构主义"的原则和方法。对此，陈保亚也有所论述，"事实上，美国转换生成语法兴起后，中国语言学仍然在结构主义参照系下工作。中国语言学虽然吸收了转换分析的方法，但中国的转换分析和生成语法的转换分析有区别，中国的转换分析是一种分析方法，而不是生成句子的规则"③。

　　在音韵学界，"保守势力派"和"国际音标派"是非常不同的两个极端，他们曾经相互攻讦、互不服气，他们所争论的内容之一就包括音素的分合问题。陈保亚说，"赵元任（《音位标音法的多功能性》）提到的音位分析的相对性有两层含义：**一是两个互补分布的音素归纳成一个音位还是**

①　陈保亚：《20世纪中国语言学方法论：1898—1998》，山东教育出版社1999年版，第236—237页。

②　同上书，第18页。

③　同上书，第544页。

两个音位是相对的；二是线性方向的动态音切分成两个还是一个是相对的"①。赵元任在这里提出的这种"相对性"就是对语音"科学性"的一种阐释和补充。

陈保亚说，"中国结构主义不仅在语法结构层面动用分布，在语义结构层面也继续动用分布理论，通过词在鉴定字、鉴定句式和可变换句式中的分布，在语义结构关系、语义特征和语义指向分析方面取得了进展，扩展了语义格、价、空语类的概念，提出了句位的概念，系统地论述了语法、语义、语用三个平面，并且在历时语言学层面广泛深入地扩展了分布分析，如聚合关系、组合关系的排列对变异运动方向的制约，变异在社会因素、结构因素中的相关分布对叠置式音变的影响"②。在这里，陈保亚对中国结构主义理解得较为宽泛，把许多理论问题都往中国结构主义上面去靠，这种思想可能体现了中国传统文化中的"大一统"思想。对于这种"大一统"的推测，在此，我们不做更深入的探讨。

陈保亚在《20世纪中国语言学方法论：1898—1998》中还提出了一些其他的重要理论，这些理论的来源也不尽相同。比如说，关于"词汇扩散论"是美籍华人王世元提出来的，在国内外产生过一定的影响。"叠置式音变论"主要是由徐通锵、王洪君等人提出来的，在国内产生了较大的影响。"无界有阶论"主要是著者陈保亚自己提出来的，该理论在国内的影响尚较为有限，值得继续完善、推广。无论从哪个方面来讲，《20世纪中国语言学方法论：1898—1998》都是一部重要的理论语言学著作，它不是一般意义上的语言学史，也不是一部普通的理论语言学史，它承载了太多的关于理论语言学的探索的学术意义。

在当前，"理论语言学"这个名词在我国的使用尚不够普遍，但这并不是就等同于我国语言学不重视理论建设。事实上，我国语言学学者也有过种种"形形色色"的语言学理论，只是呢，这些理论所依据的语料大多数都比较狭窄、微观，所提出的理论往往也比较琐碎、单一，其他的学者对于这些理论的接受、理解也很不统一，这就造成了中国语言学似乎没有理论意识的表象。这些表象，这些"形形色色"的理论往往也不适用

① 陈保亚：《20世纪中国语言学方法论：1898—1998》，山东教育出版社1999年版，第133页。

② 同上书，第544页。

于外语，大多数都缺少对比语言学的视野，它们虽然数量并不小，但是学术影响却很小，它们都不属于"普通语言学"的范畴。那些训诂、解读一个字就提出一个理论的学术倾向，往往具有很深的"小学"传统，通常与我们这里所说的"理论语言学"、"普通语言学"无关，它们几乎都不会涉及一个大的理论框架。如果从国际视野的角度来讲，中国学者的"普通语言学"视野也许是中国语言学"走出去"的一个重要体现。然而，非常不幸的情况常常是中国的语料走出去了，敦煌文献走出去了，甲骨文走出去了，相关的学术研究却没有走出去。敦煌学前几年在国内火了一阵子，那主要是对继 20 世纪 80 年代以来"崇洋媚外"的某种反动，国外有人提起的、国人偏要证明自己比外国人研究得还要透、国内就容易火，这实在不是一种好的学术传统，那只能算作是"走进来"而不是"走出去"。因为"普通语言学"可能会涉及某些外国语，可能会涉及走出去、全球化的问题，所以，我们就要更加注意"走出去"的问题，我们希望的是"走出去"而不是"走进来"。"普通语言学"的"走进来"是模仿、借鉴、吸收的阶段，现在我们已经超越了那个发展阶段。

第二节　普通语言学与语言学史

笔者曾指出，"在当前的《学科分类与代码》中，我们可以看到'地球科学史'、'数学史'、'物理学史'等等，我们却找不到'语言学史'。根据学理相近原则，学界惯例是把'语言学史'放在'普通语言学'下面；如果不这样，我们恐怕只能把它放在'语言学及其他学科'下面，勉强给它找到一个位置"①。**"普通语言学"或者"理论语言学"与"语言学史"关系密切，在深层上、研究层面上它们趋于有别，在浅层上、教学层面上它们近于混同，特别是在面向本科生的教学中全国基本上都没有独立的语言学史课程。** 据刘叔新回忆，"（当时）我们（南开大学）没有语言学史这门课，所以我讲理论语言学有一个大的导论，就是极为概括地讲一讲中外语言学史。学生没有语言学史的知识听普通语言学很难的！提到某个人，他是什么学派，什么时代的人，他有什么贡献，学生都不了

---

① 薄守生：《民国时期的语言学概论类教材史略》，《西华师范大学学报》2011 年第 6 期。

解怎么行？我的导论要占好几个礼拜，一个礼拜上一次的话，我要上四五个礼拜。是个小的语言学史"①。

张宜说，"20 世纪 50 年代以来，**语言学史研究逐渐从普通语言学中分出**，发展至今，已成为一个独立的分支——语言学史学（historiography of linguistics）。语言学史学既指语言研究的过去史，也关注语言学历史文献中的方法论和认识论"②。通常认为，王力（1981）《中国语言学史》是我国最早的一部完整的语言学史专著，该书前三章曾于 1963 年、1964 年发表过。姚小平说，"50 年代中，我国一些大学仿照苏联高校做法，开始设置语言学史课程。当时的中国语言学界与国外同步，颇有一种探索本学科历史的兴趣。可惜这一兴趣为'文革'中断，史的探索直到 80 年代初才得以恢复"③。译著《苏联大学"语言学史"课程的讨论》于 1960 年在国内出版，王力的语言学史研究有可能是受到过苏联的启发。苏联学者也认为，"语言学史……是'语言学观点发展史'或语言学学说发展史，甚或是'**普通语言学思潮历史发展综述**'"④。

从《苏联普通语言学和语言学史副博士基础考试提纲》⑤ 中我们可以得知，原苏联在博士学位入学考试提纲中，把普通语言学和语言学史两个研究方向的题目放在一起考试。该书在"语言的分类法"中，分为"语言的类型（形态）分类法"和"语言的谱系分类"两部分。该书在"语言学史"部分，《提纲》分为：印度的语文学、古代语文学、中世纪的语文学、文艺复兴和启蒙时代的语文学、历史比较法的产生和发展、新语法学派、波铁布尼亚的语言学观点、弗尔图那托夫和弗尔图那托夫学派的语言学观点、博杜恩·德·古德芮的语言学观点、喀山学派、索绪尔及其学说、现代结构主义、苏联语言学发展的基本阶段，等等。

---

① 张宜：《历史的旁白：中国当代语言学家口述实录》，高等教育出版社 2012 年版，第 189 页。

② 同上书，前言第 II 页。

③ 姚小平：《语言学史研究诸方面——罗宾斯〈语言学简史〉（1997）读后》，《外语教学与研究》2001 年第 4 期。

④ 中国科学院语言研究所：《苏联大学"语言学史"课程的讨论》，商务印书馆 1960 年版，第 89 页。

⑤ 赵世开译：《苏联普通语言学和语言学史副博士基础考试提纲》，《语言学资料》1962 年第 9 期。

一　中国语言学史的本土视角

王力思维敏捷，善于把握国内外的学术潮流，同时他又具有深厚的传统语言文字学根基，他的语言学史研究具有学术开创性。"王力善于用科学的眼光批判继承中国传统语言文字学的优秀传统，对中国语言学史有十分深刻的认识。《中国语言学的现状及其存在的问题》、《中国语言学的继承和发展》、《略论清儒的语言研究》、《黄侃古音学述评》等都是总结中国语言学史特别是传统语言文字学的论著，尤其是《黄侃古音学述评》一文，在海内外引起极大反响。《中国语言学史》……高屋建瓴，见解深刻，要言不烦，是我国第一部研究中国语言学史的专著。"[1] 王力对中国语言学史的影响巨大，他思想开放，同时又具有很强的本土意识，他书写的中国语言学史具有深厚的中国传统学术的特征。

徐超《中国传统语言文字学》[2] 虽然书名中并没有"语言学史"几个字，但它其实就是一部中国古代语言学史。在我们国内，类似的著作还有很多，特别是那些研究对象就是中国古代的文献的著作，例如《中国音韵学》可能实际上就是《中国音韵学史》。诸如此类的著作，诸如此类的语言学史研究，往往自然而然地具有一定的本土特征，与西方的诸多《语言学史》写法、风格均不相同。

中国现代语言学史、中国当代语言学史著作在国内尚为数不多，只有何九盈《中国现代语言学史》等少数著作。何九盈《中国现代语言学史》也具有较为深刻的本土视角，这主要体现在书写方法和材料取舍两个方面。

姚小平说，"**我们对中国语言学史的观察一直是以本国为中心，这样一种视角用于明末以前或许尚可，对于明末以后却不适宜**"[3]。关于语言学史著作的视角、视野问题，它不仅仅在于所涉及的研究对象的问题。比如说，长期以来，中国语言学史对于海外汉籍、汉学重视不够，不包含外国人对中国语言的研究的学术史就不是完整的中国语言学史。现在，我们

---

① 中国语言学会《中国现代语言学家传略》编写组：《中国现代语言学家传略》，河北教育出版社 2004 年版，第 1299 页。

② 徐超：《中国传统语言文字学》，山东大学出版社 1996 年版。

③ 姚小平：《语言学史研究诸方面——罗宾斯〈语言学简史〉（1997）读后》，《外语教学与研究》2001 年第 4 期。

逐步重视在海外研究中国语言的相关材料了，这是一件好事，很值得去做。**语言学史的大视野还在于把一种研究传统如何定位于语言学世界潮流中的某一个特定阶段，定出中国语言学在全世界范围内的坐标体系**。这种坐标体系、这种大视野，就是走出本土视角的一种尝试。只是呢，我们要做得出来这种大视野的语言学史研究目前还很难。

二　一切的语言学评论都属于语言学史的内容

长期以来，我们常常无法对语言学评论进行学术归类，有人或者把它归为语言学理论的范畴，但也不太确定。笔者认为，涉及语言学评论的全部论著都可以归入语言学史的学科范畴，不管是评论古代的语言学论著，还是评论当代的语言学论著。评论与史论不完全一致，但是，语言学评论能够为语言学史论提供一定的材料和积累。

百年来，我国的语言学评论并不少见，只是呢，很少有人对其进行归纳分析，显得比较散乱。有些语言学评论主要是涉及某个学派、某位语言学家、某个语言学观点，有些语言学评论直接就是某本语言学著作的书评，它们宏观、微观的视角不同，评论风格也是非常多样化，各种评论丰富多彩。下面，我们随机列举如下几条语言学评论：

郅友昌、赵国栋曾评论过马尔语言学，"马尔的语言新学说之所以被人们当做一种神话来崇拜，除了个人的原因外，与当时的社会环境和斯大林的个人崇拜不无关系；设想，在那个时兴个人崇拜的时代，各个领域都要有崇拜的对象，不是马尔，肯定会有别的人物出现，马尔在某种程度上也只是一个'牺牲品'；假如他的天赋被合理引导，相信他会做出真正科学意义上的贡献的。我们并不是想为马尔正名，马尔的语言新学说在本质上是错误的，我们想说的是，对一个历史人物的评价只有结合当时的历史背景，才能做到合理、客观、公正。以史为鉴，才会保证我们的语言学研究不会偏离科学的轨道"①。这种评论立足于社会大背景，基本上不属于语言学本学科的评论，可以认为是一种语言学的社会学评论。

王希杰认为，陈望道对胡怀琛《修辞学要略》的批评并非平和的学术批评、有点儿不厚道；刘大白对陈望道的《修辞学发凡》吹捧有点儿

---

① 郅友昌、赵国栋：《苏联语言学史上的马尔及其语言新学说》，《解放军外国语学院学报》2003 年第 3 期。

过度，刘大白虽然是一位诗人，但他在进行学术评论时不应该运用诗歌语言、风骚尽显，而需要使用学术语言、实事求是①。也许，王希杰的学术评论语气有些调侃、犀利，但是，王希杰的学术评论精神却是严谨、厚道的。我们从王希杰的相关评论中可以了解到民国初期的修辞学发展的真实情况。

苏新春在谈到"暂拟汉语教学语法系统"时说，"50 年代是中国现代语法研究史上一个异乎寻常的高潮……这一时期如此众多的学术探讨，最终形成有体系的理论成果，并在各级学校的语言教学中得到贯彻实施，对社会产生广泛影响的，仍只是'暂拟汉语教学语法系统'。因为众说纷纭的各家学术创见进入社会，人们在学习中无所适从，发出了'共同编写出一本语法书来，供给广大的人民群众学习和教学'的要求。'暂拟汉语教学语法系统'就是应这种社会呼声而出台的。它'求同存异，力避偏执一端'，初衷是为了方便中学语言教学而构建，以区别于学者们论著中的'研究语法体系'。可结果却因为'教学语法体系'的实用，使得'大多数高等学校中文系现代汉语课的语法部分也基本上采用了它，以便于那些日后到中学任教的毕业生可以把所学和所用衔接起来'。80 年代初，'暂拟汉语教学语法系统'修订过一次，去掉了'暂拟'二字，它在教学领域的地位更得以巩固"②。不仅仅在语言学领域，整个中国传统文化的主流就是朴素、尚实。尚实是中国语言学的一个优点，但同时也是一个缺点。因为尚实的学风可能会导致理论意识淡薄，长期以来，语言学界常常批判中国语言学缺乏理论意识，这可能与中国语言学尚实有关。

陈满华在评《中国语言学大辞典》时说，"本书在体例上最有特色之处大概要算设立了一个'语言学史'类。虽然国外的语言学词典已有分出'史'类的，但至少在我国大陆以往出版的语言学词典似乎还没有过。我们认为这样做至少有两方面的意义：一是使一些综合性的内容有了归宿……二是便于读者了解某一事件、现象或研究主题的来龙去脉，从而可以整体把握这些事件等"③。

马国凡在评论《二十世纪的中国语言学》时说，"全书 19 篇文章概

---

①　王希杰、何伟堂：《从 20 世纪二三十年代的修辞学谈学术规范和学术腐败》，《平顶山学院学报》2005 年第 3 期。

②　苏新春：《"实用"观念中的 20 世纪中国语言学》，《厦门大学学报》1999 年第 4 期。

③　陈满华：《评〈中国语言学大辞典〉》，《中国语文》1996 年第 4 期。

括了语言学的主要门类，若求全责备，似乎还应增加一些门类，以求更全面地反映一个世纪来我国语言学的研究。例如有对外汉语教学，却没有一般汉语教学；有数理语言学，却没有心理语言学、神经语言学（仅王理嘉先生提到：语音学的研究涉及生理、物理、心理等方面知识）；有话语语言学、社会语言学，却没有广义的语用学等等。19 篇论文是从不同的学科讲述一个世纪的研究情况的，作为全书，似应有一个统摄性的'绪论''总述'才显出是由众多成员组成的'一个大家庭'"①。

徐胜利在评论《中国小学史》时说，"是书成于 80 年代中期，一方面，学术刚从十年浩劫中走出而迈向正规，相关学术文献受损严重，参考资料不足且检索不便；另一方面，又是从一个全新之角度写专门之'小学史'，与'语言学史'在编排及材料取舍上又有所不同，无现成专书可兹参考，一切材料都需重新逐条爬梳，结构安排也要适合'小学'本身之特点，因有相当之不足，批评也当客观对待……'小学史'是一个发展变化之过程，不同时期'小学'各门类具体内涵必然多有不同"②。

李炯英在评论《语言学理论与流派》一书时说，"在'中国现代语言学'一章里，两位作者以中国语法学研究的发展历史和研究特色为依据，把中国现代语言学史划分为四个阶段……而后，两位作者介绍了海外中国语言学的研究状况，包括中国结构主义语言学、转换生成语言学、功能语言学等，并在此基础上，介绍了国际中国语言学会的情况"③。

张敏在评论《现代语言学流派》一书时说，"不尚空谈、不发宏论，而是在踏踏实实陈述事实的基础上稍作点评，力求公允，这也是《流派》的一大长处。书中见不到大段大段的褒贬文字，更见不到使人生厌的那种'戴高帽''盖棺定论'的腔调"④。

郝斌在评论《语言理论和语言学史上的语法描述类型》时说，该书其中一部分内容探讨了"语言史学对当代语言理论、对解决一系列语言

---

① 马国凡：《总挈一个世纪中国语言学研究的巨构——〈二十世纪的中国语言学〉评介》，《汉字文化》1999 年第 1 期。

② 徐胜利：《历史、文化、学术背景下的〈中国小学史〉——以训诂学史为中心来谈》，《开封教育学院学报》2012 年第 1 期。

③ 李炯英：《现代语言学史研究的又一朵奇葩——〈语言学理论与流派〉评介》，《外语教学》2004 年第 6 期。

④ 张敏：《〈现代语言学流派〉评介》，《语文建设》1989 年第 4 期。

政策问题的重要性"①。

束定芳在评论《英国语言学：个人说史》时说，"语言学史一般由专门研究语言学历史的学者来写。作者必须通过对不同时代的文献的大量研读，甚至是对大量历史文献和著作的挖掘和考证，才能写出一部比较可信、有参考价值的语言学史……语言学史还有另外一种轻松，甚至随意的写法，我们不妨把它称为'第三种写法'：通过历史事件的当事人，对个人所亲历或见证的重要事件、个人所走过的学术道路做饶有趣味的描述，对语言学发展的某一阶段所经历的过程和特点进行多方位、多角度、多层次的观察和评论"②。

举例我们暂时先举这么多，关于中国语言学评论的内容还非常丰富，举不胜举。我们在书写语言学史的时候，不能不参阅这些评论，有些评论的学术高度都已经远远超出了被评论的论著，忽视语言学评论的倾向并不可取，它们是语言学史的一个组成部分。当然，我们在书写语言学史的时候也不能过度地依赖"二手材料"，不能在未通读原著的情况下轻信各种评论，语言学原典是语言学史书写的最终的唯一依据。

三　关于语言学史学科的理论思考

目前，中国语言学史研究还非常不成熟，关于"中国语言学史学理论"或"中国语言学史学史"的相关论述更少，它们常常处于只言片语、不成系统的状态。下面，我们举一些关于"中国语言学史学理论"的例子，它们都有较为深刻的学术反思，值得关注。至于笔者自己对中国语言学史的相关思考，则不在此列举，我们在本书的行文过程中随时都有关于中国语言学史理论的夹叙夹议的内容。

原苏联学者认为，"高等学校的《语言学史》课程不可能对语言学思潮的一切派别，甚至是十九和二十世纪的，都阐述得同样详细，也不可能把一切较为有名的语言学家的著作一一加以介绍。选材不但要根据一个学派或语言学家对当时的历史时代来说是否重要，而且还要根据他们在整个

---

① 郝斌：《〈语言理论和语言学史上的语法描述类型〉》，《外语教学与研究》1989 年第 1 期。

② 束定芳：《语言学史的第三种写法——以〈英国语言学：个人说史〉为例》，《当代语言学》2009 年第 4 期。

语言科学发展的进程中所起的作用"①。作为教材、课程内容,《语言学史》不在贪多求全,而在于线索清晰、逻辑严密、简明扼要。作为学术研究,《语言学史》选材可以适当求细,立论可以求深求精,出版多卷本的中国语言学史都应该认为实属正常。

钱军认为,"**语言学史学对影响的研究应适可而止。谁影响了谁,谁最先提出某一思想,谁的影响最大,诸如此类的研究,不仅工作量极大,而且价值有限……语言学史学应该停止对语言学家人品的评价。其一,如歌德所说,哪里有多少光亮,哪里就有多少阴影……语言学史学应该聚焦于以文本为基础、以其他材料为辅助的语言学思想史的研究,关注于语言学家在文本当中说了什么,怎么说的,为什么这么说**"②。这是对语言学史的价值定位,以及语言学史的研究材料究竟应该以什么为主的问题。笔者特别赞成以文本为基础的语言学史研究倾向,特别是要关注语言学的相关原始文献。

何九盈认为,"要分辨影响与成就……学术评判的唯一标准是学术成就。没有学术成就的所谓影响是虚的……纯学术标准的贯彻必须要排除政治因素和私人情感因素的干扰"③。何九盈的这个观点无疑非常正确,但是要落实却有一定的难度。特别是关于私人感情问题,徇私情是为史的大忌,然而,党同伐异的现象却又屡见不鲜,令人叹惋。关于政治因素的问题,要想排除更难,比如说罗振玉既是国学大师又是"汉奸",因为他是汉奸所以他的著作也常常被人为地加以排斥。

姚小平认为,"第一,不应局限于所谓严格意义的语言学的历史,而忽略'俗语言学'的材料(详见姚小平,1996:62);也不应拘泥于'语言学'与'语文学'的分界,用现代科学的眼光圈定古代学术的疆域。第二,**不宜把语言学史写成单纯的名家史或名著史。名家名著当然是我们了解语言学发展史的主要材料,但许多不起眼的小人物及其著作也是我们观识历史不可轻视的材料**"④。这个观点非常重要,在进行语言学史研究

---

①　中国科学院语言研究所:《苏联大学"语言学史"课程的讨论》,商务印书馆1960年版,第83页。

②　钱军:《语言学史学:问题与思考——以语言学史学对雅柯布森与索绪尔关系的研究为例》,《四川外国语学院学报》2002年第1期。

③　何九盈:《中国语言学史研究当议》,《语言科学》2002年第1期。

④　姚小平:《语言学史学基本概念阐释》,《外语教学与研究》1996年第3期。

时我们一定要深挖细耕，绝对不能粗枝大叶、只看大路不顾小道。只是呢，**做语言学史从语言学原始文献做起的时候，人们最头疼的往往在于材料太多、头绪太乱，一是读不完，二是难取舍。可以说，关于语言学原始文献通读与取舍的问题，是语言学史研究的瓶颈所在，只要这一关解决好了，语言学史研究就能够取得质的突破。**

赵世开说，"翻开中世纪（大约五至十三世纪）的欧洲语言学史，我们发现这一时期的某些特点又在二十世纪六十年代美国乔姆斯基的学说中再现……又比如，在语言学史中反复有过'着眼于过去'和'着眼于当代'的不同倾向"①。语言学着眼于过去还是着眼于当代的问题，只是语言学的研究导向问题，或者说是语言学者个人研究的兴趣与倾向性问题，并不涉及语言学史研究的倾向。语言学研究和语言学史研究是两码事。

党怀兴说，"学术史的总结，宜从断代研究开始……出于学术公心的考虑，我们反对写所谓的当代学术史，是因为许多在世的当事人影响着我们的学术批评研究，使得我们不能客观评价学术人物或学术著述"②。党怀兴的这个观点值得我们深思：一方面我们应当重视当代语言学史研究，我们应该加紧抢救当代语言学家的口述史；另一方面我们必须客观公正地对待当代语言学史，不能徇私情，相关评价要经得起历史的考验。正是如此，简单地反对写当代语言学史的做法并不可取，这可能有点儿因噎废食的意味。

普通语言学、理论语言学与语言学史这三者之间有着较为复杂的关系。我们先是讨论了普通语言学与理论语言学的关系，然后介绍了普通语言学与语言学史的关系。有关语言学史的理论问题，我们既可以把它看作是理论语言学（或者普通语言学）的内容，也可以把它看作是语言学史本身需要讨论的内容。

---

① 赵世开：《语言学的过去和现在》，《外国语》1979 年第 2 期。
② 党怀兴：《文献发掘与学术史的研究问题——兼谈王宁先生有关学术史研究的一些看法》，《古籍整理研究学刊》2004 年第 4 期。

第三节　民国时期的语言学概论类教材史略*

　　本节内容类似于一个民国时期"普通语言学"专题研究。当然，这个专题研究尚不够细致，只是一个框架结构。同时，有许多论文我们在此并未涉及，暂且只总结民国时期的同类教材、专著。

　　在今天"语言学概论"这一名称较为通用、稳定，在早期却不是这样，其名称在使用上很不统一。在中国，作为学科分类名称一般用"普通语言学"，与之相对应，作为课程（教材）名称一般用"语言学概论"，这二者之间有着类似于"体用"的关系。当然，准确地说，与"语言学概论"课程（教材）相对应的学科类别应该是"理论语言学"，而不是包含在"理论语言学"之内的"普通语言学"。普通语言学、理论语言学、语言学概论之间的关系看起来似乎有点儿"扯"，名实、体用方面的问题有时很难逻辑严密地表述清晰。

　　石安石曾将20世纪的中国普通语言学分为三个时期，即：20年代初至40年代末为启蒙时期，50年代初至60年代中期为起步时期，70年代后期开始进入了进展期①。石安石所说的启蒙时期，在时间上正对应着民国时期。

　　相对于传统小学，普通语言学是新学，属于现代语言学的范畴。这门新学也曾受到过传统学术的排挤，比如说任铭善就不很重视普通语言学，认为它"于教者为取巧，于学者为无用"②。

　　"语言学概论"、"普通语言学"在中国是随着现代语言学的诞生而产生的。在中国现代语言学成立初期，关于这个学科的有些术语在使用上尚不稳定。本节标题为《民国时期的语言学概论类教材史略》，不局限于我们今天所说的"语言学概论"。

---

　　*　本节内容曾发表于《西华师范大学学报》2011年第6期，在此略作修改。

　　①　石安石：《20世纪的中国普通语言学》，载赵蓉晖《普通语言学》，上海外语教育出版社2004年版，第157页。

　　②　任铭善：《我如何讲训诂学》，《国文月刊》1946年第49期。

一　中国现代语言学的成立

通常，人们把《马氏文通》（1898）作为中国现代语言学产生的标志①。沈家煊把《马氏文通》和高本汉《中国音韵学研究》两部著作作为中国现代语言学的开端②。语言学界较为普遍地接受这两种说法。

濮之珍认为，章炳麟把"小学"之名改称为"语言文字之学"时（1906）"这就标志着中国现代语言学的开始"③。章炳麟在《文始》中谈及"语源"、"语根"，在《国故论衡》（1910）中谈到"语言缘起说"等问题，因此，也有人把这两部书看作是中国现代语言学著作④。不过，傅斯年却不这样认为，他觉得章炳麟的著述在"新材料"和"新方法"的运用上有所欠缺，在"科学性"上尚有不足⑤。

以上这些"现代语言学"著作之"精神"是语言学概论类教材产生的"内部条件"，中国的语言学概论类教材就是紧跟在现代语言学后面出现的，在时间上前脚后脚形影相随。国外的语言学概论性的著作是中国语言学概论类教材产生的"外部条件"，早期的中国语言学概论类教材具有非常明显的模仿国外著作的痕迹，在内容上亦步亦趋葫芦瓢形。同时，这些语言学概论类研究是中国现代语言学之中最为重要的组成部分之一。

就语言学概论类专著（教材）而言，学术界通常把胡以鲁《国语学草创》作为开山之作。李晗蕾说，"影响早期中国理论语言学发展的语言学著作有两部，一部是胡以鲁编著的《国语学草创》，一部是日本人小林英夫翻译的《言语学原论》（即索绪尔的《普通语言学教程》）"⑥。胡以鲁《国语学草创》较早，称为"国语学"。其他的书，有的称为"语言学"，有的称为"言语学"。何九盈曾说，"上半世纪出版的几本语言学概论性的著作，基本面貌差不多，论题大同小异……当时，'语言学'这个名称还不稳定。日本人译为'博言学'，中国不少人用'言语学'。张世

①　陈昌来：《二十世纪的汉语语法学》，书海出版社 2002 年版，第 56 页。

②　刘丹青：《语法调查研究手册》，上海教育出版社 2008 年版，序言第 1 页。

③　濮之珍：《中国语言学史》，上海古籍出版社 1987 年版，第 476 页。

④　朱瑞平：《孙诒让小学谫论》，商务印书馆 2005 年版，第 201—202 页。

⑤　傅斯年：《历史语言研究所工作之旨趣》，《中央研究院历史语言研究所集刊》1928 年第 1 本第 1 分。

⑥　李晗蕾：《〈国语学草创〉与现代语言学》，《北方论丛》2003 年第 2 期。

禄在《原理》中强调‘语言学’是指英语中的 Linguistics，而不是指 philology，后者容易与‘文献学’相混"①。关于这些名称、术语，下面还会论及。

二　启蒙时期的几部语言学概论类教材述略

启蒙时期的语言学概论类教材为数不多，并且有的类似专著，而有的类似译著，不一而足。在此，我们举例性地介绍几部在当时影响较大的著述。

这里我们采用的版本均为原始文献，绝无二手资料。这些文献虽然不好说是珍稀文物，但是现代人已经较少去阅读了。并且，当时的文献竖排行文，或有印刷质量还不太好字迹不甚清晰，阅读时较费眼神。所以，下面这些介绍可以说具有一定的"史料"价值。

1. 胡以鲁《国语学草创》

胡以鲁《国语学草创》，商务印书馆 1923 年初版。该书章炳麟序于 1913 年，序言中称"著《国语学草创》十篇"，可以推断《国语学草创》的写作当不晚于 1913 年。王希杰认为，"胡以鲁的《国语学草创》写作于 1912 年，章太炎序言写于 1913 年 1 月"。②王希杰的观点当较为接近实际情况，至于该书写作时间可不可能更早、早于 1912 年我们暂不探讨，但是 1912 年时胡以鲁"已经"在北京大学教语言学了。

该书十篇篇目为：说国语缘起、国语缘起心理观、说国语后天发展、国语成立之法则、国语在语言学上之位置、论方言及方音、论标准语及标准音、论国语国文之关系、论译名。

对该书内容需要做出说明之处，主要有如下一些：

(1) 国语标准音。关于共同语问题，胡以鲁呼吁应尽早确立标准音。不过，他主张以湖北方言来确立标准音，其理由为"湖北之音，古夏声也。未尝直接北患之激变，常作南音之代表……以其比较上纯粹而中和也。交通上又为吾国之中心。其发达正方兴而未艾"③。呼吁应尽早确立标准音，这种学术观点是有进步意义的；但是，主张以湖北方音为标准

---

① 何九盈：《中国现代语言学史》，商务印书馆 2008 年版，第 74 页。

② 王希杰：《略说胡以鲁对中国理论语言学的贡献》，《淮北煤炭师范学院学报》2003 年第 6 期。

③ 胡以鲁：《国语学草创》，（上海）商务印书馆 1923 年版，第 97—98 页。

音，其理由未免迂腐。

胡以鲁认为，"方言，比较相对之词耳。随观察点之差而异"①。在他看来，民语、方言也可以无别，这种观点不够严密。

（2）语法案。胡以鲁认为，"语法分纯理及应用二方面。纯理分叙述及说明二大部"②。这里的叙述语法类似于描写语法，说明语法类似于解释语法（包括历史解释、比较语言学解释）。

胡以鲁认为，"语法书宜分音声、词品、词句三篇，而各宜为固有之说明。不必悬印度日尔曼语法之一格而强我以从也"；他批评《马氏文通》"说明古文，且一以拉丁文法为原则。非今语法，尤非纯粹吾国语法也"③。这实际上是对《马氏文通》的"模仿"行为表示不满，国人应该探索属于汉语自己的语法著作。

石安石认为，《国语学草创》只是一部"汉语概论"，而不是普通语言学专著④。但是，语言学史界在传统上、习惯上大多以《国语学草创》为中国第一部普通语言学教材。

2. 乐嗣炳《语言学大意》

乐嗣炳《语言学大意》，中华书局 1923 年出版。该书篇幅很小，小32 开不足 50 页，总字数也当在两万字以内。

该书《例言》中说"这本书是国语专修学校所用底讲义；可供中等学校和国语讲习所学生之用"，"语言学上底知识，决不是这本小册子所装得下底。这本讲义底目的，只在介绍些语言学上普通的原则，引起学者研究底兴趣"。

该书共有九讲。第一讲，语言学底定义和历史：语言学之在西洋，语言学之在中国。第二讲，语言底起原、语言构成底方法、语言没有发达以前。第三讲，语言底演进：未开化时代底民族所使用底文字，语言未发达的异类来类推，有了具体的语言文字之后，后来语言渐渐演进是因为有两种能力（各个发展、相互结合）。第四讲，语言底变迁：变迁原因，变迁底方法（意义底变化、声音底变化）。第五讲，语言底分类和语言底好

① 胡以鲁：《国语学草创》，（上海）商务印书馆 1923 年版，第 92 页。

② 同上书，第 100 页。

③ 同上书，第 101 页。

④ 石安石：《20 世纪的中国普通语言学》，载赵蓉晖《普通语言学》，上海外语教育出版社2004 年版，第 158 页。

丑：形态分类法（分析语、接合语、弯曲语、合体语），系统分类法，心理分类法。第六讲，语族：印度日耳曼语族、塞米语族、乌拉尔阿尔泰语族、分析语族、马来波里耐斯语族、高加索语族、哈米语族、南非语族、美洲士人语族①。第七讲，中国语言底构造：中国语言究竟属于哪一种？中国语言底原质，所组织底语句，词儿底孳生（单音词、复音词、借用外国词、本国方言杂用和死词复活），词儿底变态，特殊的习惯，语根和语系。

该书中有些论述值得注意。在"语言底演进"中说，"语言底根据是字学，近来字学渐渐完成，于是可以从'字'推及'词品'，从'词品'推及片段完整的'语言'；再从一种语言推及别种语言：这是一定的步骤"②。把"意义底变化"分为三类：扩张、收缩、引申，乐嗣炳也许是最早提出这种分类的中国人③。书中第 29 页，已提及 maxmüller④，Bopp，Schllicher⑤ 等人的一些观点，这当说明乐嗣炳对他们的著述有所了解。

3. 王古鲁《言语学通论》

王古鲁《言语学通论》，世界书局 1930 年出版。该书分为五章：序说、世界的言语、言语之音声、言语之本质、言语之发达及其变迁。

该书《例言》中说"本书纯以简明得当之日本安腾正次著《言语学概论》为根据"；关于"国语国音"部分，主要参考了胡以鲁《国语学草创》、黎锦熙《国语学讲义》、高元《国音学》等著作。

该书基本上属于编译、综合之作，独创性有限。有人曾对该书与其他著作进行过对比，发现"王古鲁把安腾正次《言语学概论》作为写作《言语学通论》的依据，而雷通群则把安腾正次的《言语学概论》翻译成《言语学大纲》，两者的底本都是安腾正次《言语学概论》……两者间存在惊人的相似之处。框架上基本一致，章节的数量完全一致……王古鲁的

---

① "士人"当为"土人"。该书中二字常混。

② 乐嗣炳：《语言学大意》，（上海）中华书局 1923 年版，第 11 页。

③ 德国语言学家保罗（Hermann Paul）在《语言史原理》（*Principles of the history of language*，1880）中曾对词义的扩大、缩小、转移等有所论述，可在该书中检索 narrowing，transference 等关键词获得一些相关信息。葆朴（Bopp，1791—1867）和保罗（Paul，1846—1921）都是德国的历史比较语言学家，乐嗣炳的这个观点可能受到了他们的理论的启发。

④ 首字母当大写 Max Müller。

⑤ Schllicher 当拼作 Schleicher。

编译是以'以译带著'为目的，即深层次修订源文本的内容，纠正源文本中的错误，添加源文本中所欠缺的内容，附加读者所需的参考书目和索引等"①。

4. 沈步洲《言语学概论》

沈步洲《言语学概论》，商务印书馆 1931 年出版。该书主要借鉴了 Max Müller，Jespersen 等人的一些观点。该书影响较大，以至于石安石说北沈南张（张世禄）②。

该书目次如下：言语学之定名，言语学之范围，言语学之历史，言语之性质，言语之起源，声音，言语之分类，语族，言语变迁之原因，印度日耳曼语词之构造及其生命，英语之沿革，中国语言之发展，儿童与言语发展之关系，方言、标准语、特殊语，词品论，言语之本质、言语之作用。

第六章中把 vowel 译为"主音"，"或曰母音"③。这与现在的通行译名不太一样（不过，现在也还用"双母音"等一类的译名），这属于术语方面的问题。

第二章中说，"言语学者，近世之科学也。其性质尚模糊不明，论者遂多所误会。就其研究音声之一部而论，应认为自然科学，因其为一定规律所限也；然得全体论之，应认为历史科学"④。沈步洲列出了三条原因来说明言语学与自然科学之不同，这三条原因主要就是关于"人"的学问难以如"物"学那样去研究。申小龙也有类似的认识，"语言学是研究人类语言的科学，说到人类语言，它首先不是一个自然科学的概念，而是一个人性和文化的概念"⑤。

关于言语学的科学属性，其他学者也有所论述。张世禄说，"语音在语言学中物质性最强，与自然科学联系较紧密，各民族的语音规律往往有相同之处，所以学习汉语语音时，宜多多采用西方先进的技术和方法。至于语法，民族标志的作用特别显著，所以研究汉语语法时不应当生搬硬套

① 贾洪伟：《王古鲁与语言学的译介》，《安庆师范学院学报》2010 年第 4 期。

② 石安石：《20 世纪的中国普通语言学》，载赵蓉晖《普通语言学》，上海外语教育出版社 2004 年版，第 158 页。

③ 沈步洲：《言语学概论》，（上海）商务印书馆 1931 年版，第 26 页。

④ 同上书，第 2 页。

⑤ 申小龙：《谈"语言学概论"课程改革》，《中国大学教学》2005 年第 1 期。

西洋的语法学。至于词汇，它的性质和基础，我认为是介于语音和语法之间的，所以有一部分可以参考西洋词汇学，另一部分必须强调汉语的独特性，不应当一味模仿西洋词汇学。根据'从汉语实际现象出发，寻其规律性'这样的认识，我认为目前汉语语法学界有些人强调完全学习西洋语法和语法学，实在是一种偏向，有纠正的必要"①。

沈步洲在"中国语言之发展"一章中谈词语的"孳化"类型时，既举英语中的例子（例如：说 time，tempor，tepid 三者由 tempus 分化而来），又举《说文》中的例子（例如：说"偶，相人也"可孳化出"寓"、"遇"、"耦"等义），既参考西洋又立足于中国传统。

5. 张世禄《语言学原理》、《语言学概论》

张世禄《语言学原理》，商务印书馆 1930 年出版。

《语言学原理》在"例言"中做了一些较为重要的交代，主要有："六、本书所用语言学上各种术语或名词，以不失西文的原意为宗旨，所以不尽依照日本所译，或国内通行的形式"，"八、本书编制取材，大部分根据于 L. Bloomfield 的 Introducton②to the Study of Language"。"例言"部分还列有所参考的书目，其书目作者包括：F. Max Múller，W. D. Whitney，H. Sweet，Lefeure，O. Jesperson，Palmes，Marcel C.，Karlgren，小林英夫、后藤朝太郎、金泽、安藤正次，等等。

《语言学原理》有四篇，共十二章内容。第一篇语言与言语，有两章。第二篇语言的构成，有两章。第三篇语言的组织，有四章。第四篇语言的发生和变化，包括四章内容。该书后来有所修订，《语言学概论》可以看作是该书的修订版。所以，我们在这里主要是介绍一下《语言学概论》。

张世禄《语言学概论》，中华书局 1934 年出版。该书后来又被收入《民国丛书》系列中。

《语言学概论·例言》说"本书可供大学或专科学校语言学课本及高中学生参考之用"，首先界定了读者对象。《语言学概论》的主要内容有如下一些。第一章论述语言学的意义及其成立的由来，首先引用泰勒（Tylor）的《人类学》里的"语言"的定义，即"语言是用一些'有调

---

① 张世禄：《张世禄语言学论文集》，学林出版社 1984 年版，第 3 页。

② Introducton 当为 Introduction 之误。

节的音'来作为意义的表现，这些音是在习惯上分配于那些意义的"。第二章，语言的本质、起源以及在人类文化史上的关系。第三章，语言的构成在生理及心理上的基础。生理基础包括：声音机关的组织和功用，辅音、元音、音素的拼合、语音系统等。心理基础包括：语词构成的由来，语法范畴和民族社会的心理，发言时心理的动机，等等。第四章语言的组织。第一节主要有：语词和语句的组织，语词的组织和民族社会的习惯，语词的形式，语句的组织和民族社会的习惯，语词在语句上的品性。第二节形态学上的现象，包括：形态学的范围，变性作用和转化作用，变形作用所依据的形态范畴，形态转变在语音上的现象，复合词的形式，措辞学的范围（在第 120 页上解释说"措辞学是研究语音上各个语词彼此联属的关系，正和形态学研究语词形式上的成分的相反"），语词联属的关系，措辞学上的方法和范畴，复合语句的组织。第五章世界语言的分类、系统及其演进的趋势。语言分类的方法主要有：形态学的分类法，分为孤立语、接合语、变形语；与此有关还可以分为综合语和分析语。还介绍了其他的分类法。在世界八大语族和所属的语系部分中，他提出了一些观点，包括：三段进化论，原始中国语为变形语说，语言退化论，语言进步论，中国语的价值，等等。第六章语言演变的原则以及分化和融合的种种现象，包括语音的演变、语言法则、类比的演变、词义的演变，等等。

《语言学概论》在"自序"中说，"语言只是我们日常所应用而形成的一种不自觉的习惯；科学发达的结果，也居然把语言划入它的范围，当做我们客观研究的对象；这是人类自觉进步的一个表征。人类自觉的进步，不但使我们能够认清自己的立场，而且可以增进我们实用上的便利，改善我们生活的习惯。近代语言学的成立和发达，也足以使我们明了人类社会和文化的实际，使我们对于语言的学习和应用，得到不少的便利，使我们对于国语和国际语的提倡，能够有确实的理智的认识"。这段话实在耐人寻味，这无疑表达了张世禄对语言、语言学的认识问题。科学"也居然把语言划入它的范围"，这对于中国传统学术来说"也居然"三字意义深远，在"自序"中张世禄还认为中国以往的语言学不发达与科学不发达有着直接的关系。

此后，张世禄、蓝文海翻译福尔（J. R. Firth，今译弗斯）的《语言学通论》，商务印书馆 1937 年出版。

6. 倪海曙《中国拼音文字运动史简编》

倪海曙《中国拼音文字运动史简编》，上海时代书报出版社 1948 年出版。该书内容较为详细，共分为六章，每一章后面都有一个"简短的结论"，结构清晰，非常便于阅读。书后还附有三个附录。

"现代语文运动"方面，成绩最为突出的是拼音化。从事拼音化的许多学者都有普通语言学学习或研究的相关背景，在此，我们权且把现代语文运动也纳入到语言学概论类教材系列当中。

拼音化运动影响最大的著作，当为黎锦熙的《国语运动史纲》（商务印书馆1934年初版）。但就论述的条理性、在历史阶段上的全面性上来说，《中国拼音文字运动史简编》的概括性更好一些。

此外，周辩明、黄典成的《语言学概要》① 共480页，也是我国较早的一部语言学概论类著作。该书主要是 L. R. Palmer，FrederickBodmer，Sylvia Pankhurst 的三本书的译述。

三　关于语言学、言语学之名称

在"语言概论类研究"萌芽期，语言学和言语学之名称在使用上并不固定。到了现在，作为一个学科时一般只用"语言学"来称呼。"言语学提法在中国倒也出现得挺早，1930年王古鲁在上海世界书局出版的书就叫《言语学通论》；1931年沈步洲在商务印书馆出版的书叫《言语学概论》。其实他们的言语学与现在我们提到的言语学并非同等的概念。现代的言语学的概念从什么时候叫起来的，我们无可查考，我们只知道对语言和言语进行最全面论述的是现代语言学之父索绪尔。但是在索绪尔的《普通语言学教程》中，却没有言语学，只有言语的语言学（我国普通语言学奠基人之一的方光焘教授也坚决反对言语学的提法）"②。

沈步洲在著作中提到"言语学"，认为"流行于时者，有 linguistics 及 science of language 至 comparative grammar，乃指比较文法之学，为言语学中重要一部，非其本体也"③。

"言语学"之名称现在较少使用，在谈这个学科的历史发展阶段时还是常常用"语文学"和"语言学"来分期。"大家知道，语文学（philology）和语言学（linguistics）是有分别的。前者是文字或书面语言的研

---

① 周辩明、黄典成：《语言学概要》，长汀国立厦门大学1945年11月。

② 岑运强、程玉合：《言语学还是言语的语言学——兼论修辞学在语言学中的主体地位》，《井冈山学院学报》2006年第3期。

③ 沈步洲：《言语学概论》，（上海）商务印书馆1931年版，第2页。

究，特别着重在文献资料的考证和故训的寻求，这种研究比较零碎，缺乏系统性；后者的研究对象则是语言的本身，研究的结果可以得出科学的、系统的、细致的、全面的语言理论"①。

四　历史地看待这些语言学概论类教材

我们平时所说的"语言学"往往是侧重于特指"现代语言学"，在说"汉语言文字学"时似乎不需要去特指。王力曾说，"曾经有一个时期，似乎所谓语言学只有方言调查，或者再加上古音构拟，不但把中国传统的'小学'置之不顾，连现代语言学研究得也不全面"②。也许正是这个原因，大多数"语言学概论类研究"在研究旨趣上颇异于传统小学，这应该说是一种历史的进步。

池昌海曾经总结过"语言学概论类教材"的类型，认为"'语言学概论'类教材在框架上可以归纳为语言导论、语言学导论以及复合型三类"③。这三种类型，实际上就是分别指：（1）以语言这种客观事物为研究对象的概要性著作（即本体研究），其实就是语言学概要，这类著作也可以包括"语言史"研究。（2）以语言学为研究对象的概论性著作，可以说是"'语言学'学"概论，这与"语言学史"研究有一定的关联④。（3）复合型即前两类的综合，既涉及语言本体，又涉及语言学学科。这三种类型的划分，既适合我们当前的语言学概论类教材，也适合我国早期的语言学概论类教材。其实，不仅仅是语言学概论类教材如此，有关语言史和语言学史的研究也往往会有着类似的情形。举例来说，笔者曾经做过《郑樵传统语言文字学研究》，笔者原本是想突出郑樵语言学思想的研究（不去过多涉及"语言"本体，即：不打算研究"语言史"而只研究"语言学史"），但在实际工作中我却发现这种"语言研究"和"语言学

---

① 王力：《中国语言学史》，山西人民出版社 1981 年版，前言第 1 页。

② 同上书，第 207 页。

③ 池昌海：《框架、概念和关联——"语言学概论"类教材略谈》，《通化师范学院学报》2009 年第 9 期。

④ 在当前的《学科分类与代码》中，我们可以看到"地球科学史"、"数学史"、"物理学史"等，我们却找不到"语言学史"。根据学理相近原则，学界常常把"语言学史"放在"普通语言学"下面；如果实在没有办法，恐怕只能放在"语言学及其他学科"下面，从而勉强找到一个位置。

研究"几乎无法完全隔离、彻底划界。何九盈曾说"汉语史研究和汉语史研究的研究，二者关系极为密切，可以互相促进。对研究者个人来说，只有侧重点不同，分工不同，而两方面的修养，必须要兼备"①，语言史和语言学史的关系也是同此。由是观之，"复合型"的语言学概论教材也许更好一些。启蒙时期的语言学概论类教材就已经有着这种"复合型"的倾向。

综上，我们可以看出，我们今天所使用的语言学概论教材的大体框架在启蒙时期已经初具雏形。回首往昔，我们的语言学概论教材已经走过了一百年的路程，而这门课程、这个教材的继续完善还期待着学者们今后进一步努力。

---

① 何九盈：《中国古代语言学史》，北京大学出版社 2006 年版，第 8 页。

第十四章

语言学思想史不等同于理论语言学史

对于语言学学科来讲，语言学方法论、语言学研究方法、语言学理论、普通语言学等几种表达经常会出现界定模糊的时候，出现这个问题的原因也许与我国的语言学思想史研究滞后、不成熟有关系。

姚小平在 2005 年 3 月 19 日曾说过，"我一直想做两个题目：一个是中国语言思想史，一个是西方语言思想史"①。初看起来，人们以为这是姚小平在很早之前就有了关于研究中国**语言学**思想史的理想，实则不然，姚小平在这里提到的是中国**语言**思想而不是中国**语言学**思想。从姚小平本人的研究成果以及所指导的学生的学位论文来看，姚小平确实对语言学思想有所研究，但是，诸如《先秦语言思想三题》这样的学术论文甚至可以认为并不属于语言学。"先秦的语言思想"基本上可以看作是哲学研究的内容，或者说是语言哲学的研究内容，传统意义上的语言学并不会去研究这一类的内容。无论如何，严格地说，语言思想史确实不同于语言学思想史。国内公开大声疾呼要加强语言学思想史研究的学者是鲁国尧，笔者在本书第一章"中国语言学思想史研究初阶"中已经有所论述，在此不赘。

一提到语言学理论，很多语言学者就会说中国的理论都是外来的，中国的语言学理论总是跟着外国的语言学理论转。吕叔湘就说过，"外国的理论在那儿翻新，咱们也就跟着转"②。这些关于"转"的说法，基本上符合中国语言学发展的事实。从历史的宏观框架上来看，我国语言学曾出现过两次引进国外语言学理论的高潮，分别是在 20 世纪 50 年代和 80 年

---

① 张宜：《历史的旁白：中国当代语言学家口述实录》，高等教育出版社 2012 年版，第471 页。

② 龚千炎：《中国语法学史》，语文出版社 1997 年版，原版吕序第 1 页。

代。最近几年来，中国语言学基本上很少再跟着外国的理论在"转"，主要原因也许与外国的语言学理论在近年来的"翻新"的声势弱了有关。我们说中国语言学的理论主要是外来的，这并不是说我们就没有自己的一些理论。其实，中国语言学者自己提出的理论还是有不少：孙良明令人"大吃一惊"的理论挖掘①，让人们感觉中国的语言学理论比西方还要早，只是系统性不够罢了；陈保亚指出陈承泽在 1922 年就已经提出了实质意义上的"分布论"了②，并不比西方提出的晚多少时间，只是陈承泽并未明确提出这么一个专业术语罢了。中国语言学由于具有深厚的文献传统，"小学"从来就占有重要的地位，语言学研究很容易陷入琐碎的状态，很难系统化，也就很难理论化。中国传统文化中又有很强的实用主义追求，这也影响了人们对于纯语言学理论的追逐，导致了中国语言学在近百年来的落伍。

目前来说，我国尚没有一部真正意义上的语言学思想史，这与中国语言学自身的特点有着密切的关联。中国语言学难以理论化，难以系统化，自然就难以用某一条或者某几条语言学思想史的主线来体系化。我国已经有关于中国理论语言学史的著作，但数量也并不多，影响较大的著作是邵敬敏、方经民的《中国理论语言学史》。从目前来看，我们尚不能以理论语言学史来代替语言学思想史，语言学思想史并不等同于理论语言学史。中国以往的那些语言学史著作与语言学思想史基本上都没有太大的关联，这还是因为中国语言学的难以理论化、难以系统化。在西方则不同，例如罗宾斯的《语言学简史》几乎就可以看作是一部语言学思想史。这些情况确实让人费解。也正是这些原因，中国语言学史和西方的语言学史在阅读时的"口感"也很不相同，中国语言学史读起来常常让人感到破碎、零散、不顺畅、让人窒息、不忍卒读，而西方的语言学史在阅读时往往如行云流水一般、读起来相对轻松一些、非常流畅、可读性极强。为什么会出现这种情况呢？也许，这些种种的"不顺畅"与"非常流畅"分别就是思想上的窒碍与舒畅。思想通了，中国语言学思想史著作自然就通畅了；思想堵了，中国语言学思想史著作当然就让人读不下去。正是因为如

---

① 孙良明：《中国古代语法学探究》，商务印书馆 2002 年版，第 443 页。

② 陈保亚：《20 世纪中国语言学方法论：1898—1998》，山东教育出版社 1999 年版，第546—547 页。

此，我们需要在探访自己或者他人的思想中去书写属于全中国人的中国语言学思想史。

第一节 方法论、方法与语言学理论

陈保亚在《20 世纪中国语言学方法论：1898—1998》中开门见山地说道，"由于中国语言学把方法隐藏在材料背后的这种特殊传统，梳理中国语言学方法的线索就显得非常困难。这就需要我们有面向材料的评价标准，根据这样的标准，我们能够判定隐藏在材料背后的方法的得失"[①]。正是基于这样的原因，中国语言学家中的传统派常常并不讲授关于语言学的研究方法，他们的通行的做法是要求学生读读读、背背背，甚至会要求学生们默写原始文献。这种读背写的学习方法，其实就是千百年来的塾师教授方法，并非语言学的独有的方法。相反，语言学中的新派学人常常方法不离口，例如，朱晓农就是这方面的典型代表。这不仅是因为朱晓农著有《方法：语言学的灵魂》[②] 这样书名的著作，更主要的是因为朱晓农一直都在引领着国内语言学方法、科技的前沿，大有"中国语言学方法之大师"的影响力。我们不主张"传统派"和"新派"这样的划分，我们支持他们的对话与融合。既然中国语言学有把方法隐藏在材料背后的传统，我们不提方法必然有缺陷、方法在事实上是存在着的，我们只提方法恐怕也会有缺陷、方法自然要有所依附才行。

陈保亚说，"一种方法论就是一种理论，语言学方法论就是语言学理论。本书所理解的中国语言学方法论指以汉语、汉藏语以及中国境内其他民族语言为研究对象的理论"[③]。方法论原本是指关于方法的理论，然而，由于近代以来方法和方法论紧密地结合在了一起，方法和方法论就常常不再分别了。只是呢，"方法论"一词带有较为浓厚的哲学意味，"方法"则更贴近日常生活一些。并且，我们仔细想一想，任何方法应该都有一个

---

① 陈保亚：《20 世纪中国语言学方法论：1898—1998》，山东教育出版社 1999 年版，自序第 1 页。

② 朱晓农：《方法：语言学的灵魂》，北京大学出版社 2008 年版。

③ 陈保亚：《20 世纪中国语言学方法论：1898—1998》，山东教育出版社 1999 年版，自序第 1 页。

属于自己的理论，语言学理论应该不只是包括关于方法的探讨，语言学理论的范围要远远大于语言学方法论的范围。

在谈到方法论问题时，陈保亚说，"由于方法论态度不明确，使很多学者在具体研究工作展开之前，没有正面面对方法论问题。方法论的训练也没有提到日程上来。结果是，对外国理论知其然不知其所以然，局限于一些名词术语的争论。一些学者开始大量动用新词汇、新概念，故意给具体分析染上理论色彩，认为这样就能体现理论水平。还有些学者不断重复别人的工作或无视别人的工作，甚至歪曲或剽窃别人的成果。由于不追问方法论原则，一些研究者在一些先入为主的理论前提和方法论前提下，有意或无意地选择一些材料而抛开另一些材料，关注一些材料而忽视另一些材料。有人为了证实一种外国的新理论，甚至歪曲材料，错误地报道材料。于是出现了这样的奇怪现象：不是材料验证理论，而是理论验证材料。由于不追问方法论原则，最坏的结果就是所谓学术理论骗子的出现。欺骗和被欺骗是一个问题的两个方面。欺骗是寄生在被欺骗之上的，之所以被欺骗，就是因为缺乏方法论和基础理论的起码训练"[1]。我们应该重视方法论的学习，认真、正确地对待方法论问题。同时，我们又要实事求是，不能为了方法而方法，要从敬畏学术的高度来把握语言学的方法论问题。

陈保亚在《20世纪中国语言学方法论：1898—1998》中说，"本书主要从普通语言学或理论语言学的角度展开方法进展的分析，因此，语用学、社会语言学、文化语言学、心理语言学、实验语音学、计算机语言学、数理语言学（包括用现代科学技术研究语言）等领域中有关方法的问题，本书都没有展开"[2]。这就类似于陈保亚的这本书只是从宏观上"综论"的方面出发，而不是从语言学分支学科"单科"的角度来探讨语言学方法论的问题。只是呢，"综论"和"单科"往往是一种对立统一的关系，不能机械地孤立起来。事实上，陈保亚的这本书广泛地涉及了关于音韵学、语法学等相关"单科"的内容，并非完全都是"综论"的普通语言学。

---

① 陈保亚：《20世纪中国语言学方法论：1898—1998》，山东教育出版社1999年版，第547—548页。

② 同上书，第647页。

陈保亚说，"中国语言学理论研究在最近几十年里开始了语言研究姿态的转向，即从理论到理论转向从理论到材料，最后转向从材料到理论"①。这才是正常的语言学理论研究，从理论到理论只能是空对空，从理论到材料可能就是一种套套子，从材料到理论才能使得理论有土壤、有根基。这涉及语言学的研究方法问题，语言规律的探讨、语言学理论的总结不能没有归纳方法的运用，在此基础上才可能运用分析的相关方法。

语言学方法论、语言学方法、语言学理论、普通语言学等众多的研究对象之间存在着错综复杂的关联，有些只是"名实"的问题，有些却是深层的"本质"的问题。从这些问题中，我们要厘清头绪，就实不就虚，不摆弄名词术语，主要着眼于理通文顺。

一　从具体的语言学理论来看语言学方法论

语言学理论不可能从空中得来，它要根植于语言材料之中，它常常是在语言学分支学科"单科"的基础上进一步概括而得。也就是说，只有从具体的语言学理论中才能看出语言学方法论的真面目。

我们在进行语言学研究时，常常都要不厌其烦地先甄别语言材料，然后才提出相关的语言理论。在这一点上，丁邦新做得也是非常到位，"丁邦新治学，以问题解决为取向。面对一项问题，他的处理方式，是对各项资料的证据效力先作辨析，然后直探本源，从整体面提出最自然通达的意见；因此少有非常异议可怪之论。**其实有些学术问题纯因资料的误用而起，一旦资料的性质获得澄清，许多异说也就不攻自破。**丁邦新对'声调源于韵尾'、'汉语词序'、'平仄'、'声调演变'的检讨，就属这一类。至于'上古元音'、'群匣二分'、'邺下切韵'和'金陵切韵'、'方言分区条件'、'基调、原调构拟'等等，则是在清楚的理据之下，合理演绎得到结果。虽属原创，实本自然"②。材料瑕疵是语言研究瑕疵的最重要的方面，如果在材料的真实可靠性方面得不到验证的话，整个研究过程都可能会受到质疑。就《中国语文》的刊文来看，长篇论文主要是现代汉语方面的论文和关于语言学理论方面的论文，古代汉语方面的论文主

---

① 陈保亚：《20 世纪中国语言学方法论：1898—1998》，山东教育出版社 1999 年版，第546 页。

② 中国语言学会《中国现代语言学家传略》编写组：《中国现代语言学家传略》，河北教育出版社 2004 年版，第 182 页。

要是大考证、小推理类型的短篇论文。然而，这些短篇论文在发表后还会有许多商榷性质的后续论文发表，主要涉及材料有误、书证时代错误、释义有误、版本问题等方面。这充分说明了材料的重要性，有一分材料说一分话，没有材料什么都不能乱说。

高名凯、方光焘等学者都常常将语法研究与普通语言学融合在一起来谈，高名凯的《汉语语法论》是如此，方光焘的相关论著也如此。比如说，"在方光焘的语法学理论中，广义形态占有重要的位置……广义形态说从今天的角度来看，实际上就是一种分布理论"①。关于这个定性，众多学者已经谈到过，包括在一般性的语法学史中就能够找得到。从表面上看，分布理论是属于"综论"性的一种理论，但它主要应用于语法学领域。

王红梅说，"经验语法学派以自然科学的方法对语言进行详细的、孤立的观察，否认天赋论。所取得的成就主要是在语音和形态方面，尤其在英语方面的表现突出……唯理语法以法国逻辑学家阿尔诺和语言学家朗斯罗编写的《普遍唯理语法》为代表（1660 年出版），因其编写地而又通常被称为波尔·罗瓦雅尔语法学派。该学派承认语法规则的普遍性以及这些规则共同的理性逻辑基础，**认为人类的理性和思维是一致的，而语言的结构是由理性决定的**，因而所有语言的结构规律在本质上是相通的，人类可以在总结各种语言实际材料基础上建立普遍语法的体系，语言表面形式的不同只不过是同一体系的不同变体……经验语法为后来的现代描写语言学打下了良好的学术基础，而在唯理语法中则可以看到 20 世纪的生成语言学的某些痕迹"②。王红梅在这里是从语法的角度切入到关于理性主义在语言学史中的地位的这么一个问题。

在关于现代汉语语法的语料依据的这个问题上，不同的学者持论不同，有的学者主张现代汉语语法就是普通话语法，有的学者主张现代汉语语法实际上是各地的方言语法的总和。胡明扬"对现代汉语的研究是以对北京话的研究为突破口的。他指出现代汉语书面材料严重不纯，很不规

---

① 中国语言学会《中国现代语言学家传略》编写组：《中国现代语言学家传略》，河北教育出版社 2004 年版，第 234 页。

② 王红梅：《理性主义在语言学史中的地位》，《东北师大学报》2006 年第 6 期。

范，夹杂着各种方言成分、古汉语成分，还有各种欧化语法成分"①，我们应该重视方言语法。这体现了一种重要的语言学观念问题。

从汉字、词汇、语法的各个方面，我们都可以生发出关于语言学理论的某些认识，都可以辩证地分析语言学的某些研究方法。比如说，"对语言及言语的各个部分只看到其统一的一面，这是语言学界多年的习惯。许嘉璐认为这不符合事物的客观法则亦即辩证唯物主义。例如**形音义是统一的，又是不统一的，否则不会有孳乳、词义分化、假借字等现象**；又如语言的约定俗成过程也是统一与不统一的过程；语言与客观现实，语言与思维之间也是既统一又不统一的。**这并不意味着语言是杂乱无章的，而是把它看成是一个动态的统一与平衡体**"②。动态平衡理论是关于语言规范化研究的最高、最为宏观的理论，这样宏观的理论也是从这种局部的、微观的"小理论"引申、生发出来的。

语言学研究重视社会背景、历史文化背景，这个也是有学术渊源与传统的。音韵学常常以专业性强而著称，它偏狭、专业、不关注社会、不涉及历史文化背景，但是，也有一些学者主张类似"文化音韵学"一类的学术研究。比如说，"张世禄音韵学研究的一个重要特点是重视音韵学的历史文化背景，把语言学放在一个比较宏大的历史背景下来观察分析，这一点在本书（《中国音韵学史》）中表现得比较充分。他认为，'学术的本身总是离不了它所研究的对象，某一国里的某种学术，常常是属于这个国家里某方面现象的探讨和说明，因之这种现象本身所具有的性质，往往足以影响于学者的心理，而使这种学术上也形成了某种特殊的状态；现象的本身发生了某种变化，学术上也随着适应这种变化而引起了一些动态'"③。张世禄是从音韵学与社会背景来探讨语言学研究倾向的变化的。张世禄的学生申小龙关于文化语言学的研究，却又过度依靠文化背景的阐释，这就走入了另外一种极端。

陈寅恪说，"陆法言之《切韵》，古今中外学人论之者众矣。寅恪于音韵之学，无所通解，故不敢妄说。兹仅就读史所及，提出其语音系统一问题，以供参考。凡所讨论，大抵皆属于史实之范围，至关于音韵学之专

---

① 中国语言学会《中国现代语言学家传略》编写组：《中国现代语言学家传略》，河北教育出版社 2004 年版，第 420 页。

② 同上书，第 1538 页。

③ 同上书，第 1802 页。

门性质者，则少涉及。此非唯谨守'不知为不知'之古训，亦借以藏拙云尔"①。陈寅恪自谦"不知为不知"，他说自己不懂音韵学，仅从史实来论及《切韵》，这就是从历史文化背景的角度来研究音韵学。它从陆法言《切韵·序》着手，详考参与讨论的八人的生平，以此来讨论《切韵》的语音来源。最后认为，"陆法言之写定《切韵》，其主要取材之韵书，乃关东江左名流之著作。其决定原则之群贤，乃关东江左儒学文艺之人士。夫高齐邺都之文物人才，实承自太和迁都以后之洛阳，而东晋南朝金陵之衣冠礼乐，亦源自永嘉南渡以前之京畿（即洛阳），是切韵之语音系统，乃特与洛阳及其附近之地域有关，自易推见矣。又南方氏族所操之音声，最为接近洛阳之旧音；而切韵一书所遵用之原则，又多所取决于南方士族之颜萧。然则**自史实言之，切韵所悬之标准音，乃东晋南渡以前，洛阳京畿旧音之系统，而非杨隋开皇仁寿之世长安都城行用之方言也**"。《切韵》音系成分也存在不同层次，即"南方士族，其谈论乃用旧日洛阳通行之语言，其讽诵则准旧日洛阳太学之音读……故本文'洛阳旧音'一词，不仅谓昔日洛阳通行之语音，亦兼指谢安以前洛生咏之音读。**特综集各地方音以成此复合体之新音者，非陆法言及颜萧诸贤，而是数百年前之太学博士耳**"②。陈寅恪的这个论述，在深度上远远超过通常意义上所说的"单一音系"和"综合音系"之争。此文被众多音韵学者所称道，许多学者认为该文未用一个国际音标符号，其解释说明力却远超一般的纯音韵学的阐释。

王希杰在谈修辞学时提出过"零度和偏离"的问题③。"零度偏离论"有点儿类似"种加属差"观念，偏离就是"属差"，零度却不能完全与"种"对应，只是类似于指某个"基点"。比如说，"他高了点""她瘦了点"的那个"基准"就可以用零度来指称。

郭绍虞原本不是专门的语言学家，但他对语法修辞等学问都有过论述。比如说，"《试论汉语助词和一般虚词的关系》是郭绍虞最重要的一篇有关汉语语法的论文……第一部分重点批判胡适的《诗三百篇言字解》，批判他从句例以求词义的作法是不科学的。作者指出，不能用现代

① 陈寅恪：《从史实论切韵》，《岭南学报》1949 年第 2 期。

② 同上。

③ 王希杰：《零度和偏离面面观》，《语文研究》2006 年第 2 期。

语法去读古籍，特别是不能用现代语法去解释古代的韵文"①。这就涉及语言学方法的问题，循句例求词义、据语法读古籍就是关于方法是否得当的探讨。

从具体的语言材料、具体的语言学研究方法来探讨语言学方法论，这是提出语言学方法论的常规途径，并且在绝大多数时候都很能够切实地解决问题。这个层面的语言学方法论，可以看作是语言学领域里的"接地气"的研究，一般都不会落入"空对空"的窠臼。

二　在融会贯通中来看语言学理论

长期以来，语言学的研究视野狭小，学科封闭，这严重地影响了语言学的正常发展。其实，语言学应该与众多学科融会贯通才好，在这种学科的融合过程中我们可以发现许多不同学科之间共同的东西，从而能够提升我们语言学研究的水平。

吴宗济是我国当代著名的实验语音学专家。他说，"我在故宫博物院看到一幅明代徐渭（文长）的画，画的是人在风雪中的驴子背上。驴子的膝盖是断开的，可是你一眼看去，却能感到驴子跑得很有劲。我们看到语音方面在实验当中断开，可是耳朵听起来声音却是连续的。从断续方面来看，中国画里有许多道理……中国几千年来不是没有聪明人，聪明人说不出他科学分析的道理。他写的东西就有科学的分析成分在里头，所以我先抓书法、抓草书，书'话'同源。不是画画的'画'，是话语的'话'……'怀素'是一个名词，'长沙'是个名词，连笔，'家'不连笔，连不上……'怀素家长沙'5个字，他却中间断，因为在语法上不连……受思想支配，他（怀素）写草书写到出神入化，他的笔就是他的大脑……苏东坡就做不到黄庭坚那么连（笔）。从这一点看，我认为他做人没有黄庭坚那么真实……他顾虑家人，他患得患失。我看苏东坡的一辈子就是患得患失的"②。吴宗济从画画、书法中领略到实验语音学的一些奥妙，这在外人看来简直就是天方夜谭、神乎其神。然而，事实上许多东西是相通的，文理相通，语言与艺术也有相通之处。

---

①　中国语言学会《中国现代语言学家传略》编写组：《中国现代语言学家传略》，河北教育出版社 2004 年版，第 345 页。

②　张宜：《历史的旁白：中国当代语言学家口述实录》，高等教育出版社 2012 年版，第 27—29 页。

　　冯志伟说："在北大时，我从理科转到文科来，而且又学了那么多文科的课，同时还学数学，花了很多的工夫，自己认为很有学问，但是离开了北大以后，跨出了语言学的圈子以后就有很多问题，别人不知道你搞的这是什么玩意儿。你说什么主语、谓语，人家说你是疯子，你搞这个东西干吗？"① 当代语言学家中，从理科转到语言学的学者中，冯志伟是一个代表。曾经有一段时间，很多语言学家认为从数学转到语言学也比较容易做出较大的成绩，数学的逻辑、推理都很有助于语言学研究。

　　外语语言学与汉语语言学相互融合原本应该是自然而然的事情，然而，事实并非如此，外语和汉语的融合远远不够。近年来，"'两张皮'的现象逐渐消除。吕叔湘先生生前'一直为外语界和汉语界不相往来、"两张皮"的现象深为忧虑'（沈家煊1996）。这一现象，随着汉语界外语水平的提高、外语界汉语研究能力的增强，已经大为改观"②。比如说，近年来的赵世开、沈家煊、姚小平、潘文国等外语背景出身的学者对汉语研究也做出了很大的贡献。但是，从总体上来看，外语语言学界和汉语语言学界之间互动很少，楚河汉界的分别依然较为清楚。

　　在《中国高校哲学社会科学发展报告：1978—2008. 语言学》中，邢福义刻意地把外国语言学单列出来，并且把普通语言学划归入外国语言学，这是不是一种对外语界"入侵"汉语界的警惕？害怕具有外语背景的学者（例如赵世开、沈家煊等人）会引领中国语言学界？当然，我们这样推测确实有"以小人之心度君子之腹"之嫌。但是，就汉语界的实际情形来说，研究古代汉语的学者中有些人（笔者在此不愿举例）确实比较顽固（"开放派"人数也许不占优势），甚至属于国粹派，他们不愿意说外国的研究比中国的好。研究现代汉语的学者呢，相对开放的人要多一些，具体学者名单笔者也不愿在此列举。**作为邢福义个人的研究理念，他不像某些研究现代汉语的学者那样"开放"，但是，他更不会像研究古代汉语的学者那样"顽固"，于是，他只能走"本土开明派"的路线。**所以，邢福义始终和被顽固派骂为"假洋鬼子"们保持一定的距离，但是又不会绝对地盲目地排外。邢福义曾重申"**研究植根于汉语泥土，理论**

　　① 张宜：《历史的旁白：中国当代语言学家口述实录》，高等教育出版社2012年版，第332页。

　　② 束定芳、刘正光、徐盛桓：《中国国外语言学研究（1949—2009）》，上海教育出版社2009年版，第321页。

生发于汉语事实"① 的研究理念，这简直就是"本土开明派"的教义。立足本土保持开明，但终归还是本土为重。在汉语语法研究领域，邢福义对语言学界最大的贡献之一是既重视普通话语法，又重视汉语方言语法，这是汉语语法学界许多其他学者所忽略了的研究取向。这是邢福义对语言学界做出的重大贡献，同时，这也是作为本土开明派的必由之路，本土离不开泥土，离不开方言。最近几年以来，邢福义专注于"华语语法"的研究，这则是相当于把中国传统意义上的"方言"扩展到了"海外"，表现出了一种极大的气度与魄力。"华语语法"研究的提出，不仅仅是语料范围的扩大，更重要的是一种包容精神，这是关于汉语语言学、外语语言学融合之外的另外一种学术融合，站得高看得远。我们期待着华语语法研究的高质量成果早日问世。

做现代汉语的人，往往古代汉语功底不扎实，近几十年来大概只有朱德熙例外。邢福义在古代汉语功底方面表现得也同样相当不错，只是他一般倾向于用"朴学"、"国学"一类的标签，而不一定使用"古代汉语"这一称谓。邢福义在《语言学科发展三互补》中讨论了 3 个互补，即"一家之言和百花齐放的互补；现代意识和朴学精神的互补；引进提高和自强自立的互补"②。这 3 个互补，其实也涉及了我们上面所谈到的外语语言学与汉语语言学相互融合的问题，还涉及现代汉语基础与古代汉语功底的问题。邢福义之所以能够做到这 3 个互补的具体细节我们在此不予深究，邢福义的这种素养必然使他相对于其他的一些研究现代汉语的学者来说肯定更重视语言学史，这也是他对语言学研究的一个极大的贡献。

"语料"与"语言学"的关系问题，也需要我们重新思考。长期以来，人们把语料当作语言学研究的材料、凭借，"探索语言规律"才是语言学研究的目的。这样做也许有其合理成分，但是，如果当一种语言学研究不再重视材料本身，认为达到了目的就可以丢弃了凭借，那肯定是不正确的观念。回想傅斯年的"史学即史料学"，那虽然有所偏颇，但是，这对于针砭当前的研究趋向而言，这句话还是非常有用。长期以来，我国的古代汉语研究大多数都比较零散（古代汉语语法研究的系统性稍强一

---

① 邢福义、汪国胜：《中国高校哲学社会科学发展报告：1978—2008. 语言学》，广西师范大学出版社 2008 年版，第 465 页。

② 同上书，第 435 页。

些），对于这一些研究成果我们往往很难系统化地对它们加以总结，这就给人一种古代汉语研究无理论、语言学史不包括古代汉语研究的错觉。诚然，无法系统化地梳理出线索来的语言研究很难被纳入语言学史之中，因为语言学史不能只是零散、琐碎的材料堆砌，语言学史必须要有理论、有主线才行。当古代汉语研究出现"研究"就是"语料本身"而不是为了探索所谓的"语言规律"时，处理语料的过程就是研究的全部内容，这些散碎的"语料"与系统的"语言学史"究竟如何融合、结合呢？这决不是人们仅仅依靠理论论证、思路遐想就能够解决的问题，这就需要我们从一点一滴的碎片、残片的黏合做起，这就有点儿类似利用秦始皇兵马俑残片来重现当年的雄壮的兵马阵势的情形，但是，这项工作确实很不容易做。

三　回到语言学方法与语言学理论的问题上来

徐通锵、王洪君认为，"改革开放以来，我国理论语言学取得了一些进展，但与西方语言学比较还有相当大的差距。**这种差距主要不是表现在具体领域的研究水平的差异，不是人家有生成语言学、功能语言学等，我们在这方面赶不上人家（因为语言结构不同，有些不好直接相比），而是思路上有差距**。语言理论不是空洞的说教，不是介绍和评述，而是要在具体的语言现象的研究中提炼出其中所隐含的普遍理论原则，因而在富有'个性'的语言现象的研究中必须具有'共性'的眼光，这样才能总结出有价值的语言理论"①。这个观点基本上符合中国语言学的实际情况，在语言学理论的微观与宏观方面我们需要做的工作还有很多。比如说，传统训诂学从一个字就可以引申出一系列的理论来，有些理论甚至可以上升到哲学的层面，《说文解字》中的一个"一"字就给出了天、道、吏等几个义项，然而，这对"汉字史"或者"语言学史"的书写并未提供任何方便。我们在探索语言的"共性"的时候，并非仅仅总结几个不同的"汉字"之间的共性，我们更重要的是要从宏观的视角去寻找汉语与其他语言之间的共性。

受中国传统文化的影响，人们通常对那些随便"说三道四"的人比

---

① 许嘉璐、王福祥、刘润清：《中国语言学现状与展望》，外语教学与研究出版社1996年版，第33页。

较反感，中国语言学的学术研究也受到这种观念的左右。邵敬敏、方经民说，"中国语言学界对语言学评论历来是重视不够的，这同语言学理论研究的薄弱环节是一致的。以往的语言学评论主要表现在以下两方面：（一）序和跋……（二）书评……1978 年以来，中国语言学评论有了长足的进步，逐步形成了一门'评论学'"①。近年来，我们对"纯学术的批评"越来越重视，这是中国语言学向良性发展的一个很好的信号。一方面，我们在进行语言学理论、语言学史研究的时候，要进一步重视对"序"、"跋"和各类"书评"的整理和研究，深挖细耕。另一方面，我们要进一步加强对语言学的各种各样的评论，针对某一个语言学观点、某一学派、某一段语言学史等等都可以进行评论，只要我们坚持"纯学术的立场"、不感情用事，所有的语言学评论必能推动中国语言学的大发展。语言学界应该倡导健康的学术批评风气，"如果不同意学界知名专家的成名观点，则直抒己见，态度平和而严肃，不搀杂人身攻击、扣政治帽子和嘲讽"②，这样的学术批评决不是说三道四。这种"纯学术的批评"精神应该发扬光大，这种"纯学术的批评"就是语言学理论建设的重要一步。

中国传统的文字学基本上没有系统的理论，"六书说"、"三书说"、"右文说"等几乎就是最主要的文字学理论了。然而，我们知道"六书"并不是严格意义上的学术分类，只是小学阶段文字教学时的便宜之计③。近代以来的文字改革派也没有提出太多的文字学理论。周有光说，"至于我到了文改会，文改运动一向是没有理论的。（当时搞）语言学、文字学研究得好的人都在国外，不在中国。**中国研究文字学就是认字，认字叫做微观研究，这也是需要的，但是没有理论方面的研究**……提倡文字改革的人都从简单的感性知识出发。比如说，外国的打字机多方便啊！中国没有啊！中国人要花那么多年（的时间）学文字，还学不好，什么科学都不能学啦等等。这些理由都很肤浅，所以一直到解放初期有水平的学者看不

---

① 邵敬敏、方经民：《中国理论语言学史》，华东师范大学出版社 1991 年版，第 187 页。

② 王洪君：《历史音变面面观——〈历史语言学：方音比较与层次〉评介》，《语言科学》2011 年第 6 期。

③ 薄守生：《郑樵传统语言文字学研究》，中国社会科学出版社 2012 年版。

起文字改革运动。看不起是因为（提倡文字改革的）这些人的水平低嘛"①。按照现代学科发展的规律与精神来说，所有的传统学科都必须经过一个理论化的过程，未经理论化只是依靠经验体验、感知的学问都可能被划为一个较低层次的阶段。

当然，人们的理论化路径也许会存在片面化的情形，任何理论都是相对的理论，没有哪一种理论可以包打天下。对此，陆俭明说，"搞科学研究从某种意义上来说就八个字：**盲人摸象，自圆其说**。为什么？因为客观世界太复杂了，科学无止境。过去一说盲人摸象就是在嘲讽，其实不是。我们实际上就是在盲人摸象……我们就是盲人摸象，我们可能说得头头是道，实际上我们只是摸到了'大象'的'腿'，在这个局部好像是真理，但是随着认识的不断深入，我们会发现'大象'的本来面目可能不是我们自己原来认识的那个样子。我们的认识只能是'大象'的一个局部。另外，在科学领域里边，我敢说任何领域，没有一种理论、一种方法是万能的，（每种理论、每种方法）都有它的局限，局限不是缺点，局限意味着某个理论和方法只能解决这个范围里的问题，超出这个范围，就无能为力了"②。前几年，外国语言学理论不停地翻新、中国语言学理论不停地在跟着转，那就是看着外国的大象有腿就去摸中国大象的腿、看到外国大象有头就去摸中国大象的头的做法，那样做可以在一定的时期内自圆其说，长期则不行。语言学理论翻新越快，从宏观的长线过程来看那是自圆其说的速度在加快，而从微观的短线结论来说那是盲人摸象的片面性、局限性太严重。

语言学理论翻新的表现常常就是"新名词"的翻新，应该说这倒不是一种很好的现象。语言学理论的更新常常伴随着"新名词"的出现，这种"新名词"也有可能是"旧词新义"，这就需要对这个旧词进行重新界定。比如说，徐通锵"字本位"理论曾经被认为是中国人自己创立的语言学新理论，然而，徐通锵并未明确地界定出他所指的"字"是一种什么含义，为此，陆俭明认为在介绍"字本位"体系的时候未明确界定"字"的含义使得"字本位"理论的科学性和说服力大打折扣。我们认

---

① 张宜：《历史的旁白：中国当代语言学家口述实录》，高等教育出版社2012年版，第6—7页。

② 同上书，第273页。

为，徐通锵的"字本位"理论探索是难能可贵的，陆俭明的严谨严密是能够让人心服的。语言学界还有一个非常不好的现象，那就是炒作（当然，相对于其他的一些学科来说，语言学已经够含蓄和实在了），炒作可不是语言学的好的理论倾向。黄昌宁说，"如果你注意学术界，你会发现很多'新名词'。其实本质上没有什么新东西，但是宣传上却说得很大，炒作得非常厉害。我认为科学理论应该是实证的，如果你不能证明你的'理论'真能解决问题，那么它仅仅是一种假设。所以不要去炒作那样的假设，类似水可以当汽油来烧这种东西……我寄希望于我们的研究生，寄希望于我们的年轻人。如果你是从事计算语言学研究的，我就会劝你不要去搞理论，特别是语言学理论。那些理论实践证明没有一个是有用的，不如你改一个思考方法，换位思考一下，现在的理论水平就是这么一个程度，我也不希望在 3 年的博士学习期间把机器翻译提高到百分之多少"①。我们认为，语言学理论的好坏不在于其是否实用，以是否实用来判定一个理论是不是炒作、这个理论是好是坏的做法非常不可取。语言学理论只要能够做到自圆其说、论证严密即可，学术有其自身的价值取向，学术有其自己的学术意义，急于追求理论的应用的想法无疑是目光短视的行为。语言学研究不放弃语言应用，更重要的是首先要保证语言学自身所固有的学术追求。

　　语言学理论不但不能以"应用"为评判标准，而且也不能以任何一个方面都是"事实"去要求它，语言学研究一定要遵循"真实"性的原则，然而，我们却不能以处处都是"事实"为前提。鲁国尧曾提到过"犬马鬼魅"，我们却认为语言学拥有"鬼魅"实属正常，我们可以把"鬼魅"当成是"真实"存在过，但我们不必非要"鬼魅"必须是"事实"不可。鲁国尧说，"我以为，现代汉语就是'犬马'，而汉语史则是'鬼魅'。我的专业是汉语史，我坦率地承认，我的研究对象是'鬼魅'，而且在汉语史中，越近于近代，'犬马'的成分越高；越是到上古、远古，乃至史前，'鬼魅'的因素越多。我想，只要是懂得汉语的人，都能理解我从二千多年前的典籍中引发出的这一'犬马鬼魅法则'。我读过不少淮河到浙江地区的考古文章，我看过若干关于春秋时期吴国的历史的论

_____

　　① 张宜：《历史的旁白：中国当代语言学家口述实录》，高等教育出版社 2012 年版，第289—295 页。

著，读后感是：读毕第一篇，我很相信，因为有道理；读另一篇，又发现，也有它的道理；读完若干篇，觉得篇篇有道理，但是篇篇道理都不能完全服人。其所以篇篇有道理，因为是'鬼魅'；其所以篇篇道理都不能完全服人，因为是'鬼魅'。令人不肯信其是，不愿言其非。何以如此？不肯信其是，因为是'鬼魅'；不愿言其非，因为是'鬼魅'"①。关于"信与疑"的问题，它并不是语言学理论本身的问题，而是语言学家个人的选择。同时，我们所说的"鬼魅的真实"也不是可以怀疑的对象，值得怀疑的一切对象都还不够"真实"，都还需要在迈向"真实"的路上继续论证，解决一切可能会引起人们怀疑的漏洞。至于"事实"，我们常常不敢过于奢求，即使是现代人看到的"犬马"也不是"事实"，也许那只是"盲人摸犬马"（仿"盲人摸象"）罢了。由此可见，"犬马"和"鬼魅"的问题也并非仅仅是历史维度长短的问题，古人都明白"古今"相对而言，我们今天的语言学学者们当然就能加明白了。

语言学理论中的大部分内容涉及语言的历史，纯粹的完全的共时平面的语言学理论很容易给人以"单薄"的印象，这并不是人们关于理论的一种偏见。当然，就语言学自身的学术追求而言，也许那些纯粹的完全的共时平面的语言学理论更难能可贵一些。原苏联语言学家说，"在语言学理论方面，第一次从原则上承认历史主义的是新语法学家。在新语法学派的理论家保罗看来，语言学和语言史是相等的。他同时认为自然科学和社会科学（文化科学）也是历史"②。这种认为"语言学和语言史是相等的"无疑是太夸张了点，显得十分片面。但是，就语言的发展历史而言，既然语言是历史长河中孕育出来的，那么，完全抛开历史、断崖式的、仅存在于此时此刻的"语言"可能真的并不存在。

就世界范围来看，中国语言学不是语言学理论的主要贡献者，西方语言学界一直引领着语言学理论的前沿。长期以来，中国语言学主要跟着欧美国家提出的语言学理论转，建设中国特色的语言学理论一直是一个悬而未决的问题。有些学者反对"中国特色"语言学理论的说法，认为语言学理论是相通的，并不分中国、美国等国别。我们认为，语言学理论有通

---

① 鲁国尧：《论"历史文献考证法"与"历史比较法"的结合——兼议汉语研究中的"犬马鬼魅法则"》，《古汉语研究》2003 年第 1 期。

② ［苏］契珂巴瓦等：《语言学中的历史主义问题》，高名凯译，五十年代出版社 1954 年版，第 16 页。

适性，但也可以存在一些局部的适用于语言"个性"的理论；我们可以淡化语言学理论的"跟着转"或者"中国特色"的问题，但我们要强化语言学理论的理论自觉性和理论主动性。原苏联语言学家说，"大家知道，不久以前，语言学的一般观点和理论的产生和发展、深入和精确、提出和取消，主要是在对印欧语言，它们的结构和历史，它们的亲属关系性质研究的基础（上）建立起来的。在苏维埃时代以前的语言学中，非印欧语言的材料对普通语言学思想的发展是不起决定意义的。客观的历史情况就是这样。但是，这种情况对语言学的一般理论和各种思想起了不良的影响，使它们带有一定的局限性和片面性，这也是无可怀疑的"①。汉语也是这样，直到今天，汉语对普通语言学的发展也没有起到决定性的作用。中国人崇尚实用，理论意识没有那么强烈，中国人大多数情况下宁可把语言仅仅看作是工具，也不愿去发展语言学理论。褚孝泉说，"现代以来，汉语语言学界一直在探索建立具有中国特色的语言学理论的问题。这个问题的提出并不只是源自于语言学界的民族主义感情；这更是因为这么多年来汉语语言学家们都感到，来自西方的现代语言学理论不是很适合对汉语的描写"②。让汉语去"削足适履"地适应西方的语言学理论，这很难让汉语语言学真正地发展起来。

就目前阶段来说，我们的语言学理论还存在着种种的欠缺和不足，我们确实需要进一步地呼唤语言学理论。但是，我们还要同时注意到中国语言学有"返璞归真"的可能性。在这里，让我们来回顾一下陈独秀的一生吧，我们从中能够感受到他"返璞归真"的学术回归。陈独秀曾是新文化运动的旗手，他重视"大学"，宣扬整治"大道"；同时，早年他也重视"小学"，他的音韵学研究高深、专业，他的文字学主张革命、激进。然而，到了晚年，陈独秀为什么要写普及型的识字课本《小学识字教本》呢？这本识字课本确实没有太大的宏观结构框架上的创新，它实质上还是《说文解字》在某种程度上的延续，它与早年担任"北京大学文科学长"时的陈独秀追求学术上的高大上颇异其趣，想必陈独秀教小学生跟当时的塾师教书没有太大的不同。发生这样的事情，究竟是因为什

①　中国科学院语言研究所：《苏联大学"语言学史"课程的讨论》，商务印书馆1960年版，第51页。

②　褚孝泉：《语言科学探源》，上海教育出版社2006年版，第57页。

么呢？也许，陈独秀晚年贫苦，他只想当一个小学老师养家糊口、自食其力，他不再需要高深、激进，他要的是浅近、传统。也许，陈独秀在晚年退缩了，他不失做人的尊严，他精心做着汉字"识字"的教学，重回实用、简单的路径，拒绝太多的理论。当然，陈独秀的《小学识字教本》绝对不会是中国语言学发展的方向，世界大势浩浩汤汤，中国语言学追求理论发展的脚步永远不会停息。

我们相信，方法论、方法、语言学理论在未来的几十年内还将是中国语言学研究的优先取向，理论的自觉性和理论的主动性是中国语言学走向成熟的标志。

第二节　外国语言学对中国语言学的影响

人们在总结近百年来的中国语言学时，常常会使用诸如"模仿"、"跟着转"这样的字眼，这确实是百年中国语言学史的部分特征。民国初期情况更为严峻，那时的许多学术著作并不是以"模仿"来加以掩饰，它们常常就是赤裸裸地抄袭。中国语言学的抄袭的时代、模仿的时代、借鉴的时代，都是西方语言学对中国语言学的影响。只有到了近些年来，人们才开始倍加关注语言领域中的自主创新问题。从中可以看出，中国现代语言学史中相当大的一部分都留给了模仿和借鉴时代了。

一　抄袭、模仿与借鉴

民国初期，有一些所谓的语言学著作实为国人抄袭外国人的著作所得，并非真正意义上的个人学术专著。举例来说，中国现代修辞学在初创时期抄袭现象就较为严重。霍四通在《抬头又见王晓湘——中国现代修辞学史中一桩公案之发掘》①中揭露了王易编写的《修辞学》和《修辞学通诠》抄袭了日本岛村抱月的《新美辞学》，该文于史实或为客观、完备、公正，但是笔锋确实犀利了一点儿。霍四通还曾更进一步指出，"在中国修辞学建立的初期，许多有影响的著作都存在着较严重的照抄照搬外

---

① 霍四通：《抬头又见王晓湘——中国现代修辞学史中一桩公案之发掘》，《当代修辞学》2010 年第 1 期。

国著作尤其是日本人著作的现象，这种学风问题是今天的研究者必须正视的历史现实。对这些著作，我们需要在进行认真细致的调查的基础上，结合当时的历史，实事求是地进行科学评价，不能进行随意抬高或贬抑……在中国修辞学建立的初期，从龙伯纯的《文字发凡》开始，修辞学界就存在着较严重的照抄照搬外国著作的现象，学者们心照不宣，视为当然。如金兆梓（1934）：'此学之在吾国，既无有系统之述作可以取资，即今欲有所蒐讨，俾成一具体有系统之学科，以为学者修辞之一助，势不能不借助异国。'章衣萍（1934）直言不讳地说：'打开天窗说亮话，我们的修辞学著作，大部分是从英美日本的著作中参考来的，因为中国古代只有修辞学的材料，并没有系统的修辞学作品。''最末一讲，是参考五十岚力的《新文章讲话》和岛村泷太郎的《新美辞学》写成的。……但有人在自己的书中到处引了五十岚力和岛村泷太郎的著作，竟一笔也不提起。'《〈修辞学讲话〉序》陈介白1936年在《新著修辞学》自序中也说：修辞学'创始于西洋，由西洋入日本，由日本再入中国'，中国的修辞著作大多跳不出岛村泷太郎（即岛村抱月）的《新美辞学》、五十岚力的《新文章讲话》、佐佐政一的《修辞法讲话》这三种书的范围……《发凡》袭用外国著作的地方，我们今后有机会将另文一一指出，全为学术进步，并不会为尊者讳。但需要事先声明的是，这些袭用与同时代其他著作的生搬硬套的做法在性质上是完全不同，它基本上都经过了消化和调整，使外国的学说完全切合汉语事实"①。《修辞学发凡》时代的其他的几部修辞学著作，抄袭现象确实较为严重，当代学者可以通过对有关章节逐字对译、比较来发现这个问题。

　　霍四通在评论《修辞学发凡》时说，"当然毋庸讳言，由于时代的风气使然，《发凡》也不例外，书中也或多或少存在一些沿袭日本修辞学著作的地方，例如上面所谈的语趣，《发凡》也有抄袭《新美辞学》的地方……但像这种整段改译的情况在全书中是不太多的，正如郑子瑜在《中国修辞学的变迁》中指出，《发凡》'论消极修辞诸要件、论语文的体式诸篇，大都取材于岛村泷太郎的《新美辞学》和五十岚力的《修辞学讲话》，历举辞格的名称，也不少出自上述二书'。根据我们的认识，郑

---

① 霍四通：《民国修辞著作中的学术腐败和几本书的评价问题》，《语言研究集刊》2009年第6期。

氏所谓'大都取材'也属用词不当。遍读群书，择善而从，**较之王易等只盯住一本著作大规模的整体性抄袭，那完全是不同性质的事情。这就是研究了**"①。霍四通并不为尊者讳，指出《修辞学发凡》确实有抄袭行为，只是呢，这种抄袭不是"只盯住一本著作大规模的整体性抄袭"。如果按照作者陈望道自己的说法，这种抄袭行为就可以说得更加轻描淡写。陈望道说，"有人以为文法、修辞是外国来的洋货，其实我国研究修辞的历史极其长远，研究的方面也非常广泛，尤其是积极修辞。**我个人学修辞也受了一些洋气**，在发表的文章中可以看出。实际上我最早学修辞不是从洋人那里学的，而是跟老知识分子学的"②。陈望道所说的"受了一些洋气"，应该理解为受到了西洋学术的影响，或者理解为借鉴了西洋学术的某些方面。在抄袭与借鉴的问题上，现代学术规范基本上都能够分辨、定论，但是，如果是我们在评论早期的学术成果时，我们就不能使用那些学术规范。在中国现代学术起步的历史阶段，当时并没有严密的学术规范。如果以严格的学术规范要求古人，那么，古代的许多著作都存在着不同程度的问题，我们总不能因此就说中国古代无学术吧。

在普通语言学方面，情况也不乐观，抄袭、编译的情况同样较多。贾洪伟说，"王古鲁把安腾正次《言语学概论》作为写作《言语学通论》的依据，而雷通群则把安腾正次的《言语学概论》翻译成《言语学大纲》，两者的底本都是安腾正次《言语学概论》……两者间存在惊人的相似之处。框架上基本一致，章节的数量完全一致……王古鲁的编译是以'以译带著'为目的，即深层次修订源文本的内容，纠正源文本中的错误，添加源文本中所欠缺的内容，附加读者所需的参考书目和索引等"③。抄袭、编译还不是最为糟糕的事情，当时的有些著作还存在着翻译错误的问题，这种情况远比仅仅抄袭还要有害，错误的翻译可能会导致错误的知识在国内传播。除了翻译上的失误外，民国初期的有些语言学著作在外国语言学家的人名、语言学术语翻译的时候常常用字不同、表达方式不同，这不利于学术术语的正确理解和学术的有效交流。

其实，也不止在修辞学、普通语言学领域抄袭严重，在当初那个没有

① 霍四通：《民国修辞著作中的学术腐败和几本书的评价问题》，《语言研究集刊》2009 年第 6 期。

② 复旦大学语言研究室：《陈望道修辞论集》，安徽教育出版社 1985 年版，第 245 页。

③ 贾洪伟：《王古鲁与语言学的译介》，《安庆师范学院学报》2010 年第 4 期。

太明确的学术规范意识的时代，所有的那些"本土原无"的所谓新兴学科在起初都存在着严重的抄袭现象。在民国时期，有些人抄袭外国人的著作，有些人译错他人的书名、人名、术语，有些人还不停地抄袭自己的著作，相同的一本书不断地改头换面多次出版的情况非常常见。那时出书大概不用买书号，成本只是印刷费用，即使不管学术本身，大概也可以卖书赚钱。所以，对于当时极其普遍的那么一种现象，也许我们不该单单挑出哪一部书来强加指责，我们对当时的某些著作应该不偏不倚、一视同仁地加以评论。山东大学的杨端志教授就曾说民国时期的学术著作中垃圾很多，细读的话要注意节约时间，该纠缠的知识要刨根问底，不该纠缠的问题不必细究。在阅读民国时期的语言学文献时，我们确实应该拥有严谨而又豁达的心态，平和而又严肃，不能走极端、误入歧途。

相对于抄袭行为而言，"模仿的语言学"也许不该受到过于严厉的诟病。国内，在还没有"导夫先路"的指导性论著出版的情况下，模仿模仿外国人的著作也许并不值得人们口诛笔伐。语言学的模仿阶段是中国现代语言学史的一个重要的过渡阶段。

在汉语语法学领域，从《马氏文通》到1936年王力《中国文法初探》这历史阶段，常常被认为是中国语言学的模仿阶段。此后，人们对"模仿"二字有着太多的哀怨与仇恨，"独立"的文法曾经对于国人来说颇有吸引力。就语言学的研究方法路径而言，"独立"也许并不是最好的方法，"比较"的方法应该更加全面一些。从我们今天来看，我们应该赋予"比较"以更高的地位，更深远的学术意义。当人们以"独立"的姿态，用"比较"的方法来谋求中国语言学的进步的时候，"借鉴"势在必行，"借鉴"也就成为了一个人人都愿意接受的中性词。

中国语言学除了抄袭、模仿、借鉴外国语言学之外，还受到了外国语言学家、外国语言学理论的深刻的影响。这些"影响"包括许多不同的情况，其中最为显眼、最容易为人们发现的是中国语言学家受到某某外国语言学家的影响。其他的各种"影响"，我们也可以说是受到了某种来源于外国的语言学思想的影响，只是呢，这样的情形的"影响"类型繁多，我们很难用某一个词一下子就能够全面地概括清楚罢了。下面，我们争取尽可能多地、尽可能全面地谈谈某些类型的外来"影响"。

二 中国语言学受外国语言学影响的情况

在本书的第十三章中我们已经论述过，中国语言学史学科是在外国语言学的影响下才得以诞生、成长起来的，关于这一点我们在此不再赘述。

中国理论语言学也是在外国语言学的影响下独立成为一个分支学科的。陆俭明说，"50 年代之前理论语言学在中国未能成为一个独立的学科。50 年代开始由于受当时苏联语言学的影响，语言理论的研究受到前所未有的重视，到 60 年代初语言理论已成为一个独立的研究领域，其代表人物是北京的高名凯、岑麒祥，南京的方光焘……70 年代末以后整个学术环境发生了巨大的变化，语言理论的研究一方面加强了与国外语言学界的联系，并对国外语言学开始采取多元论的立场，不囿于一家一派之学说"①。中国语言学受外国语言学影响，往往先是从外国语言学的一家一派开始，然后逐渐地受到了全面的多元化的影响。这个多元化阶段还不是中国语言学自主发展的多元化阶段，而是受到外国语言学的多元化的理论的影响。

20 世纪初期中国语言学主要受欧美、日本语言学的影响，50 年代前后有一段时间中国语言学紧跟苏联语言学的进展（大约以 1957 年为界，之前个别语言学学者挂着苏联的羊头继续卖欧美的狗肉，此后人们就不敢再卖资本主义的狗肉了），改革开放以后欧美语言学的影响又逐渐深入和全面，最近十几年来中国语言学要求自主发展的呼声越来越高。就整个中国现代语言学的发展来说，受外国语言学影响的时间占了绝大部分的历史阶段。

方经民等学者认为，"文革前，我国语言学界总的说来处于斯大林语言学说影响之下……从国内理论语言学的翻译介绍情况来看，1960 年前基本上是翻译、介绍斯大林学说影响下的苏联语言学理论，从 1961 年起开始注意介绍批判西方语言学尤其是结构主义的理论方法。1960 年前我国翻译出版的理论语言学专著几乎都是苏联学者写的……作为例外的只有法国人写的两本书：A. 梅耶的《历史语言学中的比较法》（1957）、马赛尔·柯恩的《语言》（1959）和丹麦人写的两本语言学史：裴特生的《十九世纪欧洲语言学史》（1958）、威廉·汤姆逊的《十九世纪末以前的语言学史》（1960）……1961—1966 年再也没公开翻译出版过苏联语言学著作（论文除外）"②。1961—1966 年期间，斯大林语言学在苏联受到了一定程度上的清算，我国虽然没有明确地清算

---

① 陆俭明：《新中国语言学 50 年》，《当代语言学》1999 年第 4 期。

② 方经民、吴勇毅、陈国芳：《国外理论语言学的翻译和介绍》，《外语界》1985 年第 2 期。

过斯大林语言学，但我国语言学界则开始了明显地关注西方语言学理论。"文革"后、1979 年以前，我国对西方语言学的介绍主要是全面评介，大多数以类似于典籍提要的形式出现。1980 年以后，转变为重点介绍，逐步翻译出版了一系列的西方语言学经典著作。

　　束定芳等学者认为，**1949—1959 年引进苏联语言学理论，1960—1977 年引进欧美语言学理论；1978—1989 年全面引进语言学理论和语言学方法；1990—1999 年注重外国语言学理论的消化吸收；2000 年以后外国语言学理论的结合与创新**①。这样一来，束定芳等学者就把中国语言学受到外国语言学的影响分门别类地说得很清楚了，归纳的线索非常明晰。只是呢，中国语言学发展的实际路径、路线可能并非如此清晰，一种影响之中常常会伴随着另外一种影响。比如说，诸如"挂着羊头卖狗肉"的影响既包括羊头的影响，又包括狗肉的影响，我们不能只看到其中一点而无视另外的某一个方面。

　　我国文法革新时期以及稍后的几部语法学著作主要受到了欧美语言学的影响。林玉山说，"中国极其重要的几部语法著作都曾受到西方语言学的影响。吕叔湘一些语言学理论与现代语言学异曲同工。王力接受布龙菲尔德的'中心词'和'修饰语'的学说和他的替代法理论的影响。高名凯接受了索绪尔的理论……陆志韦的《国语单音词汇》（燕京大学，1938）和赵元任的《国语入门》（哈佛大学，1948）较多地受到索绪尔的结构主义语言学和以布龙菲尔德为代表的美国描写语言学的理论和方法的影响。《国语单音词汇》1956 年修订后改名《北京话单音词汇》出版……《国语入门》由李荣从英文译为中文《北京口语语法》（中国青年出版社，1952）……《现代汉语语法讲话》（丁声树等，商务印书馆1961年12 月版）是受美国结构语言学派理论影响而又具中国特色的语法论著……朱德熙的《现代汉语语法研究》和《语法讲义》受到了西方现代语言学的深刻影响"②。中国语言学对结构主义的接受与运用持续了相当长的历史阶段，从 20 世纪 30 年代前后开始，除去"反右"、"文革"之外，在其他的时期结构主义语言学均受到了相当高的重视，80 年代、90

---

　　①　束定芳、刘正光、徐盛桓：《中国国外语言学研究（1949—2009）》，上海教育出版社2009 年版，第10—32 页。

　　②　林玉山：《现代语言学的历史与现状》，河南人民出版社 2000 年版，第 149—155 页。

年代是结构主义语言学在中国发展的高潮。

　　语音学研究与语法学的情况不太相同，我国语音学学习苏联的程度更加彻底一些。林玉山说，"50年代我国语言学界对结构主义语言学持否定态度，这首先表现在音位和音位学理论方面。许多文章批判欧美音位学观点，支持苏联音位学观点。这些文章主要是：田恭（罗常培、王均）的《音位和音位学》（《中国语文》1955.4—5）、李振麟《英美资产阶级唯心论音位学批判》（《复旦学报》1955.2）、桂灿昆《批判英美音位学中唯心的理论》（《中山大学学报》1956.3）、甘世福《谈谈音位学理论》（《语言学论丛》三1959）等。这些介绍和批判给后来的普通话音位研究带来了很大的影响。从1955年到1958年，展开了普通话音位系统讨论和音位学理论讨论。讨论的实质是如何根据汉语语音特点借鉴并发展音位学理论，其关键在于吸收、借鉴国外音位学理论是全盘照搬苏联学者观点，还是根据汉语语音特点，兼采西方音位学理论的长处"①。中国语言学各个分支学科在学习苏联语言学上的表现不太相同，中国语言学学习苏联的步伐与苏联语言学在本国的发展情况也不太一致。苏联的马尔语言学虽然对中国语言学有所影响，但是，总体来说马尔语言学对中国语言学的影响并不是很大。当斯大林批评马尔语言学的时候，中国翻译相关批评的速度之快远远超出了中国当时文化交流的一般速度，斯大林的《马克思主义和语言学问题》在1950年当年就出版了中译本，中国语言学界迅速展开了斯大林语言学学习的高潮。1956年以后，苏联开始了对斯大林的清算，"斯大林语言学"也受到了相当程度的反思。在中国国内，中国始终没有对斯大林主义进行清算，直到改革开放初期"斯大林语言学"在中国都还有一定的市场。

　　关于外国语言学对中国语言学的影响，段满福在他的博士学位论文《法国现代语言学思想（1865—1965）及其对中国语言学的影响研究》中有诸多介绍。下面，我们就来集中看看段满福的相关论述。

　　段满福说，"20世纪初西方语言学思想对中国理论语言学初创时期的影响。在这一时期出国留学的语言学家当中，许多是留学法国的。譬如，马建忠、王力、岑麒祥、刘复、高名凯、方光焘等都曾留学法国，他们的汉语语法理论和普通语言学理论都受到法国语言学思想的影响，尤其是高

---

① 林玉山：《现代语言学的历史与现状》，河南人民出版社2000年版，第185页。

名凯，对这一点学界已有共识"①。其他的学者例如瑞典汉学家高本汉，还有深受美国学术影响的赵元任，等等，他们对中国初创时期的现代语言学都产生了十分重要的影响。

段满福说，"1942 年和 1944 年，吕叔湘出版《中国文法要略》（上、中、下），该书组织布局（词句论和表达论）主要受到法国语言学家布吕诺的《语言与思想》（1922）和丹麦语言学家耶斯伯森的《英语语法纲要》（1933）的影响，开创了中国语法书编写'**从意义到形式**'的新体例，丰富了汉语语法著作的撰写模式"②。多少年以后，人们在反思、批判语形语法、提出语义语法的重要性的时候，有些学者认为吕叔湘《**中国文法要略**》就是中国语义语法的先行者。段满福说，"从整体内容安排的体例上讲，《中国文法要略》比较特别，采用了'以语法意义为纲，说明赖以表达的语法形式'（吕叔湘 1982：重印题记）这样的模式。龚千炎（1997：121）认为这种格局的设计是受到法国语法学家勃吕诺，尤其是丹麦语言学家耶思柏森的影响。其实，该书虽然受到耶思柏森的影响，比如无条件采用耶思柏森的'三品说'来讨论汉语的词类划分问题，基于耶思柏森《语法哲学》中提到的'连接'（junction）和'系联'（nexus）在汉语中区分'词组'和'词结'（吕叔湘 1982：16—27）等，但是，就整体格局来看，该书主要还是**基于'法兰西学派'语言学家布吕诺的《思维与语言》**。我们可以从 1982 年该书重印时的'重印题记'中看出这一点……作者分成词句论和表达论两部分来写，不是按照耶思柏森的用功能来连接形式和意义的写法，而是在'词句论'部分采用传统的从形式到意义的写法，在'表达论'完全按照布吕诺的以语法意义为纲说明语法形式的写法"③。段满福的这种学理渊源的挖掘实在是意义重大，这对全面地认识和理解《中国文法要略》起到了极为重要的作用。

段满福说，"1944 年和 1945 年，王力著《中国语法理论》（上、下），书中频繁引用和参考房德里耶斯的《语言》，将 syntax 译为'造句法'（1944：8）和'结合法'（1944：11），并引进耶斯伯森的'三品说'构建汉语造句法理论。该书先后多次印刷发行，一方面对建立汉语

---

① 段满福：《法国现代语言学思想（1865—1965）及其对中国语言学的影响研究》，博士学位论文，北京外国语大学，2013 年，第 2 页。

② 同上书，第 109 页。

③ 同上书，第 124—125 页。

语法体系起到了重要作用，另一方面也在中国传播了房德里耶斯的语言学思想"①。汉语语法学界在后来放弃了"三品说"，也许"三品说"并不符合汉语实际。段满福说，"房德里耶斯这种义位和形位的区分被王力《中国语法理论》接受，将汉语的词区分为'理解成分'和'语法成分'两大类，前者相当于房德里耶斯所说的义位，后者相当于形位"②。段满福深入到了语言学思想的深层对应方面，很能够挖掘出语言学的许多深层问题，而不是仅仅浮于文字表达的表面，学术价值很大。

段满福说，"1947年，高名凯发表《中国语的语义变化》，参用法国语义学思想阐述汉语的语义变化，引进法语语义学术语 sémantique，一改之前通用的'意义学'为'语义学'。次年，他在《中国语的语义变化》基础上发表《中国语的语义变化与中国人的心理趋势》一文，促进了术语'语义学'在中国的流通，同时也在中国传播了法国的语义学思想"③。1934年，李安宅《意义学》④ 一书就是以"意义学"冠名。语言学的相关学术术语在中国现代语言学的初创期使用时常常很不稳定，"意义"、"语义"、"语意"都曾经有过一些使用上的混乱。即使到今天为止，"辞典学"、"词典学"两个学术术语都还没有定型，人们在书写时常常有一定的随意性。

段满福说，"1948年，高名凯出版《汉语语法论》，该书受到房德里耶斯和法国汉学家马伯乐的影响，认为汉语缺乏形态变化，从而得出汉语实词不分词类的论断，引发了中国长期的汉语词类划分的争论。《汉语语法论》是一部纯理论性的著作，书中的汉语语法理论都是在房德里耶斯语言学说的强烈影响下产生的，和王力、吕叔湘两家的语法体系大大不同（王力1981：184）。高名凯的汉语语法体系在中国的推广，也无形中在中国传播了房德里耶斯的语言学思想"⑤。高名凯确实曾主张实词不能分类，并且自始至终基本上都是语法学家中的少数派。不过呢，"中国长期的汉

---

① 段满福：《法国现代语言学思想（1865—1965）及其对中国语言学的影响研究》，博士学位论文，北京外国语大学，2013年，第109页。

② 同上书，第127页。

③ 同上书，第109页。

④ 李安宅：《意义学》，（上海）商务印书馆1934年版。

⑤ 段满福：《法国现代语言学思想（1865—1965）及其对中国语言学的影响研究》，博士学位论文，北京外国语大学，2013年，第110页。

语词类划分的争论"也许不能说就是由高名凯引发的，即使在那些主张实词可以分类的语法学家中，也有着各种各样的分类方案和分类观念，汉语词类的划分问题至今也还没有得到一个较为根本的解决。

段满福对高名凯的研究和论述还有多处内容，既有关于高名凯的语法学的研究，又有关于高名凯的普通语言学的研究。《汉语语法论》是高名凯最重要的一部语法学著作，"该书理论上主要受法国语言学家房德里耶斯和马伯乐的影响，还批判地吸收了索绪尔、梅耶、高本汉和葛兰言等语言学家的思想，书中许多观点与这些语言学家著作中的观点不谋而合。同王、吕两家的著作相比，该书更注重概念术语的界定和理论的探讨"①。段满福说，"高名凯（1957：47—56）把历史主义思想和语言系统观看作普通语言学的原则，这和法国普通语言学的影响是分不开的。另外，以口语为出发点和重视文字的发音也是法国语言学的一个特点，法国的俚语研究和语言地理学都是研究口语的，都是重视发音而不是文字本身……'句型论'是《汉语语法论》很有特色的内容，受到了房德里耶斯有关'表情语言'思想的影响……'比较的原则'：与不同族语言的语法比较，以及同族语言或方言的语法比较。'比较'也是法国语言学，特别是法国的历史比较语言学采用的一种研究方法，高名凯将它也用作研究汉语语法的原则……高名凯的汉语词类划分法受房德里耶斯的影响，具体体现在词类划分依据及具体的词类划分两个方面"②。段满福还说，"高名凯接受了马伯乐关于汉语的词有规定关系和引导关系的观点，把句子中语词之间的关系概括地分为'内在的关系'和'外在的关系'两种，认为这两种关系包含了一切词语所能有的关系。内在关系又包括'规定关系'（相当于主谓关系和偏正关系）和'引导关系'（相当于动宾关系和介宾关系），而外在关系则又分为'对注关系'（相当于同位关系）、'并列关系'和'联络关系'"③。高名凯《汉语语法论》其实并不是一部单纯的语法学著作，该书中有相当大的篇幅直接可以认为是普通语言学的内容。

段满福说，"**高名凯《普通语言学》是我国学者 50 年代自编的一本颇具规模的语言学教科书，受法国语言学思想的影响的痕迹很明显。如果**

---

① 段满福：《法国现代语言学思想（1865—1965）及其对中国语言学的影响研究》，博士学位论文，北京外国语大学，2013 年，第 128 页。

② 同上书，第 130 页。

③ 同上书，第 135 页。

不把书中的汉语例子包括在内，该书**基本上就是一本译述性质的著作**（第一编第四至十一章和第四编'语法'主要来源于房德里耶斯《语言》。第二编'语音'主要来源于帕西《比较语音学概要》和格拉蒙《语音学概论》）……**第三编'语义和词汇'，有关语义学的内容，可以看作他对语义学这门学科的比较成熟的思考，其内容也是高名凯自己写的，但其中有些内容和房德里耶斯《语言》第三编'词汇'有着千丝万缕的联系**"①。段满福说，"高名凯、石安石《语言学概论》（1963），与主编之一高名凯《普通语言学》中的内容并无二样，内容的安排上也和法国语言学著作相似……该书不同于高名凯《普通语言学》的一个最显著特点是所举例子大部分取自汉语（其次是俄语，只有少量英语的例子），和《普通语言学》中大量照搬法国语言学著作中多种语言中的例子形成鲜明对比……实现其在中国的本土化"②。西方的理论和汉语的例子就是鞋与脚的关系，中国语言学本土化的过程中曾经出现过"削足适履"的情形，这说明把西方语言学本土化为中国语言学也不是一件容易的事情。

1963年，高名凯还著有《语言论》一书。该书"共分三大部分，'语言的社会本质'、'语言系统的内部结构'和'语言的起源和发展'，所论问题大部分与房德里耶斯《语言》一样"③。在谈语言学思想时，谁影响了谁这个问题确实不是很容易分辨，这种研究常常不可避免地具有一定的个人主观判断。叶文曦认为，"高名凯的语法学思想深受房德里耶斯和马伯乐的影响。除此之外，高名凯还批判地吸收了洪堡特、索绪尔、梅耶、高本汉和葛兰言等学者的学术思想"④。刘月华认为"高名凯在语言学理论上受德·索绪尔的影响较深"⑤。

段满福说，岑麒祥《普通语言学》（科学出版社1957）对法国心理社会学派有介绍，对"语言学的特殊方法"的阐述体现了法国语言学思

---

① 段满福：《法国现代语言学思想（1865—1965）及其对中国语言学的影响研究》，博士学位论文，北京外国语大学，2013年，第136—150页。

② 同上书，第163—164页。

③ 同上书，第165页。

④ 叶文曦：《高名凯语言学学术思想介评》，《广西师范学院学报》2010年第4期。

⑤ 刘月华：《高名凯》，《语言教学与研究》1981年第2期。

想①。梅耶就属于法国心理社会学派。1935 年，岑麒祥翻译梅耶的一篇长文译作《**历史言语学中之比较的方法**》，1957 年科学出版社再版时更名为《历史语言学中的比较方法》。该书是梅耶的重要著作，该书直到今天都还有着非常重要的学术价值。

段满福说，"20 年代的国音学致力于国音的介绍和推广，制订了国语注音字母，出现了一批以'国音学'命名的著作，如高元《国音学》（1922）和汪怡《新著国语发音学》（1924）。王理嘉（2004：299—230）总结了这批国音学著作的历史功绩和不成熟之处，认为这些著作虽然引进了近代西方语音学的学理，传播了西方语音学的知识，为现代汉语语音学建立了基础，但对近代语音学的一些原理和概念还没有完全理解，译名不妥或完全误译，还没有摆脱传统音韵学的束缚，把音韵学和语音学混在一起讨论，共时和历时不分。这是因为 30 年代以前中国还没有专门介绍近代西方语音学的著作，从事国音学研究的中国学者是通过西方和日本的语音学原著学习语音知识的。正是在这样的历史背景下，刘复翻译了《比较语音学概要》并将其作为语音学教材使用，将法国语音学研究的成果引进中国"②。语言学界以往对《比较语音学概要》一书的历史意义并不太重视，一提刘复人们都会想起他的《四声实验录》，人们把刘复定位为实验语音学家而不是普通语音学家，这也许是一种片面性的认识。就当代语言学家的实际情况来看，实验语音学与普通语音学常常紧密相连，只精通其一而对另一学科一窍不通那简直就是不可思议的事情。

从上面一些论述可以看出，段满福对相关语言学思想来源的分析颇具功力，让人信服。只是，外国语言学对中国语言学的影响，主要是从那些具有留洋背景的学者开始的，也就是说，那些完全意义上的"本土学者"受外国语言学的影响可能会小一些。同时，一种语言学思想究竟来自何处，有时我们也不宜武断，会不会存在各自独立思考却"英雄所见略同"的情形，这也值得进行深入的论证。

关于中国语言学受外国语言学的影响，除了段满福以外，许多学者、众多的论述中也都有所介绍，虽然这些介绍往往是一种只言片语的介绍，

---

① 段满福：《法国现代语言学思想（1865—1965）及其对中国语言学的影响研究》，博士学位论文，北京外国语大学，2013 年，第 161—162 页。

② 同上书，第 116 页。

显得较为零散，不成系统。下面，我们就引述其中的一些论述，对不同学者的论著分别引述，不求系统性。

王力在《汉语史稿》（1980：555—565）中直接采用房德里耶斯《语言》中归纳的词义变迁的三种方式①，即词义的扩大、缩小和转移，并用大量的汉语中词义变迁的具体例证加以阐发。对此，乐嗣炳在《语言学大意》中也有这样的分类，其分类思想很可能受到了德国语言学家保罗的启发或影响②。

杜诗春、宁春岩说，"Wino grad（1983）曾对语言学几个发展阶段作出了生动的比喻：**规定语法——作为法律的语言学；比较语言学——作为生物学的语言学；结构语言学——作为化学的语言学；生成语言学——作为数学的语言学**"③。语言学的这几个发展阶段在我国也曾产生过广泛的影响，这种影响往往不是直观的、生硬的影响，而是已经"内化"于中国语言学之中。比如说，新中国成立初期的现代汉语规范化运动，这就有点儿类似于规定语法阶段。人们以往对"台上坐着主席团"的分析，就有点儿类似把这这句话当成化学物质来进行分解。虽然生成语言学在国内一直没有产生非常明显的突出的影响，但是，在语言学中崇尚数学的这种思路却影响了中国几十年的时间，从事语言学研究的学者们也乐意于学习（高等）数学的一些知识，这不是一件坏事。

"模因论"也是西方语言学中的术语，后来有些学者把它引入到中国语言学中来，这个理论能够解决中国语言学中的部分问题。何自然说，"模因论（memetics）……是基于基因（gene）一词仿造而来。meme 源自希腊语，意为'被模仿的东西'。我们将 meme 译成'模因'，是有意让人们联想它是一些模仿现象，是一种与基因相似的现象。基因是通过遗传而繁衍的，但模因却通过模仿而传播，是文化的基本单位"④。例如，汉语中的"男阿姨"、"男保姆"、"空姐"、"空嫂"等，都可以用"模因论"来加以解释。如果把这一些类型的外国语言学对中国语言学的影响也考虑进去，那么，此类的"影响"实在是太多了，我们简直就无法统计，类似的例子将举不胜举。

---

① 王力：《汉语史稿》，中华书局1980年版，第555—565页。

② 薄守生：《民国时期的语言学概论类教材史略》，《西华师范大学学报》2011年第6期。

③ 杜诗春、宁春岩：《语言学研究方法》，《外语教学与研究》1997年第3期。

④ 何自然：《语言中的模因》，《语言科学》2005年第6期。

束定芳等学者认为，"**黎锦熙（1924）所著《新著国语文法》参照了英语《纳氏文法》和美国学者 A. Reed 的理论**，构拟了第一个完整的现代汉语语法体系。上世纪 30 年代到 40 年代的'文法革新讨论'首次引进了索绪尔的结构主义理论，借用了'所指'、'能指'、'功能'、'结合关系'等重要的语言学概念。王力的《中国现代语法》和《中国语法理论》（1944—1945）吸收了布龙菲尔德的'向心结构'学说和叶斯泊森的'三品说'，在方法上受到索绪尔的'共时语言学'的影响也较大。吕叔湘的《中国文法要略》（1942，1944）的设计思想受到了法国学者勃吕诺（F. Brunot）和叶斯泊森的影响，以语法形式为纲，说明所表达的语法意义。高名凯的《汉语语法论》（1948）受到梅耶（Meillet）和索绪尔的影响，更注重语言普遍理论的探讨。索绪尔的结构主义语言学和以布龙菲尔德为代表的美国描写语言学从上世纪 30 年代介绍到中国后，对汉语语言学研究产生了深远的影响，尤其是在方法论方面，如陆志韦的《北京话单音词汇》（1956）和赵元任的《国语入门》（1948）都明显受到了结构主义语言学研究方法的影响（邵敬敏、方经民 1991：39—51）……国外语言学理论和方法的引进对于促进我们本国的语言学研究和发展发挥了积极的推动作用"[①]。这段论述中，所用的"参照了"、"引进了"、"吸收了"、"受……影响"、"产生了……影响"、"促进了"、"发挥了……作用"等表述，所论述的内容都是关于外国语言学对中国语言学的影响的问题。

黎锦熙的语法学著作受英语语法的影响，不止束定芳如上所说的那些内容，还受到了其他语法学家的影响。对此，陈满华说，"周作人在《雨天的书》、陈原在《陈原书话》中都谈到他们学习《纳氏文法》的经历（周作人《雨天的书》，河北教育出版社，2002 年；陈原《陈原书话》，北京出版社，1998 年）……纳氏的英文文法设立 3 个格，黎氏却有 7 个位，从具体对'位'的解释看来，'位'已经不是'case'。关于这一点，黎氏自己也有说明：名代的位置，英文法叫做 Case，可单称'位'，或译为'格'。《马氏文通》称为'次'。普通只分为三种，就是主位（Nominative Case），宾位（Objective Case，或称目的格），领位（Possessive

---

① 束定芳、刘正光、徐盛桓：《中国国外语言学研究（1949—2009）》，上海教育出版社 2009 年版，第 3 页。

Case，或称所有格；或称物主；马氏称为'偏次'。而在偏次后，即被领的，则称正次）。本书专为解剖句法成分的方便而言位，与西文用处不同。（黎锦熙 1992：33）……其实，相对于英文的 3 个 case，黎氏的 7 个位倒是更接近马建忠的 6 个'次'（位次），我们怀疑，黎氏设 7 个'位'主要是受到了马氏的'次'的影响，或者是受了拉丁语语法的影响。因此，'有人说黎锦熙是以纳氏《英语语法》的体系修改《马氏文通》的体系'（马松亭 1986：51），恐怕不是空穴来风。值得说明的是，**黎氏著作虽然深受《纳氏文法》的影响，但是所模仿的英文文法著作并非纳氏一家，现在我们知道的至少还有 A. Reed 和 B. Kellogg 的影响**"①。作为中国语言学模仿期的著作，黎锦熙的语法学著作所受西方语言学的影响相对于当今的语言学著作来说也许有着更为明显的痕迹，后来连他自己也说"《新著国语文法》的英文法面貌颇浓厚，颇狰狞"，在很多时候连英文法中的典型例句都不放过。刁彦斌却反对把《新著国语文法》当作"模仿语法的代表作"，而认为应该是"借鉴"而不是"模仿"；并且认为《新著国语文法》"本来就是一部教材"，其体系本身就是教学语法，批评者不能用专家语法的眼光来批评它，不能过多地批评它"用逻辑分析代替了语法分析"②，刁彦斌认为在教学中进行一定的逻辑分析还是必要的。如此这种种的批评、自辩、辩护，让很多人都会觉得难以再对模仿、借鉴、影响进行定性、区别了。

　　凯恩把美国描写语言学派分为三期：第一时期（1911—1933）"对语言事实要作客观的描写，不要用其他语言或者传统语法的框框去套"。第二时期（1933—1950）又被称为"布龙菲尔德时期"，"在语言结构的分析中反对用非语言学（特别是心理因素）的标准，主张根据形式的差别来分析语言"。第三时期（1951—），主要包括耶鲁派（如海里斯）、密歇根派（以"语言学暑期讲习班"为活动阵地）、转换派（如乔姆斯基）。他说，"美国描写语言学派只是美国语言学家中的一部分人。即使属于这个学派的成员，在学术观点上也不完全相同"③。美国描写语言学派对中

---

①　陈满华：《〈纳氏文法〉在中国的传播及其对汉语语法研究的影响》，《汉语学习》2008年第 3 期。

②　刁彦斌：《评价黎锦熙语法思想的几个重要原则》，《北京师范大学学报》2010 年第 5 期。

③　凯恩：《美国描写语言学派》，《语言学资料》1966 年第 2 期。

国语言学产生了相当深远的影响。凯恩的上述分期虽然没有直接点出美国描写语言学对中国语言学的影响，他却点出了一系列的代表人物：布龙菲尔德、海里斯、乔姆斯基等等，他们对中国语言学的影响很大，国内的语言学论著中常常提到他们这些语言学家的相关观点。这样一来，实际上那也就是说明了美国描写语言学对中国语言学产生了很大的影响。

音韵学在由传统音韵学向现代音韵学的转变的过程中，外国语言学家的影响对现代音韵学的诞生起到了至关重要的作用。王启龙说，"由于受到钢和泰《音译梵书与中国古音》的影响，《国学季刊》第 1 卷第 2 期紧接着发表汪荣宝的《歌戈鱼虞模古读考》，此文就是用钢和泰的方法撰写的，就外国古来传述中国语观其切音，就中国古来音译外国语反求原语发音，论证了唐宋以前歌戈韵主元音读 a，魏晋以前鱼虞模韵主元音也都读 a。他的研究成果打破了鱼虞模韵主元音是 u 的传统看法，引起了古音学的一场争论，最后证明汪荣宝的结论是正确的……钢氏之文更积极的意义在于使国人知道高本汉等西方学者的成绩，由此开始大量翻译介绍……钢和泰是最早利用汉语音写梵书的材料探求中国古音，是提出利用梵汉对音材料，通过梵文的读音来了解汉字读音是研究中国古代音韵的有效方法之第一人，他的方法直接影响了后来的汪荣宝、罗常培、陆志韦、王力、李荣、俞敏诸多学术大家。可以毫不夸张的说，由于钢和泰的努力，开启了中国音韵学研究的一代先河"①。汪荣宝《歌戈鱼虞模古读考》受钢和泰《音译梵书与中国古音》的影响，"就是用钢和泰的方法撰写的"，这两篇文章对中国音韵学产生了深远的影响，直到今天，它们还是音韵学界的经典文献，人们还需要认真地阅读。

国际音标在我国的推广、普及，这是外国语言学对中国语言学产生影响的最为直观的表现。王志文说，"茅盾在《我走过的道路》中谈到：'三年级时（1910 年），来了一个姓钱的英文代课老师（留学回来的）。他先教发音，从英文二十六个字母开始，在黑板上画了人体口腔的横剖面，发某音时舌头在口腔内的位置，这真使大家感到十分新鲜。'从其描述的钱老师在教学时所用到的口腔横剖面和舌位，可以断定是讲授关于国际音标的知识，这说明国际音标已经在一些学校里使用……**国际音标自清末民国时传至我国，由周越然、周由廑、陆费执、翟桐岗、林语堂、平海**

---

① 王启龙：《钢和泰对中国语言学的贡献》，《西藏大学学报》2009 年第 1 期。

澜、王登云等人通过教材、报刊、专著、字典等多种渠道向国内进行推介和传播，并且得到政府和出版机构的有力支持，在民国时就已经成为了我国英语教育者和初学者学习英语的有力'拐杖'，并成功地普及到当时的学校中"①。自民国时期以来，语言学界的"传统派"和"国际音标派"的争斗明显地体现出了不同的中国语言学家在对待西方语言学时的不同的态度，传统派的语言学者受西方语言学的影响的程度相对来说要小一些。

　　王希杰在评论李安宅的《意义学》时说，"吕嘉慈是世界公认的语义学大师，同时也是文艺学大师。他1930年到中国，在北京大学和清华大学讲授文艺批评学，曾在燕京大学讲授《意义底逻辑》。1930年在《清华大学学报》第六卷第一期上发表《意义底意义底意义》……（五六十年代）中国语言学主要是受苏联语言学的影响，而苏联语言学对语义学是采取了否定态度的。在我所阅读的书籍中，有位英国学者指责语义学是'狗窝里的学问'。对萨皮尔—沃尔夫假说，我从苏联学者那里得到的印象是：很反动，是为殖民主义、帝国主义辩护的学问。1956年科学出版社出版了《语义学思想批判》一书，其中有苏联特洛菲莫夫的论文，题目叫做《语义学的反动本质》……李安宅的学风是严谨的。作者在自序中说：'这本东西直接间接，都是吕嘉慈教授底惠与。所谓"尝试"，一面是将一部现成材料加以组织，即所谓编译的工夫；一面将一部心得针对我国思想界呈现给读者，即所谓述作的工夫。尤其是这里所讨论的问题，在国内还少有人注意；一切用语都得新起炉灶，所得反应当然不可预知：不知传达工夫是否作到家，是否能将西洋一点科学基础底萌芽，播植到中国底领域。'作者的态度是严谨而谦虚的，他自称为'编译'和'心得'，其实这部著作并不是简单的编译之作。事实上这是一部创新之作，作者较好地把握了吕嘉慈的学说，而且较好地同中国传统文化结合在一起"②。吕嘉慈为英籍学者，对语义学、文艺学等学科均有建树，他在北京大学、清华大学讲学期间对中国学术的发展做出了一定的贡献。李安宅在《意义学》的自序中就直接宣称"这本东西直接间接，都是吕嘉慈教授底惠与"，这样说虽然有自谦的成分，但是，吕嘉慈对李安宅的著作有着重要的影响却应该是客观事实。

---

① 王志文：《国际音标在清末民国时的东渐之路》，《安庆师范学院学报》2013年第4期。

② 王希杰：《重读李安宅〈意义学〉谈学风问题》，《平顶山师专学报》2002年第4期。

　　如果我们从语言学的不同分支学科来看外国语言学对中国语言学的影响这一个问题，我们会很清楚地发现：语言学的不同的分支学科所受外国语言学影响的国别很不相同。比如说，从语言学史上来看，语法学主要受到美国语言学的影响，词汇学主要受到原苏联语言学的影响，音韵学、语音学受到瑞典、法国、美国语言学的影响较大，修辞学主要受到日本语言学的影响，等等。

　　按照不同的历史阶段来论证我国语言学主要受到了哪些国家语言学的影响这个问题，在本节的前半部分我们已经进行了详细的引述、评说，在此我们不再过多地进行重复叙述。但是，需要说明的是：中国语言学虽然曾经深重地受制于当时的政治环境，比如说历史上的亲苏一边倒、中美建交等，但是，中国语言学相对于文学、政治、历史、哲学等学科来说，中国语言学受政治因素的制约相对要小一些。现在，中国文化越来越多元化，中国对外开放的步伐、力度逐渐在加大，中国语言学逐渐能够更多地"就纯学术谈纯学术"地进行着中外交流，中国语言学也将不会再单向地受外国语言学的影响，中国语言学必将会在一定程度上影响着外国的语言学发展。只是呢，从华裔华籍语言学家在美国、新加坡等国家的大学里的工作情况来看，中国语言学在国际影响方面不容乐观。以往在美国的大学里工作的华裔华籍语言学家，有些年老退休了，有些回到大陆或者返回港台了；在新加坡工作的华裔华籍语言学家，有的回到澳门的大学里工作了。目前一直坚守在国外工作的华裔华籍语言学家已经为数不多了，他们可以使得外国语言学较为方便地影响到中国语言学（他们有些人曾被国内的保守派骂成"假洋鬼子"），他们也可以适当地把中国语言学介绍到国外去（国内的那些传统派人士常常还因为想找他们却找不到而愤愤不平）。随着精通外语的学者越来越多，国际期刊的交流越来越方便，我们相信语言学将会进一步地淡化国界，这对中国语言学来说是一大机遇与良缘。

　　近年来，中国语言学的发展、进步很快，这既有借外国语言学的东风的因素，又有中国语言学自力更生独立发展的成分。随着中国语言学的逐渐成熟、完备，"'中国'语言学"将会被理解为"'身在中国的语言学者所研究的'语言学"，那时，语言学真正地实现了"去国界化"——这个过程也就是中国语言学的国际化的过程。

第三节　中国语言学的国际化的问题

中国语言学"走出去"是时代的要求，也将成为历史的必然，对此我们拭目以待。

在中国语言学的国际化的问题上，顾曰国曾有过较为客观的分析，他看到了中国语言学发展的喜人的形势，同时也看到了中国语言学家在当前的某些短板。对此，顾曰国说："汉语这方面的研究从总的形势来看，最近五六年进步非常大，跟国际接轨比较快。不足的地方就是没有形成我们自己的研究体系，没有我们汉语自己的理论。还有我们最大的问题是，搞英语出身的人对自己的母语不懂，研究太差，他们弄出来的东西都是用西方的东西硬往我们汉语里套，很多是不伦不类的，我觉得没有弄出真正的东西来。还有搞汉语的人对西学研究不够……现在中国的外语教学很落伍的情况是在我们国家外语专业的人学四年以后，就是学个嘴皮子，就是学个工具而已，非英语专业的人连工具都没有掌握，这样他就不可能花时间来做别的事情。学文科的人，比如学汉语的人，英语基本更是不行，还没入门呢。这个情况要想改变就要等外语，比如像英语啊，真的能到大学时不需要学了，把它变成工具来用，到这个时候就有足够的时间去做别的事情了。以前，五四运动前后有很多优秀的人才，国学也好，外语也好，因为他们很多都是教会出来的学生，到大学以后都是外语上课了，但以前都是私塾出身的，四书、五经学出来的，国学的底子已经有了，这样两个优势就结合起来了。中国现在这个状况还没有达到，这恐怕还需要一个过程"①。一方面，我们得承认研究普通语言学不一定非得懂得多种语言才行，任何一个语言学家的精力都是有限的，他不可能精通太多的语种。语言学家难能可贵的是他们对语言的思考，而不仅仅因为他们是多语者。另一方面，一个不太懂外语的语言学家在进行对外学术交流的时候总是有着这样那样的不方便，这个也是个很现实的问题，这会影响到中国语言学的国际化的问题。

---

① 张宜：《历史的旁白：中国当代语言学家口述实录》，高等教育出版社 2012 年版，第524—525 页。

虽然我们谈过了太多的关于外国语言学对中国语言学的影响的问题，但是，我们也清楚，我们在学习、借鉴外国语言学的时候从来就不是完完全全地照搬照用，我们往往会对外国语言学的那些内容进行一定的"本土化"或者"个别化"的理解，这种"改进性"的理解其实也是一种学术"创新"，中国学者的这种创新也可能会反过来又影响到外国语言学的发展。比如说，我们通常说索绪尔是结构主义语言学的代表人物，然而，索绪尔的学术观点究竟包括哪一些内容，对于这个问题不同的学者会有不同的说法，甚至可能是**"有一千个语言学家，就有一千个索绪尔"**。对此，徐思益、王希杰说，"我们主张广义的索绪尔学说，以《普通语言学教程》的学术思想为中心，也包括了其他学者对《普通语言学教程》的阐释、修正、补充和发展。例如索绪尔区分语言和言语、历时和共时、组合和类聚等，强调了两者的对立，忽视了两者的联系和转化。以后的学者在继承、坚持这些区分的同时，注意和承认两者之间的过渡现象的存在，重视和强调了两者之间的联系和转化，这也可以叫做索绪尔学说，虽然这是索绪尔本人所没有说过的。**这一意义上的索绪尔学说，是索绪尔的，主要是属于索绪尔的，但是又不全是索绪尔的，是索绪尔和他的学生及后来的许多学者的共同创造**"①。我们在政治学课本中常常会遇到"坚持和发展马克思主义学说"这样的说法，它就有着类似的理解。其实，我们每一位语言学研究者在事实上一直都是在"学习并发展索绪尔学说"，并且，这种发展后了的索绪尔学说也可能会重新传到出版《普通语言学教程》原版的法国去，这种新的索绪尔学说可以继续影响到"外国"的语言学发展。

就目前来看，中国语言学的国际化的问题主要就是"走出去"的问题，至于走出去"之后"的国际影响等情况我们现在还不太好说。汉语国际教育的问题是语言"走出去"的问题，不是语言学"走出去"了，那完全就是两个概念。当然，汉语"走出去"对于汉语语言学"走出去"肯定具有良好的促进作用，这一点也毋庸置疑。中国语言学走出去的较好的途径就是中国学者在国际语言学核心期刊上面发表相关论文，这一点就目前来说还是较为困难，这不一定就是中国学者的论文水平不高，有时也

---

① 徐思益、王希杰：《索绪尔、索绪尔学说和中国理论语言学》，《语言科学》2006年第1期。

与翻译水平、外文的行文风格相关。另外，中国语言学家到国外名牌大学任教、做讲座、学术交流这也是一种途径。还有，中国优秀的语言学期刊完全可以走出去，例如《中国语文》、《当代语言学》、《语言文字应用》、《语言教学与研究》、《语言学论丛》等等完全可以发行外文版。中国学者出版的优秀学术著作也应该走出去，语言学专著每年也可以挑选三五本外译之后到国际上去推广。中国语言学"走出去"大概只有这么一些途径，不"走出去"很难对外国语言学产生较大的学术影响，不"走出去"很难实现中国语言学的国际化。就目前的现实情况来看，中国语言学的国际影响确实很小，中国语言学的国际化水平确实还是很低。

在探讨中国语言学与外国语言学的相互影响时，只说单向的中国语言学受外国语言学的影响或者中国语言学的国际化的问题恐怕都不是非常合适。我们需要研究中国语言学与外国语言学的互动关系，在探讨这些互动关系的时候可能就需要分析中国语言与外国语言的对比问题，也就是对比语言学。对比语言学是立足于语言本体进行的比较研究，并非就是中外语言学之间的互动，但是，对比语言学与中外语言学的这种互动有着较为密切的关联。潘文国说，"1977 年以前，主要是由一些语言学家个人为了探讨汉语的特点而进行的研究；1977 年以后，是为了建立汉英对比语言学而进行的大规模的研究……早在 1932 年，赵元任先生就发表了汉英语调对比的论文《英汉语调初探》。1933 年，林语堂和黎锦熙分别出版了以对比为主要方法的《开明英文文法》和《比较文法》。20 世纪 40 年代，王力、吕叔湘、高名凯等通过系统而全面的汉外对比，建立起了各具特色的汉语语法体系……（黎锦熙）批评《马氏文通》'一手把住拉丁文法而遂挪作中华文法'，是一部'拉丁文法汉证'。但是《新著国语文法》与《马氏文通》一样，仍不免被批评为'模仿语法'的代表作。这是因为在根本的语言观、语法观上，他同马建忠没有很大的区别……（吕叔湘）写了《中国文法要略》（1942）和《中国人学英文》（1947），一从汉到英，一从英到汉，前者与王力、高名凯的著作齐名，后者可与林语堂的《开明英文文法》媲美……《中国文法要略》的写法，是分为上下两卷，上卷词句论，下卷表达论，实际是叶斯柏森'从外到内'和'从内到外'论的又一次实践"①。从语言本体的对比，到各国语言学之间的相互影响

---

① 潘文国：《汉英对比研究一百年》，《世界汉语教学》2002 年第 1 期。

与借鉴，从单线到多线，从单向到多向，这符合中国语言学的发展方向，也有利于语言学在世界范围内的大发展。

语言学在各个学科中的相对地位并不高，这也许在全世界的各个国家中情况都是如此，语言学是个冷门学科，一般都不会成为社会热点。曾经有过一段时间，语言学学者喜欢"语言学是一门领先学科"的学术定位、豪华美词，然而事实并非如此。语言学对其他各个学科产生较大影响的时期，可能要算索绪尔的结构主义语言学时期，除此之外，语言学几乎从未引起其他学科太多的关注。美国语言学家 Roman Jakobson 说，"按照 Sapir 有针对性的说法，有人正在力图确立并维持'语言学在美国十分虚弱的地位'，因为这门科学几乎不可能'转换成现金价值'。这种反科学的做法是最可悲的。尽管存在现实的危机，美国还是比欧洲多数国家保持更大的繁荣。不过欧洲这些国家，即使在经济倒退的情况下，也没有一个国家撤消它的研究生院和语言学工作计划"①。这是 Roman Jakobson 一种较为乐观、开放的态度。事实上，人们在谈论语言学虚弱的时候，那并不代表说语言学可以被撤销。虽然语言学不够景气，其实跟语言学的境况差不多的学科还有一些，所有的这些学科一般情况下都不会被取消。学术本身就不是产业化的后果，也不必为产业化负责，人类可以把语言学看成是人类的一项永恒的事业，虽然这项事业显得略微干瘪、萧条与冷淡。

朱晓农在《历史语言学的五项基本》中说，"《国外语言学》创办时有过说明，为什么不叫《外国语言学》，因为**语言学并没有中国语言学、美国语言学之分，有区别的只是在中国进行的语言学和在国外进行的语言学**"②。《国外语言学》现在已经易名为《当代语言学》。语言学并无国界，中国语言学也不是仅仅属于中国的语言学，语言学属于世界。中国语言学与外国语言学相互影响、借鉴才是语言学发展的良性状态，语言学的方法论、方法和各种理论都具有一定的共性和融通性。

---

① ［美］Roman Jakobson：《二十世纪欧美语言学：趋向和沿革》，顾明华译，《国外语言学》1985 年第 3 期。

② 朱晓农：《历史语言学的五项基本》，《东方语言学》2006 年第 1 辑。

第十五章

一部相对系统的语言学思想史

　　本书的最后一章，我们打算取章节标题为《一部相对系统的语言学思想史》，这主要是为本书写作中的某些"拼凑"、不系统而辩护。平心而论，老实地说，本书"拼凑"得已经"足够系统"了！如果没有大量地阅读语言学文献原典，如果没有阅读大量的语言学经典论文，如果不是经过了颇受煎熬的思索过程，本书是难以写作完成的。即使是本着谦虚、低调的态度，我们仍然认为本书在阶段性的研究方面绝对是取得了决定性的胜利。我们之所以径直地说本书"拼凑"，是因为本书中直接引用的文字确实字数不少，估计有六万字的直接引用，大约占本书总字数的六分之一吧。这种"拼凑"绝对不是在著作中不停地填充各种"泡沫"，本书是实打实的一部专著，绝无"虚胖"的情况存在。这些直接引用的内容，没有一句话、一个字是随便地从他们的论著中直接截取的，它们都是经过通读全文、精心提炼的引用，可以说，本书中引用的内容基本上都是所引述的论著中的最为关键、最为核心的论述，本书中引用的内容全部都是所引述的论著的"灵魂"，我们这种披沙拣金的功夫也不可小觑。我们之所以说本书已经"足够系统"了，是因为本书的章节构成、前后安排、内容取舍都是经过了我们深思熟虑、辗转反侧的思考，我们的"思路的链条"足以补充本书中个别理论链条上的不足。所以，总体来说，本书基本上还算是"系统"吧！

　　百余年来的语言学文献浩如烟海，要从这些文献中提炼出语言学思想实属不易，要把这些语言学思想梳理清楚、成缕成条更不容易。我们在本书的写作过程中，可能会有某些遗漏，甚至会遗漏过某某著名语言学家的论著。对于这类遗漏的情况，那可能并不是我们有意的遗漏，也可能不是我们无意的遗漏，对此，我们请求某些语言学家谅解，同时我们也希望那些语言学家不必去猜测我们究竟是有意还是无意。事实上，有所遗漏才是正常情况。对此，封宗信曾说，"面对如此纷繁庞大的语言学理论流派和新兴学科，写任何一本专著都不能面面俱到"①。如果要做到面面俱到，我们这本书将永远都写不完，我们也无法为一个阶段一个阶段分别画上不同的句号。**本书是我们本项研究的阶段性成果，接下来还有另外的阶段性成果，一个接一个，我们的研究成果总会有相对的更加完善的时候。**我们坦然承认本书必然会有"有所遗漏"这一种情况，我们还要说明本书确实"言之有物"，除了某些引用的内容之外，本书不存在"重复"与"拼凑"的情况。我们所写下的每一个字，都是有意的，都是思考许久、斟酌再三的字句，我们相信自己对得起百余年来的中国语言学思想，我们相信本书是一部相对系统的百年中国语言学思想史。

长期以来，我国语言学形成了一种优良的传统，即：描写与解释，这在一定程度上促进了中国语言学的飞速发展。在大多数情况下，解释是必要的，没有解释就难以形成理论，如果没有语言学理论那么这个学科就不能称之为语言学。但是，"解释"总是那么必要吗？也不是。陆俭明关于瞎子摸象的说法就是一种很朴实的例证。至于音韵学中的古音构拟一类的研究，我们应该把它们定位为少数"非常专业"的学者之间的协作式的游戏，他们也不能认为除此之外、不包含古音构拟的语言文字研究都不是语言学。语言学至今还是定位为"学科群"比较合适，只是，这个"群"的核心是语言本体研究。只有这样理解，语言学才有系统性可言，才有有"史"可言。语言学可以包含一字一词的考释研究，但是，语言学不可能只包括那些一字一词的考释研究。语言学作为一门现代学科，因为有理论所以才有系统，因为有系统所以才有"史"。语言学思想史研究作为语言学的一个分支学科，它必须要处理好人们内在思维的系统性的问题。

一　本书在系统性方面所做出的努力

以往，中国为什么没有扎实的、专业的中国语言学思想史专著出版？这主要是因为中国语言学史的系统性难以把握，中国语言学是由一组组研究碎片组成，很难找到一根合适的线把这些碎片串起来。现代学术有时候要求人们把某一项研究用一句话就能够概括出来，然而，中国语言学却没有"一言以蔽之"的语言学史，试想古代语言学中的字词考释，"考释一

---

① 封宗信：《现代语言学流派概论》，北京大学出版社 2006 年版，前言第 2 页。

个个字词，收集一'堆'语料"，这样的语言学何来系统？这样的语言学何来语言学史？也正是这个原因，语言学界对于中国古代究竟有没有语言学一直存在着争议，其实，不单说中国古代，就是中国现代语言学也常常受到"系统"的困惑。陆宗达曾说，"现代人对中国古代的语言研究，存在两种各持一端的看法：崇拜古代文明的人认为，不但和欧洲比，中国的语言学在开创之早和讨论之深方面均无逊色，就是跟现代语言学比，在课题之多和结论之精方面，也有过之而无不及。但菲薄古人智慧的人却持有相反的看法，他们认为中国古代只有实用性极强的语文工作，根本不存在可以称为'学'的语言研究。依照前一种看法，中国古代的语言学史是大有写头儿，但弄不好就会写出一部语言学倒退史，把古人拔高得让人难以置信。依照后一种看法，中国的语言学既然只发端于近现代，语言学史也就无需追溯甚远，是没有什么写头儿的。这似乎带点历史虚无主义的味道，也不大能说服人。然而两种看法既然存在，对于写语言史的人来说，就不能不是一种现实，要想在两种偏激之见的中间或之外找到另一种出路，将这门科学的历史写得真实而有分寸，的确是不大容易的。所以，我对于能写出中国语言学史的人一向佩服，认为**在已经出版的语言学史中，不一定是全部，只要有一部分能既站在高处又尊重历史，都是很可贵的成绩**"①。中国语言学史确实很不容易写。本书仅就百年来的语言学进行总结，我们不敢说我们已经站在高处，但我们确实尊重历史。

中国语言学思想史之所以难写，主要是因为中国语言学的理论化程度不够、中国语言学的学派也不健全，有时候有些学者还会把"语言学思想"和"语言思想"混为一谈。丘陵散见，没有几个主要山脉山系，内部又极不平坦，这样的语言学地貌如何修建语言学的高速公路呢？又如何能够预测语言学的风向呢？诸如此类的问题，也都在制约着语言学思想史研究。孙汝建说，"语言学史应该研究语言学思想史，探寻语言学家语言思想产生、演变、发展、变化的内因和外因，无疑应该是语言学史研究的重要任务，而目前的语言学史研究恰恰忽视了这一点"②。其实，以往的中国语言学史著作很少有哪一部写得非常流畅，大多数都写得磕磕绊绊、

---

① 陆宗达：《书序两篇》，《北京师范大学学报》1989 年第 4 期。

② 孙汝建：《中国为何没有语言学流派？——关于建构中国语言学流派的思考》，《云梦学刊》1991 年第 1 期。

不忍卒读。严格来说，那种散点堆砌的史料是不能称之为史的。诚然，如果有哪一位学者说中国至今尚无一部语言学史，那肯定会被认为是狂妄之徒。但是，人们对中国语言学史就不能反思点什么吗？似乎也不是，也许中国语言学史只有在反思中前行才有出路。

中国人民自古淳朴尚实，相对来说比较缺乏浪漫主义精神，这就使得中国语言学比较"扎实"，干巴巴的扎实、没有半点水分（"没有水分"是一种褒义的表达），其实也就比较"干瘪"。对于这样的语言学来说，我们一直缺少一部中国语言学思想史著作也就可以理解了。舒克说，"19世纪是历史比较语言学的世纪……梵语研究是历史比较语言学诞生的契机。说起来，第一个认定梵语与希腊语、拉丁语等印欧语言同出一源的是英国人 William Jones，第一批开设梵语课的学校出现在伦敦、巴黎，梵文材料起初也几为近水楼台的英国人及法国人垄断。可是，为什么真正为历史比较目的而研究梵语，却始于德国人？为什么不是英国、法国，而偏偏是德国成为历史比较语言学的故乡？……**梵语研究和历史比较语言学首先并且主要在德国展开，浪漫主义思潮的影响是一个重要原因**。另一个重要的原因在于，当时德国有新型的、有利于发展语言学的教育科研体制"①。这里所说的浪漫主义主要是指对教育无太多的功利主义，科学研究并非仅仅以职业训练为目的。中国就缺少这种研究传统。以当前的大学教育为例，那些认为"读书无用"的大学生们很少有人愿意"读着玩"，如果他们认为哪一门课程对现实生活没有太大的用处，他们许多人会直接选择不去读、不去学，做得相当干脆、彻底。也正是这一类的原因，历史比较语言学在中国的接受一直是一个问题，我们且不说是这门学科在中国诞生了，就是这门学科被中国人学习、接受都是一个问题。关于历史比较语言学的问题就如同听故事，中国人常常不会去多管故事究竟有多精彩，但常常会在还没有听完之前就问那种故事"可能吗"，他们会说："我们自己也会编故事，为什么要听别人讲的那些故事呢？"然而，事实上，故事确实有美妙不美妙、精彩不精彩之分，但是，我们一般都不会去正视这一个问题。

中国人的常规心理尚实不虚，这就导致了某些学者对语义进行原子式

---

① 舒克：《从新的视角看语言学史——读〈思想的流派：从葆扑到索绪尔的语言学发展史〉》，《外语教学与研究》1990 年第 3 期。

的研究，割裂了语义之间的联系。到了后来，中国结构主义语言学更是隔断了语义研究，使语义陷入语言研究的孤岛。在 20 世纪 80 年代，申小龙的光芒主要在于他把中国结构主义语言学当成了自己的假想敌，并且他在自己的幻想中取得了对这个假想敌的决定性的胜利。申小龙说，"中国现代语言学的百年正是没有文化哲学的百年，缺乏汉语精神的百年，淡化民族主体意识的百年。在本世纪初的新旧纠缠的文化震宕之中，从我国传统小学到现代语言的文化断层也在历史地形成。这一断层在初具规模的 30 年代曾引起语言学界有知之士的关注和研讨。而在随之而来的西方现代语言学理论体系潮水般涌入之时，这一断裂立刻被作为一个无可争议的历史新层面，在它上面迅速搭起了中国现代语言学恢宏的脚手架……直到 70 年代后期开始现代化的进程，对近百年来中西文化交汇的建树及其酸果才有了一个重新认识和'回甘'的机会……传统文化对于中国现代语言科学既是沉重的包袱，更是巨大的财富。离开了这个基础，中国现代语言学没有立足之地"①。申小龙的著作带有很强的文学理论的味道，其用语也常常意义含混、游离不定。在语言学著作中使用某些文学的表达手法，主要是为了在更好地表情达意的前提下增加文章的可读性，但不能以辞害意。从申小龙提出文化语言学的大背景来看，中国结构主义语言学、语形语法学确实存在着一定的不足，但是，这些不足也都无法用申小龙所说的"文化哲学"、"汉语精神"等"太虚"用语解决好。从中国人的传统心理尚实不虚到申小龙的"太虚幻境"，虽然实现了两个极端之间的跨越，但是，这依然不能真正解决中国语言学中的语义问题。也许，同是复旦大学的语言学家提出的语法、语义、语用"三个平面"理论，比以复旦语言学自负的申小龙的文化语言学更为务实。事实上，语法、语义、语用"三个平面"理论应该能够中国在语言学史中留下一笔，然而，学者们对申小龙的"文化语言学"能不能、以什么样的方式轻轻地点在中国语言学史上一直都是颇费踌躇。现在，人们逐渐地重新重视语义研究，这是语言学发展的良好方向。我们相信，中国现代语言学虽然已经更加重视语义研究了，但是，这种语义研究决不是回到古代的那种"考释一个个字词，收集一'堆'语料"老传统中去。至于中国现代语言学如何解决语义研究的这个问题，依然是当今中国语言学研究的瓶颈所在，亟待突破。

---

① 申小龙：《语言学的领先与滞后》，《社会科学》1988 年第 6 期。

在中国语言学的内部，心理因素的涉入一直非常有限，似乎中国人很怕语言学一旦涉入心理学就会堕入玄学的泥沼，中国语言学对于心理学的介入怀有相当的警惕。当前，我国心理语言学研究的前沿以江苏师范大学的杨亦鸣为首（虽然会有很多语言学者不大相信他们的那些前沿研究），心理语言学基本上算作是一个新兴学科，中国在以前并无与此有关的研究传统。我们对心理语言学有着足够的心理期待，哪怕是那种心理语言学并不是杨亦鸣等人所研究的心理语言学，我们仍然认为"语言学涉及心理因素"①。顾曰国在《当代语言学的波形发展主题二：语言、人脑与心智》一文中说，"本文要讨论的语言跟人脑与心智的关系，跟上面提到的西方符号学传统是背道而驰的。把语言作为生物及心理现象来研究，而不是作为独立的符号系统来处理，构成西方理论语言学另外一个重要的研究范式……在西方语言学史上，语言进化研究是热一阵，冷一阵，因为分歧太大，巴黎语言学会曾经试图禁止相关的研究……自从现代的基因理论对达尔文的进化论提供生物化学上的证据后，进化研究再度兴起高潮。**人类语言跟动物语言的对比研究、语言跟心脑进化的关系、语言跟心身进化的关系等，再度激起研究热情**"②。顾曰国的这种研究范式优于申小龙的研究思路，顾曰国的处理方式还是坚持在"科学"的框架之下，然而申小龙的研究思路是走"人文"路线。我们承认，语言学确实具有人文传统的一面，但是，我们应该更多地把语言学放在"科学"的大框架之下才行。我们知道，语义既是心理的，又不是纯粹地属于心理的、它具有一定的客观性；思想来源于心理，但又不等同于心理。伍铁平说，"语言学从诞生之日起就同心理学结下了不解之缘。19世纪后半叶心理学在人文科学中居于绝对的统治地位，因此当时的语言学家，如保罗、博杜恩·德·库尔德奈的观点都带有浓厚的心理主义色彩。**语言学曾力图摆脱心理学的束缚，成为一门独立自主的学科。但是，现在人们又反过来，强调二者的联系，并发展出一门独立的心理语言学**……乔姆斯基一开始曾经强调，语言学是一门独立的、自主的科学，现在却把语言学看作认知心理学的一个组成部分，他在所著的《语言与心理》（1968）中全面地论述了语言学过

---

① 薄守生：《郑樵传统语言文字学研究》，中国社会科学出版社2012年版，第226页。

② 顾曰国：《当代语言学的波形发展主题二：语言、人脑与心智》，《当代语言学》2010年第4期。

去、现在和未来对心理研究的贡献"①。伍铁平的这些论述，对中国语言学的发展具有很好的启发作用，中国语言学应该考虑如何将心理研究"适度"地纳入语言学研究之中。语言学与心理学有着不解之缘，语言学思想史研究与心理学之间也存在着一定的不解之缘。当然，从语言学的发展情况来看，我们在研究语言学思想史的时候，除了小心陷入哲学的泥沼的危险之外，还有一种危险则是谨防陷入心理研究的泥沼之中。

百年来，中国语言学逐渐走向了"哲学的断崖"，语言学家们有时害怕哲学会搞混他们的心神，他们的语言学研究选择了远离哲学。傅斯年的语言学思想具有较为浓厚的哲学味道，1949 年以后大陆的中国语言学研究基本上不再有类似的研究倾向。仇志群说，"《性命古训》原为清阮元所作，傅斯年认为阮元所用的正是'以语言学观点解决思想史中之问题'的方法。傅氏把自己的这部著作称之为《性命古训辨证》（以下简称《辨证》），按他自己的解释，主要因为'诚不敢昧其方法之雷同耳'。不过他是以'性命'古义的研究和为他论证语言决定哲学说的选题，在研究目的上与阮元是大不相同的"②。在语言学界，傅斯年的这部著作在后世并未产生较大的学术影响，傅斯年的这种"把甲金文仅仅作为工具、附庸在哲学之下"的模式并不是现代意义上的语言学研究，也有别于通常所说的"语言哲学"研究。目前，哲学界有少数学者在从事语言哲学研究，偶尔也有少数的外国语言学学者参与其中，但从事汉语言文字学的学者却几乎无人介入。姚小平曾经立志致力于语言学思想史研究，他对先秦语言思想还做过深入的研究。遗憾的是，他的先秦**语言思想**研究最终还是陷入了哲学的迷思，或者有可能是陷入其中无法自拔，或者有可能是时间、精力有限不得不放弃。或许正是如此的种种原因，在中国，这么一位最能够写出最好的语言学思想史的学者，却最终没有完成一部让他自己感到满意的语言学思想史专著。姚小平说，"我们所说的语言思想，是指一定历史时期人们关于语言问题的自觉思考和深入认识……先秦时期中国已经有了语言思想。中国**学术思想**的很多方面在先秦都已现胚芽，有些方面如伦理、民生、名辩等问题的思考相当成熟"③。我们所理解的"语言学思想"

---

① 伍铁平：《论语言和语言学的重要性（下）》，《外语研究》1991 年第 4 期。

② 仇志群：《傅斯年的语言决定论》，《兰州学刊》1997 年第 3 期。

③ 姚小平：《先秦语言思想三题》，《语言研究》2011 年第 1 期。

不同于姚小平所说的"语言思想"，姚小平所说的"语言思想"应该就是指"语言哲学"或者"哲学思想"。也许，研究中国语言学思想不该从先秦谈起，在中国现代语言学诞生以后我们才能真正地、系统地探讨语言学思想的问题。

　　长期以来，中国人惯于"中庸"的思维，很少有人愿意去走极端，很少有人愿意去冒险。我们回想一下，洪堡特"语言与民族精神论"、萨丕尔—沃尔夫假说、海德格尔"语言与存在说"等，哪一个不极端？细数中国历史上的众多的语言学家，极端的学者确实非常少见。当然，我们承认，"极端"绝非是指那些"明显的荒诞"。晚清、民国时期的大学者中有少数的几个人比较极端，比如说，辜鸿铭、章太炎、钱玄同、瞿秋白等。在这里，我们简单地谈一下钱玄同。钱玄同早期好古（古文字文献），后来变为疑古（喜拼音文字），曾坦承自己将要"以今日之我与昔日之我挑战"，可谓剧烈极端。但是，钱玄同也有过一些平和的学术过渡，并非完全那么剧烈。钱玄同1918年著有《文字学音篇》，这书中有些观点后来屡有改变：1929年他著《广韵四十六字母标音》用国际音标给《广韵》四十六母"标音"，他自以为是地对这些"标音"确信无误；1932年他著《古音无"邪"纽证》就试图在"证"了，求证态度就是不再顽固地深信不疑；1934年他著《古韵二十八部音读之假定》则用起了"假定"这样科学而豁达的表述，"假定"就是还尚未来得及求证。钱玄同的"标音"、"证"、"假定"三个关键词，类似于三段"语言学断代史"，分别修正了他在《文字学音篇》中的某些结论。我通过这三个"关键词"，梳理出了钱玄同的"语言学思想史"，而这个"语言学思想史"又能够说明钱玄同在学术上有着平和的一面，并非绝对的无限剧烈的极端。仅仅如此三个"关键词"，仅仅如此几篇论著，足以呈现出钱玄同即使是著作等身都难以说明的思路历程。刘贵福说，"钱玄同一生的著述不多，他的许多思想处于'有说而无书'（黎锦熙语）的境地，胡适曾批评他'议论多而成功少'，周作人则感叹过他'清言既绝，亦复无可征考'。这很少的著述在钱玄同生前一直未结集出版"[①]。钱玄同的一生思想多变，初期复古，1903年以后始由旧学转向新学，辛亥革命前后又经历了无政

---

　　① 刘贵福：《钱玄同思想研究》，博士学位论文，中国社会科学院研究生院，2000年，第3页。

府主义、国粹思想，由古文经学转为今文经学，新文化运动时期对传统文化激烈批评、主张文学革命、疑古思想、汉字革命等，晚年思想较为平和、对传统文化进行扬弃性的批判和继承。就是钱玄同这样一位我们看来十分极端的学者，相比西方的洪堡特、海德格尔等人来说，他的观点并非十分极端。钱玄同的极端观点多在于细微处，主要局限于作为"个别"语言的汉语，并且常常多变；而洪堡特等人的观点却立论宏大，他的观点涉及所有的民族及其语言，具有"一般"语言学的性质。在中国历史上，像钱玄同这样极端的学者是极少有的，尚"中庸"往往就很难提出鲜明的语言学理论来。当然，我们不愿意在此鼓吹极端，我们更希望看到那些语气平和而又具有高度概括性的语言学理论。

在上面的几段内容中，我们分析了我们缺乏中国语言学思想史的原因和症结所在，上面所提到那几种情况可以说是直指问题要害。那么，如果我们能够反过来，反其道而行之，突破上述的种种局限，我们是否就能够真的拥有一部相对系统的中国语言学思想史著作呢？如果能够突破那些局限，我们也许会有一部比较系统的中国语言学思想史，本书在上述那些方面确实也做出了一定的努力和说明。

除了如上的一系列的驳论之外，本章内容还希望能够做出一些相对系统的立论来。这些立论主要就是从局部的线索的发展来"窥豹一斑"。这"一斑"并非就是我们理想中的中国语言学思想史的唯一样板，这"一斑"也绝不是整部中国语言学思想史，它只是这部中国语言学思想史上的一个很小的片段。本书所能够做到的也就是这么几个很小的片段，只是，我们尽可能地让这几个很小的片段显得具有一定的系统性。

百余年来，中国语言学的发展主要经历了三个阶段：规定、描述、解释。封宗信说，"19世纪以前两千年的传统语法是规定性的；19世纪的历史比较语言学和20世纪上半叶的结构主义语言学是描述性的；始于20世纪后半叶转换生成语法理论的很多分支学派都是解释性的。实际上，过去两个世纪里的不同语言学流派都在描述和解释之间迂回"①。中国现代语言学的发展滞后于封宗信所说的分期阶段。规定语法在中国最为活跃的时代是1951—1955年前后，那时我们虽然还没有统一的教学语法系统，但是规定、规范的意识已经很强了，1951年《人民日报》发表社论《正

---

① 封宗信：《现代语言学流派概论》，北京大学出版社2006年版，第6页。

确地使用祖国的语言，为语言的纯洁和健康而斗争!》，1951—1952 年吕叔湘、朱德熙发表、出版了《语法修辞讲话》，1955 年全国文字改革会议和现代汉语规范化学术会议召开，这些都是规定语法得以实施的重要举措。当时由于教学语法有好几套体系，容易产生混乱与错位，不便于教学。于是，1953 年年底开始酝酿"暂拟汉语语法教学系统"来统一体系，这一"暂拟系统"最终于 1956 年定稿，它曾对中学语文教学起到了极大的作用。20 世纪 30—80 年代，结构主义在中国一直都有所发展（"文革"时期中断过一段时间），中国结构主义始终具有很强的描写倾向。"结构主义就是系统或系统学的理论"①，"规定"也是系统，"描写"也要为了系统，这就结束了中国古代语言学散、碎的局面，使中国语言学焕发出蓬勃的生机。自改革开放以来，中国社会文化逐渐地开始多元化，语言学理论也逐渐地放开、多元，"暂拟汉语语法教学系统"逐渐地退出了中学语文教学、该体系最终崩溃了，"规定"的成分逐渐地减少了，"描写"却进一步发展、向更深入的"解释"的方向发展。20 世纪 90 年代以来，"解释"是中国语言学研究的重要内容，同时我们一直都没有放弃过"描写"。所以，笼统地说，百年中国语言学的洪流主要是规定、描写、解释，至于其他的一些支流、泉水则呈现出了多样态，同时还保留了中国古代的传统语言文字学的研究惯性。

　　岑运强曾提出中国语言学史的"五二三理论"②，这个理论有点儿晦涩、拗口。岑运强说的"五"即语言学发展史的五个阶段；"二"指两线，"语言学史的历史就是一部两线的斗争史。是指'整齐论'与'参差论'的两条路线"；"三"是三次解放，历史比较语言学摆脱了经学附庸的地位是第一次解放，结构主义为研究语言而研究语言、使语言学不再是历史学科的一支是第二次解放，多流派的发展把语言与社会现象结合起来研究是第三次解放。岑运强说的"五"和"三"我们可以不用去多管，那也不一定符合中国语言学的发展历史。岑运强在这里所说的"二"相对来说还是有点儿意思，**"整齐论"就是系统论、崇拜规律，"参差论"就是打破系统、产生例外，这是"语言"与"语言学"的斗争，同时也**

---

　　①　[苏] 契珂巴瓦等:《语言学中的历史主义问题》，高名凯译，五十年代出版社 1954 年版，第 28 页。

　　②　岑运强:《试析语言学史与人类学史的"五二三理论"——兼论语言学、人类学与哲学的关系》，《社会科学论坛》2006 年第 3 期。

是"语言学"与"语言学"的斗争。只是，人们在很多时候并不愿意多谈这样的"二"，因为所谓的系统、规律往往都带有一定的主观性，客观存在需要主观映像，如果再继续对这个问题讨论下去，这样的问题将会陷入哲学的迷局。就百年中国语言学的发展来说，1920—1990年前后是崇尚系统、发现系统、建立系统的重要阶段，在此之前的中国语言学大局是"散"的、似乎并没有太在意系统不系统，在此之后的中国语言学局面逐渐多元化、不再过度地迷信系统。以"系统"这样的关键词来概述百余年来的中国语言学发展，可能非常具有概括性和客观性，系统地来和系统地去讲述着中国语言学的体征轨迹。

中国现代语言学的诞生确实很不容易，它是中国出现"三千年未有之大变局"的一只迷途的羔羊，许许多多纷纷纭纭的事、闪闪晃晃的人都曾出现于这一历史大幕之中。在这里，我们打算随机性地、粗浅地说几位语言学家，我们只能追求粗线条的"线条"真实，却无法肯定我们分析的那些人就是我们给他们定性的那些人，他们曾经在人群队列中不停地穿插、穿梭，我们怎么可能能够定性定准那些人呢？

比如说，杨树达就曾不停地穿插、穿梭过，就很有"历史性"。我们知道，杨树达的小学根基好，他是"中国传统语言学向现代汉语言文字学转型时期的语言学家"①。杨树达的研究领域也比较复杂，文字、训诂、语法、修辞无所不及，哪一段时期侧重于哪一项研究也常常不能十分清晰，他曾"因留学日本和后来专力于语法学，一度无暇集中做文字训诂的研究。'1930年，语法三书成，乃专力于文字之学'（《积微居小学金石论丛·自序》）"②。

比如说，陈寅恪的学术坚守与命运选择也常常让后人玩味无穷。陈寅恪既不是老套的旧派人物，也不是革命的激进人士，他的一生在走走停停中演绎了许多近似冷幽默的故事。陈寅恪曾为清华大学国文考试命题，题目为"对对子"，当时此举颇受争议，但陈寅恪并未予以答辩。为什么用"对对子"作为考试题呢？陈寅恪曾给出了四个原因：甲、可以测验应试者能否知分别虚实字及其应用。乙、可以测验应试者能否分别平仄声。

---

① 康盛楠：《杨树达文字学研究》，博士学位论文，华中科技大学，2013年，第215页。

② 中国语言学会《中国现代语言学家传略》编写组：《中国现代语言学家传略》，河北教育出版社2004年版，第1605页。

丙、可以测验读书之多少及语藏之贫富。丁、可以测验思想条理。陈寅恪说，"在今日学术界藏缅语系比较研究之学未发展，真正中国语文文法未成立之前，似无过于对对子之一方法。此方法去吾辈理想中之完善方法固甚辽远，但尚是诚意不欺、实事求是之一种办法"①。陈寅恪个人确实基本上未参与过汉语语法学的建设，似乎对语法学的学科建设也少有支持。

比如说，被人们称为中国现代语言学之父的赵元任，学贯中西，为中国语言学留下了宝贵的财富。赵元任利用留声机片教授国音乃是开中国语音教学风气之先。"《国语留声片课本》1922 年由上海商务印书馆出版，配有国语留声机片 12 张，由赵元任发音，留声机片由歌林唱片公司发行"②。关于国语留声机片的问题，在当时被传为佳话，也曾流传出不少的逸闻故事。有一则故事说，赵元任夫妇到香港，上街购物时偏用国语。港人惯用英语和广东话，通晓国语的不多。他们碰上的一个店员国语就很糟糕，无论赵元任怎么说他都弄不明白，赵元任无奈欲离开。谁知临出门，这位店员却奉送他一句："我建议先生买一套国语留声片听听，你的国语实在太差劲了。"赵元任问："那你说，谁的国语留声片最好？"店员说："自然是赵元任的最好了。"赵夫人指着先生笑着说："他就是赵元任。"店员愤愤："别开玩笑了！他的国语讲得这么差，怎么可能是赵元任？"这样的故事，我们已经难辨真假。笔者的某篇学术论文中曾有一句**"当时，社会上甚至误传老国音全国只有赵元任一个人会讲"**，发表时竟被编辑误改为"当时，社会上甚至误传老国音，全国只有赵元任一个人会讲"，意思已经完全变了。1981 年 5 月 21 日，赵元任在中国社会科学院语言研究所的会议发言时说："我有录音机的耳朵，年轻时调查方言，**调查哪儿的话学哪儿的话，学哪儿的话像哪儿的话。不过这是末技。**"这句话中的"哪儿的话"究竟是实指"哪种方言"，还是虚指"怎么可能呢"（口语中"哪儿的话"有此意思），我们并不能确定。对于类似的情形，我们完全可以当故事来听，却不必想着去验证这些话的内容，没有必要像陈寅恪考证杨贵妃入宫之前还是不是处女那样推理，大家只把这些事当作语言学史上的佳话就足够了。

---

①　陈寅恪：《陈寅恪与刘叔雅论国文试题书》，《青鹤》1932 年第 3 期。

②　陈玳玮、冯立昇、李龙：《赵元任与民国时期的播音教育》，《天津师范大学学报》2012年第 1 期。

　　像如上所提到的杨树达、陈寅恪、赵元任等先生，他们在当时都简直就是"神人"，他们都有着太多的传奇故事，每一个传奇人物都是"千古一人"，后世无法复制，无人能够模仿，个个都让我们今人叹为观止。到现如今，我们已经无法拨开那个层次的历史的、距离的迷雾，我们只需怀有五体投地的佩服就好了。但是，或许有人会多事，他们在思考：这么一些"神人"，他们对中国语言的研究对外国的语言学研究产生了多大的影响呢？唯听国内人笑谈，不闻国外有回音。赵元任的少数语言学观点在美国确实有人引用、评价，但总体来说数量并不多，更不至于到达"神人"的程度。这样几位"千古一人"终究在历史的弥漫中消逝，似乎是在轻轻转身之际弥留的一抹背景，朦胧，距离产生想象，夕阳山外山，唯美，虚幻。

　　中国语言学史上的众多大家，例如：章太炎、王国维、郭沫若、沈兼士、陈寅恪、赵元任、杨树达、王力、吕叔湘等，我们今人已经很难给他们一个清晰的、完整的学术抛物线，偶尔我们最多是能够给他们"复原"出某一个散碎的线性片段。这样的片段，当然就不可能会存在着完整的真实，但是，我们还是愿意尝试着去找寻少数的几个线性片段。历史既然能够容得下"神人"，又怎能容不下几个试图着真实的线性片段呢？还是让我们来试试吧：

　　旧派
　　　　王国维（1877—1927）
　　　　章太炎（1869—1936）
　　　　郭沫若（1892—1978）
　　　　陈寅恪（1890—1969）

　　新派
　　　　沈兼士（1887—1947）文字↘音韵↗
　　　　杨树达（1885—1956）语法→修辞↗训诂
　　　　王　力（1900—1986）1931→1936→1947↘
　　　　吕叔湘（1904—1998）1941→1952→1978→↘
　　　　赵元任（1892—1982）1925→1928→1938到美国

图 15 -1　新旧路线图

　　在这里，我们只是随机性地、粗浅地给出了如上几位语言学家的少数的几个线性片段，我们也无法保证这种定性就一定定准了，但我们却一直在划"试图着真实"的片段。百年来的语言学家人数很多，我们无法一一给他们画线定位，就数量穷尽性的个体而言也许我们永远都无法研究清楚他们每一个人。在语言学史研究中，我们有时要淡化语言学家的个人位置，重视他们在语言学发展过程中的相对位置，并且要留意某些语言学家在人群队列中的穿插、穿梭方向。淡化个人的绝对位置、关注不同个体的动态方向、重视个体集合的相对位置，也许，这就是中国语言学思想史研究的重要方面之一。

二　本书在系统性方面存在的不足和待完善的方面

本书在系统性方面进行了长期的、大量的思考，我们在前后章节的衔接性方面也做出了很大的努力，我们相信本书基本上是能够形成一个系统的。当然，本书在系统性方面肯定还会存在这样那样的不足，这也应该能够得到读者和同人们的理解，需要完善的方面我们在未来还会继续完善。人们相信乔姆斯基对语言学的系统性非常重视，乔姆斯基的语言学理论也是成系统的，然而，也有学者批评说"乔姆斯基对语言学史的看法基本上是错误的"①。为什么会出现这种情况呢？那大概是因为乔姆斯基在语言、语言学的历史纵向方面的系统性的认识并非完美无缺，乔姆斯基在系统性方面同样需要继续完善。连国际语言学大师乔姆斯基尚且如此，本书尚需继续完善那也就是理应当然的事情了。

中国语言学与西方语言学的重要区别之一就是"散点透视"，中国传统语言文字学的研究常常可以允许"散"一点儿，解决一词之义即可，不一定要做出一个理论系统来。中国的传统学问，就包括大量的古籍点校、文献批注、随文散记等方面的内容，不一定就是包含论点、论据、论证方式的完整论文。比如说，国学大师黄侃的许多著作就比较散，胡适的著作系统性就强一些，结果黄侃还要骂胡适。柳作林说，"由于黄侃清高孤傲，他与章太炎、刘师培被学界称为'三疯了'。五四运动时期，胡适作为新文化运动的骁将，积极提倡白话文运动，黄侃和章太炎看不惯胡适等一批新派人物的做法，并竭力反对"②。胡适受到过严格的西方学术的系统训练，而黄侃并不擅长那些成系统的专著。刘瑞红说，"黄侃平生最嫉学者慕浮名而弃实学，迟迟不轻著书，由于早逝，他的学术思想和成果多见于笔记、批语和点校，而未成专书"③。现在，时代变化了，所谓日

---

① ［美］Hans Aarsleff：《语言学史与乔姆斯基教授》，徐烈炯摘译，《国外语言学》1981 年第 3 期。

② 柳作林：《国学大师黄侃的传奇人生》，《书屋》2013 年第 8 期。

③ 刘瑞红：《黄侃手批〈尔雅义疏〉研究》，硕士学位论文，新疆大学，2009 年，第 1 页。

新月异，现在的"慕浮名而弃实学"的人已经很少著书了，著书太费事。他们有资源的人只发单篇论文，不写专著。更有甚者，只是到各个大学里去做"学术讲座"，甚至连单篇论文都不写。也有一些学者，年纪大了，他们只是到大型学术会议上去作"主题报告"，一般不再为了一个"学术讲座"就到各个大学去乱跑受累，他们就更不愿意去写论文、写专著了。论文和专著对系统性的要求都很高，口头的报告、讲座有时对系统性的要求会稍微灵活一些。

　　傅斯年曾认为"史学就是史料学"，这个观点在后来受到了许多学者的批评。我们也认为，不重视规律、不强调系统的研究不能被看作是历史研究。李泉说，"傅斯年不承认历史的发展具有规律性。在他看来，'历史本是一个破罐子，缺边掉底，折把残嘴，果真由我们一齐整齐了，便有我们的主观分数加进去了'。既然史实本身是残缺不全的，我们就无法获得一个规律性的、整体性的认识，只能认识历史上的个别的、具体的事物，研究局部的历史现象。如果硬要取得一般的总体性的认识，硬要研究出一个普遍性的规律，那就不可避免地加入一些主观的因素，而有违历史的真实"①。如果为了避免主观因素的加入而放弃历史的系统性，那无异于"因噎废食"。

　　如果按照傅斯年的理论，那么，历史音系学就不应该存在了。朱晓农说，"历史音系学要构拟古音，但它并不是在凭空捏造，也不刻意地为构拟而构拟。说到底，古音构拟只是根据我们现有的音韵和其他相关知识以及某些理论假说进行逻辑推理的结果。常常可以听到把古音构拟讥为'鬼画符'的。有人说这话是自嘲，我欣赏他的幽默；也有人说这话是讥刺个别人的不规范做法，我理解他的责任心。不过还没有谁真以此来指责整个学科，否则太大无畏了"②。朱晓农的这个说法无可厚非，没有构拟就只能使语音系统缺少一环，那并不利于语言学的发展。

　　就本书来说，我们在系统性的不足方面主要就是缺乏"构拟"性的整体设计。在本书中，我们并没有能够提出几个关于中国语言学思想史的理论假设来，我们不是没有提出理论假设的各种线索、材料，只是我们的学术思维尚不具有那样的宏观架构。本书的各个章节之间，偶尔有那么几

① 李泉：《傅斯年学术思想评传》，北京图书馆出版社 2000 年版，第 147 页。
② 朱晓农：《历史语言学的五项基本》，《东方语言学》2006 年第 1 辑。

章在前后连贯性上显得不够细滑柔顺、严丝合缝，这也是因为我们一时没有想出来在那两章之间该填充上什么"鬼画符"来，对称、整齐常常是系统性的外在表现之一。当然，如果我们在本书中再加上更多的"构拟"，本书的规模可能又会急剧膨胀，一眼看不到边的系统又常常会被误认为不成系统，那样也不是很好。就单章内容来说，本书中的"哲学与语言学流派的关系"一章也显得相对单薄，这恐怕还需要读者和同人多提供此方面的材料和样板，不然的话，仅靠我们独力钻研恐怕难以在短期内完善好。关于本书的各章篇幅"大小不一"、有些章只是"有章无节"、宏观架构似乎有点儿"参差不齐"的问题，本书第四章"语言学文献、语言学史、语言学思想史"第三节"中国语言学思想史"部分已经做出了相关说明和解释，在此不赘。

　　陈保亚说，"由于中国语言学研究把方法隐藏在材料背后的这种特殊传统，梳理中国语言学方法的线索就显得非常困难，免不了挂一漏万"①。本书的写作也是如此，本书既不能简单地堆砌材料，又不能线索纷纭、思路混乱，我们要把一些最主要的问题梳理清楚。我们在梳理线索的过程中，挂一漏万可能在所难免，有些是舍的，有些是漏的，不然的话，要想梳理清楚语言学的这百年历史那肯定更难。

　　在本书的最后，笔者也发一下自己的感慨。陈章太曾说："我觉得，做学问要有点儿书呆子气，就是要认真读书，掌握资料，深入钻研，但不能做书呆子，钻进去出不来，那就有很大局限。"② 做语言学思想史研究，不深入钻研不可，不站高望远也不行。我们确实钻下去了不少，也爬上了十坡，只是看得还不够远，大概我们还需要继续长身高吧！只有这样，我们才能有一部较为完美的百年中国语言学思想史。

---

① 陈保亚：《20 世纪中国语言学方法论：1898—1998》，山东教育出版社 1999 年版，第648 页。

② 张宜：《历史的旁白：中国当代语言学家口述实录》，高等教育出版社 2012 年版，第116 页。

参考文献

一　专著、论文集、工具书

〔丹〕H. 裴特生：《十九世纪欧洲语言学史》，钱晋华译，科学出版社 1958 年版。

〔丹〕V. 汤姆逊：《十九世纪末以前的语言学史》，黄振华译，科学出版社 1960 年版。

〔德〕威廉·冯·洪堡特：《论人类语言结构的差异及其对人类精神发展的影响》，姚小平译，商务印书馆 1999 年版。

〔俄〕瓦·叶·哈利泽夫：《文学学导论》，周启超等译，北京大学出版社 2006 年版。

〔美〕拉波夫：《语言变化原理：社会因素》，北京大学出版社 2007 年版。

〔瑞〕高本汉：《中国音韵学研究》，赵元任、罗常培、李方桂译，商务印书馆 2003 年版。

〔苏〕契珂巴瓦等：《语言学中的历史主义问题》，高名凯译，五十年代出版社 1954 年版。

〔苏〕B. A. 谢列勃连尼柯夫：《有关语言学的几个问题》，群力译，科学出版社 1959 年版。

〔英〕尼古拉斯·奥斯特勒：《语言帝国——世界语言史》，章璐等译，上海人民出版社 2009 年版。

〔英〕R. H. Robins：《简明语言学史》，许德宝译，中国社会科学出版社 1997 年版。

Eugene A. Nida：《Language, Culture and Translating》，上海外语教育出版社 1993 年版。

《宋本广韵·永禄本韵镜》，江苏教育出版社 2002 年版。

北京师范大学中文系汉语教研组：《五四以来汉语书面语的变迁与发展》，商务印书馆 1959 年版。

薄守生、赖慧玲：《当代中国语言规划研究——侧重于区域学的视角》，中国社会科学出版社 2009 年版。

薄守生：《郑樵传统语言文字学研究》，中国社会科学出版社 2012 年版。

蔡震：《郭沫若著译作品版本研究》，东方出版社 2015 年版。

曹广顺：《近代汉语助词》，语文出版社 1995 年版。

岑麒祥：《语言学》，广州心声社 1938 年版。

岑麒祥：《语言学史概要》，科学出版社 1958 年版。

岑麒祥：《普通语言学人物志》，北京大学出版社 1989 年版。

陈原：《社会语言学》，学林出版社 1983 年版。

陈保亚：《20 世纪中国语言学方法论：1898—1998》，山东教育出版社 1999 年版。

陈昌来：《二十世纪的汉语语法学》，书海出版社 2002 年版。

陈承泽：《国文法草创》，（上海）商务印书馆 1922 年版。

陈德鸿：《西方翻译理论精选》，香港城市大学出版社 2000 年版。

陈福康：《中国译学理论史稿》，上海外语教育出版社 1992 年版。

陈嘉映：《语言哲学》，北京大学出版社 2003 年版。

陈望道：《修辞学发凡》，上海教育出版社 2006 年版。

陈望道：《陈望道语言学论文集》，商务印书馆 2007 年版。

陈永舜：《汉字改革史纲》，吉林大学出版社 1992 年版。

戴耀晶：《现代汉语时体系统研究》，浙江教育出版社 1997 年版。

邓明：《陈望道传》，复旦大学出版社 1995 年版。

邓文彬：《中国古代语言学史》，巴蜀书社 2002 年版。

刁晏斌：《现代汉语史》，福建人民出版社 2006 年版。

丁邦新：《丁邦新语言学论文集》，商务印书馆 1998 年版。

丁声树：《现代汉语语法讲话》，商务印书馆 1961 年版。

董秀芳：《词汇化：汉语双音词的衍生和发展》，四川民族出版社 2002 年版。

董秀芳：《汉语的词库与词法》，北京大学出版社 2004 年版。

杜诗春：《心理语言学》，上海教育出版社 1985 年版。

桂诗春：《语言学方法论》，外语教学与研究出版社 1997 年版。

桂诗春：《新编心理语言学》，上海外语教育出版社 2000 年版。

费锦昌：《中国语文现代化百年记事》，语文出版社 1997 年版。

封宗信：《现代语言学流派概论》，北京大学出版社 2006 年版。

冯胜利：《汉语的韵律、词法与句法》，北京大学出版社 1997 年版。

冯志伟：《现代语言学流派》，山西人民出版社 1999 年版。

符淮青：《现代汉语词汇》，北京大学出版社 1985 年版。

符淮青：《汉语词汇学史》，安徽教育出版社 1996 年版。

复旦大学语言文学研究所：《陈望道诞辰一百周纪念文集》，学林出版社 1992

年版。

复旦大学语言研究室：《陈望道文集》四卷，上海人民出版社 1979 年版。

复旦大学语言研究室：《陈望道语文论集》，上海教育出版社 1980 年版。

复旦大学语言研究室：《陈望道修辞论集》，安徽教育出版社 1985 年版。

高天如：《中国现代语言计划的理论和实践》，复旦大学出版社 1993 年版。

耿振生：《20 世纪汉语音韵学方法论》，北京大学出版社 2004 年版。

龚千炎：《中国语法学史》，语文出版社 1997 年版。

郭锐：《现代汉语词类研究》，商务印书馆 2002 年版。

郭建中：《当代美国翻译理论》，湖北教育出版社 2000 年版。

郭绍虞：《汉语语法修辞新探》，商务印书馆 1979 年版。

何容：《中国文法论》，（上海）商务印书馆 1942 年版。

何九盈：《中国古代语言学史》，北京大学出版社 2006 年版。

何九盈：《中国现代语言学史》，商务印书馆 2008 年版。

何九盈：《语言丛稿》，商务印书馆 2006 年版。

何兆熊：《新编语用学概要》，上海外语教育出版社 2000 年版。

侯精一：《山西方言调查研究报告》，山西高校联合出版社 1993 年版。

胡附、文炼：《现代汉语语法探索》，商务印书馆 1990 年版。

胡适：《中国新文学大系·建设理论集》，上海良友图书公司 1935 年版。

胡适：《胡适文集 3》，人民文学出版社 1998 年版。

胡适：《白话文学史》，上海古籍出版社 1999 年版。

胡范铸：《钱钟书学术思想研究》，华东师范大学出版社 1993 年版。

胡奇光：《中国小学史》，上海人民出版社 1987 年版。

胡以鲁：《国语学草创》，（上海）商务印书馆 1923 年版。

胡壮麟：《语篇的衔接与连贯》，上海外语教育出版社 1994 年版。

胡壮麟：《认知隐喻学》，北京大学出版社 2004 年版。

胡壮麟：《系统功能语言学概论》，北京大学出版社 2005 年版。

湖南师范大学学报：《杨树达诞辰百周年纪念集》，湖南教育出版社 1985 年版。

华劭：《语言经纬》，商务印书馆 2003 年版。

华学诚：《周秦汉晋方言研究史》，复旦大学出版社 2003 年版。

黄伯荣：《汉语方言语法类编》，青岛出版社 1996 年版。

黄德宽、陈秉新：《汉语文字学史》，安徽教育出版社 1990 年版。

黄国文：《语篇分析概要》，湖南教育出版社 1988 年版。

黄国文：《语篇分析的理论与实践：广告语篇研究》，上海外语教育出版社 2001 年版。

贾玉新：《跨文化交际学》，上海外语教育出版社 1997 年版。

姜义华：《胡适学术文集·语言文字研究》，中华书局 1993 年版。

江蓝生：《近代汉语探源》，商务印书馆 2000 年版。

蒋绍愚：《古汉语词汇纲要》，北京大学出版社 1989 年版。

蒋绍愚：《近代汉语研究概况》，北京大学出版社 1994 年版。

金兆梓：《国文法之研究》，（上海）中华书局 1922 年版。

黎锦熙：《新著国语文法》，（上海）商务印书馆 1924 年版。

黎锦熙：《国语运动史纲》，（上海）商务印书馆 1934 年版。

黎锦熙：《比较文法》，科学出版社 1957 年版。

黎锦熙：《黎锦熙语文教育论著选》，人民教育出版社 1996 年版。

李开：《汉语语言研究史》，江苏教育出版社 1993 年版。

李泉：《傅斯年学术思想评传》，北京图书馆出版社 1999 年版。

李安宅：《意义学》，（上海）商务印书馆 1934 年版。

李葆嘉：《理论语言学：人文与科学的双重精神》，江苏古籍出版社 2008 年版。

李方桂：《上古音研究》，商务印书馆 1980 年版。

李建国：《汉语规范史略》，语文出版社 2000 年版。

李临定：《现代汉语句型》，商务印书馆 1986 年版。

李如龙：《客赣方言调查报告》，厦门大学出版社 1992 年版。

李仕春：《中国语言学学术思想史研究》，中国社会科学出版社 2012 年版。

李恕豪：《中国古代语言学史》，巴蜀书社 2003 年版。

李无未：《日本汉语音韵学史》，商务印书馆 2011 年版。

李新魁：《广州方言研究》，广东人民出版社 1995 年版。

李运兴：《语篇翻译引论》，中国对外翻译出版公司 2001 年版。

梁敏：《侗台语族概论》，中国社会科学出版社 1996 年版。

林文金、周元景：《语法修辞结合问题》，北京语言学院出版社 1996 年版。

林语堂：《开明英文文法》，外语教学与研究出版社 1982 年版。

林玉山：《汉语语法学史》，湖南教育出版社 1983 年版。

林玉山：《现代语言学的历史与现状》，河南人民出版社 2000 年版。

林玉山：《中国语法思想史》，语文出版社 2012 年版。

林祝敔：《语言学史》，（上海）商务印书馆 1943 年版。

凌远征：《新语文建设史话》，河南大学出版社 1995 年版。

刘复：《中国文法通论》，（上海）益群书社 1920 年版。

刘复：《中国文法讲话》，（上海）北新书局 1932 年版。

刘坚：《近代汉语虚词研究》，语文出版社 1992 年版。

刘坚：《二十世纪的中国语言学》，北京大学出版社 1998 年版。

刘丹青：《语序类型学与介词理论》，商务印书馆 2003 年版。

刘丹青：《语法调查研究手册》，上海教育出版社 2008 年版。

刘纶鑫：《客赣方言比较研究》，中国社会科学出版社 1999 年版。

刘宓庆：《当代翻译理论》，中国对外翻译出版公司 1999 年版。

刘润清：《西方语言学流派》，外语教学与研究出版社 1995 年版。

刘叔新：《汉语描写词汇学》，商务印书馆 1990 年版。

刘叔新：《语言学和文学的牵手：刘叔新自选集》，南开大学出版社 2004 年版。

刘月华：《实用现代汉语语法》，外语教学与研究出版社 1983 年版。

鲁迅：《鲁迅全集》，人民文学出版社 2005 年版。

鲁国尧：《语言学文集：考证、义理、辞章》，上海人民出版社 2008 年版。

鲁枢元：《超越语言——文学言语学刍议》，中国社会科学出版社 1993 年版。

罗常培：《语言与文化》，北京大学出版部 1950 年。

罗常培、周祖谟：《汉魏晋南北朝韵部演变研究》，科学出版社 1958 年版。

罗新璋：《翻译论集》，商务印书馆 1984 年版。

骆小所、太琼娥：《艺术语言：普通语言的超越》，云南人民出版社 2011 年版。

吕叔湘：《汉语语法分析问题》，商务印书馆 1979 年版。

吕叔湘：《中国文法要略》，商务印书馆 1982 年版。

吕叔湘：《汉语语法论文集》，商务印书馆 1984 年版。

吕叔湘：《近代汉语指代词》，学林出版社 1985 年版。

吕叔湘、王海棻：《马氏文通读本》，上海教育出版社 1986 年版。

马瀛：《国学概论》，（上海）大华书局 1934 年版。

马重奇、林玉山：《编辑和语言——庆贺张斌先生八十华诞文集》，厦门大学出版社 2000 年版。

马庆株：《忧乐斋文存——马庆株自选集》，南开大学出版社 2004 年版。

潘文国：《汉英语对比纲要》，北京语言文化大学出版社 1997 年版。

潘悟云：《汉语历史音韵学》，上海教育出版社 2000 年版。

潘悟云、邵敬敏：《二十世纪中国社会科学·语言学卷》，上海人民出版社 2005 年版。

彭聃龄：《汉语认知研究》，山东教育出版社 1997 年版。

濮之珍：《中国语言学史》，上海古籍出版社 1987 年版。

钱冠连：《汉语文化语用学》，清华大学出版社 1997 年版。

钱冠连：《语言：人类最后的家园》，商务印书馆 2005 年版。

钱乃荣：《当代吴语研究》，上海教育出版社 1992 年版。

秦德祥等：《赵元任　程曦　吟诵遗音录》，商务印书馆 2009 年版。

裘锡圭：《文字学概要》，商务印书馆 1988 年版。

瞿秋白：《瞿秋白文集》，人民文学出版社 1989 年版。

全国高等院校文字改革学会:《语文现代化》,知识出版社 1990 年版。

邵敬敏:《汉语语法学史稿》,上海教育出版社 1990 年版。

邵敬敏、方经民:《中国理论语言学史》,华东师范大学出版社 1991 年版。

邵敬敏:《文化语言学中国潮》,语文出版社 1995 年版。

邵敬敏:《现代汉语疑问句研究》,华东师范大学出版社 1996 年版。

邵敬敏:《新时期汉语语法学史:1978—2008》,商务印书馆 2011 年版。

沈步洲:《言语学概论》,(上海)商务印书馆 1931 年版。

沈家煊:《不对称和标记论》,江西教育出版社 1999 年版。

沈兼士(著),葛信益、启功(整理):《沈兼士学术论文集》,中华书局 1986 年版。

申小龙:《中国句型文化》,东北师范大学出版社 1988 年版。

申小龙:《中国语言的结构与人文精神》,光明日报出版社 1988 年版。

申小龙:《人文精神,还是科学主义?——20 世纪中国语言学思辩录》,学林出版社 1989 年版。

盛林、宫辰、李开:《二十世纪中国的语言学》,党建读物出版社 2005 年版。

石毓智:《语法的认知语义基础》,江西教育出版社 2000 年版。

石毓智:《汉语语法化的历程:形态句法发展的动因和机制》,北京大学出版社 2001 年版。

石毓智:《肯定和否定的对称与不对称》,北京语言文化大学出版社 2001 年版。

束定芳:《现代外语教学:理论、实践与方法》,上海外语教育出版社 1996 年版。

束定芳:《隐喻学研究》,上海外语教育出版社 2000 年版。

束定芳、刘正光、徐盛桓:《中国国外语言学研究(1949—2009)》,上海教育出版社 2009 年版。

孙宏开:《中国的语言》,商务印书馆 2007 年版。

孙钧锡:《中国汉字学史》,学苑出版社 1991 年版。

孙良明:《中国古代语法学探究》,商务印书馆 2002 年版。

孙汝建:《汉语性别语言学》,科学出版社 2012 年版。

陶秀璈、姚小平:《语言研究中的哲学问题》,中央编译出版社 2010 年版。

王均:《壮侗语族语言简志》,民族出版社 1984 年版。

王力:《汉语史稿》,科学出版社 1958 年版。

王力:《汉语史稿》,中华书局 1980 年版。

王力:《龙虫并雕斋文集》,中华书局 1980 年版。

王力:《中国语言学史》,山西人民出版社 1981 年版。

王力:《中国语言学史》,复旦大学出版社 2006 年版。

王力:《中国现代语法》,商务印书馆 1985 年版。

王力：《汉语语音史》，中国社会科学出版社 1985 年版。

王力：《汉语语法史》，商务印书馆 1989 年版。

王宁：《训诂学原理》，中国国际广播出版社 1996 年版。

王易：《国学概论》，（上海）神州国光社 1933 年版。

王福堂：《汉语方言语音的演变和层次》，语文出版社 1999 年版。

王福祥：《对比语言学论文集》，外语教学与研究出版社 1992 年版。

王辅世：《苗瑶语古音构拟》，中国社会科学出版社 1995 年版。

王功龙：《中国古代语言学史》，辽海出版社 2004 年版。

王洪君：《汉语非线性音系学：汉语的音系格局与单字音》，北京大学出版社 1999 年版。

王建军：《中西方语言学史之比较》，黄山书社 2003 年版。

王立达：《汉语研究小史》，商务印书馆 1959 年版。

王希杰：《汉语修辞学》，北京出版社 1983 年版。

王远新：《中国民族语言学史》，中央民族学院出版社 1993 年版。

文逸：《语文论战的现阶段》，（上海）天马书店 1934 年版。

文振庭：《文艺大众化问题讨论资料》，上海文艺出版社 1987 年版。

吴安其：《汉藏语同源研究》，中央民族大学出版社 2002 年版。

吴福祥：《敦煌变文语法研究》，岳麓书社 1996 年版。

吴玉章：《文字改革文集》，中国人民大学出版社 1978 年版。

伍铁平：《模糊语言学》，上海外语教育出版社 1999 年版。

现代语言学研讨会：《现代汉语配价语法研究》，北京大学出版社 1995 年版。

向熹：《简明汉语史》，高等教育出版社 1993 年版。

谢保成：《郭沫若学术思想评传》，北京图书馆出版社 1999 年版。

谢天振：《译介学》，上海外语教育出版社 1999 年版。

邢福义：《文化语言学》，湖北教育出版社 1990 年版。

邢福义：《汉语语法学》，东北师范大学出版社 1996 年版。

邢福义、汪国胜：《中国高校哲学社会科学发展报告：1978—2008. 语言学》，广西师范大学出版社 2008 年版。

熊学亮：《认知语用学概论》，上海外语教育出版社 1999 年版。

徐超：《中国传统语言文字学》，山东大学出版社 1996 年版。

徐大明：《社会语言学实验教程》，北京大学出版社 2010 年版。

徐烈炯：《生成语法理论》，上海外语教育出版社 1988 年版。

徐烈炯：《语义学》，语文出版社 1995 年版。

徐烈炯：《话题的结构与功能》，上海教育出版社 1998 年版。

徐烈炯：《共性与个性：汉语语言学中的争议》，北京语言文化大学出版社 1999

年版。

徐思益：《语言研究探索》，商务印书馆 2009 年版。

徐通锵：《历史语言学》，商务印书馆 1991 年版。

徐通锵：《语言论：语义型语言的结构原理和研究方法》，东北师范大学出版社 1997 年版。

许钧：《翻译论》，湖北教育出版社 2003 年版。

许嘉璐、王福祥、刘润清：《中国语言学现状与展望》，外语教学与研究出版社 1996 年版。

许余龙：《对比语言学概论》，上海教育出版社 1992 年版。

宣浩平：《大众语文论战》，（上海）启智印务公司 1934 年版。

闫苹、张雯：《民国时期小学语文课文选粹》，语文出版社 2009 年版。

杨伯峻：《中国文法语文通解》，（上海）商务印书馆 1936 年版。

杨伯峻：《古汉语语法及其发展》，语文出版社 1992 年版。

杨东莼：《中国学术史讲话》，江苏教育出版社 2005 年版。

杨福绵：《中国语言学分类参考书目》，香港中文大学，1974 年。

杨惠中：《语料库语言学导论》，上海外语教育出版社 2002 年版。

杨树达：《高等国文法》，（上海）商务印书馆 1930 年版。

杨树达：《积微居小学述林》，中华书局 1983 年版。

于全有：《语言本质理论的哲学重建》，中国社会科学出版社 2011 年版。

于省吾：《甲骨文字诂林》，中华书局 1996 年版。

俞士汶：《现代汉语语法信息词典详解》，清华大学出版社 1998 年版。

余英时：《文史传统与文化重建》，生活·读书·新知三联书店 2004 年版。

袁家骅：《汉语方言概要》，文字改革出版社 1960 年版。

乐嗣炳：《语言学大意》，（上海）中华书局 1923 年版。

张敏：《认知语言学与汉语名词短语》，中国社会科学出版社 1998 年版。

张宜：《历史的旁白：中国当代语言学家口述实录》，高等教育出版社 2012 年版。

张伯江：《汉语功能语法研究》，江西教育出版社 1996 年版。

张世禄：《张世禄语言学论文集》，学林出版社 1984 年版。

张亚蓉：《〈说文解字〉的谐声关系与上古音》，三秦出版社 2011 年版。

张谊生：《现代汉语副词研究》，学林出版社 2000 年版。

张永言：《词汇学简论》，华中工学院出版社 1982 年版。

张玉来：《韵略易通研究》，天津古籍出版社 1999 年版。

章太炎（撰），庞俊、郭诚永（疏证）：《国故论衡疏证·小学略说》，中华书局 2008 年版。

章太炎（讲），曹聚仁（记）：《国学概论》，（上海）中国文化服务社 1943 年版。

章士钊：《中等国文典》，（上海）商务印书馆 1907 年版。

章士钊：《初等国文典》，（上海）普及书局 1907 年版。

赵蓉晖：《普通语言学》，上海外语教育出版社 2004 年版。

赵彦春：《翻译学归结论》，上海外语教育出版社 2005 年版。

赵艳芳：《认知语言学概论》，上海外语教育出版社 2001 年版。

赵荫棠：《等韵源流》，（上海）商务印书馆 1957 年版。

赵元任：《语言问题》，商务印书馆 1980 年版。

赵元任：《赵元任语言学论文集》，商务印书馆 2002 年版。

赵振铎：《中国语言学史》，河北教育出版社 2000 年版。

郅友昌：《俄罗斯语言学通史》，上海教育出版社 2009 年版。

钟泰：《国学概论》，（上海）中华书局 1936 年版。

中国科学院语言研究所：《苏联大学"语言学史"课程的讨论》，商务印书馆 1960 年版。

中国语言学会《中国现代语言学家传略》编写组：《中国现代语言学家传略》，河北教育出版社 2004 年版。

中华书局：《中研院历史语言研究所集刊论文类编》，中华书局 2009 年版。

周斌、马琳：《中国书法简史》，上海人民美术出版社 2008 年版。

周荐：《汉语词汇研究史纲》，语文出版社 1995 年版。

周辩明、黄典成：《语言学概要》，长汀国立厦门大学，1945 年。

周法高：《论中国语言学》，中文大学出版社，1980 年版。

周小兵：《句法·语义·篇章：汉语语法综合研究》，广东高等教育出版社 1996 年版。

周振甫：《中国修辞学史》，江苏教育出版社 2006 年版。

周振鹤、游汝杰：《方言与中国文化》，上海人民出版社 1986 年版。

周祖谟：《问学集》，中华书局 1966 年版。

朱德熙：《现代汉语语法研究》，商务印书馆 1980 年版。

朱德熙：《语法讲义》，商务印书馆 1982 年版。

朱德熙：《语法答问》，商务印书馆 1985 年版。

朱德熙：《朱德熙文集》，商务印书馆 1999 年版。

朱林清：《汉语语法研究史》，江苏教育出版社 1991 年版。

朱瑞平：《孙诒让小学谫论》，商务印书馆 2005 年版。

朱晓农：《方法：语言学的灵魂》，北京大学出版社 2008 年版。

朱永生：《系统功能语言学多维思考》，上海外语教育出版社 2001 年版。

祝畹瑾：《社会语言学译文集》，北京大学出版社 1985 年版。

祝畹瑾：《社会语言学概论》，湖南教育出版社 1992 年版。

褚孝泉：《语言哲学：从语言到思想》，上海三联书店1991年版。

褚孝泉：《语言科学探源》，上海教育出版社2006年版。

宗廷虎、李金苓：《汉语修辞学史纲》，吉林教育出版社1989年版。

宗廷虎、李金苓：《中国修辞学通史·近现代卷》，吉林教育出版社1998年版。

二 学位论文、出站报告

博士后出站报告

薄守生：《民国语言学初编》，山东大学博士后出站报告，2013年。

博士学位论文

白鸽：《西方来华传教士对中国语言文字变革运动影响研究》，陕西师范大学，2013年。

卞仁海：《杨树达训诂研究》，暨南大学，2007年。

陈茜：《台湾国语推行现状与国语推广方略研究》，南开大学，2013年。

陈宝勤：《汉语词汇的生成与演化》，四川大学，2004年。

陈前瑞：《汉语体貌系统研究》，华中师范大学，2003年。

段满福：《法国现代语言学思想（1865—1965）及其对中国语言学的影响研究》，北京外国语大学，2013年。

范远波：《民国小学语文教材研究》，华东师范大学，2007年。

何英：《鲁迅语文观及其实践》，南开大学，2013年。

何婷婷：《语料库研究》，华中师范大学，2003年。

康盛楠：《杨树达文字学研究》，华中科技大学，2013年。

李善熙：《汉语"主观量"的表达研究》，中国社会科学院研究生院，2003年。

刘贵福：《钱玄同思想研究》，中国社会科学院研究生院，2000年。

刘晓明：《清末至新中国成立（1892—1949）汉字改革史论》，河北师范大学，2013年。

刘元春：《唐代字样学研究——以社会实物用字为参照》，华东师范大学，2009年。

马晓红：《陈望道对中国语法修辞研究的历史贡献》，复旦大学，2005年。

彭利贞：《现代汉语情态研究》，复旦大学，2005年。

任翔宇：《〈黄侃声韵学未刊稿〉古音思想研究》，福建师范大学，2014年。

孙毕：《章太炎〈新方言〉研究》，复旦大学，2004年。

吴晓芳：《张斌语法思想研究》，福建师范大学，2009年。

夏军：《〈说文〉会意字研究》，华东师范大学，2009年。

杨锋：《中国传统吟诵研究——从节奏、嗓音和呼吸角度》，北京大学，2012年。

余跃龙：《〈等韵精要〉研究》，山西大学，2010年。

张楚：《高本汉〈中国音韵学研究〉接受史研究》，山西大学，2013年。

朱乐川：《章太炎语源学理论研究》，南京师范大学，2014年。

硕士学位论文

陈华：《杨树达〈词诠〉的虚词观念研究》，河北师范大学，2012年。

陈伟：《沈兼士字族理论研究》，西南大学，2006年。

陈旭晓：《20世纪30年代中国的世界语运动研究》，中共中央党校，2012年。

陈志恺：《国际汉语教学中的汉字书法艺术》，西北大学，2012年。

杜冬梅：《〈中国音韵学研究·古音字类表〉所用反切考》，温州大学，2011年。

郭凤杰：《一部具有鲜明结构主义特色的现代汉语语法学著作——评丁声树等著〈现代汉语语法讲话〉》，内蒙古师范大学，2009年。

黄娟娟：《章太炎〈文始〉研究》，华中科技大学，2011年。

李玉萍：《于省吾〈泽螺居诗经新证〉训诂研究》，吉首大学，2013年。

刘丹丹：《拉丁化新文字及其运动研究》，湖南师范大学，2008年。

刘红岩：《孙常叙先生的古文字学研究》，东北师范大学，2010年。

刘金红：《〈积微居金文说〉研究》，曲阜师范大学，2010年。

刘沛生：《近代国语运动研究》，山东师范大学，2007年。

刘瑞红：《黄侃手批〈尔雅义疏〉研究》，新疆大学，2009年。

刘智锋：《〈文始·一〉同族词词源意义系统研究》，湖南师范大学，2010年。

马瑞霞：《杨树达〈论语疏证〉研究（一）》，兰州大学，2010年。

王佳琪：《现代汉语演讲的修辞艺术研究》，西北师范大学，2011年。

吴婧：《黎锦熙语文教育思想研究》，华东师范大学，2011年。

吴叶霞：《〈章太炎〈说文解字〉授课笔记〉述例》，杭州师范大学，2011年。

许良越：《当代音系理论在汉语音韵研究中的应用初探》，四川师范大学，2003年。

宜璐：《威妥玛之〈语言自迩集〉与对外汉语教材编写原则探讨》，浙江大学，2013年。

杨乐：《蒋善国先生汉字学思想研究》，东北师范大学，2013年。

杨玫：《吟诵的音乐性文献及吟诵在学校教育中的传承研究》，中央音乐学院，2011年。

袁玫：《民国时期中日两国侨民母语教育的理念和价值观研究》，南京信息工程大学，2013年。

詹红：《傅斯年思想研究——从观念史的角度分析》，云南大学，2013年。

张晶：《陈独秀的文化思想研究》，渤海大学，2013年。

张岚：《演讲有声语言研究》，安徽大学，2011年。

张璐：《当代流行歌曲歌词的语言艺术》，华中师范大学，2005年。

张婷：《赵元任艺术歌曲研究》，四川师范大学，2010 年。

赵红玲：《朱德熙语法思想研究》，福建师范大学，2008 年。

曾露珠：《陈独秀〈小学识字教本〉研究》，福建师范大学，2013 年。

曾燕霞：《试论高本汉〈汉文典〉的上古声母系统》，福建师范大学，2010 年。

三 期刊、集刊、报纸论文

［美］Hans Aarsleff：《语言学史与乔姆斯基教授》，徐烈炯摘译，《国外语言学》1981 年第 3 期。

［美］Roman Jakobson：《二十世纪欧美语言学：趋向和沿革》，顾明华译，《国外语言学》1985 年第 3 期。

［美］王士元：《汉语语言学发展的历史回顾》，张文轩译，《兰州学刊》1991 年第 2 期。

［加］H. H. Stern：《论外语教学史的研究》，朱治中译，《国外外语教学》1991 年第 3 期。

［加］K. 凯尔纳：《现代社会语言学史》，宫琪译，《国外社会科学》1992 年第 8 期。

［苏］维诺格勒多夫：《苏联语言学走上了新的道路》，余元盦译，《科学通报》1952 年第 4 期。

［苏］A. H. Слюсорева：《法国语言学家论语言的社会本质》，丁一夫译，《国外语言学》1984 年第 4 期。

白玛俄色：《蒙古语言学史研究要籍介绍》，《蒙古学信息》1996 年第 2 期。

白俊骞：《一部语言学通史的力作——林玉山教授〈世界语言学史〉简评》，《哈尔滨学院学报》2012 年第 6 期。

包和平、王学艳：《国外对中国少数民族文献的收藏与研究概述》，《情报杂志》2002 年第 6 期。

边兴昌：《方光焘与我国的理论语言学》，《南京大学学报》1994 年第 4 期。

薄守生：《〈汉语言学初探〉书后》，《现代语文》2010 年第 2 期。

薄守生：《我读"语言学是什么"》，《语文知识》2011 年第 4 期。

薄守生：《民国时期的语言学概论类教材史略》，《西华师范大学学报》2011 年第 6 期。

薄守生：《〈中国现代语言学史散步〉：关键词写法的中国语言学思想史之开篇》，《语文知识》2012 年第 2 期。

薄守生：《〈郑樵传统语言文字学研究〉后记》，《现代语文》2012 年第 2 期。

薄守生：《关于"百年中国语言学思想史"的学术交流》，《现代语文》2012 年第 7 期。

薄守生：《关于汉语词汇学研究的四点困惑》，《西华大学学报》2013 年第 6 期。

薄守生：《语言学史视域下的 30 年代大众语运动》，《文艺争鸣》2014 年第 2 期。

薄守生：《中国语言学思想史研究初阶》，《汉字文化》2014 年第 2 期。

薄守生：《起步、融合与创新：语言经济学在中国》，《语言文字应用》2015 年第 3 期。

蔡少莲：《对比语言学的新成果——〈对比语言学：历史与哲学思考〉评介》，《外语教学》2007 年第 2 期。

蔡元培等（86 人）：《国语研究会征求会员书》，《新青年》1916 年 8 月第 3 卷第 1 号。

曹峰：《回到思想史：先秦名学研究的新路向》，《山东大学学报》2007 年第 2 期。

岑麒祥：《应当学一点语言学史》，《汉语学习》1985 年第 1 期。

岑运强：《语言研究的分期和特点》，《福建外语》1989 年 Z2 期。

岑运强：《试析语言学史与人类学史的"五二三理论"——兼论语言学、人类学与哲学的关系》，《社会科学论坛》2006 年第 3 期。

岑运强、程玉合：《言语学还是言语的语言学——兼论修辞学在语言学中的主体地位》，《井冈山学院学报》2006 年第 3 期。

陈峰：《傅斯年、史语所与现代中国史学潮流的离合》，《清华大学学报》2010 年第 3 期。

陈辉：《耶稣会士对汉字的解析与认知》，《浙江大学学报》2007 年第 4 期。

陈娟：《〈西方语言学史概要〉简评》，《淮北职业技术学院学报》2009 年第 6 期。

陈平：《描写与解释：论西方现代语言学研究的目的与方法》，《外语教学与研究》1987 年第 1 期。

陈平：《试论汉语中三种句子成分与语义成分的配位原则》，《中国语文》1994 年第 3 期。

陈炳迢：《评〈中国大百科全书·语言文字〉》，《辞书研究》1990 年第 5 期。

陈玳玮、冯立昇、李龙：《赵元任与民国时期的播音教育》，《天津师范大学学报》2012 年第 1 期。

陈海洋：《〈中国语言学大辞典〉的历史意义》，《汉字文化》2014 年第 1 期。

陈满华：《评〈中国语言学大辞典〉》，《中国语文》1996 年第 4 期。

陈满华：《〈纳氏文法〉在中国的传播及其对汉语语法研究的影响》，《汉语学习》2008 年第 3 期。

陈明娥：《20 世纪的敦煌变文语言研究》，《敦煌学辑刊》2002 年第 1 期。

陈炜湛：《论传统语言学的分合及其在新条件下的发展》，《学术研究》1989 年第 1 期。

陈小荷：《主观量问题初探——兼谈副词"就"、"才"、"都"》，《世界汉语教学》1994 年第 4 期。

陈亚川：《罗常培》，《语言教学与研究》1979 年第 1 期。

陈寅恪：《陈寅恪与刘叔雅论国文试题书》，《青鹤》1932 年第 3 期。

陈寅恪：《从史实论切韵》，《岭南学报》1949 年第 2 期。

陈寅恪：《敦煌劫余录序》，《学衡》1931 年第 74 期。

陈志明：《"语言学及应用语言学"专业的性质与培养目标》，《山西师大学报》2008 年第 3 期。

程克江：《中国文化语言学的兴起及其导向预测——评文化语言学的语言观和方法论》，《新疆大学学报》1990 年第 2 期。

池昌海：《框架、概念和关联——"语言学概论"类教材略谈》，《通化师范学院学报》2009 年第 9 期。

储诚志：《〈中国文法要略〉今评》，《世界汉语教学》1988 年第 1 期。

储一鸣：《〈语言学史概要〉（第三版）述评》，《语文学刊》2009 年第 11 期。

崔希亮：《"把"字句的若干句法语义问题》，《世界汉语教学》1995 年第 3 期。

崔希亮：《汇集精粹，开卷有益——评〈中国现代语言学家传略〉》，《语言科学》2005 年第 2 期。

戴浩一：《时间顺序和汉语的语序》，黄河译，《国外语言学》1988 年第 1 期。

戴庆厦：《第 23 届国际汉藏语言和语言学会议》，《国外语言学》1991 年第 2 期。

党怀兴：《文献发掘与学术史的研究问题——兼谈王宁先生有关学术史研究的一些看法》，《古籍整理研究学刊》2004 年第 4 期。

邓文彬：《试论中外语言学史研究的意义、现状与发展趋势——代〈中外语言学史〉序言》，《西南民族大学学报》2000 年第 11 期。

邓文彬：《试论在大学本科开设语言学史课程的重要性和迫切性》，《西南民族大学学报》2003 年第 10 期。

邓文彬：《最近 20 年来汉语句法分析方法研究述略》，《西南民族大学学报》2004 年第 6 期。

刁彦斌：《现代汉语修辞史刍议》，《河南师范大学学报》2008 年第 1 期。

刁彦斌：《评价黎锦熙语法思想的几个重要原则》，《北京师范大学学报》2010 年第 5 期。

刁晏斌：《〈新著国语文法〉在语法研究上的贡献新论》，《辽东学院学报》2011 年第 1 期。

丁帆：《新旧文学的分水岭——寻找被中国现代文学史遗忘和遮蔽了的七年（1912—1949）》，《江苏社会科学》2011 年第 1 期。

丁崇明：《20 世纪中国语言学方法论的提炼与升华——评陈保亚的〈20 世纪中国

语言学方法论〉》，《语文研究》2001 年第 4 期。

丁信善：《语料库语言学的发展及研究现状》，《当代语言学》1998 年第 1 期。

丁治民、杜冬梅：《〈中国音韵学研究〉讹夺举例》，《温州大学学报》2011 年第 6 期。

董琨：《〈中国现代语言学史〉读后（一）》，《中国语文》1996 年第 4 期。

董秀芳：《论句法结构的词汇化》，《语言研究》2002 年第 3 期。

董秀芳：《"是"的进一步语法化：由虚词到词内成分》，《当代语言学》2004 年第 1 期。

杜诗春、宁春岩：《语言学研究方法》，《外语教学与研究》1997 年第 3 期。

端木三：《重音理论和汉语的词长选择》，《中国语文》1999 年第 4 期。

段业辉：《语气副词的分布及语用功能》，《汉语学习》1995 年第 4 期。

范俊军：《生态语言学研究评述》，《外语教学与研究》2005 年第 2 期。

方梅：《汉语对比焦点的句法表现手段》，《中国语文》1995 年第 4 期。

方梅：《自然口语中弱化连词的话语标记功能》，《中国语文》2000 年第 5 期。

方环海：《二十世纪中国大陆〈中原音韵〉研究述评》，《汉语史研究集刊》2002 年第 5 辑。

方环海、杨亦鸣：《依人写史　开启后学——评〈中国现代语言学家传略〉》，《世界汉语教学》2005 年第 2 期。

方经民、吴勇毅、陈国芳：《国外理论语言学的翻译和介绍》，《外语界》1985 年第 2 期。

方孝岳：《关于中国语言学史上一些方法论问题的探讨》，《学术研究》1964 年第 Z1 期。

冯蒸：《论魏建功先生对北京话语音史研究的贡献——兼论北京话音系历史来源的几种学说和有关音变理论》，《汉字文化》2011 年第 4 期。

冯蒸：《论黄侃派传统声韵学体系中关于中古音的五个理论（上）》，《汉字文化》2012 年第 3 期。

冯蒸：《论黄侃派传统声韵学体系中关于中古音的五个理论（下）》，《汉字文化》2012 年第 4 期。

冯胜利：《论汉语的"韵律词"》，《中国社会科学》1996 年第 1 期。

冯胜利：《论汉语的"自然音步"》，《中国语文》1998 年第 1 期。

冯志伟：《计算语言学对理论语言学的挑战》，《语言文字应用》1992 年第 1 期。

符岚：《国学大师杨树达》，《书屋》2012 年第 6 期。

傅杰：《章太炎与汉语修辞学》，《天津师范大学学报》2003 年第 4 期。

高名凯、姚殿芳、殷德厚：《鲁迅与现代汉语文学语言》，《北京大学学报》1957 年第 1 期。

高天如：《评濮之珍著〈中国语言学史〉》，《复旦学报》1989 年第 1 期。

高万云：《吕叔湘的修辞学思想浅析》，《毕节学院学报》2006 年第 5 期。

郝斌：《〈语言理论和语言学史上的语法描述类型〉》，《外语教学与研究》1989 年第 1 期。

郜峰：《一部学术性与平易性兼备的力作〈西方语言学史概要〉评介》，《淮北煤炭师范学院学报》2009 年第 1 期。

龚千炎：《现代汉语的时间系统》，《世界汉语教学》1994 年第 1 期。

顾曰国：《礼貌、语用与文化》，《外语教学与研究》1992 年第 4 期。

顾曰国：《当代语言学的波形发展主题二：语言、人脑与心智》，《当代语言学》2010 年第 4 期。

郭锐：《过程和非过程——汉语谓词性成分的两种外在时间类型》，《中国语文》1997 年第 3 期。

郭建中：《翻译中的文化因素：异化与归化》，《外国语》1988 年第 2 期。

郭明仪、亢世勇：《西方与我国语言研究之比较》，《兰州大学学报》1994 年第 3 期。

郭锡良：《介词"于"的起源和发展》，《中国语文》1997 年第 2 期。

郭锡良：《介词"以"的起源和发展》，《古汉语研究》1998 年第 1 期。

郭彦成：《20 世纪下半叶中国理论语言学的四次讨论》，《池州师专学报》2001 年第 2 期。

郭在贻：《〈说文段注〉与汉语词汇研究》，《社会科学战线》1978 年第 3 期。

何九盈：《中国语言学史研究刍议》，《语言科学》2002 年第 1 期。

何自然：《语言中的模因》，《语言科学》2005 年第 6 期。

何自胜：《中国人关于世界语言学的再思索——读林玉山〈世界语言学史〉》，《福建教育学院学报》2010 年第 3 期。

郜元宝：《1942 年的汉语》，《学术月刊》2006 年第 11 期。

贺阳：《试论汉语书面语的语气系统》，《中国人民大学学报》1992 年第 5 期。

侯丽红：《语言观的演变和语言研究》，《解放军外国语学院学报》2004 年第 4 期。

胡适：《建设的文学革命论》，《新青年》1918 年第 4 卷第 4 号。

胡春燕：《大力加强学科范畴史的研究——关于对比语言学的定义问题》，《外语与外语教学》2002 年第 4 期。

胡庚申：《生态翻译学解读》，《中国翻译》2008 年第 6 期。

胡明扬：《当前国内外语言研究的趋向》，《语言教学与研究》1989 年第 3 期。

胡明扬：《中国语言学：一个世纪的回顾和展望》，《世界汉语教学》1999 年第 2 期。

胡裕树：《学习〈修辞学发凡〉，为促进修辞学的繁荣贡献力量》，《修辞学习》1982 年第 4 期。

胡裕树、王希杰：《方光焘教授与汉语语法学》，《复旦学报》1985 年第 4 期。

胡裕树、范晓：《试论语法研究的三个平面》，《新疆师范大学学报》1988 年第 2 期。

胡裕树、范晓：《试论语法研究的三个平面》，《语言教学与研究》1993 年第 2 期。

胡壮麟：《语言·认知·隐喻》，《现代外语》1997 年第 4 期。

胡壮麟：《社会符号学研究中的多模态化》，《语言教学与研究》2007 年第 1 期。

华学诚：《汉语方言学史及其研究论略》，《扬州大学学报》2002 年第 1 期。

华学诚：《吴金华先生的研究方法与治学精神》，《语言科学》2014 年第 3 期。

黄伯荣：《岑麒祥教授和语言学系》，《语文建设》1994 年第 7 期。

黄俊民：《〈中国语言学大辞典〉若干缺陷透视》，《辞书研究》1996 年第 5 期。

黄岭峻：《从大众语运动看 30 年代中国知识分子的主体意识》，《近代史研究》1994 年第 6 期。

黄婉梅：《重评〈新著国语文法〉对省略现象的研究》，《武陵学刊》2011 年第 1 期。

霍四通：《"明斯顿"的修辞观——中国现代修辞学史上一个悬案之解决》，《修辞学习》2009 年第 1 期。

霍四通：《民国修辞著作中的学术腐败和几本书的评价问题》，《语言研究集刊》2009 年第 6 期。

霍四通：《抬头又见王晓湘——中国现代修辞学史中一桩公案之发掘》，《当代修辞学》2010 年第 1 期。

霍四通：《〈修辞学发凡〉用例的当代学术价值》，《当代修辞学》2011 年第 4 期。

霍四通：《〈修辞学发凡〉语文论述解析》，《语言研究集刊》2011 年第 8 辑。

贾洪伟：《王古鲁与语言学的译介》，《安庆师范学院学报》2010 年第 4 期。

贾洪伟：《〈新著国语文法〉思想溯源》，《和田师范专科学校学报》2013 年第 2 期。

贾艳琛：《〈汉语音韵学〉、〈汉语音韵〉和〈音韵学初步〉的比较》，《安康师专学报》2002 年第 4 期。

姜伯勤：《陈寅恪先生与敦煌学》，《广东社会科学》1988 年第 2 期。

姜同绚：《文字学和书法关系论略》，《重庆第二师范学院学报》2015 年第 1 期。

江林昌：《〈切韵〉系统诸韵书的复活——读姜亮夫先生〈瀛涯敦煌韵书卷子考释〉》，《中国图书评论》1992 年第 6 期。

蒋重跃：《回应挑战 启迪深思——〈历史学研究的语言学转向——西方后现代

历史哲学研究〉读后》，《宁夏大学学报》2008 年第 5 期。

蒋绍愚：《汉语史研究的回顾与前瞻》，《语言教学与研究》1989 年第 2 期。

蒋绍愚：《近十年间近代汉语研究的回顾与前瞻》，《古汉语研究》1998 年第 4 期。

蒋绍愚：《王力先生的汉语历史词汇学研究》，《北京大学学报》2010 年第 5 期。

焦立为：《二十世纪汉语语言学研究文献索引指南》，《唐山师范学院学报》2001 年第 6 期。

金有景、金欣欣：《20 世纪汉语方言研究述评》，《南阳师范学院学报》2002 年第 1 期。

京梅：《读〈现代语言学名著选读〉有感》，《外语教学与研究》1990 年第 1 期。

亢世勇、刘艳：《马建忠及〈马氏文通〉的开拓创新精神》，《唐都学刊》1998 年第 4 期。

凯恩：《美国描写语言学派》，《语言学资料》1966 年第 2 期。

劳宁：《日本语言学者关于普通语言学的著作及译著》，《语言学资料》1965 年第 2、3 期。

黎千驹：《二十世纪的〈说文〉字体研究》，《唐山师范学院学报》2002 年第 4 期。

李芳：《现代语言学的产生与发展》，《长白学刊》1994 年第 4 期。

李静：《胜义纷披　掷地有声——〈中外语言学史的对比与研究〉读后》，《湖州职业技术学院学报》2008 年第 4 期。

李开、刘艳梅、焦冬梅：《中国语言学史的几种研究法》，《南京师范大学文学院学报》2007 年第 1 期。

李开：《中国哲学史的再开拓：语言哲学》，《江苏社会科学》2007 年第 4 期。

李明：《瑞典汉学发展述略》，《国际汉学》2009 年第 1 期。

李泉：《近 20 年对外汉语教材编写和研究的基本情况评述》，《语言文字应用》2002 年第 8 期。

李荣：《官话方言的分区》，《方言》1985 年第 1 期。

李讷、石毓智：《汉语动词拷贝结构的演化过程》，《国外语言学》1997 年第 3 期。

李葆嘉：《论 20 世纪中国汉语转型语法学》，《徐州师范大学学报》2002 年第 3 期。

李葆嘉：《语言学的渊源、流派及其学科性质的变迁》，《江苏社会科学》2002 年第 5 期。

李晗蕾：《〈国语学草创〉与现代语言学》，《北方论丛》2003 年第 2 期。

李红印：《泰国学生汉语学习的语音偏误》，《世界汉语教学》1995 年第 2 期。

李炯英:《现代语言学史研究的又一朵奇葩——〈语言学理论与流派〉评介》,《外语教学》2004 年第 6 期。

李如龙:《百年中国语言学的两度转型》,《学术研究》2005 年第 1 期。

李仕春:《中国语言学学术思想史研究刍议》,《广西社会科学》2011 年第 2 期。

李铁范:《学术性、实用性与通俗性兼得的西方语言学史著作——评〈简明西方语言学史〉》,《安庆师范学院学报》2012 年第 3 期。

李文中:《中国英语的历史与现实——〈中国各体英语:一部社会语言学史〉介绍》,《外语教学与研究》2005 年第 1 期。

李熙宗:《学界泰斗、治学楷模——从〈修辞学发凡〉不同版本的修改,看陈望道的治学精神》,《平顶山师专学报》2003 年第 1 期。

李秀琴:《语言学研究的当前动向——第 15 届国际语言学家大会述评》,《国外语言学》1992 年第 4 期。

李亚明:《20 世纪文化语言学研究综述》,《淮阴师专学报》1995 年第 4 期。

李延瑞:《二十世纪历史比较语言学的发展现状》,《福建师范大学学报》1998 年第 3 期。

李运富:《汉语学术史研究的基本原则》,《湖北师范学院学报》2010 年第 4 期。

李子君:《日本真福寺藏〈礼部韵略〉与〈四部丛刊〉本〈附释文互注礼部韵略〉反切的差异》,《齐齐哈尔大学学报》2008 年第 5 期。

李宇明:《非谓形容词的词类地位》,《中国语文》1996 年第 1 期。

李宇明:《论词语重叠的意义》,《世界汉语教学》1996 年第 1 期。

历史语言研究所:《历史语言研究所集刊》,1928—1949 年。

廖秋忠:《一九八二年美国语言学会年会》,《国外语言学》1983 年第 4 期。

林茂灿:《汉语语调与声调》,《语言文字应用》2004 年第 3 期。

林茂灿、颜景助:《北京话轻声的声学性质》,《方言》1980 年第 3 期。

刘坚、曹广顺:《建国以来近代汉语研究综述》,《语文建设》1989 年第 6 期。

刘坚、曹广顺、吴福祥:《论诱发汉语词汇语法化的若干因素》,《中国语文》1995 年第 3 期。

刘江:《〈语言学史概要〉三个版本的研究及其学术价值》,《武陵学刊》2011 年第 4 期。

刘江:《从〈语言学史概要〉三个版本谈语言学治史》,《唐山师范学院学报》2012 年第 4 期。

刘利、符永兰:《〈中国语言学史〉评介》,《古汉语研究》2003 年第 4 期。

刘纳:《新文学何以为"新"——兼谈新文学的开端》,《中国现代文学研究丛刊》2012 年第 5 期。

刘宝俊:《民族语言学论纲》,《中南民族学院学报》1994 年第 5 期。

刘大为：《流行语的隐喻性语义泛化》，《汉语学习》1997 年第 4 期。

刘丹青、徐烈炯：《焦点与背景、话题及汉语"连"字句》，《中国语文》1998 年第 4 期。

刘丹青：《语法化中的更新、强化与叠加》，《语言研究》2001 年第 2 期。

刘丹青：《汉语中的框式介词》，《当代语言学》2002 年第 4 期。

刘丹青：《重温几个黎氏语法术语》，《北京师范大学学报》2010 年第 5 期。

刘国辉：《研读西方语言学嬗变之启示：观察、描写和阐释》，《中国外语》2010 年第 3 期。

刘利民：《苏联语言学史给我们的警示——〈世初有道〉中译本序》，《中国俄语教学》2002 年第 4 期。

刘丽群：《章太炎〈文始〉研究综述》，《励耘学刊》2012 年第 1 期。

刘宁生：《汉语怎样表达物体的空间关系》，《中国语文》1994 年第 3 期。

刘青松：《以专驭通　史论结合——读李开先生〈汉语语言研究史〉》，《怀化师专学报》1996 年第 4 期。

刘勋宁：《文白异读与语音层次》，《语言教学与研究》2003 年第 4 期。

刘艳梅：《章炳麟古音学声调与入声韵考论》，《齐齐哈尔大学学报》2012 年第 4 期。

刘又辛（署名刘赐铭）：《临清音系》，《益世报·读书周刊》1935 年第 8 期。

刘月华：《高名凯》，《语言教学与研究》1981 年第 2 期。

柳作林：《国学大师黄侃的传奇人生》，《书屋》2013 年第 8 期。

鲁国尧：《"颜之推谜题"及其半解（上）》，《中国语文》2002 年第 6 期。

鲁国尧：《论"历史文献考证法"与"历史比较法"的结合——兼议汉语研究中的"犬马鬼魅法则"》，《古汉语研究》2003 年第 1 期。

鲁国尧：《史部新著：〈中国现代语言学家传略〉》，《中国语文》2005 年第 2 期。

鲁国尧：《"振大汉之天声"——对近现代中国语言学发展大势的思考》，《语言科学》2006 年第 1 期。

鲁国尧：《愚鲁庐学思脞录："智者高本汉"，接受学与"高本汉接受史"——为〈刘坚先生诞辰 75 周年纪念刊〉而作》，《历史语言学研究》2010 年第 3 辑。

鲁国尧：《学思札记九则》，《山西大学学报》2012 年第 3 期。

鲁国尧：《古诗文吟诵·我学习古诗文吟诵的经历》，《甘肃高师学报》2013 年第 4 期。

鲁国尧、吴葆勤：《〈四声、三十六字母、《广韵》韵目今读表〉再申释》，《古汉语研究》2013 年第 4 期。

鲁健骥：《谈对外汉语教学历史的研究——对外汉语教学学科建设的一个重要课题》，《语言文字应用》1998 年第 4 期。

陆俭明、郭锐：《汉语语法研究所面临的挑战》，《世界汉语教学》1998 年第 4 期。

陆俭明：《新中国语言学 50 年》，《当代语言学》1999 年第 4 期。

陆俭明：《"对外汉语教学"中的语法教学》，《语言教学与研究》2000 年第 3 期。

陆俭明：《词语句法、语义的多功能性：对"构式语法"理论的解释》，《外国语》2004 年第 2 期。

陆俭明：《"句式语法"理论与汉语研究》，《中国语文》2004 年第 5 期。

陆俭明：《〈史〉重要　〈史〉难写——序〈新时期汉语语法学史〉》，《汉语学习》2010 年第 4 期。

陆俭明：《探索与创新——王力先生现代汉语语法研究之基本精神》，《北京大学学报》2010 年第 5 期。

陆宗达：《书序两篇》，《北京师范大学学报》1989 年第 4 期。

罗志田：《探索学术与思想之间的历史》，《四川大学学报》2002 年第 3 期。

吕叔湘：《通过对比研究语法》，《语言教学与研究》1992 年第 2 期。

马真：《先秦复音词初探》，《北京大学学报》1980 年第 5 期。

马国凡：《总挈一个世纪中国语言学研究的巨构——〈二十世纪的中国语言学〉评介》，《汉字文化》1999 年第 1 期。

马毛朋：《当代西方的中国语言学史研究》，《南京林业大学学报》2005 年第 3 期。

毛玉玲：《云南语言研究五十年（1940—1990 年)》，《云南师范大学学报》1993 年第 6 期。

茅盾：《文艺大众化的讨论及其它》，《新文学史料》1982 年第 2 期。

梅祖麟：《现代汉语完成貌句式和词尾的来源》，《语言研究》1981 年创刊号。

眸子：《中国的理论语言学——评〈中国理论语言学史〉》，《语言教学与研究》1993 年第 3 期。

聂炎：《语法与四个世界关系之断想》，《扬州大学学报》2010 年第 3 期。

聂蒲生：《抗战时期迁居昆明的语言学家对地方民族语言的调查研究》，《云南民族大学学报》2010 年第 6 期。

聂珍钊：《论"文艺"与"文学"概念的意义含混》，《上海师范大学学报》2014 年第 1 期。

聂志平：《有关〈普通语言学教程〉的三个问题》，《大庆高等专科学校学报》1998 年第 3 期。

聂志平：《历史比较语言学分期辨》，《学术研究》2003 年第 3 期。

宁春岩：《简述美国当代理论语言学的特征及研究方法》，《国外语言学》1991 年第 1 期。

牛汝极:《〈中国民族语言学论纲〉评介》,《新疆大学学报》1994年第4期。

潘杰、李晓春:《重读王力先生的〈中国语言学史〉》,《淮北煤师院学报》1996年第1期。

潘文国:《汉英对比研究一百年》,《世界汉语教学》2002年第1期。

裴宰奭:《宋代入声字韵尾变迁研究》,《古汉语研究》2002年第4期。

彭华:《章太炎与巴蜀学人的交往及其影响》,《淮阴师范学院学报》2013年第4期。

彭敏:《1930年代我国高校文科教师》,《中国图书评论》2011年第10期。

彭泽润、袁先锋、丘冬:《中国20世纪以来关于语言结构的理论研究》,《北华大学学报》2004年第2期。

濮之珍:《论语言的社会本质》,《复旦学报》1959年第7期。

濮之珍:《我们是如何编写〈中国历代语言学家评传〉一书的》,《复旦学报》1989年第6期。

濮之珍、高天如:《中国语言学史研究中的几个问题》,《复旦学报》1983年第1期。

濮之珍:《我与〈中国语言学史〉》,《湖北师范学院学报》2010年第2期。

齐沪扬:《语气副词的语用功能分析》,《语言教学与研究》2003年第1期。

钱进:《披沙拣金　高树一帜——评朱林清〈汉语语法研究史〉》,《连云港师范高等专科学校学报》2002年第2期。

钱军:《认识洪堡特——〈洪堡特人文研究和语言研究〉读后》,《外语教学与研究》1998年第2期。

钱军:《语言学史的空间——〈共同语言的魅力:雅柯布森,马泰修斯,特鲁别茨科伊和布拉格语言小组〉读后》,《外语教学与研究》1999年第2期。

钱军:《语言学史学:问题与思考——以语言学史学对雅柯布森与索绪尔关系的研究为例》,《四川外国语学院学报》2002年第1期。

钱宗武、李仕春:《论中国语言学学术思想变迁之大势》,《扬州大学学报》2013年第1期。

乔永:《黄侃古本音观念研究》,《汉语史学报》2007年第7辑。

仇志群:《傅斯年的语言决定论》,《兰州学刊》1997年第3期。

任铭善:《我如何讲训诂学》,《国文月刊》1946年第49期。

邵敬敏:《评〈汉语语法学史〉》,《徐州师范学院学报》1985年第3期。

邵敬敏:《1992年中国文化语言学研究述评》,《语文建设》1993年第5期。

邵敬敏:《动量词的语义分析及其与动词的选择关系》,《中国语文》1996年第2期。

邵敬敏:《关于新世纪汉语语法研究的几点思考》,《语言科学》2003年第4期。

沈丹：《西方现代文体学百年发展历程》，《外语教学与研究》2000 年第 1 期。

沈炯：《汉语语调构造和语调类型》，《方言》1994 年第 3 期。

沈家煊：《句法的相似性问题》，《外语教学与研究》1993 年第 1 期。

沈家煊：《"语法化"研究综述》，《外语教学与研究》1994 年第 4 期。

沈家煊：《"有界"与"无界"》，《中国语文》1995 年第 5 期。

沈家煊：《句式和配价》，《中国语文》2000 年第 4 期。

沈家煊：《语言的"主观性"和"主观化"》，《外语教学与研究》2001 年第 7 期。

沈家煊：《如何处置"处置式"？——论把字句的主观性》，《中国语文》2002 年第 5 期。

沈家煊：《复句三域"行、知、言"》，《中国语文》2003 年第 3 期。

沈家煊：《"糅合"与"截搭"》，《世界汉语教学》2006 年第 4 期。

沈家煊：《我看汉语的词类》，《语言科学》2009 年第 1 期。

申小龙：《历史性的反拨：中国文化语言学》，《学习与探索》1987 年第 3 期。

申小龙：《语言学的领先与滞后》，《社会科学》1988 年第 6 期。

申小龙：《谈"语言学概论"课程改革》，《中国大学教学》2005 年第 1 期。

申小龙：《评 20 世纪的索绪尔研究》，《汉字文化》2007 年第 1 期。

盛炎：《周法高先生传略》，《晋阳学刊》1988 年第 5 期。

史金生：《语气副词的范围、类别和共现顺序》，《中国语文》2003 年第 1 期。

史锡尧：《语文现代化的光辉先驱——纪念黎锦熙先生 100 周年诞辰》，《语文建设》1990 年第 1 期。

石毓智：《试论汉语的句法重叠》，《语言研究》1996 年第 2 期。

石毓智：《汉语的主语与话题之辨》，《语言研究》2001 年第 2 期。

石毓智：《汉语发展史上的双音化趋势和动补结构的诞生——语音变化对语法发展的影响》，《语言研究》2002 年第 1 期。

舒克：《从新的视角看语言学史——读〈思想的流派：从葆扑到索绪尔的语言学发展史〉》，《外语教学与研究》1990 年第 3 期。

束定芳：《语言学史的第三种写法——以〈英国语言学：个人说史〉为例》，《当代语言学》2009 年第 4 期。

司芳、吴礼权：《中国现代史上的广东语言学家》，《岭南文史》1988 年第 1 期。

宋绍年、郭锡良：《二十世纪的古汉语语法研究》，《古汉语研究》2000 年第 1 期。

苏新春：《现代汉语词汇研究史大有可为——〈汉语词汇研究史纲〉得失谈》，《汉语学习》1997 年第 1 期。

苏新春：《"实用"观念中的 20 世纪中国语言学》，《厦门大学学报》1999 年第 4

期。

　　孙强、谢龙：《明代北京话音系的不对称研究序论》，《江南大学学报》2005 年第4 期。

　　孙竹：《从〈民族语文〉刊载的论文看中国蒙古语族语言研究》，《民族语文》1991 年第 6 期。

　　孙建伟：《关于中国语言学史的几点思考》，《甘肃联合大学学报》2012 年第3 期。

　　孙建元：《论研究宋人音释的意义和方法》，《广西师范大学学报》1997 年第3 期。

　　孙汝建：《中国为何没有语言学流派？——关于建构中国语言学流派的思考》，《云梦学刊》1991 年第 1 期。

　　孙玉文：《〈中国现代语言学史〉读后（二）》，《中国语文》1996 年第 4 期。

　　谭学纯：《修辞学研究突围：从倾斜的学科平台到共享学术空间》，《福建师范大学学报》2003 年第 6 期。

　　唐作藩、张双棣：《〈中国语言学史〉介绍》，《语文研究》1981 年第 2 期。

　　滕吉海、杨秀君：《中国语言学文献概述》，《松辽学刊》1989 年第 4 期。

　　宛新政：《汉语语法研究的百年总揽——读〈二十世纪的汉语语法学〉》，《语文研究》2003 年第 3 期。

　　汪启明：《黄侃方言学思想表微》，《汉语史研究集刊》2009 年第 12 辑。

　　汪少华：《从〈周秦汉晋方言研究史〉看汉语史研究方法》，《语言研究》2003 年第 4 期。

　　王力：《中国语言学的现状及其存在的问题》，《中国语文》1957 年第 3 期。

　　王宁：《汉字构形理据与现代汉字部件拆分》，《语文建设》1997 年第 3 期。

　　王宁：《魏建功先生的两种文字学论著——〈魏建功文集〉的学术价值》，《出版广角》2002 年第 3 期。

　　王寅：《中西语义理论对比的再思考》，《外语与外语教学》2002 年第 5 期。

　　王寅：《认知语言学之我见》，《解放军外国语学院学报》2004 年第 5 期。

　　王海棻：《〈马氏文通〉研究百年综说》，《中国语文》1998 年第 5 期。

　　王洪君、富丽：《试论现代汉语的类词缀》，《语言科学》2005 年第 5 期。

　　王洪君：《历史音变面面观——〈历史语言学：方音比较与层次〉评介》，《语言科学》2011 年第 6 期。

　　王红梅：《理性主义在语言学史中的地位》，《东北师大学报》2006 年第 6 期。

　　王红梅：《理性主义和经验主义在近代语言学史中的对立》，《石家庄经济学院学报》2007 年第 4 期。

　　王嘉龄：《〈剑桥语言学综览〉评介》，《外语教学与研究》1991 年第 2 期。

王露杨、顾明月：《我国语言学研究热点知识图谱分析——基于 CSSCI（2000—2011 年）》，《西南民族大学学报》2014 年第 6 期。

王铭玉：《二十一世纪语言学的八大发展趋势（上、下）》，《解放军外国语学院学报》1999 年第 4、6 期。

王铭玉、赵蓉晖：《普通语言学史述要》，《外语教学》2003 年第 1 期。

王培基：《一个新突破　三面新进展——评宗廷虎主编〈20 世纪中国修辞学〉》，《焦作大学学报》2010 年第 1 期。

王启龙：《民国时期的藏语言文字研究》，《西藏民族学院学报》2003 年第 6 期。

王启龙：《钢和泰对中国语言学的贡献》，《西藏大学学报》2009 年第 1 期。

王启涛：《近五十年来的中古汉语词汇研究》，《四川师范大学学报》2003 年第 1 期。

王斯敏、杨谧：《严把学术尊严的"关卡"》，《光明日报》2014 年 1 月 6 日第 11 版。

王希杰：《重读李安宅〈意义学〉谈学风问题》，《平顶山师专学报》2002 年第 4 期。

王希杰：《胡怀琛的修辞学研究及其争论》，《苏州教育学院学报》2003 年第 1 期。

王希杰、何伟堂：《从 20 世纪二三十年代的修辞学谈学术规范和学术腐败》，《平顶山学院学报》2005 年第 3 期。

王希杰：《略说胡以鲁对中国理论语言学的贡献》，《淮北煤炭师范学院学报》2003 年第 6 期。

王希杰：《零度和偏离面面观》，《语文研究》2006 年第 2 期。

王秀丽、梅涛：《国外语言学在中国的译介及其影响（1911—1949）》，《法国研究》2013 年第 2 期。

王云路：《中古汉语词汇研究综述》，《古汉语研究》2003 年第 2 期。

王振华：《评价系统及其运作——系统功能语言学的新发展》，《外国语》2001 年第 6 期。

王志文：《国际音标在清末民国时的东渐之路》，《安庆师范学院学报》2013 年第 4 期。

王宗炎：《语言学：它的历史、现状和研究领域》，《外语教学与研究》1988 年第 4 期。

文旭：《追溯语用学的思想——语用学思想史探索之一》，《外语教学》2003 年第 3 期。

温云水：《王璞先生与其〈注音字母发音图说〉》，《南开语言学刊》2010 年第 1 期。

吴安其：《关于历史语言学的几个问题》，《民族语文》1998 年第 4 期。

吴福祥：《关于语法化的单向性问题》，《当代语言学》2003 年第 4 期。

吴为善：《双音化、语法化和韵律词的再分析》，《汉语学习》2003 年第 2 期。

吴为章：《吕叔湘的"系"分类——"向"理论的中国根》，《汉语学习》2004 年第 4 期。

吴世雄：《关于〈语言学和文学〉的思考——兼评鲁枢元先生著〈超越语言〉》，《外语与外语教学》1997 年第 6 期。

吴世雄、陈维振：《中国模糊语言学：回顾与前瞻》，《外语教学与研究》2001 年第 1 期。

伍铁平：《论比较和语言接触学——为〈汉语学习〉创刊十周年而作》，《汉语学习》1990 年第 5 期。

伍铁平：《论语言和语言学的重要性（上）　纪念王力先生九十诞辰语言学研讨会和第二届全国方法论学术讨论会论文集》，《外语研究》1991 年第 3 期。

伍铁平：《论语言和语言学的重要性（下）》，《外语研究》1991 年第 4 期。

伍铁平：《〈第 14 届国际语言学家大会论文集〉和出席大会的部分语言学家简介》，《福建外语》1992 年第 1—2 期。

伍铁平、孙逊：《评鲁枢元著〈超越语言〉中的若干语言学观点——文学言语学刍议》，《外语学刊》1993 年第 2 期。

伍铁平：《八〇年以来我国理论语言学的回顾与反思》，《湖北大学学报》1994 年第 3、4 期。

伍铁平：《再评徐通锵教授著〈历史语言学〉》，《广东教育学院学报》2006 年第 6 期。

伍铁平：《与普通语言学有关的几个问题》，《外语教学与研究》2008 年第 5 期。

伍雅清：《对语言学批评的批评》，《外国语文》2010 年第 2 期。

晓鸣：《现代语言学研究成果的整体出新——评"现代语言学丛书"》，《中国图书评论》1991 年第 5 期。

萧三：《祝中苏文字之交》，《文字改革》1959 年第 21 期。

肖双荣：《科学主义还是人文主义？——纪念〈马氏文通〉出版 100 周年》，《娄底师专学报》1998 年第 1 期。

谢之君：《西方思想家对隐喻认知功能的思考》，《上海大学学报》2007 年第 1 期。

邢福义：《汉语里宾语代入现象之观察》，《世界汉语教学》1991 年第 2 期。

邢福义：《小句中枢说》，《中国语文》1995 年第 6 期。

徐沫：《语言底本质和起源》，《语文》1937 年第 1 期。

徐枢：《〈吕叔湘著《汉语语法分析问题》助读〉介绍》，《中国语文》2001 年第

1 期。

　　徐海铭：《美国人类语言学研究范式的更替及其主要特征——美国语言学思想史研究之一》，《外语学刊》2005 年第 1 期。

　　徐烈炯：《与空语类有关的一些汉语语法现象》，《中国语文》1994 年第 5 期。

　　徐胜利：《历史、文化、学术背景下的〈中国小学史〉——以训诂学史为中心来谈》，《开封教育学院学报》2012 年第 1 期。

　　徐时仪：《20 世纪训诂学研究的回顾与反思》，《南阳师范学院学报》2002 年第 5 期。

　　徐思益：《方光焘与中国现代语言学》，《新疆大学学报》1998 年第 1 期。

　　徐思益、王希杰：《索绪尔、索绪尔学说和中国理论语言学》，《语言科学》2006 年第 1 期。

　　徐通锵：《"字"和汉语的句法结构》，《世界汉语教学》1984 年第 2 期。

　　徐通锵：《语言理论研究的现状和对今后研究工作的几点建议》，《语言教学与研究》1989 年第 2 期。

　　许宝华、汤珍珠：《略说汉语方言研究的历史发展》，《语文研究》1982 年第 2 期。

　　许高渝：《我国 90 年代汉外语言对比研究述略》，《外语与外语教学》2000 年第 6 期。

　　宣：《语言学史参考书目》，《国外语言学》1985 年第 3 期。

　　许良越：《〈文始〉的音韵学价值》，《西南民族大学学报》2011 年第 10 期。

　　许良越：《章太炎的古音学成就及其影响》，《西昌学院学报》2012 年第 2 期。

　　严辰松：《乔姆斯基理论的目的、方法及语言能力先天论——读书问答》，《现代外语》1991 年第 4 期。

　　严世清：《隐喻理论史探》，《外国语》1995 年第 5 期。

　　杨辉：《评〈西方语言学史概要〉》，《黄山学院学报》2009 年第 1 期。

　　杨悦：《简述 20 世纪语言学研究的发展与主要流派的特征》，《沈阳工程学院学报》2007 年第 2 期。

　　杨光荣：《中外语言学说史比较研究的方法论问题》，《语文研究》1993 年第 4 期。

　　杨启光：《中国文化语言学不是西方人类语言学》，《暨南学报》1995 年第 2 期。

　　杨荣祥：《读〈中国古代语言学史〉》，《语文研究》1988 年第 3 期。

　　杨荣祥：《杨树达先生学术成就述略》，《荆州师专学报》1999 年第 1 期。

　　杨润陆：《〈文始〉说略》，《北京师范大学学报》1989 年第 4 期。

　　杨文全：《流行语的界说与初步描写》，《新疆大学学报》2002 年第 2 期。

　　杨文全、李韵：《赵振铎先生辞书学成就述论——以传统小学精华为基石　以理论实践互证为指归》,《乐山师范学院学报》2013 年第 3 期。

杨亦鸣:《神经语言学与当代语言学的学术创新》,《中国语文》2012 年第 6 期。

杨永林、司建国:《社会语言学研究——反思与展望》,《现代外语》2003 年第 4 期。

姚小平:《西方语言学史研究再思考——〈西方语言学流派〉读后》,《外语教学与研究》1992 年第 2 期。

姚小平:《〈中国理论语言学史〉读后》,《外语教学与研究》1994 年第 3 期。

姚小平:《关于语言学史学研究》,《语言教学与研究》1995 年第 1 期。

姚小平:《西方的语言学史学研究》,《外语教学》1995 年第 2 期。

姚小平:《语言学史学基本概念阐释》,《外语教学与研究》1996 年第 3 期。

姚小平:《西方人眼中的中国语言学史》,《国外语言学》1996 年第 3 期。

姚小平:《西方语言学史拾遗》,《外语学刊》1997 年第 1 期。

姚小平:《写到一半的历史——〈语言理论史〉略叙》,《外语教学与研究》1997 年第 2 期。

姚小平:《17—19 世纪的德国语言学与中国语言学 中西语言学史断代比较研究》,《外语教学与研究》1997 年第 3 期。

姚小平:《语言学与科学的历史姻缘——17—19 世纪科学对语言学的影响（上）》,《福建外语》1998 年第 4 期。

姚小平:《语言学史研究诸方面——罗宾斯〈语言学简史〉(1997) 读后》,《外语教学与研究》2001 年第 4 期。

姚小平:《论语言和人文研究中实证法的必要性及可能性》,《外语学刊》2003 年第 1 期。

姚小平:《先秦语言思想三题》,《语言研究》2011 年第 1 期。

姚亚平:《现代汉语称谓系统变化的两大基本趋势》,《语言文字应用》1995 年第 3 期。

叶斌:《论黄侃"语言文字之系统与根源"》,《江西社会科学》2007 年第 11 期。

叶蜚声:《评一部国外语言学史的新著》,《语文建设》1991 年第 4 期。

叶文曦:《高名凯语言学学术思想介评》,《广西师范学院学报》2010 年第 4 期。

叶文曦:《简评黎锦熙先生的〈比较文法〉》,《武陵学刊》2010 年第 5 期。

殷孟伦:《从〈尔雅〉看古代汉语词汇研究》,《山东大学学报》1963 年第 4 期。

游汝杰、周振鹤:《方言与中国文化》,《复旦学报》1985 年第 3 期。

俞约法、李锡靖:《读〈语言学漫步〉》,《现代外语》1987 年第 4 期。

余颂辉:《许宝华的汉语方言研究及学术思想述略》,《暨南学报》2013 年第 3 期。

余幼宁:《西班牙科学史学会第一次大会》,《国外社会科学》1979 年第 3 期。

于全有：《一部切合传统语言学研究特征的中国古代语言学简史——〈中国古代语言学简史〉读后》，《文化学刊》2006年第2期。

袁毓林：《词类范畴的家族相似性》，《中国社会科学》1995年第1期。

袁毓林：《话题化及相关的语法过程》，《中国语文》1996年第4期。

袁毓林：《定语顺序的认知解释及其理论蕴涵》，《中国社会科学》1999年第2期。

袁毓林：《论否定句的焦点、预设和辖域歧义》，《中国语文》2000年第2期。

曾德万：《小论林语堂西方语言学理论的传播》，《井冈山学院学报》2007年第7期。

曾昭聪：《一部富有特色的中国语言学史著作——读〈中国语言文字学通史〉》，《中国图书评论》2003年第12期。

查明建、田雨：《论译者主体性——从译者文化地位的边缘化谈起》，《中国翻译》2003年第1期。

张法：《"文学"一词在现代汉语中的定型》，《文艺研究》2013年第9期。

张帆：《"有学""无学"之辨：20世纪初"科学"标准下的中学自省》，《中山大学学报》2010年第4期。

张凯：《汉语构词基本字的统计分析》，《语言教学与研究》1997年第1期。

张敏：《〈现代语言学流派〉评介》，《语文建设》1989年第4期。

张宜：《中国当代语言学史的口述研究》，《外语学刊》2008年第6期。

张伯江：《现代汉语的双及物结构式》，《中国语文》1999年第3期。

张伯江：《被字句与把字句的对称与不对称》，《中国语文》2001年第6期。

张公瑾：《关于文化语言学的几个理论问题》，《民族语文》1992年第6期。

张国宪：《现代汉语形容词的典型特征》，《中国语文》2000年第5期。

张积家：《章太炎心理学思想初探》，《烟台师范学院学报》1989年第4期。

张后尘：《语言学研究与现代科学发展》，《中国外语》2008年第1期。

张清常：《汉语的颜色词（大纲）》，《语言教学与研究》1991年第3期。

张寿康：《读〈新著国语文法〉札记》，《汉中师院学报》1984年第3期。

张思齐：《从咏鹅诗看基督精神对杜甫潜移默化的影响》，《大连大学学报》2013年第2期。

张卫东：《近代汉语语音史研究的现状与展望》，《语言科学》2003年第2期。

张卫中：《倾斜的坐标——"五四"白话文运动的语言策略及影响辨析》，《文艺争鸣》2006年第1期。

张渭毅：《章太炎和他的〈国故论衡〉》，《邯郸学院学报》2011年第3期。

张向东：《清末民初的语言变革运动与现代文学的历史关联——以语言学史、文化史和思想史的叙述为例》，《兰州交通大学学报》2007年第2期。

张谊生：《现代汉语副词的性质、范围与分类》，《语言研究》2000 年第 2 期。

张永言、汪维辉：《关于汉语词汇史研究的一点思考》，《中国语文》1995 年第 6 期。

张玉来：《近代学术转型与中国现代语言学的建立》，《山东师范大学学报》2014 年第 3 期。

赵亮、杨利芳：《历史维度中宏观视野下的俄罗斯语言学——〈俄罗斯语言学通史〉评介》，《中国俄语教学》2010 年第 4 期。

赵丽明：《附庸与反附庸的"小学"——"小学"在历代书目著录分类中的地位》，《清华大学学报》1988 年第 4 期、1989 年第 1 期。

赵敏俐：《论传统吟诵的语言本位特征》，《首都师范大学学报》2013 年第 6 期。

赵蓉晖：《语言与性别研究综述》，《外语研究》1999 年第 3 期。

赵世开（译）：《苏联普通语言学和语言学史副博士基础考试提纲》，《语言学资料》1962 年第 9 期。

赵世开：《语言学的过去和现在》，《外国语》1979 年第 2 期。

赵世开：《语言学研究中观念和态度的变化——简评 40 年来语言学理论研究在中国》，《语文建设》1990 年第 2 期。

赵振铎：《岑麒祥〈语言学史概要〉读后》，《四川大学学报》1963 年第 2 期。

郑敏：《浅谈语言学研究的演进——〈语言学简史〉和〈语言学史概要〉读书笔记》，《首都师范大学学报》2000 年增刊。

郅友昌、赵国栋：《苏联语言学史上的马尔及其语言新学说》，《解放军外国语学院学报》2003 年第 3 期。

钟久英：《王易〈修辞学通诠〉的当代阐释》，《锦州师范学院学报》2003 年第 5 期。

钟艳萍：《语言学中的心理学传统——从语言学史的视角来看》，《江西农业大学学报》2006 年第 2 期。

仲元：《白话文的清洗和充实》，《申报·自由谈》1934 年 8 月 20 日。

周成、辛尚奎：《对中国语言学史的再认识——读濮之珍〈中国语言史学〉》，《广西大学学报》1989 年第 3 期。

周辨明：《携手一同走上拼音文字的大路》，《语文》1937 年第 3 期。

周冰清：《对我国语言学研究最有影响的国内学术著作分析——基于 CSSCI（2000—2007 年度）数据》，《西南民族大学学报》2009 年第 12 期。

周海霞、杨海蓉：《浅析沈兼士的方言研究理论》，《安康学院学报》2007 年第 3 期。

周建设：《汉语研究的四大走势》，《中国语文》2000 年第 1 期。

周庆生：《中国社会语言学研究述略》，《语言文字应用》2010 年第 4 期。

周溪流：《近五十年来语言学的发展（中）》，《外语教学与研究》1997 年第 4 期。

周欣平：《高山仰止，景行行止——二十世纪中西学术史中的赵元任先生》，《清华大学学报》2013 年第 1 期。

周有斌、邓传芳：《濮之珍先生撰写的〈中国语言学史〉评介》，《宿州教育学院学报》2006 年第 5 期。

周有斌：《"中国语言学史"教学方法改革的初探》，《淮北职业技术学院学报》2007 年第 6 期。

周振鹤、游汝杰：《湖南省方言区画及其历史背景》，《方言》1985 年第 4 期。

周仲远：《中国语言文字学史料学的开创之作——读〈中国语言文字学史料学〉》，《文教资料》2000 年第 2 期。

褚红：《清代民国河南方志方言著述的编排体例及价值》，《学术交流》2012 年第 3 期。

朱德熙：《与动词"给"相关的句法问题》，《方言》1979 年第 2 期。

朱德熙：《"在黑板上写字"及相关句式》，《语言教学与研究》1981 年第 1 期。

朱德熙：《现代书面汉语里的虚化动词和名动词》，《北京大学学报》1985 年第 5 期。

朱景松：《动词重叠式的语法意义》，《中国语文》1998 年第 5 期。

朱晓农：《历史语言学的五项基本》，《东方语言学》2006 年第 1 辑。

朱亚军：《现代汉语词缀的性质及其分类研究》，《汉语学习》2001 年第 2 期。

朱永锴、林伦伦：《二十年来现代汉语新词新语的特点及其产生渠道》，《语言文字应用》1999 年第 2 期。

朱自清：《论意义》，《新生报》1948 年 10 月 12 日。

邹文德：《汉语史及汉语语言学史研究的学术理念——以正统与非正统的学术理念为例》，《学术交流》2006 年第 10 期。

后记：多余的话

这个后记，简直就是"多余的话"了。关于语言学思想史的该说的话，我们在前面的章节里已经说得差不多了。关于本书自我辩解的话，那就如同瞿秋白所说的"中国的豆腐也是很好吃的东西，世界第一"一样，我们大概也可以说"百年来，中国的语言学也是很好的东西，世界第一"吧。

在此，我们还可以借用陈独秀的话，个别字词简单修改一下："我在此所发表的言论，已向人广泛声明过，只是我一个人的意见，不代表任何人，我也不隶属于任何学派，不受任何人的命令指使，自作主张自负责任，将来谁是朋友，现在完全不知道。我绝不怕孤立。"本书的全部内容，我们自认为秉承了客观、公正之态度。如果有人读出了论述偏颇之处，请告知或声明，我们可以反思、修改、继续完善。

我国著名语言学家陆俭明在谈语言学史时说，"要从学科建设和学术发展的角度简述本世纪我国语言学的发展情况，特别是新中国建立 50 年以来我国语言学的进展情况，我本人是很难胜任的"①。著名学者、50 年的语言学史况且如此，作为普通学者的我们、在 100 年的语言学史基础之上的思想史！即使我们"不敢言勇"，我们必须还要有一个"多余的话"。

当前，全国的学术生态、学术现状都存在不少问题，更多的是社会的因素，也存在学术自身的因素。说实话，学术终究是少数人的事，高端学问不存在大众化的问题；学问里边没有谁"精明"就能够"投机取巧"，做学问就是做傻子。值得庆幸的是，语言学界基本上是状态良好，没有太多不良学风。文科的某些专业就不一定了，有些专业粗制滥造得厉害，不管是从"级别"还是"数量"上比，语言学从来都比不过那些专业、是

① 陆俭明：《新中国语言学 50 年》，《当代语言学》1999 年第 4 期。

一门"弱势"学科。我们不是说去跟哪些个别人比较，而是说学科整体去比较。那些粗制滥造的学问，主要表现为："'拼凑式'编纂成果，既不开展实际的调查研究，也不进行严谨的文献研究，仅靠二手资料的复制加粘贴低水平重复前人研究，这是当下社会科学研究的'致命伤'。除此之外，填报虚假阶段性成果、不符合学术规范、引文注释造假"①。另外，那些诸如中国现当代文学研究一类的成果往往都比较"虚"，相对而言，语言学的成果就很扎实，研究语言学的人从来就不会去跟研究现当代文学的人去比成果的"级别"和数量，成果的真实的"级别"只能是在每一位学者的心中。本书不属于粗制滥造的学问，本书没有投机取巧，本书状态良好。

　　笔者曾在《〈郑樵传统语言文字学研究〉后记》中写过一段话，现在把这段话抄写如下。"关于语言学这个学科，历来就有很多不同声音，这其中包括对'文献'的看法问题。对于文献的意见，近百年来，一直有两个极端的看法：一是文献死学没有思想，二是文献实学不含水分。这两种极端的看法，既存偏颇又有道理。先说道理，故纸堆一旦钻进去就很难抬起头仰望天空，中国文献浩如烟海哪里还有时间抬起头来喘口气呢？躲进故纸堆里定然没有站在大草原上、大海边那种'海阔天空'的视野。再说偏颇，如果一个人只顾仰望星空，不管脚下的土地，这样的时间久了会不会得颈椎病呢？这样对于腿脚也不利，也许会踩空了崴脚了呢。这就是两个极端……文献很重要，但文献只是语言学的一部分而不是全部。文献研究中常有这样的情形：一个字要推敲三五年，'句读'点错了一处要羞愧好几载。这是一种严谨的朴学作风，对此我表示深深的敬畏（传统中所说的'校雠学'一名就是仇人相对，那似乎不仅仅是敬畏，还很有些仇恨在里边）。只要一想到这样的朴学作风，我就觉得后背直抽冷风；对此学问，我异常虔诚，我怀有万分的敬畏情怀。我的这本书，我花了很多的心血，我也希求这本书能够做到严谨、无误，但我依然不敢保证本书连一个字、一个标点都不会出错"②。相对于笔者的那部《郑樵传统语言文字学研究》，这本《百年中国语言学思想史》也许更有"思想"一些。但是，我自己深深地知道，我的这本《百年中国语言学思想史》还不够

①　王斯敏、杨谧：《严把学术尊严的"关卡"》，《光明日报》2014年1月6日第11版。

②　薄守生：《〈郑樵传统语言文字学研究〉后记》，《现代语文》2012年第2期。

扎实，对百年来的语言学文献的研究还不够细致与深入，或者说可以概括为本书还未能够更"文献"一些。我想，这将是一个长远的学问，三五年时间内很难真正完善好。

如今，面对这么一个"出版"时代，我们语言学学人几乎已经无法正确应对了。在20世纪五六十年代和七八十年代，一本书一旦出版就是名著，那著者也就是大专家了。那时高度集中的计划经济体制，花钱买不到书号，普通老师更不会去考虑出版著作的问题。那时出版的学术专著数量并不多，但是经典著作却不少。相反，我国自出版社转为企业以后，图书出版总量急剧膨胀，有些学术著作质量低劣，甚至有些著作除了作者外已经没有第二个读者了。这样的时代，曾经是用于诋毁别人的"现在是什么年代？一个人一不小心就出一本书"话语表达似乎也一语成谶，实为当今时代之不幸。对于这样的时代，一方面，我们一定要尊重、珍惜那些原创著作；另一方面，我们应该考虑清楚如何才能节约读者的阅读时间。对于任何一部学术著作，著者都不妨在封底注明读者对象（例如：某某专业博士生）、专业等级（例如：小切口窄专业、通俗性普及类），等等。作为严肃的学术，最大的缺点之一就是"大言欺人"，"忽悠"竟然都忽悠到了学术的层面，那确实很不好。著者要诚恳、务实、谦虚、低调，不可自吹自擂、飘飘然不知其所以然。

严肃的学术，必然要求具备严谨的态度，所有的这些学术都要求作者诚实才行。一位作者面对自己的潜心之作，完全不必过于谦虚，承认自己潜心了也并非张扬的事情。值得批判的是，一位作者粗制滥造一番，还假惺惺地、冠冕堂皇地说自己的这本书如何如何"填补学术空白"了，那不是浪费读者时间、图财害命吗？现实中，许多人也会有着种种的无奈，包括考评机制、项目结题的形式规定等，这不是某一个人会遇到的事情，而是几乎所有的人都会遇到这些规定。特别是科研考评，那涉及"保饭碗"的问题，人怎么能够"活命"的问题，这和纯粹的学术、为了学术而学术的严谨态度不同，对此，对于那些关涉"活命的问题"人们最好都应该宽容。但是，对于"保饭碗"的一本书你就不要特别张扬地冠以"填补空白"就行了，你就诚恳地在著作的后记或者简介中说："稻粱谋，无奈何。书稀撇，你别读。印一本，考评处。待量你，我知趣。"如果做到这样了，别人就算是出了一本烂书，你还能怎么去批他呢？当一个人把自己的姿态放到最低，哪怕就是一个乞丐也不能再去继续羞辱他！且不去说几流大学了，就是国内名牌大学中的中国人民大学，在前几年还不是逼着许多学者去写"学术散文"？什么《语言学是小河》、《语言学是大江》、《语言学是死水》等都可以写，实在不行、如果考评政策允许，大家直接去做"语言学诗歌"就可以了，自由体的现代诗，一行只需一个字、一页可以只需三五行，厚厚的一本大书一晚上就能写完了。在当今的特殊时代，我们既要坚持学术，又要能够基本生存，不然的话，我们还能有繁荣学术的途径吗？没有，如果人都活不成，那学问自然也就无法继续下去了。所以，现实并非要强制每一位学者都是"十年一剑"，但是，学术必须诚实，对读者负责就是对自己负责。一个受骗了的读者绝不会放过任何一个诈骗者，你自我吹捧太多，他自然就会有话说。对于这种诚实的"学术"，语言学界应该认可，这种认可就是一种宽恕。不然的话，中国现当代文学专业的某些人为什么就可以很轻松而高产，然而语言学的大多数人却辛苦而低产呢？这同样也是我们看问题之一端。

　　本书最大的难点在于系统性上面，如何把语言学思想的许多碎片梳理成一个系统这是语言学思想史著作能否成功的关键。在系统性的问题上，我们已经尽力了，即使有个别地方不尽完善，我们也尽力了。也正是在系统性问题上，本书是不是一本"语言学思想史"专著，我们做的这个研究是不是"语言学思想史"，这个问题我们也不敢理直气壮地主动声明：这就是语言学思想史。本书究竟是不是一本"语言学思想史"专著呢？我们倾向于认为本书是一本语言学思想史专著，其判定标准就是这本书自己，我们这不是自大自傲，因为在此之前语言学界既无此类样本又无此类标准。我们在此还想再重复一下我们曾经提到过的观点：语言学思想史与语言学史紧密相关，但语言学史不是语言学思想史。那么，究竟如何才能算作是语言学思想史呢？我们认为，最根本的标准在于：可读性强，不再如同以往的那些中国语言学史那样零零碎碎、磕磕绊绊、不忍卒读，甚至可以说"系统性强的中国语言学史就是中国语言学思想史"亦无不可。如果没有思想，只有考据，何来连贯性、系统性？通过这样的界定，我们觉得对本书基本上放心了。本书唯一的不足，我们还必须面对的问题依然还是系统性的问题，本书在系统性方面还需继续优化、改善。我们希望在十年之后再次出版本书的修订本，修订的内容至少在30%以上，研究对象、研究的时间段不做变动，只是优化成果质量。我们有这样的愿望，并不是说要读者等十年以后再读本书，而是说我们希望十年后的读者能够陪伴我们度过今天的这个初版，我们也希望今天的读者在十年之后还会继续读本书的修订版。

　　本书的准备工作做了很久、也做了很多，本书后附的参考文献条目繁多，我们绝对保证所有的参考文献我们都一一通读过，没有通读、参阅过的文献我们绝对不会列入参考文献之中。从这一点上来看，即使本书还有着这样那样的不足，即使本书的功劳不够，本书写作过程中的苦劳确实已经不少了。本书的工作量确实很大，至于在学术创新的程度如何这一点上，我们也已经尽力了。

　　世界上并不存在"一言以蔽之"的语言学思想史。言未尽，锦已绝。学术创新非常难。

　　本成果的研究、本书的出版，我们还要感谢许多善良的人们。我们需要感谢的人太多，我们就不再在此一一列举他们的诚意与善良了，我们在内心深处会一直记住他们，祝福他们健康长寿、美满幸福！本成果在研究过程中，语法学专家赖慧玲博士协助整理了部分语法学方面的资料，对语法学部分的写作进行了一定的指导，赖慧玲博士还帮助审读了整部书稿。在此，我再次向帮助过我们的善良的人们表示深深的感谢！

薄守生

2015 年 5 月 19 日